今注本二十四史

三國志

晋 陳壽 撰　宋 裴松之 注
楊耀坤 揭克倫 校注

五

魏書〔五〕

中國社會科學出版社

三國志 卷一六

魏書十六

任蘇杜鄭倉傳第十六

　　任峻字伯（達）〔遠〕，[1]河南中牟人也。[2]漢末擾亂，關東皆震。[3]中牟令楊原愁恐，欲棄官走。峻説原曰："董卓首亂，天下莫不側目，然而未有先發者，非無其心也，勢未敢耳。明府若能唱之，[4]必有和者。"原曰："爲之奈何？"峻曰："今關東有十餘縣，能勝兵者不減萬人，若權行河南尹事，[5]總而用之，無不濟矣。"原從其計，以峻爲主簿。[6]峻乃爲原表行尹事，使諸縣堅守，遂發兵。會太祖起關東，入中牟界，衆不知所從，峻獨與同郡張奮議，舉郡以歸太祖。峻又別收宗族及賓客家兵數百人，願從太祖。太祖大悦，表峻爲騎都尉，[7]妻以從妹，甚見親信。太祖每征伐，峻常居守以給軍。是時歲饑旱，軍食不足，羽林監潁川棗祗建置屯田，[8]太祖以峻爲典農中郎將，[9]〔募百姓屯田於許下，得穀百萬斛，郡國列置田官〕，[10]數年中所在積粟，倉廩皆滿。官渡之戰，[11]太祖使峻典軍器糧運。賊數寇鈔絕糧道，乃使千乘爲一部，十道方行，爲複陳以營衛之，[12]賊不敢近。軍國之饒，起於棗祗而成於峻。〔一〕太祖以峻功高，乃表封爲都亭侯，[13]邑三百户，遷長水校尉。[14]

〔一〕《魏武故事》載令曰："故陳留太守棗祗，[15]天性忠能。始共舉義兵，周旋征討。後袁紹在冀州，[16]亦貪祗，欲得之。祗深附託於孤，使領東阿令。[17]吕布之亂，兗州皆叛，[18]惟范、東阿完在，[19]由祗以兵據城之力也。後大軍糧乏，得東阿以繼，祗之功也。及破黄巾定許，得賊資業，當興立屯田，時議者皆言當計牛輸穀，[20]佃科以定。[21]施行後，祗白以爲僦牛輸穀，[22]大收不增穀，有水旱災除，[23]大不便。反覆來説，孤猶以爲當如故，大收不可復改易。祗猶執之，孤不知所從，使與荀令君議之。[24]時故軍祭酒侯聲云：[25]'科取官牛，爲官田計。如祗議，於官便，於客不便。'[26]聲懷此云云，以疑令君。祗猶自信，據計畫還白，執分田之術。[27]孤乃然之，使爲屯田都尉，[28]施設田業。其時歲則大收，後遂因此大田，[29]豐足軍用，摧滅羣逆，克定天下，以隆王室。祗興其功，不幸早没，追贈以郡，猶未副之。今重思之，祗宜受封，稽留至今，孤之過也。祗子處中，宜加封爵，以祀祗爲不朽之事。"[30]

《文士傳》曰：祗本姓棘，先人避難，易爲棗。孫據，字道彦，晉冀州刺史。據子嵩，字臺産，散騎常侍，[31]並有才名，多所著述。嵩兄腆，字玄方，襄城太守，[32]亦有文采。

[1] 峻：盧弼《集解》本誤作"俊"，百衲本、殿本、校點本皆作"峻"。 伯遠：各本皆作"伯達"。梁章鉅《旁證》謂《太平御覽》卷二四一引《魏志》作"伯遠"。趙幼文《校箋》又謂

《藝文類聚》卷五一、《太平御覽》卷二〇〇引"達"字俱作"遠"。今從梁、趙所列之證據改。

[2] 河南：即河南尹。東漢建都洛陽，將京都附近二十一縣合爲一行政區，稱河南尹，相當於一郡。治所在洛陽。 中牟：縣名。治所在今河南中牟縣東。

[3] 關東：地區名。指函谷關以東之地。

[4] 明府：漢代人尊稱郡守爲府君，亦稱明府君，簡稱明府。任峻擬推楊原暫代河南尹事，故稱他爲明府。 唱：倡導。

[5] 河南尹：官名。秩二千石。河南尹地區的長官亦稱河南尹，地區名與官名相同。

[6] 主簿：官名。漢代中央及州郡官府皆置此官，以典領文書，辦理事務。

[7] 騎都尉：官名。屬光祿勳，秩比二千石，掌羽林騎兵。

[8] 羽林監：官名。東漢置羽林左、右監各一人，分別主羽林左、右騎，秩皆六百石，屬羽林中郎將，職掌宿衛宮禁，護從皇帝。

[9] 典農中郎將：官名。建安初曹操設置的屯田官。曹操施行民屯制度，在郡國設置典農中郎將（秩二千石）或典農校尉（秩比二千石），管理該屯田區的農業生產、民政和田租，地位相當於郡太守，但直屬中央大司農。

[10] 募百姓屯田於許下得穀百萬斛郡國列置田官：此十九字，各本皆無。何焯及殿本《考證》皆謂《太平御覽》引有以上十九字，趙一清《注補》亦謂《晉書·食貨志》有以上十八字（少"於"字）。校點本即從何焯説增十九字，今從校點本。許下，許縣附近。許縣在今河南許昌市東。

[11] 官渡：地名。在今河南中牟縣東北。

[12] 複陳：即複陣。梁章鉅《旁證》謂《通典》卷一三七載《李衛公兵法》所云之"方陣"，即祖此制。

[13] 都亭侯：爵名。位在鄉侯下，食禄於都亭。都亭，城郭

附近之亭。

[14] 長水校尉：官名。秩比二千石，掌京師宿衛兵。

[15] 陳留：郡名。治所陳留縣，在今河南開封市東南。

[16] 冀州：東漢末，州牧刺史治所常設在鄴，在今河北臨漳縣西南鄴鎮東一里半。

[17] 東阿：縣名。治所在今山東陽谷縣東北阿城鎮。

[18] 兗州：州牧刺史治所昌邑縣，在今山東金鄉縣西北。

[19] 范：縣名。治所在今山東梁山縣西北范城。

[20] 計牛輸穀：謂按屯田民租用官牛的數目以定租額。

[21] 佃科：佃田的章程。

[22] 僦（jiù）：租賃。

[23] 除：免去。

[24] 荀令君：即荀彧。當時荀彧守尚書令，故稱令君。

[25] 軍祭酒：官名。即軍師祭酒，參謀軍事之官。

[26] 客：屯田客。

[27] 分田之術：指按屯田作物產量，分成收租的辦法。當時規定，屯田民用官牛者，官收其產量的六成，民得四成；不用官牛者，官民各半。

[28] 屯田都尉：官名。此即典農都尉。秩六百石或四百石，主管該屯田區的農業生產、民政和田租，地位相當於縣令、長，但不屬郡國，而屬典農中郎將或典農校尉。

[29] 大田：謂大興屯田。

[30] 爲不朽之事：趙幼文《校箋》謂郝經《續後漢書》句下有"遂賜處中爵關內侯"。

[31] 散騎常侍：官名。秩比二千石，第三品。爲門下重職，侍從皇帝左右，諫諍得失，應對顧問，與侍中等共平尚書奏事，有異議得駁奏。

[32] 襄城：殿本、校點本作"襄陽"，百衲本、盧弼《集解》本作"襄城"，《晋書》卷九二《棗據傳》亦作"襄城"。今從百衲

本等。襄城郡治所襄城縣，在今河南襄城縣。

峻寬厚有度而見事理，每有所陳，太祖多善之。於饑荒之際，收卹朋友孤遺，中外貧宗，周急繼乏，信義見稱。建安九年薨，[1]太祖流涕者久之。子先嗣。先薨，無子，國除。文帝追録功臣，謚峻曰成侯。復以峻中子覽爲關内侯。[2]

［1］建安：漢獻帝劉協年號（196—220）。
［2］關内侯：爵名。漢制二十級爵之十九級，次於列侯，祗有封户收取租税而無封地。魏文帝定爵制爲十等，關内侯在亭侯下，仍爲虚封，無食邑。

蘇則字文師，扶風武功人也。[1]少以學行聞，舉孝廉、茂才，[2]辟公府，皆不就。起家爲酒泉太守，[3]轉安定、武都，〔一〕[4]所在有威名。太祖征張魯，過其郡，見則悦之，使爲軍導。魯破，則綏安下辯諸氐，[5]通河西道，[6]徙爲金城太守。[7]是時喪亂之後，吏民流散飢窮，户口損耗，則撫循之甚謹。外招懷羌胡，得其牛羊，以養貧老。與民分糧而食，旬月之間，流民皆歸，得數千家。乃明爲禁令，有干犯者輒戮，其從教者必賞。親自教民耕種，其歲大豐收，由是歸附者日多。李越以隴西反，[8]則率羌胡圍越，越即請服。太祖崩，西平麴演叛，[9]稱護羌校尉，[10]則勒兵討之。演恐，乞降。文帝以其功，加則護羌校尉，賜爵關内侯。〔二〕

〔一〕《魏書》曰：則剛直疾惡，常慕汲黯之爲人。[11]

《魏略》曰：則世爲著姓，興平中，[12]三輔亂，[13]飢窮，避難北地。[14]客安定，依富室師亮。亮待遇不足，則慨然歎曰："天下會安，當不久爾，必還爲此郡守，折庸輩士也。"[15]後與馮翊吉茂等隱於郡南太白山中，[16]以書籍自娛。及爲安定太守，而師亮等皆欲逃走。[17]則聞之，豫使人解語，[18]以禮報之。

〔二〕《魏名臣奏》載文帝令問雍州刺史張既曰："試守金城太守蘇則，[19]既有綏民平夷之功，聞又出軍西定湟中，[20]爲河西作聲勢，吾甚嘉之。則之功勞，爲可加爵邑未邪？封爵重事，故以問卿。密白意，且勿宣露也。"既答曰："金城郡，昔爲韓遂所見屠剝，死喪流亡，或竄戎狄，或陷寇亂，户不滿五百。則到官，内撫彫殘，外鳩離散，今見户千餘。又梁燒雜種羌，昔與遂同惡，遂斃之後，越出障塞。則前後招懷，歸就郡者三千餘落，皆卹以威恩，爲官効用。西平麴演等唱造邪謀，[21]則尋出軍，臨其項領，[22]演即歸命送質，破絶賊糧。則既有恤民之効，又能和戎狄，盡忠効節。遭遇聖明，有功必録。若則加爵邑，誠足以勸忠臣，勵風俗也。"

[1] 扶風：郡名。即右扶風，治所槐里縣，在今陝西興平市東南。　武功：縣名。治所在今陝西扶風縣東南。

[2] 孝廉：漢代選拔官吏的主要科目。孝指孝子，廉指廉潔之士。原本爲二科，後混同爲一科，也不再限於孝子和廉士。東漢後期，定制爲不滿四十歲者不得察舉；被舉者先詣公府課試，以觀其能。郡國每年要向中央推舉一至二人。　茂才：即秀才，東漢人避光武帝劉秀諱改，爲漢代薦舉人材科目之一。東漢之制，州牧刺史歲舉一人。三國沿之，或稱秀才。

[3] 酒泉：郡名。治所禄福縣，在今甘肅酒泉市。

[4] 安定：郡名。治所臨涇縣，在今甘肅鎮原縣東南。　武

都：郡名。治所下辯縣，在今甘肅成縣西。

[5] 綏安：殿本、盧弼《集解》本、校點本作"綏定"，百衲本作"綏安"，郝經《續後漢書》卷四四《蘇則傳》亦作"綏安"。今從百衲本。　下辯諸氏：下辯爲氏族聚居地。

[6] 河西：地區名。指黃河上游以西之地，即今甘肅河西走廊一帶。

[7] 金城：郡名。治所允吾縣，在今甘肅永靖縣西北湟水南岸。

[8] 隴西：郡名。治所原在狄道縣，今甘肅臨洮縣，漢安帝永初五年（111）徙治所於襄武縣，在今甘肅隴西縣東南。

[9] 西平：郡名。漢獻帝建安中，分金城郡置；又分臨羌縣置西都縣，爲西平郡治所，在今青海西寧市。

[10] 護羌校尉：官名。東漢章帝以後常置，秩比二千石，多以邊郡太守、都尉轉任。除監護內附羌人各部落外，亦常將羌兵協同作戰，戍衛邊塞。魏、晉沿置。

[11] 汲黯：西漢濮陽（今河南濮陽縣西南）人。漢武帝時，任東海太守，繼爲主爵都尉。爲人耿介，常犯顏直諫。武帝稱之爲"社稷之臣"。（見《漢書》卷五〇《汲黯傳》）

[12] 興平：漢獻帝劉協年號（194—195）。

[13] 三輔：地區名。西漢都城在長安，遂以長安爲中心置京兆尹、右扶風、左馮（píng）翊（yì），合稱三輔。東漢定都洛陽，以三輔陵廟所在，不改其號，仍稱三輔。轄區在今陝西渭水流域一帶。

[14] 北地：郡名。東漢屬涼州，治所富平縣，在今寧夏吳忠市西南。漢末，郡徙寓左馮翊境內，寓治所於今陝西富平縣東。（本王先謙《後漢書郡國志集解》）

[15] 折庸輩士：趙幼文《校箋》謂郝經《續後漢書》"輩"下無"士"字。

[16] 馮翊：郡名。即左馮翊，漢代所謂"三輔"之一。馮翊

原治所在高陵，在今陝西高陵縣西南。東漢獻帝"建安初，關中始開，詔分馮翊西數縣爲左內史郡，治高陵；以東數縣爲本郡，治臨晉"。（本書卷二三《裴潛傳》裴注引《魏略》）臨晉縣治所在今陝西大荔縣。　太白山：又稱太一山、太乙山，泛指今陝西秦嶺，又稱爲終南山；又今陝西太白縣東南秦嶺之主峰亦稱太白山。

［17］逃走：趙幼文《校箋》謂郝經《續後漢書》"走"字作"匿"。

［18］解語：趙幼文《校箋》謂郝經《續後漢書》"語"字作"止"。

［19］守：官吏試職稱守。漢朝官吏有試職之制，限期一年，歲滿轉正，即爲"真"，得食全俸。魏晉南北朝則以低職署理高職，或以高職署理低職均稱守。

［20］聞：各本皆作"聞"，盧弼《集解》疑作"間"。吳金華《校詁》亦謂作"間"，可從，間猶言"近日"，與上"既有"相呼應。　軍：盧弼《集解》本作"車"，百衲本、殿本、校點本作"軍"。今從百衲本等。　湟中：地區名。指今青海湟水兩岸一帶。

［21］唱：盧弼《集解》本、校點本作"倡"，百衲本、殿本作"唱"。按二字相通，今從百衲本等。

［22］項領：比喻要害之地。

後演復結旁郡爲亂，張掖張進執太守杜通，[1]酒泉黃華不受太守辛機，進、華皆自稱太守以應之。又武威三種胡並寇鈔，[2]道路斷絶。武威太守毌丘興告急於則。時雍、涼諸豪皆驅略羌胡以從進等，[3]郡人咸以爲進不可當。又將軍郝昭、魏平先是各屯守金城，亦受詔不得西度。[4]則乃見郡中大吏及昭等與羌豪帥謀曰："今賊雖盛，然皆新合，或有脅從，未必同心；因釁擊之，善惡必離，離而歸我，我增而彼損矣。既獲益衆之實，且有倍氣之勢，率以進討，破之必矣。若待大軍，曠日持久，善人無歸，必合於惡，善惡既合，勢難卒離。雖有詔命，違而合權，專之可也。」於是昭等從之，乃發兵救武威，降其三種胡，與興擊進於張掖。演聞之，將步騎三千迎則，辭來助軍，而實欲爲變。則誘與相見，因斬之，出以徇軍，其黨皆散走。則遂與諸軍圍張掖，破之，斬進及其支黨，衆皆降。演軍敗，華懼，出所執乞降，河西平。乃還金城。進封都亭侯，邑三百戶。

徵拜侍中，[5]與董昭同寮。昭嘗枕則膝臥，則推下之，曰：「蘇則之膝，非佞人之枕也。」初，則及臨菑侯植聞魏氏代漢，皆發服悲哭，文帝聞植如此，而不聞則也。帝在洛陽，嘗從容言曰：「吾應天受禪，[6]而聞有哭者，何也？」則謂爲見問，鬚髯悉張，欲正論以對。侍中傅巽掐音苦洽反。[7]則曰：「不謂卿也。」於是乃止。[一]文帝問則曰：「前破酒泉、張掖，西域通使，燉煌獻徑寸大珠，[8]可復求市益得不？」[9]則對曰：「若陛下化洽中國，德流沙漠，即不求自至；求而得之，不足貴也。」帝默然。後則從行獵，槎桎拔，[10]失鹿，帝大怒，踞胡牀拔刀，[11]悉收督吏，將斬之。則稽首曰：「臣聞古之聖王不以禽獸害人，今陛下方隆唐堯之化，而以獵戲多殺羣吏，愚臣以爲不可。敢以死請！」帝曰：「卿，直臣也。」遂皆赦之。然以此見憚。黃初四年，[12]左遷（東平）〔河東〕相。[13]未至，道病薨，諡曰剛侯。子怡嗣。[14]怡薨，無子，弟愉襲封。愉，咸

熙中爲尚書。[二][15]

〔一〕《魏略》曰：舊儀，侍中親省起居，故俗謂之執虎子。[16]始則同郡吉茂者，是時仕甫歷縣令，遷爲宂散。茂見則，嘲之曰："仕進不止執虎子。"則笑曰："我誠不能效汝寒寒驅鹿車馳也。"[17]初，則在金城，聞漢帝禪位，以爲崩也，乃發喪；後聞其在，自以不審，意頗默然。臨菑侯植自傷失先帝意，亦怨激而哭。其後文帝出游，追恨臨菑，顧謂左右曰："人心不同，當我登大位之時，天下有哭者。"時從臣知帝此言，有爲而發也，而則以爲爲己，欲下馬謝。侍中傅巽目之，乃悟。

孫盛曰：夫士不事其所非，不非其所事，趣舍出處，而豈徒哉！則既策名新朝，委質異代，而方懷貳心生念，[18]欲奮爽言，豈大雅君子去就之分哉？《詩》云："士也罔極，二三其德。"[19]士之二三，猶喪妃偶，況人臣乎？

〔二〕愉字休豫，歷位太常、光禄大夫，[20]見《晉百官名》。山濤《啓事》稱愉忠篤有智意。[21]

臣松之案愉子紹，字世嗣，爲吳王師。石崇妻，紹之女兄也。[22]紹有詩在《金谷集》。[23]紹弟慎，左衛將軍。[24]

[1] 張掖：郡名。治所觻（lù）得縣，在今甘肅張掖市西北。

[2] 武威：郡名。治所姑臧縣，在今甘肅武威市。

[3] 雍：州名。刺史治所長安縣，在今陝西西安市西北。涼：州名。刺史治所姑臧縣，在今甘肅武威市。

[4] 西度：謂西渡黃河。金城郡治所在黃河之東，而武威、張掖、酒泉等郡皆在黃河之西。

[5] 侍中：官名。曹魏時，第三品。爲門下侍中寺長官。職掌門下衆事，侍從左右，顧問應對，拾遺補闕，與散騎常侍、黃門侍郎等共平尚書奏事。晉沿置，爲門下省長官。

[6] 受：校點本作"而"，百衲本、殿本、盧弼《集解》本作"受"。今從百衲本等。

[7] 傅巽：趙幼文《校箋》謂《太平御覽》卷三七四引"巽"作"選"。搯：百衲本作"搯"，下小字注"苦洽反"；殿本亦作"搯"，而無小字注；盧弼《集解》本作"搯"，亦無小字注；校點本作"搯"，小字注"音苦洽反"。按，搯音滔（tāo），不得注"苦洽反"；搯音袷（qiā），正是"苦洽反"。是校點本兼取二者之長而改。今從校點本。

[8] 燉煌：郡名。治所敦煌縣，在今甘肅敦煌市西。

[9] 益得不：趙幼文《校箋》謂《太平御覽》卷八〇二引無"益"字。

[10] 槎（chá）柣（zhì）：攔截野獸的木欄。梁章鉅《旁證》：沈欽韓曰："蓋竹木格圈鹿者。"《庶物異名疏》："槎柣，檻獸之具。"趙幼文《校箋》又謂《太平御覽》卷八三六引作"蹉跌"，《北堂書鈔》卷一三五引作"槎挂"。

[11] 胡牀：殿本、盧弼《集解》本無"胡"字，百衲本、校點本有。今從百衲本等。胡牀，可折叠的輕便坐具。因從胡地傳入，故名。後世又稱交牀。

[12] 黃初：魏文帝曹丕年號（220—226）。

[13] 河東相：各本皆作"東平相"。盧弼《集解》謂《太平御覽》卷四五三引《魏略》謂蘇則"後出以爲河東相"，與傳文"左遷東平相"不合。又按，《武文世王公傳》：黃初三年立曹霖爲河東王，太和六年曹徽改封東平王。而蘇則爲相在黃初四年，是時尚無東平國，故"東平"當爲"河東"之訛。又《世說新語·賞譽篇》（應爲《品藻篇》）注引《魏書》亦云則爲河東相。趙幼文《校箋》謂盧說是也。考《群書治要》卷二五、《冊府元龜》卷一八一俱作"河東相"。今從盧、趙說改。河東王國，治所安邑，在今山西夏縣西北禹王城。相，官名。王國的相，由朝廷直接委派，執掌王國行政大權，相當於郡太守。

［14］怡：梁章鉅《旁證》謂《唐書·宰相世系表》作"恬"。

［15］咸熙：魏元帝曹奂年號（264—265）。

［16］虎子：便壺。因形如伏虎，故名。葛洪《西京雜記》卷四："漢朝以玉爲虎子，以爲便器，使侍中執之，行幸以從。"

［17］蹇蹇：形容遲緩。

［18］貳心：百衲本作"貳心"，殿本、盧弼《集解》本、校點本作"二心"。按，二者義同，今從百衲本。

［19］"《詩》云"句：見《詩·衛風·氓》。罔極：没有標準。二三：三心二意，反復無常。

［20］太常：官名。秩中二千石，第三品。掌禮儀祭祀，選試博士。　光禄大夫：官名。秩比二千石，第三品，位次三公。無定員，無固定職守，相當於顧問。諸公告老及在朝重臣加此銜以示優重。

［21］山濤啓事：《晋書》卷四三《山濤傳》謂晋武帝咸寧中，山濤爲尚書僕射，加侍中，領吏部，在選職十餘年。"濤所奏甄拔人物，各爲題目，時稱《山公啓事》。"《隋書·經籍志》總集類著録《山公啓事》三卷，《舊唐書·經籍志》則著録爲《山濤啓事》三卷。

［22］女兄：百衲本、殿本、盧弼《集解》本均作"兄女"，殿本《考證》云："'兄女'宋本作'女兄'。"此所謂宋本，乃北宋本。校點本蓋據此作"女兄"。趙幼文《校箋》謂郝經《續後漢書》亦作"女兄"，宋本是也。今從校點本。又盧弼《集解》引《世説新語·品藻》"紹是石崇姊夫"，謂與裴氏所云相反。趙幼文《校箋》謂《説文·女部》："姊，女兄也。"作"女兄"正與《世説新語》合。

［23］金谷集：金谷，地名。《世説新語·品藻》劉孝標注引石崇《金谷詩叙》，石崇自謂"有別廬在河南縣界金谷澗中"，"征西大將軍祭酒王詡當還長安，余與衆賢共送往澗中，晝夜游宴，屢遷其坐"。"遂各賦詩，以叙中懷。""故具列時人官號、姓名、年

紀，又寫詩著後。後之好事者，其覽之哉！"據此，盧弼《集解》云："《金谷集》蓋與《蘭亭詩》體例相同，皆匯集時人之詩也。"

[24] 左衛將軍：官名。西晉初，屬中軍將軍，後屬領軍將軍（中領軍）。掌宮禁宿衛，為禁衛軍主要統帥之一，權任頗重，多由皇帝親信之人擔任，四品。與領軍、護軍、驍騎、游擊等六將軍合為六軍。

杜畿字伯侯，京兆杜陵人也。〔一〕[1] 少孤，繼母苦之，以孝聞。年二十，為郡功曹，[2] 守鄭縣令。[3] 縣囚繫數百人，[4] 畿親臨獄，裁其輕重，盡決遣之，雖未悉當，郡中奇其年少而有大意也。[5] 舉孝廉，除漢中府丞。[6] 會天下亂，遂棄官客荊州，[7] 建安中乃還。荀彧進之太祖，〔二〕[8] 太祖以畿為司空司直，[9] 遷護羌校尉，使持節，[10] 領西平太守。〔三〕[11]

〔一〕《傅子》曰：畿，漢御史大夫杜延年之後。[12] 延年父周，自南陽徙茂陵，[13] 延年徙杜陵，子孫世居焉。

〔二〕《傅子》曰：畿自荊州還，後至許，見侍中耿紀，語終夜。[14] 尚書令荀彧與紀比屋，[15] 夜聞畿言，異之，旦遣人謂紀曰：[16] "有國士而不進，何以居位？"既見畿，知之如舊相識者，遂進畿於朝。

〔三〕《魏略》曰：畿少有大志。在荊州數歲，繼母亡後，以三輔開通，負其母喪北歸。道為賊所劫略，眾人奔走，畿獨不去。賊射之，畿請賊曰："卿欲得財耳，今我無物，用射我何為邪？"賊乃止。畿到鄉里，京兆尹張時，[17] 河東人也，[18] 與畿有舊，署為功曹。嘗嫌其闊達，不助留意於諸事，言此家疏誕，[19] 不中功曹也。畿竊云："不中功曹，中河東太守也。"[20]

［1］京兆：東漢稱京兆尹，曹魏改稱京兆郡。治所長安縣，在今陝西西安市西北。　杜陵：縣名。治所在今陝西西安市東南。

［2］功曹：官名。漢代郡太守下設功曹史，簡稱功曹，爲郡太守之佐吏，除分掌人事外，並得參與一郡之政務。

［3］鄭縣：治所在今陝西華縣。

［4］縣囚繫數百人：趙幼文《校箋》謂《太平御覽》卷二六四引作"縣内繫囚數百"。

［5］大意：殿本作"大志"，百衲本、盧弼《集解》本、校點本作"大意"。今從百衲本等。

［6］漢中：郡名。治所南鄭縣，在今陝西漢中市東。　府丞：官名。東漢末稱郡丞爲府丞。郡丞爲郡太守之副，佐太守掌衆事，若太守病，則代行其事。秩六百石，由朝廷任命。魏、西晉沿置，八品。

［7］荆州：刺史的治所本在漢壽縣，在今湖南常德市東北。劉表爲刺史，移治所於襄陽縣，在今湖北襄陽市襄州區。

［8］進：徐紹楨《質疑》謂"進"即"薦"也。

［9］司空司直：官名。建安初，曹操爲司空時置爲司空府僚屬，掌監察。

［10］持節：漢朝官吏奉使外出時，由皇帝授予節杖，以提高其威權。漢末三國，則爲皇帝授予出征或出鎮的軍事長官的一種權力。至晉代，此種權力明確爲可殺無官位人，若軍事，可殺二千石以下官員。如皇帝派遣大臣出巡或祭吊等事務時，加持節，則表示權力和尊崇。

［11］領：兼任官職稱領。

［12］御史大夫：官名。西漢御史大夫爲丞相副貳，協佐丞相處理天下政務，而以監察、執法爲主要職掌，亦即全國最高監察、執法長官。丞相缺，常由其遞補。　杜延年：西漢南陽杜衍（今河南南陽市東南）人。漢昭帝初爲諫議大夫，又爲太僕、給事中等。漢宣帝時官至御史大夫。（見《漢書》卷六〇《杜周附延年傳》）

[13] 南陽：郡名。治所宛縣，在今河南南陽市。 茂陵：縣名。治所在今陝西興平縣東北。

[14] 語終夜：趙幼文《校箋》謂《太平御覽》卷四〇九引作"共語終夜"。

[15] 尚書令：官名。東漢時爲尚書臺長官，秩千石。掌奏、下尚書曹文書衆事，選用署置官吏；總典臺中綱紀法度，無所不統。名義上仍隸少府。 荀彧與紀比屋：趙幼文《校箋》謂《太平御覽》卷四〇九引"彧"下有"家"字，"與紀比屋"作"與紀屋相比"。

[16] 旦：盧弼《集解》本作"且"，百衲本、殿本、校點本作"旦"。今從百衲本等。趙幼文《校箋》謂《太平御覽》引"旦"上有"至"字。

[17] 京兆尹：官名。西漢，在京都長安周圍設置京兆尹、左馮翊、右扶風，合稱三輔，相當於三郡。京兆尹即京兆尹地區的長官，治所在長安，職掌如太守。東漢雖都於洛陽，但以三輔陵廟所在，仍不改其名，沿稱京兆尹。

[18] 河東：郡名。治所安邑縣，在今山西夏縣西北禹王城。

[19] 此家：即此人。周一良《札記》云："家猶人也，而有尊敬之意。"

[20] 太守：校點本無"太"字，百衲本、殿本、盧弼《集解》本皆有。今從百衲本等。

太祖既定河北，而高幹舉并州反。[1]時河東太守王邑被徵，河東人衛固、范先外以請邑爲名，[2]而内實與幹通謀。太祖謂荀彧曰："關西諸將，[3]恃險與馬，征必爲亂。張晟寇殽、澠間，[4]南通劉表，固等因之，吾恐其爲害深。河東被山帶河，四鄰多變，當今天下之要地也。[5]君爲我舉蕭何、寇恂以鎮之。"[6]或曰："杜畿其人也。"[一]於是追拜畿爲河東太守。[7]固等使兵數千人絶陝津,[8]畿至不得渡。太祖遣夏侯惇討之,未至。或謂畿曰:[9]"宜須大兵。"畿曰:"河東有三萬户,[10]非皆欲爲亂也。今兵迫之急,欲爲善者無主,必懼而聽於固。固等勢專,必以死戰。討之不勝,四鄰應之,天下之變未息也;[11]討之而勝,是殘一郡之民也。且固等未顯絶王命,外以請故君爲名,必不害新君。吾單車直往,出其不意。固爲人多計而無斷,必僞受吾。吾得居郡一月,以計縻之,足矣。"遂詭道從郖津度。郖音豆。[二][12]范先欲殺畿以威衆。[三]且觀畿去就,於門下斬殺主簿已下三十餘人,畿舉動自若。於是固曰:"殺之無損,徒有惡名;且制之在我。"遂奉之。畿謂衞固、范先曰:"衞、范,河東之望也,吾仰成而已。然君臣有定義,成敗同之,大事當共平議。"以固爲都督,行丞事,領功曹;[13]將校吏兵三千餘人,皆范先督之。固等喜,雖陽事畿,不以爲意。固欲大發兵,[14]畿患之,説固曰:"夫欲爲非常之事,不可動衆心。今大發兵,衆必擾,不如徐以貲募兵。"固以爲然,從之,遂爲貲調發,數十日乃定,諸將貪多應募而少遣兵。又入喻固等曰:[15]"人情顧家,諸將掾史,[16]可分遣休息,急緩召之不難。"固等惡逆衆心,又從之。於是善人在外,陰爲己援;惡人分散,各還其家,則衆離矣。會白騎攻東垣,[17]高幹入濩澤,[18]上黨諸縣殺長吏,[19]弘農執郡守,[20]固等密調兵未至。畿知諸縣附己,因出,單將數十騎,赴張辟拒守,[21]吏民多舉城助畿者,比數十日,得四千餘人。固等與幹、晟共攻畿,不下,略諸縣,無所得。會大兵至,幹、晟敗,固等伏誅,其餘黨與皆赦之,使復其居業。

〔一〕《傅子》曰:或稱畿勇足以當大難,智能應變,其可試之。

〔二〕《魏略》曰:初,畿與衛固少相狎侮,[22]固嘗輕畿。[23]畿嘗與固博而爭道,[24]畿嘗謂固曰:[25]"仲堅,[26]我今作河東也。"固褰衣罵之。及畿之官,而固爲郡功曹。張時故任京兆。[27]畿迎司隸,[28]與時會華陰,[29]時、畿相見,於儀當各持版。[30]時歎曰:"昨日功曹,今爲郡將也!"[31]

〔三〕《傅子》曰:先云:"既欲爲虎而惡食人肉,失所以爲虎矣。今不殺,必爲後患。"

[1] 并州:刺史治所晉陽,在今山西太原市西南古城營西古城。

[2] 請邑:此事又見本書卷一三《鍾繇傳》裴注引《魏略》。

[3] 關西:地區名。指函谷關以西之地。

[4] 殽澠間:指殽山與澠池縣之間。殽山在今河南洛寧縣西北,西接陝縣界,東接澠池縣界。漢代澠池縣在今河南澠池縣西。

[5] 要地:胡三省云:"高幹據并州,馬騰、韓遂等據關中,往來交通皆由河東,故曰要地。"(《通鑑》卷六四漢獻帝建安十年注)

[6] 蕭何:秦末佐劉邦起兵,入咸陽後,遂留鎮關中,爲劉邦輸送士卒糧餉,劉邦因能戰勝項羽,奪取天下。(見《漢書》卷三九《蕭何傳》) 寇恂:新莽末爲郡功曹。劉秀進兵河北後,恂與耿弇投奔劉秀。劉秀以之爲河内太守,負責轉輸軍需糧餉,功績卓

著。(見《後漢書》卷一六《寇恂傳》)

[7] 追：殿本作"遂"，百衲本、盧弼《集解》本、校點本作"追"。今從百衲本等。

[8] 陝津：津渡名。又名茅津，爲古黃河津渡，在今河南陝縣北黃河上。

[9] 彧：百衲本、殿本、盧弼《集解》本等均作"或"。陳景雲《辨誤》云："'或'當作'彧'。畿自西平移守河東，雖由荀彧之薦，而是時畿在陝津，或留許下，不得參預軍謀，殆因前有'荀彧'字而致誤。"校點本作"彧"。今從校點本。

[10] 三萬户：沈家本《瑣言》謂《續漢書·郡國志》載河東郡有九萬三千五百四十三户，此云"三萬"，大較僅存三分之一；下文尚云河東最先定，耗減少，則其他郡之耗減可知矣。

[11] 未：趙幼文《校箋》謂《季漢書》"未"下有"易"字，疑此脫也。

[12] 郖津：津渡名。亦作"洇津"，古黃河之津渡，在今河南靈寶市東北黃河上。

[13] 領功曹：胡三省云："既以爲都督，又令行郡丞事，又領功曹也。都督掌兵，丞貳太守，於郡事無所不關，功曹掌選署功勞，陽以郡權悉與之也。"(《通鑑》卷六四漢獻帝建安十年注)

[14] 發兵：徵兵。東漢光武帝雖罷郡國兵，但却未廢除徵兵制，故漢末尚可徵兵。

[15] 又入喻固等曰：趙幼文《校箋》謂《通志》作"畿又喻固等曰"，無"入"字。

[16] 掾史：校點本作"掾吏"，百衲本、殿本、盧弼《集解》本均作"掾史"。按，漢代之郡府有諸曹掾、史，掾爲長，史爲副，故從百衲本等作"掾史"。

[17] 白騎：何焯云："《龐德傳》云'張白騎叛於弘農'，白騎即上張晟耶？《後漢書·朱儁傳》'自黃巾賊後'，復有張白騎之徒並起山谷。騎白馬者爲張白騎。"(《義門讀書記》卷二六《三國

志·魏志》）東垣：即垣縣，治所在今山西垣曲縣東南。徐紹楨《質疑》謂《說文》，《周禮·職方氏》鄭注、賈疏，《左傳·襄公元年》杜注，均提及東垣縣，而《漢書·地理志》《續漢書·郡國志》均作"垣"，無"東"字。疑《地理志》原有"東"字，後人傳寫奪之。

[18] 濩澤：縣名。治所在今山西陽城縣西北澤城。

[19] 上黨：郡名。東漢末治所在壺關縣，在今山西長治市北。

[20] 弘農：郡名。治所弘農縣，在今河南靈寶市東北。

[21] 張辟：趙一清《注補》云："張辟，即張城，亦曰東張城。"東張城在今山西臨猗縣西南東張村。

[22] 狎侮：百衲本、殿本、盧弼《集解》本作"侮狎"，盧氏云："馮本作'狎侮'。"校點本蓋從此本作"狎侮"。狎侮，輕侮之義，古已有之。僞古文《尚書·旅獒》："德盛不狎侮。狎侮君子，罔以盡人心；狎侮小人，罔以盡其力。"故從校點本作"狎侮"。

[23] 嘗：吳金華《校詁》謂當讀爲"常"。趙幼文《校箋》則謂"嘗"字疑衍。

[24] 博：指博戲，又稱局戲，古代的一種游戲，六箸十二棋。

[25] 嘗：吳金華《校詁》謂爲贅言，蓋涉上而衍。

[26] 仲堅：衛固字仲堅。

[27] 故任：百衲本"任"字作"在"，殿本、盧弼《集解》本、校點本作"任"。今從殿本等。

[28] 司隸：即司隸校尉，官名。秩比二千石。掌糾察京師百官違法者，並治所轄各郡，相當於州刺史。

[29] 華陰：縣名。治所在今陝西華陰市東南。

[30] 版：指笏，即手板。古代官吏上朝或謁見上司時所執之板，備記事之用。

[31] 郡將：百衲本、殿本、盧弼《集解》本作"郡將軍"。殿本《考證》云："'軍'字疑衍。"校點本無"軍"字。今從校點

本。按，漢代以來稱太守爲郡將。

是時天下郡縣皆殘破，河東最先定，少耗減。畿治之，崇寬惠，與民無爲。民嘗辭訟，有相告者，[1]畿親見爲陳大義，遣令歸諦思之，[2]若意有所不盡，更來詣府。鄉邑父老自相責怒曰："有君如此，奈何不從其教？"自是少有辭訟。班下屬縣，舉孝子、貞婦、順孫，復其繇役，[3]隨時慰勉之。漸課民畜牸牛、草馬，[4]下逮雞豚犬豕，皆有章程。百姓勤農，[5]家家豐實。畿乃曰："民富矣，不可不教也。"於是冬月修戎講武，又開學官，[6]親自執經教授，[7]郡中化之。〔一〕[8]

〔一〕《魏略》曰：博士樂詳，[9]由畿而升。至今河東特多儒者，則畿之由矣。

[1] 民嘗辭訟有相告者：趙幼文《校箋》謂《北堂書鈔》卷七四引"有"字在"嘗"字下，應據乙。

[2] 諦思：仔細思考。

[3] 復：免除。

[4] 牸（zì）牛：母牛。　草馬：母馬。

[5] 勤：盧弼《集解》本作"勸"，百衲本、殿本、校點本作"勤"。今從百衲本等。

[6] 學官：殿本、盧弼《集解》本、校點本作"學宮"，百衲本作"學官"。趙幼文《校箋》謂《北堂書鈔》卷三九、卷七四引作"學官"。按，《太平御覽》卷一六三引亦作"學官"。今從百衲本。

[7] 親自：趙幼文《校箋》謂《太平御覽》卷一六三引無

"自"字。

[8] 郡中化之：趙幼文《校箋》謂《太平御覽》引句下有"自後河東多儒者，閭閻之間習於程法"十五字。

[9] 博士：此爲太學博士，秩比六百石，第五品。掌以五經教諸子弟。

韓遂、馬超之叛也，弘農、馮翊多舉縣邑以應之。河東雖與賊接，民無異心。太祖西征至蒲阪，[1]與賊夾渭爲軍，[2]軍食一仰河東。及賊破，餘畜二十餘萬斛。太祖下令曰："河東太守杜畿，孔子所謂'禹，吾無間然矣'。[3]增秩中二千石。"[4]太祖征漢中，遣五千人運，運者自率勉曰："人生有一死，不可負我府君。"終無一人逃亡，其得人心如此。〔一〕魏國既建，以畿爲尚書。[5]事平，[6]更有令曰："昔蕭何定關中，寇恂平河內，卿有其功，[7]閒將授卿以納言之職；[8]顧念河東吾股肱郡，[9]充實之所，[10]足以制天下，故且煩卿臥鎮之。"[11]畿在河東十六年，常爲天下最。[12]

〔一〕《杜氏新書》曰：[13]平虜將軍劉勳，[14]爲太祖所親，貴震朝廷。嘗從畿求大棗，畿拒以他故。後勳伏法，太祖得其書，歎曰："杜畿可謂'不媚於竈'者也。"[15]稱畿功美，以下州郡，曰："昔仲尼之於顏子，[16]每言不能不歎，既情愛發中，又宜率馬以驥。今吾亦冀衆人仰高山，慕景行也。"[17]

[1] 蒲阪：縣名。治所在今山西永濟縣西南蒲州鎮。
[2] 渭：水名。即陝西渭河。
[3] 無間然：謂無可批評之處。孔子此語見《論語·泰伯》。

[4] 中二千石：殿本誤作"中三千石"，百衲本、盧弼《集解》本、校點本均作"中二千石"。漢制，中二千石爲九卿之秩，二千石爲太守之秩，杜畿爲河東太守，本爲二千石，故曹操以中二千石嘉獎之。又東漢中期定制，中二千石月俸錢九千，米七十二斛；二千石錢六千五百，米三十六斛。

[5] 尚書：官名。曹魏置吏部、左民、客曹、五兵、度支等五曹尚書，秩皆六百石，第三品。其中吏部職要任重，徑稱爲吏部尚書，其餘諸曹均稱尚書。

[6] 事平：吳金華《校詁》云："謂亂事平定。稽之史事，建安十八年十一月魏國置尚書，嗣後曹軍平隴右、征張魯，歷時三年之戰事至建安二十一年二月方始告一段落，此即畿傳所謂'事平'也。"

[7] 卿有其功：百衲本無"其"字，殿本、盧弼《集解》本、校點本有。今從殿本等。趙幼文《校箋》謂《太平御覽》卷六二一引"其"字作"奇"。

[8] 納言：古官名。相傳舜時置。《尚書·舜典》："命汝爲納言，夙夜出入朕命。"孔安國傳："納言，喉舌之官也。聽下言納於上，受上言宣於下。"後世因以爲侍中之別稱。

[9] 股肱郡：謂能拱衛京都之要地。此語爲漢文帝始言。《漢書》卷三七《季布傳》謂季布爲河東郡守，漢文帝聽人言其賢，欲召之爲御史大夫；至京後又聽人言其酗酒難爲近臣，故一月後又令其返回。季布問其因，文帝曰："河東吾股肱郡，故特召君耳。"

[10] 充實之所：趙幼文《校箋》謂《太平御覽》卷二六一引無"所"字。"充實之足以制天下"作一句讀。

[11] 臥鎮之：盧弼《集解》謂《太平御覽》引"臥"下有"而"字。

[12] 常爲天下最：胡三省云："余竊謂杜氏仕於魏、晋，累世貴盛，必有家傳，史因而書之，固有過其實者。"（《通鑑》卷六四漢獻帝建安十年注）劉咸炘《知意》亦謂此傳"叙畿政甚詳，恐

多(杜)恕所文飾者"。趙幼文《校箋》謂"常"字上疑奪"政治"二字。

[13] 杜氏新書：姚振宗《三國藝文志》卷三引嚴可均輯杜恕《篤論》序，謂裴松之所引《杜氏新書》，即《篤論》之末篇。其書前數卷出恕手，後述叙家世、歷官引及《魏書》並引及王隱《晋書》，證知東晋時編附，故稱《新書》，猶今之全書，而《篤論》其總名也。

[14] 平虜將軍：官名。魏置，第三品。

[15] 竈：本指竈神，此喻權貴。《論語・八佾》："王孫賈問曰：'與其媚於奥，寧媚於竈，何謂也？'子曰：'不然，獲罪於天，無所禱也。'"

[16] 仲尼：孔子名丘，字仲尼。　顔子：即顔淵，名回，字子淵，孔子弟子。孔子曾多次稱贊他，見於《論語》的即有：子曰："賢哉，回也！一箪食，一瓢飲，在陋巷，人不堪其憂，回也不改其樂。賢哉，回也！"子曰："回也，其心三月不違仁，其餘則日月至焉而已矣。"哀公問："弟子孰爲好學？"孔子對曰："有顔回者好學，不遷怒，不貳過，不幸短命死矣，今也則亡，未聞好學者也。"（均見《雍也》，其餘不再列舉）

[17] 景行：高尚的德行。《詩・小雅・車舝》："高山仰止，景行行止。"

　　文帝即王位，賜爵關内侯，徵爲尚書。及踐阼，進封豐樂亭侯，[1]邑百户，〔一〕守司隸校尉。帝征吴，以畿爲尚書僕射，[2]統留事。其後帝幸許昌，[3]畿復居守。受詔作御樓船，於陶河試船，[4]遇風没。帝爲之流涕，〔二〕詔曰："昔冥勤其官而水死，稷勤百穀而山死，〔三〕故尚書僕射杜畿，於孟津試船，[5]遂至覆没，忠之至也。朕甚愍焉。"追贈太僕，[6]謚曰戴侯。子

恕嗣。〔四〕

〔一〕《魏略》曰：初畿在郡，被書録寡婦。[7]是時他郡或有已自相配嫁，依書皆録奪，啼哭道路。畿但取寡者，故所送少；及趙儼代畿而所送多。文帝問畿："前君所送何少，今何多也？"畿對曰："臣前所録皆亡者妻，今儼送生人婦也。"帝及左右顧而失色。

〔二〕《魏氏春秋》曰：初，畿嘗見童子謂之曰："司命使我召子。"[8]畿固請之，童子曰："今將爲君求相代者。君其慎勿言！"言卒，忽然不見。至此二十年矣，畿乃言之。其日而卒，時年六十二。

〔三〕韋昭《國語注》稱《毛詩傳》曰："冥，契六世孫也，[9]爲夏水官，勤於其職而死於水。稷，周棄也，[10]勤播百穀，死於黑水之山。"[11]

〔四〕《傅子》曰：畿與太僕李恢、東安太守郭智有好。[12]恢子豐交結英儁，[13]以才智顯於天下。智子沖有内實而無外觀，[14]州里弗稱也。畿爲尚書僕射，二人各脩子孫禮見畿。[15]既退，畿歎曰："孝懿無子；[16]非徒無子，殆將無家。君謀爲不死也，[17]其子足繼其業。"時人皆以畿爲誤。恢死後，豐爲中書令，[18]父子兄弟皆誅；沖爲代郡太守，[19]卒繼父業；世乃服畿知人。

《魏略》曰李豐父名義，與此不同，義蓋恢之別名也。

[1] 亭侯：爵名。漢制，列侯大者食縣邑，小者食鄉、亭。東漢後期遂以食鄉、亭者稱爲鄉侯、亭侯。

[2] 尚書僕射（yè）：官名。魏、晉時爲尚書省次官，秩六百石，第三品。或單置，或並置左、右。左、右並置時，左僕射居右僕射上。輔助尚書令執行政務，參議大政，諫諍得失，監察糾彈百官，可封還詔旨，常受命主管官吏選舉。

[3] 許昌：縣名。治所在今河南許昌市東。

　　[4] 陶河：即今河南孟縣、孟津縣之間的黃河河段。（本梁章鉅《旁證》）

　　[5] 孟津：津渡名。在今河南孟津縣東北黃河上。

　　[6] 太僕：官名。秩中二千石，掌皇帝車馬，兼管官府畜牧業，東漢尚兼掌兵器製作，織綬等。曹魏因之，三品。

　　[7] 録：收取。

　　[8] 司命：掌握人生命之神。

　　[9] 契（xiè）：人名。商人之始祖，舜時助治水有功。舜又命之曰："百姓不親，五品不訓，汝爲司徒而敬敷五教，五教在寬。"（《史記》卷三《殷本紀》）

　　[10] 稷：人名。又稱后稷，名棄，故又稱周棄。周族之始祖，堯舜時爲農官。舜命之曰："棄，黎民始飢，爾后稷播時百穀。"（《史記》卷四《周本紀》）

　　[11] 黑水：未詳。《史記・周本紀》"后稷卒"《集解》引《山海經・大荒經》曰："黑水、青水之間有廣都之野，后稷葬焉。"

　　[12] 東安：郡名。本爲東安縣，建安中一度改爲郡，不久又復爲縣。治所在今山東沂水縣西南。

　　[13] 豐：李豐，事見本書卷九《夏侯玄傳》及裴注引《魏略》等。

　　[14] 沖：郭沖，事見本書卷三五《諸葛亮傳》裴注引《蜀記》。

　　[15] 脩：百衲本作"隨"，殿本、盧弼《集解》本、校點本作"脩"。今從殿本等。

　　[16] 孝懿：李恢字孝懿。李恢亦即李義，事見本書卷二三《裴潛傳》裴注引《魏略》。

　　[17] 君謀：郭智字君謀。

　　[18] 中書令：官名。秩千石，第三品。魏文帝黃初初，改秘書令置，與中書監並掌樞密。

[19]代郡：東漢治所高柳縣，在今山西陽高縣西北。曹魏移治所於代縣，在今河北蔚縣東北。

恕字務伯，太和中爲散騎、黃門侍郎。[一][1]恕推誠以質，不治飾，少無名譽。及在朝，不結交援，專心向公。每政有得失，常引綱維以正言，於是侍中辛毗等器重之。

〔一〕《杜氏新書》曰：恕少與馮翊李豐俱爲父任，總角相善。[2]及各成人，豐砥礪名行以要世譽，而恕誕節直意，與豐殊趣。豐竟馳名一時，京師之士多爲之游説。而當路者或以豐名過其實，而恕被褐懷玉也。[3]由此豐所不善。恕亦任其自然，不力行以合時。豐以顯仕朝廷，恕猶居家自若。明帝以恕大臣子，擢拜散騎侍郎，數月，轉補黃門侍郎。

[1]散騎：散騎侍郎，官名。曹魏置，第五品。與散騎常侍、侍中、黃門侍郎等侍從皇帝左右，顧問應對，諫諍拾遺，共平尚書奏事。西晋沿置。　黃門侍郎：官名。即給事黃門侍郎，東漢時，秩六百石。掌侍從左右，給事禁中，關通中外。初無員數，漢獻帝定爲六員，與侍中出入禁中，近侍帷幄，省尚書奏事。三國沿置，魏定爲五品。

[2]總角：謂童年時。古代男女未成年時，將頭髮束爲兩結，形狀如角，故稱總角。後世因以指童年時。

[3]被褐懷玉：穿粗布衣而懷美玉。比喻人有美德而深藏不露。語見《老子》。

時公卿以下大議損益，恕以爲"古之刺史，奉宣六條，[1]以清静爲名，[2]威風著稱，今可勿令領兵，[3]

以專民事"。俄而鎮北將軍呂昭又領冀州,[一][4]乃上疏曰:

帝王之道,莫尚乎安民;安民之術,在於豐財。豐財者,務本而節用也。[5]方今二賊未滅,戎車亟駕,此自熊虎之士展力之秋也。然搢紳之儒,橫加榮慕,搤腕抗論,以孫、吳爲首,[6]州郡牧守,咸共忽恤民之術,脩將率之事。農桑之民,競干戈之業,不可謂務本。帑藏歲虛而制度歲廣,民力歲衰而賦役歲興,不可謂節用。今大魏奄有十州之地,[7]而承喪亂之弊,計其戶口不如往昔一州之民,[8]然而二方僭逆,北虜未賓,[9]三邊遘難,繞天略帀;[10]所以統一州之民,經營九州之地,其爲艱難,譬策羸馬以取道里,豈可不加意愛惜其力哉?以武皇帝之節儉,府藏充實,猶不能十州擁兵;郡且二十也。[11]今荆、揚、青、徐、幽、并、雍、涼緣邊諸州皆有兵矣,[12]其所恃内充府庫外制四夷者,惟兖、豫、司、冀而已。[13]臣前以州郡典兵,則專心軍功,不勤民事,宜別置將守,以盡治理之務;而陛下復以冀州寵秩呂昭。冀州戶口最多,田多墾闢,又有桑棗之饒,國家徵求之府,誠不當復任以兵事也。若以北方當須鎮守,自可專置大將以鎮安之。計所置吏士之費,與兼官無覺。[14]然昭於人才尚復易中;[15]朝苟乏人,兼才者勢不獨多。以此推之,知國家以人擇官,不爲官擇人也。官得其人,則政平訟理;政平故民富實，訟理故囹圄虚空。[16]陛下踐阼，天下斷獄百數十人，歲歲增多，至五百餘人矣。民不益多，法不益峻。以此推之，非政教陵遲，牧守不稱之明效歟？往年牛死，通率天下十能損二；麥不半收，秋種未下。若二賊游魂於疆場，[17]飛芻輓粟，[18]千里不及。究此之術，豈在彊兵乎？武士勁卒愈多，愈多愈病耳。夫天下猶人之體，腹心充實，四支雖病，終無大患；今兖、豫、司、冀亦天下之腹心也。是以愚臣慺慺，[19]實願四州之牧守，獨脩務本之業，以堪四支之重。然孤論難持，犯欲難成，[20]眾怨難積，疑似難分，故累載不爲明主所察。凡言此者，類皆疏賤；疏賤之言，實未易聽。若使善策必出於親貴，親貴固不犯四難以求忠愛，[21]此古今之所常患也。

〔一〕《世語》曰：昭字子展，東平人。長子巽，字長悌，爲相國掾，[22]有寵於司馬文王。[23]次子安，字仲悌，與嵇康善，與康俱被誅。次子粹，字季悌，河南尹。粹子預，字景虞，御史中丞。[24]

[1] 六條：即漢武帝監察郡的六條詔書。見本書卷一五《賈逵傳》"六條詔書"注。

[2] 清靜：殿本"靜"字作"凈"，百衲本、盧弼《集解》本、校點本作"靜"。今從百衲本等。

[3] 領兵：潘眉《考證》云："魏世州郡領兵之制，創議於司馬朗。"見本書卷一五《司馬朗傳》。

[4] 鎮北將軍：官名。魏爲二品，位次四征將軍，領兵如征北

將軍。多爲持節都督,出鎮方面。

[5] 本:指農業。

[6] 孫:指孫武。春秋齊國人,以《兵法》十三篇見吳王闔廬,被任命爲將,率吳軍攻破楚國,威震齊、晉。著有《孫子兵法》傳世。　吳:指吳起。戰國衛國人。善用兵。初爲魯將,繼任魏將,屢建戰功。後避害奔楚,曾任令尹,從事革新,使楚富强。而楚悼王死後,楚貴族羣起攻之,被殺害。亦著有《兵法》,今已佚。(俱見《史記》卷六五《孫子吳起列傳》)

[7] 十州:沈家本《瑣言》云:"此與下文'十州擁兵'語,皆稱十州,而下文又詳十二州之名何邪?"

[8] 不如往昔一州之民:趙幼文《校箋》謂皇甫謐《帝王世紀》曰:"昔漢永和五年南陽户五十餘萬,汝南户四十餘萬。景元四年與蜀通計,民户九十四萬三千四百二十三,口五百三十七萬二千八百九十一人。"除去蜀領户二十八萬男女九十四萬餘人外,則魏當時所有人户,固不及漢一州之民也。

[9] 北虜:指北方之鮮卑族。

[10] 帀:殿本、盧弼《集解》本作"市",百衲本、校點本作"帀"。今從百衲本等。《說文》:"帀,周也。"又《廣雅·釋詁二》:"帀,遍也。"

[11] 郡且二十:趙幼文《校箋》引錢儀吉云:"'二十'當爲'十二',從宋本。"

[12] 揚:州名。魏刺史治所壽春,在今安徽壽縣。　青:州名。治所臨淄縣,在今山東淄博市臨淄區北。　徐:州名。治所下邳縣,在今江蘇睢寧縣西北。　幽:州名。治所薊縣,在今北京城西南。　雍:州名。治所長安縣,在今陝西西安市西北。

[13] 豫:州名。治所項縣,在今河南沈丘縣。　司:即司隸校尉部,通稱司州,治所洛陽縣,在今河南洛陽市東北白馬寺東。

[14] 覺:盧弼《集解》本、校點本作"異"。百衲本、殿本作"覺",中華再造善本影宋本亦作"覺"。今從百衲本等。吳金

華《校詁》謂"覺"爲差距之義。

[15] 易中：徐紹楨《質疑》云："易中，猶易得也。《周禮·地官·師氏》'掌國中失之事'注：'故書中爲得。'是其證。"

[16] 虛空：盧弼《集解》本、校點本作"空虛"，百衲本、殿本作"虛空"。今從百衲本等。

[17] 游魂：猶言苟延殘喘。

[18] 芻：此指食草的牛、馬。

[19] 僂僂（lóu）：恭謹、勤懇。

[20] 犯欲難成：徐紹楨《質疑》云："'犯'疑當作'獨'。獨欲難成，與上'孤論難持'語義相類。"

[21] 親貴：殿本、盧弼《集解》本無此二字，百衲本、校點本有。今從百衲本等。

[22] 相國掾：官名。相國府之屬官。魏相國府有諸曹掾。

[23] 司馬文王：即司馬昭。

[24] 御史中丞：官名。秩千石，第四品，爲御史臺長官，掌監察、執法。

時又大議考課之制，[1] 以考内外衆官。恕以爲用不盡其人，雖（才且）〔文具〕無益，[2] 所存非所務，所務非世要。上疏曰：

《書》稱"明試以功，三考黜陟"，[3] 誠帝王之盛制。使有能者當其官，有功者受其祿，譬猶烏獲之舉千鈞，[4] 良、樂之選驥足也。[5]（雖）〔然〕歷六代而考績之法不著，[6] 關七聖而課試之文不垂，[7] 臣誠以爲其法可粗依，其詳難備舉故也。語曰："世有亂人而無亂法。"若使法可專任，則唐、虞可不須稷、契之佐，殷、周無貴伊、呂之輔矣。[8]今奏考功者，陳周、漢之（法）〔云〕爲，[9]綴京房之本旨，[10]可謂明考課之要矣。於以崇揖讓之風，興濟濟之治，[11]臣以爲未盡善也。其欲使州郡考士，必由四科，[12]皆有事効，然後察舉，試辟公府，爲親民長吏，轉以功次補郡守者，或就增秩賜爵，此最考課之急務也。臣以爲便當顯其身，用其言，使具爲課州郡之法，[13]法具施行，立必信之賞，施必行之罰。至於公卿及內職大臣，[14]亦當俱以其職考課之也。

　　古之三公，坐而論道，內職大臣，納言補闕，無善不紀，無過不舉。且天下至大，萬機至衆，誠非一明所能徧照。故君爲元首，臣爲股肱，[15]明其一體相須而成也。是以古人稱廊廟之材，非一木之枝；[16]帝王之業，非一士之略。[17]由是言之，焉有大臣守職辨課可以致雍熙者哉！[18]且布衣之交，猶有務信誓而蹈水火，感知己而披肝膽，徇聲名而立節義者；況於束帶立朝，致位卿相，所務者非特匹夫之信，所感者非徒知己之惠，所狥者豈聲名而已乎！

　　諸蒙寵祿受重任者，不徒欲舉明主於唐、虞之上而已；身亦欲廁稷、契之列。是以古人不患於念治之心不盡，患於自任之意不足，此誠人主使之然也。唐、虞之君，委任稷、契、夔、龍而責成功，[19]及其罪也，殛鯀而放四凶。[20]今大臣親奉明詔，給事目下，其有夙夜在公，恪勤特立，當官不撓貴勢,執平不阿所私,危言危行以處朝廷者,自明主所察也。若尸禄以爲高,[21]拱默以爲智,[22]當官苟在於免負,立朝不忘於容身,絜行遜言以處朝廷者,亦明主所察也。誠使容身保位,無放退之辜,而盡節在公,抱見疑之勢,公義不脩而私議成俗,雖仲尼爲(謀)〔課〕,[23]猶不能盡一才,又況於世俗之人乎!今之學者,師商、韓而上法術,[24]競以儒家爲迂闊,不周世用,此最風俗之流弊,創業者之所致慎也。
後考課竟不行。〔一〕

〔一〕《杜氏新書》曰:時李豐爲常侍,[25]黄門郎袁侃見轉爲吏部郎,[26]荀俁出爲東郡太守,[27]三人皆恕之同班友善。[28]

[1] 考課:考覈官吏的成績。當時,魏明帝命劉劭作《都官考課》,詔下百官議論。見本書卷二一《劉劭傳》、卷二四《崔林傳》等。

[2] 文具:各本作"才且"。盧弼《集解》云:"何焯曰:宋本'才且'作'文具'。"趙幼文《校箋》云:"考《通典·選舉三》亦作'文具',疑作'文具'爲是。文具猶言條文具備也。"按趙説有理,今從改。

[3]《書》稱:此見《尚書·舜典》,但二句不緊接。

[4] 烏獲:戰國時秦國之大力士。(見《史記》卷五《秦本紀》)

[5] 良:指王良,春秋時善駕御車馬者。孟子謂趙簡子曾使王良駕御(見《孟子·滕文公下》)。荀子亦云:"王良、造父者,善服馭者也。"(《荀子·王霸篇》)而楊倞注云:"王良,趙簡子之

御。韓子曰字伯樂。"則以王良爲伯樂。　樂：指伯樂。春秋時，秦國之善相馬者。《吕氏春秋·恃君覽·觀表》謂"古之善相馬者"，"若趙之王良，秦之伯樂"。

[6] 然：各本皆作"雖"。吴金華《校詁》云："'雖'字不合上下文之語氣，當爲'然'字之誤。《群書治要》卷二五'雖'作'然'，可據改。"按，《通鑑》卷七三魏明帝景初元年亦作"然"，故從改。　六代：胡三省云："六代，唐、虞、夏、商、周、漢。"（《通鑑》卷七三魏明帝景初元年注）　不著：盧弼《集解》云："宋本'不'作'以'。"趙幼文《校箋》云："作'以'字是，'以''已'古通用，故下文云'其法可粗依也'，若作'不著'，何可云粗依乎？"按，百衲本、《群書治要》與《通鑑》皆作"不著"。"不著"與下句"不垂"相應。

[7] 關：殿本、盧弼《集解》本作"閱"，殿本《考證》尚云："監本'閱'誤作'關'，照《册府》改正。"百衲本、校點本作"關"，《群書治要》卷二五作"關"，《通鑑》亦作"關"。胡三省注云："關，通也。"（《通鑑》卷七三魏明帝景初元年注）今從百衲本等。　七聖：胡三省云："七聖，堯、舜、禹、湯、文、武、周公。"（《通鑑》卷七三魏明帝景初元年注）

[8] 伊：指伊尹，佐商湯伐桀有功，後又爲湯相。（見《史記》卷三《殷本紀》）　吕：指吕尚，佐周武王滅紂有功，封於齊，又稱齊太公。（見《史記》卷三二《齊太公世家》）

[9] 云爲：各本皆作"法爲"，盧弼《集解》云："《通鑑》'法'作'云'。"（見《通鑑》卷七三魏明帝景初元年）吴金華《校詁》亦謂可從《通鑑》作"云爲"，並列舉"云爲"一詞之本義。《易·繫辭下》"是故變化云爲"孔穎達疏："口之所云"，"身之所爲"。今從盧、吴説改。

[10] 綴：百衲本作"終"，殿本、盧弼《集解》本、校點本作"綴"。今從殿本等。　京房：西漢後期人，善《易》學。漢元帝時，初爲郎官，因西羌反，天象又異常，京房多先有預見，得到

元帝之信任，因而數被召問。京房曾對曰："宜令百官各試其功，災異可息。"元帝遂"使房作其事，房奏考功課吏法"。（見《漢書》卷七五《京房傳》）

[11]濟濟：形容莊重嚴肅。《詩·大雅·公劉》："蹌蹌濟濟，俾筵俾几。"鄭箋："蹌蹌濟濟，士大夫之威儀也。"

[12]四科：趙幼文《校箋》謂《群書治要》卷二五引"科"下有"者"字。按，四科，指東漢之四科選士。《續漢書·百官志》劉昭注引應劭《漢官儀》曰："世祖詔：'方今選舉，賢佞朱紫錯用。丞相故事，四科取士。一曰德行高妙，志節清白；二曰學通行修，經中博士；三曰明達法令，足以決疑，能案章覆問，文中御史；四曰剛毅多略，遭事不惑，明足以決，才任三輔令：皆有孝悌廉公之行。自今以後，審四科辟召。'"

[13]使具：殿本"具"字作"其"，百衲本、盧弼《集解》本、校點本作"具"。今從百衲本等。

[14]內職：指內朝官，亦稱中朝官，如侍中、給事中等。

[15]爲：百衲本、校點本作"作"，殿本、盧弼《集解》本作"爲"，《群書治要》卷二五亦作"爲"。趙幼文《校箋》謂《册府元龜》卷六三五引作"作"，《通志》同。按二字義同。今從殿本等。

[16]枝：校點本作"支"，百衲本、殿本、盧弼《集解》本均作"枝"。今從百衲本等。

[17]非一士之略：《漢書》卷四三《贊》："語曰：'廊廟之材，非一木之枝；帝王之功，非一士之略。'"顏師古注："此語本出《慎子》。"（參盧弼《集解》）

[18]大臣守職：趙幼文《校箋》謂《白孔六帖》卷四四引"守"上有"但"字。　雍熙：謂和樂升平。張平子《東京賦》："百姓同於饒衍，上下共其雍熙。"薛綜注："言富饒是同，上下咸悅，故能雍和而廣也。"

[19]夔：人名。舜時爲樂官。舜命曰："以夔爲典樂，教稚

子，直而溫，寬而栗，剛而無虐，簡而無傲；詩言意，歌長言，聲依永，律和聲，八音能諧，毋相奪倫，神人以和。"（《史記》卷一《五帝本紀》） 龍：人名。舜時為納言。舜命曰："龍，朕畏忌讒說殄偽，振驚朕衆，命汝為納言，夙夜出入朕命，惟信。"（《史記·五帝本紀》）

[20] 鯀（gǔn）：禹之父。堯時受命治水，九年無成。舜代堯後，"行視鯀之治水無狀，乃殛鯀於羽山以死。天下皆以舜之誅為是"。（《史記》卷二《夏本紀》） 四凶：盧弼《集解》謂宋本作"驩兜"，而百衲本等作"四凶"，不知所指是否北宋本。今仍從百衲本等。四凶，指舜時所驅逐的渾敦、窮奇、檮杌、饕餮。《左傳·文公十八年》：大史克謂舜"流四凶族：渾敦、窮奇、檮杌，饕餮投諸四裔，以禦螭魅"。

[21] 尸祿：謂受俸祿而不理事。

[22] 拱默：拱手而無言。

[23] 為課：各本"課"作"謀"。盧弼《集解》云："《通鑑》'謀'作'課'。"趙幼文《校箋》云："作'課'者是也。《廣雅·釋言》：'課，試也。'此篇論考課利弊，作'課'字於義為長。'課''謀'或以形近而誤。"按趙說是。今從盧、趙說改。

[24] 商：指商鞅，公孫氏，名鞅，商乃封邑，戰國時衛國人。入秦佐秦孝公，施行變法革新，秦因而國富兵強。有《商君書》傳世。（本《史記》卷六八《商君列傳》） 韓：指韓非，戰國末韓國人。不為韓所用，遂著《孤憤》《五蠹》《說難》等十餘萬言，得秦王政之重視。後奉命使秦，被李斯嫉妒，死於獄中。有《韓非子》傳世。（本《史記》卷六三《韓非列傳》）

[25] 常侍：蓋為散騎常侍之省稱。

[26] 黃門郎：官名。即給事黃門侍郎，秩六百石，第五品。掌侍從左右，關通中外，與侍中俱出入宮中，近侍帷幄，省尚書奏事。 吏部郎：官名。尚書吏部曹之長官，屬吏部尚書，主管官吏選任銓叙調動事務，可建議任免五品以下官吏。秩四百石，六品。

［27］東郡：治所濮陽縣，在今河南濮陽縣西南。

［28］三人：百衲本作"二人"，殿本、盧弼《集解》本、校點本作"三人"。今從殿本等。

樂安廉昭以才能拔擢，[1]頗好言事。[2]恕上疏極諫曰：

伏見尚書郎廉昭奏左丞曹璠以罰當關不依詔，[3]坐判問。[4]又云"諸當坐者別奏"。[5]尚書令陳矯自奏不敢辭罰，亦不敢以處重爲恭，意至懇惻。臣竊憫然爲朝廷惜之！夫聖人不擇世而興，不易民而治，然而生必有賢智之佐者，蓋進之以道，帥之以禮故也。[6]古之帝王之所以能輔世長民者，莫不遠得百姓之歡心，近盡羣臣之智力。誠使今朝任職之臣皆天下之選，而不能盡其力，不可謂能使人；若非天下之選，亦不可謂能官人。陛下憂勞萬機，或親燈火，而庶事不康，刑禁日弛，豈非股肱不稱之明效歟？原其所由，非獨臣有不盡忠，亦主有不能使。百里奚愚於虞而智於秦，[7]豫讓苟容中行而著節智伯，[8]斯則古人之明驗矣。今臣言一朝皆不忠，是誣一朝也；然其事類，可推而得。陛下感帑藏之不充實，而軍事未息，至乃斷四時之賦衣，薄御府之私穀，帥由聖意，舉朝稱明，與聞政事密勿大臣，寧有懇懇憂此者乎？

騎都尉王才、幸樂人孟思所爲不法，振動京都，而其罪狀發於小吏，公卿大臣初無一言。[9]自陛下踐阼以來，司隸校尉、御史中丞寧有舉綱維以督奸宄，使朝廷肅然者邪？若陛下以爲今世無良才，朝廷乏賢佐，豈可追望稷、契之遐蹤，坐待來世之儁乂乎！[10]今之所謂賢者，盡有大官而享厚禄矣，然而奉上之節未立，向公之心不一者，委任之責不專，而俗多忌諱故也。臣以爲忠臣不必親，親臣不必忠。何者？以其居無嫌之地而事得自盡也。今有疏者毀人不實其所毀，而必曰私報所憎，譽人不實其所譽，而必曰私愛所親，左右或因之以進憎愛之説。非獨毀譽有之，政事損益，亦皆有嫌。陛下當思所以闡廣朝臣之心，篤厲有道之節，使之自同古人，望與竹帛耳。[11]反使如廉昭者擾亂其間，臣懼大臣遂將容身保位，坐觀得失，爲來世戒也！

昔周公戒魯侯曰"無使大臣怨乎不以"，[12]言賢愚明，[13]皆當世用也。堯數舜之功，稱去四凶，不言大小，有罪則去也。今者朝臣不自以爲不能，以陛下爲不任也；不自以爲不智，[14]以陛下爲不問也。陛下何不遵周公之所以用，大舜之所以去？使侍中、尚書坐則侍帷幄，行則從華輦，[15]親對詔問，所陳必達，則羣臣之行，能否皆可得而知；忠能者進，闇劣者退，誰敢依違而不自盡？以陛下之聖明，親與羣臣論議政事，使羣臣人得自盡，[16]人自以爲親，人思所以報，賢愚能否，在陛下之所用。以此治事，何事不辦？以此建功，何功不成？每有軍事，詔書常曰："誰當憂此者邪？吾當自憂耳。"近詔又曰："憂公忘私者必不然，但先公後私即自辦也。"[17]伏讀明詔，乃知聖思究盡下情，然亦怪陛下不治其本而憂其末也。[18]人之能否，實有本性，雖臣亦以爲朝臣不盡稱職也。明主之用人也，使能者不敢遺其力，而不能者不得處非其任。選舉非其人，未必爲有罪也；舉朝共容非其人，乃爲怪耳。陛下知其不盡力也，而代之憂其職，知其不能也，而教之治其事，豈徒主勞而臣逸哉？雖聖賢並世，終不能以此爲治也。

陛下又患臺閣禁令之不密，人事請屬之不絶，聽伊尹作迎客出入之制，[19]選司徒更惡吏以守寺門；[20]威禁由之，實未得爲禁之本也。昔漢安帝時，[21]少府竇嘉辟廷尉郭躬無罪之兄子，猶見舉奏，章劾紛紛。近司隸校尉孔羨辟大將軍狂悖之弟，而有司嘿爾，望風希指，甚於受屬。選舉不以實，人事之大者也。〔一〕嘉有親戚之寵，[22]躬非社稷重臣，猶尚如此；以今況古，陛下自不督必行之罰以絶阿黨之原耳。伊尹之制，與惡吏守門，非治世之具也。使臣之言少蒙察納，何患於姦不削滅，而養若昭等乎！

夫糾摘姦宄，忠事也，然而世憎小人行之者，以其不顧道理而苟求容進也。若陛下不復考其終始，必以違衆忤世爲奉公，密行白人爲盡節，焉有通人大才而更不能爲此邪？誠顧道理而弗爲耳。使天下皆背道而趨利，則人主之所最病者，陛下將何樂焉，胡不絶其萌乎！夫先意承旨以求容美，率皆天下淺薄無行義者，其意務在於適人主之心而已，非欲治天下安百姓也。陛下何不試變業而示之，彼豈執其所守以違聖意哉？夫人臣得人主之心，安業也；處尊顯之官，榮事也；食千鍾之禄，厚實也。人臣雖愚，未有不樂此而喜干迕者也，迫於道，自彊耳。誠以爲陛下當憐而佑之，[23]少委任焉，如何反録昭等傾側之意，而忽若人者乎？今者外有伺隙之寇，内有貧曠之民，陛下當大計天下之損益，政事之得失，誠不可以息也。

恕在朝八年，其論議亢直，皆此類也。

〔一〕臣松之案，大將軍，司馬宣王也。《晉書》云："宣王第五弟，名通，爲司隸從事。"[24]疑恕所云狂悖者。通子順，封龍陽亭侯。晉初受禪，以不達天命，守節不移，削爵土，徙武威。

[1] 樂安：郡名。東漢質帝時，改樂安國置，治所高苑縣，在今山東鄒平縣東北苑城鎮。

[2] 言事：殿本《考證》、盧弼《集解》謂宋本無"言"字，而百衲本、盧弼《集解》本、校點本皆有。今仍從百衲本等。

[3] 尚書郎：官名。東漢之制，取孝廉之有才能者入尚書臺，初入臺稱守尚書郎中，滿一年稱尚書郎，三年稱侍郎，統稱尚書郎。曹魏襲之，而分曹有異。曹魏有殿中、吏部、駕部、度支等二十五郎，秩皆四百石，第六品，主作文書起草。　　左丞：即尚書左

丞。魏、晉時仍爲尚書省佐官，位次尚書，秩四百石，第六品。主省內禁令，監察糾彈諸官，並分管宗廟祠祀、朝儀禮制、選授官吏等文書奏事。　罰當關不依詔：胡三省云："罰，罪罰也。關，白也。言有罪罰當關白而不依詔。"（《通鑑》卷七二魏明帝太和六年注）

［4］判問：胡三省云："判，剖也，析也；問，責問也。剖析其事而責問之也。"（《通鑑》卷七二魏明帝太和六年注）

［5］諸當坐者別奏：胡三省云："廉昭又云'諸當坐者別奏'，意欲並奏令、僕坐之。"（《通鑑》卷七二魏明帝太和六年注）

［6］帥：校點本作"率"，百衲本、殿本、盧弼《集解》本作"帥"。按，二字義同，今從百衲本等。

［7］百里奚：春秋時，初爲虞國大夫，虞君不能用。晉獻公滅虞，與虞君俱被俘，又被作爲陪嫁之臣送往秦國。後逃往楚，爲楚人所執。秦穆公聞其賢，遣人至楚以五張羖羊（黑公羊）皮贖回，任爲大夫。與蹇叔等同佐穆公成就霸業。（本《史記》卷五《秦本紀》）

［8］豫讓：春秋晉人。初事范氏、中行氏，未得重用。智伯滅范氏、中行氏後，轉事智伯，得到尊寵。及趙襄子聯合韓、魏滅智伯後，豫讓爲與智伯報仇，竟兩次殘身毀形謀刺趙襄子，後被擒。趙襄子當面責之曰："子不嘗事范、中行氏乎？智伯滅范、中行氏，而子不爲報讎，反委質事智伯。智伯已死，子獨何爲報讎之深也？"豫讓曰："臣事范、中行氏，范、中行氏以衆人遇臣，臣故衆人報之。智伯以國士遇臣，臣故國士報之。"請刺趙襄子衣。趙襄子乃從其請。豫讓遂擊刺襄子衣而自殺。（見《戰國策·趙策一》）

［9］初：完全。

［10］儁乂：同"俊乂"。才德出衆之人。《尚書·皋陶謨》"俊乂在官"孔穎達疏："馬、王、鄭皆云，才德過千人爲俊，百人爲乂。"

［11］望與竹帛：留名載籍之意。《通鑑》即作"垂名竹帛"。

(《通鑑》卷七二魏明帝太和六年）

[12] 魯侯：指周公之子伯禽，封於魯。　不以：百衲本"以"字作"已"，殿本、盧弼《集解》本、校點本作"以"。今從殿本等。《論語·微子》周公謂魯公曰："君子不施其親，不使大臣怨乎不以。"劉寶楠《正義》云："不以，謂不用其言也。"又云："蓋既用爲大臣，當非不賢之人。"

[13] 言：殿本、盧弼《集解》本、校點本"言"上皆有"不"字，百衲本無。趙幼文《校箋》謂《群書治要》卷二五、《册府元龜》卷五三八引俱無"不"字，《通志》同。今從百衲本。

[14] 智：百衲本作"知"，殿本、盧弼《集解》本、校點本作"智"。按二字通，今從殿本等。

[15] 華輦：趙幼文《校箋》謂《群書治要》卷二五引"華"字作"興"，《册府元龜》作"車"。

[16] 盡：殿本、盧弼《集解》本作"進"，百衲本、校點本作"盡"。今從百衲本等。

[17] 辦：殿本、盧弼《集解》本作"辨"，百衲本、校點本作"辦"。今從百衲本等。

[18] 治：殿本、盧弼《集解》本作"知"，百衲本、校點本作'治'。今從百衲本等。《通鑑》亦作"治"，胡三省注云："爲治之本，在於任賢；事之治不治，乃其末也。"（《通鑑》卷七二魏明帝太和六年注）

[19] 伊尹：此費解。或以喻執政大臣。《通鑑》無"聽伊尹"三字。趙幼文《校箋》則云："竊疑'伊'字或是'門'字之殘訛。《國語·周語》：'敵國賓至，門尹除門。'韋昭注：'門尹，司門也。'"

[20] 選司徒：此費解。《通鑑》無"選司徒"三字。　寺門：官府之門。

[21] 安帝時：胡三省謂《後漢書·郭躬傳》載，郭躬於章帝元和三年（86）拜廷尉，和帝永元六年（94）卒，不及安帝

（107—125年在位）時。蓋躬死後，竇嘉方辟其兄子也。（見《通鑑》卷七二魏明帝太和六年注）而《後漢書》卷二三《竇融傳》，謂竇嘉"和帝初，爲少府。及大將軍憲被誅，免就國"。《後漢書》卷四《和帝紀》又謂竇憲之被免官自殺，在永元四年六月。則永元四年後，竇嘉已無少府之職，不得辟郭躬之兄子爲吏。故侯康《補注續》、梁章鉅《旁證》皆謂"安帝"當作"和帝"。

[22] 親戚：竇嘉之兄女，乃漢章帝皇后。

[23] 佑：百衲本作"祐"，殿本、盧弼《集解》本、校點本作"佑"。今從殿本等。

[24] 司隸從事：即司隸校尉所置僚屬諸從事的泛稱。如漢代的別駕從事、治中從事、都官從事、兵曹從事等等。

出爲弘農太守，數歲轉趙相，〔一〕[1]以疾去官。〔二〕起家爲河東太守，歲餘，遷淮北都督護軍，[2]復以疾去。恕所在，務存大體而已，其樹惠愛，益得百姓歡心，不及於畿。頃之，拜御史中丞。恕在朝廷，以不得當世之和，[3]故屢在外任。復出爲幽州刺史，加建威將軍，[4]使持節，護烏丸校尉。[5]時征北將軍程喜屯薊，[6]尚書袁侃等戒恕曰："程申伯處先帝之世，[7]傾田國讓於青州。[8]足下今俱杖節，使共屯一城，[9]宜深有以待之。"[10]而恕不以爲意。至官未期，有鮮卑大人兒，不由關塞，徑將數十騎詣州，州斬所從來小子一人，無表言上，喜於是劾奏恕，下廷尉，[11]當死。以父畿勤事水死，免爲庶人，徙章武郡，[12]是歲嘉平元年。〔三〕[13]恕倜儻任意，而思不防患，終至此敗。

〔一〕《魏略》曰：恕在弘農，寬和有惠愛。及遷，以孟康代恕爲弘農。康字公休，安平人。[14]黃初中，以於郭后有外屬，[15]并受九親賜拜，遂轉爲散騎侍郎。是時，散騎皆以高才英儒充其選，而康獨緣妃嬙雜在其間，故于時皆共輕之，號爲阿九。康既（無）才敏，[16]因在宂官，博讀書傳，後遂有所彈駁，其文義雅而切要，衆人乃更加意。正始中，[17]出爲弘農，[18]領典農校尉。康到官，清己奉職，[19]嘉善而矜不能，省息獄訟，緣民所欲，因而利之。郡領吏二百餘人，涉春遣休，常四分遣一。事無宿諾，時出案行，皆豫敕督郵、平水，[20]不得令屬官遣人探候，修設曲敬。[21]又不欲煩損吏民，常豫敕吏卒，[22]行各持鎌，所在自刈馬草，不止亭傳，[23]露宿樹下，又所從常不過十餘人。郡帶道路，其諸過賓客，自非公法無所出給；若知舊造之，自出於家。康之始拜，衆人雖知其有志量，以其未嘗宰牧，不保其能也；而康恩澤治能乃爾，吏民稱歌焉。嘉平末，徙渤海太守徵入爲中書令，[24]後轉爲監。[25]

〔二〕《杜氏新書》曰：恕遂去京師，營宜陽一泉塢，[26]因其壘塹之固，小大家焉。明帝崩時，人多爲恕言者。

〔三〕《杜氏新書》曰：喜欲恕折節謝己，諷司馬宋權示之以微意。[27]恕答權書曰："況示委曲。夫法天下事，[28]以善意相待，無不致快也；以不善意相待，無不致嫌隙也。而議者言，凡人天性皆不善，不當待以善意，更墮其調中。[29]僕得此輩，便欲歸蹈滄海乘桴耳，[30]不能自諧在其間也。然以年五十二，不見廢棄，頗亦遭明達君子亮其本心；[31]若不見亮，使人刳心著地，正與數斤肉相似，何足有所明？故終不自解說。程征北功名宿著，在僕前甚多，有人出征北乎？若令下官事無大小，咨而後行，則非上司彈繩之意；若咨而不從，又非上下相順之宜。故推一心，任一意，直而行之耳。殺胡之事，天下謂之是邪，是僕諧也；呼爲非邪，僕自受之，無所怨咎。程征北明之亦善，不明之亦善，諸君子自共爲其心耳，不在僕言也。"喜於是遂深文劾恕。

[1] 趙：王國名。原爲郡，魏明帝太和中改爲國，治所房子縣，在今河北高邑縣西南。

[2] 都督護軍：官名。魏、晋時諸軍事要鎮之長官，第五品。

[3] 不得當世之和：趙一清《注補》云："《晋書·杜預傳》父恕'與宣帝不相能，遂以幽死'。承祚所謂'不得當世之和'者，此也。"

[4] 建威將軍：官名。西漢末新莽時置，爲領兵將領。東漢、魏、晋沿置。魏、晋爲四品。

[5] 護烏丸校尉：官名。亦作護烏桓校尉。漢武帝時已置烏桓校尉，監領烏桓，後不常設。東漢光武帝建武中，復置護烏丸校尉，秩比二千石，屯上谷廣寧縣（今河北張家口市），常領烏丸等部與度遼將軍等共戍衛邊塞。魏、晋沿置，屯地有所不同。

[6] 征北將軍：官名。秩二千石，第二品，黄初中位次三公，領兵屯薊，統幽、冀、并三州刺史。 薊：縣名。治所在今北京城西南。

[7] 程申伯：程喜字申伯。

[8] 田國讓：百衲本、殿本、盧弼《集解》本均作"田園讓"；校點本作"田國讓"。此處實指田豫（字國讓），故從校點本。

[9] 使：趙幼文《校箋》謂《太平御覽》卷二三九、《册府元龜》卷四四〇引無"使"字。 一城：指幽州刺史之治所薊城。

[10] 待：趙幼文《校箋》謂《太平御覽》卷二三九引作"禮"。

[11] 廷尉：官名。秩中二千石，第三品，掌司法刑獄。

[12] 章武郡：建安中曹操所置，治所東平舒縣，在今河北大城縣。（本趙一清《注補》）

[13] 嘉平：魏少帝齊王曹芳年號（249—254）。

[14] 安平：東漢爲王國，曹魏改爲郡，治所信都縣，在今河北冀縣。何焯又云："此孟康，即注《漢書》者。顔師古曰安平廣

宗人。"(《義門讀書記》卷二六《三國志・魏志》）　廣宗，縣名。治所在今河北威縣東。

[15] 外屬：外家親屬。按，本書卷五《文德郭皇后傳》，郭后之姊子名孟武，則孟康與孟武爲一家。

[16] 康既才敏：百衲本、殿本、盧弼《集解》本均作"康既無才敏"。殿本《考證》云："宋本作'康既才敏'，無'無'字。"校點本又從何焯説《太平御覽》無"無"字，作"康既才敏"。今從之。趙幼文《校箋》則謂《北堂書鈔》卷七五引作"康既有才，敏而好學"。疑"康既有才"絕句。康既有才又好學，故下文乃云"因在冗官，博讀書傳，後遂有所彈駁，其文義雅而切要"。文義正相密附，似當據《北堂書鈔》所引訂正。

[17] 正始：魏少帝齊王曹芳年號（240—249）。

[18] 爲弘農：趙幼文《校箋》謂《太平御覽》卷一九、《册府元龜》卷八六〇引"農"下有"守"字。

[19] 清己：盧弼《集解》謂《北堂書鈔》卷七四引《魏略》"清己"下有"平賦"二字。趙幼文《校箋》謂《北堂書鈔》卷七四引作"清己平賦"，無"奉職"二字。《白孔六帖》卷四〇引同。

[20] 督郵：官名。本名督郵書掾（或督郵曹掾），省稱督郵掾、督郵。漢置，郡府屬吏，秩六百石。主要職掌除督送郵書外，又代表郡守督察屬縣，宣達教令，並兼司獄訟捕亡等。每郡督郵皆分部，有二部、三部、四部、五部不等。　平水：官名。《續漢書・百官志》云："（凡郡縣）有水池及魚利多者，置水官，主平水，收漁税。"曹魏沿置。周一良《札記》亦云："曹魏之平水與督郵並列，當是郡守下掌水之屬官。"

[21] 修設：謂設宴招待。（參周一良《札記》）

[22] 吏卒：趙幼文《校箋》謂《白孔六帖》卷四〇、《太平御覽》卷二六一引無"吏"字。

[23] 亭傳：驛站。

[24] 渤海：郡名。東漢治所南皮縣，在今河北南皮縣東北。

［25］監：即中書監。官名。秩千石，第三品。黃初中，改秘書令爲中書令，又置中書監，並高於令，掌贊詔命，作文書，典尚書奏事。若密詔下州郡及邊將，則不由尚書。與中書令並掌機密。

［26］宜陽：縣名。治所在今河南宜陽縣西福昌鎮。 一泉塢：城邑名。在今河南洛寧縣東北洛河北岸。

［27］司馬：官名。將軍府之屬官，掌參贊軍務，管理府內武職，位僅次於長史。

［28］夫：趙幼文《校箋》謂《册府元龜》卷四四〇引作"奉"。

［29］墮其調中：吳金華《校詁》引徐復説，"調"謂欺誕之術。"墮其調中"，猶言墮其術中。

［30］便：百衲本作"隨"，殿本、盧弼《集解》本、校點本作"便"。今從殿本等。

［31］亦遭：百衲本無"亦"字，殿本、盧弼《集解》本、校點本有。今從殿本等。

　　初，恕從趙郡還，陳留阮武亦從清河太守徵，[1]俱自（薄）〔簿〕廷尉。[2]謂恕曰："相觀才性可以由公道而持之不厲，器能可以處大官而求之不順，才學可以述古今而志之不一，此所謂有其才而無其用。今向閒暇，可試潛思，成一家言。"在章武，遂著《體論》八篇。〔一〕[3]又著《興性論》一篇，[4]蓋興於爲己也。四年，卒於徙所。[5]

　　〔一〕《杜氏新書》曰：以爲人倫之大綱，莫重於君臣；立身之基本，莫大於言行；安上理民，莫精於政法；勝殘去殺，莫善於用兵。夫禮也者，萬物之體也，萬物皆得其體，無有不善，故謂之《體論》。[6]

［1］清河：郡名。治所清河縣，在今山東臨清市東北。

［2］簿：各本皆作"薄"，趙一清《注補》云："'薄'當作'簿'，謂對簿也。"此説有理，今從之。趙幼文《校箋》亦謂《通志》正作"簿"，趙説是也。

［3］體論：嚴可均《全三國文》卷四二謂《隋書·經籍志》儒家類載《杜氏體論》四卷，杜恕撰。《舊唐書·經籍志》《新唐書·藝文志》同。八篇者，一君、二臣、三言、四行、五政、六法、七聽察、八用兵。四卷者，卷凡二篇。其書蓋亡於唐末。《群書治要》載有六千餘言，不著篇名。今録出校定爲一卷。

［4］興性論：嚴可均《全三國文》卷四二云："據《意林》引《篤論》水性勝火，人性勝志。考實性行二事，證知《興性論》即《篤論》之首篇。"

［5］徙所：梁章鉅《旁證》云："《通典·州郡七》云：河南福昌縣北，有魏杜畿、杜恕墓。"唐代福昌縣治所在今河南宜陽縣西。

［6］謂之體論：嚴可均《全三國文》謂裴注此引"蓋用《體論·自敘篇》"。

甘露二年，[1]河東樂詳年九十餘，上書訟畿之遺績，朝廷感焉。詔封恕子預爲豐樂亭侯，邑百户。〔一〕

〔一〕《魏略》曰：樂詳字文載。少好學，建安初，詳聞公車司馬令南郡謝該善《左氏傳》，[2]乃從南陽步〔涉〕詣〔許，從〕該問疑難諸要，[3]今《左氏樂氏問七十二事》，[4]詳所撰也。所問既了而歸鄉里，時杜畿爲太守，亦甚好學，署詳文學祭酒，[5]使教後進，於是河東學業大興。至黄初中，徵拜博士。于時太學初立，有博士十餘人，學多褊狹，[6]又不熟悉，略不親教，[7]備員而已。惟詳五業並授，[8]其或難解，[9]質而不解，詳無慍色，以杖畫地，牽譬引類，至忘寢食，以是獨擅名於遠近。詳學既精悉，又善推步三五，[10]別受詔與太史典定律曆。太和中，轉拜騎都尉。詳學優能少，故歷三世，竟不出爲宰守。至正始中，以年老罷歸於舍，本國宗族歸之，門徒數千人。

[1] 甘露：魏少帝高貴鄉公曹髦年號（256—260）。

[2] 公車司馬令：官名。秩六百石，第六品。掌皇宮南闕門，凡吏民上章、四方貢獻及徵詣公車者，均由公車司馬令呈達。

[3] "乃從"二句：各本皆作"乃從南陽步詣該問疑難諸要"，《後漢書》卷七九下《謝該傳》李賢注引《魏略》作"乃從南陽步涉詣許從該問疑難諸要"。何焯據此《後漢書》注改，殿本《考證》亦指出。校點本即從何焯之校改。今從校點本。

[4] 左氏樂氏問七十二事：《隋書·經籍志》等未著錄此書，《後漢書·謝該傳》則云："建安中，河東樂詳條《左氏》疑滯數十事以問，該皆爲通解之，名爲《謝氏釋》，行於世。"姚振宗《三國藝文志》謂謝氏之釋當亦錄入樂詳《左氏問七十二事》。

[5] 文學祭酒：官名。東漢末置，郡府屬官，掌教授生徒。不常設。曹魏亦曾置。

[6] 褊：殿本作"偏"，百衲本、盧弼《集解》本、校點本作"褊"。今從百衲本等。

[7] 略不親教：趙幼文《校箋》謂《太平御覽》卷二三六引作"不敢親教"。

[8] 五業：盧弼《集解》解引惠棟曰："五業，五經也。"

[9] 難解：百衲本"解"字作"教"，殿本、盧弼《集解》本、校點本作"解"。今從殿本等。

[10] 推步三五：謂天文曆法之術。

恕奏議論駁皆可觀，掇其切世大事著于篇。〔一〕

〔一〕《杜氏新書》曰：恕弟理，字務仲。少而機察精要，畿奇之，故名之曰理。年二十一而卒。弟寬，[1]字務叔。清虛玄靜，敏而好古。以名臣門戶，少長京師，而篤志博學，絕於世務，其意欲探賾索隱，由此顯名，當塗之士多交焉。舉孝廉，除郎中。[2]年四十二而卒。經傳之義，多所論駁，皆草創未就，[3]惟刪集《禮記》及《春秋左氏傳》解，今存于世。

預字元凱，司馬宣王女壻。王隱《晉書》稱預智謀淵博，[4]明於理亂，[5]常稱"德者非所（以）企及，[6]立功立言，所庶幾也"。[7]大觀羣典，謂《公羊》《穀梁》，詭辯之言。[8]又非先儒說《左氏》未究丘明意，而橫以二傳亂之。乃錯綜微言，著《春秋左氏經傳集解》，[9]又參考衆家，謂之《釋例》，又作《盟會圖》《春秋長曆》，備成一家之學，至老乃成。尚書郎摯虞甚重之，曰："左丘明本為《春秋》作傳，而《左傳》遂自孤行；《釋例》本為傳設，而所發明何但《左傳》，故亦孤行。"預有大功名於晉室，位至征南大將軍，[10]開府，封當陽侯，食邑八千戶。子錫，字世嘏，尚書左丞。

《晉諸公贊》曰：（嘏）〔錫〕有器局。[11]預從兄斌，[12]字世將，亦有才望，為黃門郎，為趙王倫所枉殺。（嘏）〔錫〕子乂，字弘治，[13]少有令名，為丹陽丞，[14]早卒。阮武者，亦拓落大才也。[15]案《阮氏譜》：武父諶，字士信，徵辟無所就，造《三禮圖》傳於世。[16]

《杜氏新書》曰：武字文業，閎達博通，淵雅之士。位止清河太守。武弟炳，字叔文，河南尹。精意醫術，撰藥方一部。[17]炳子坦，字弘舒，晉太子少傅，[18]平東將軍，[19]坦弟柯，字士度。

荀綽《兗州記》曰：坦出紹伯父，亡，次兄當襲爵，父愛柯，言名傳之，遂承封，時幼小，不能讓，及長悔恨，遂幅巾而居，[20]後雖出身，[21]未嘗釋也。性純篤閑雅，好禮無違，存心經誥，博學洽聞。選爲濮陽王文學，[22]遷領軍長史，[23]喪官。王衍時爲領軍，[24]哭之甚慟。

[1] 弟寬：百衲本"弟"字作"子"，殿本、盧弼《集解》本、校點本作"弟"。今從殿本等。殿本《考證》謂"弟寬"監本作"子寬"。李龍官云："按恕字務伯，理字務仲，寬字務叔，皆兄弟也。韓愈《杜中散墓誌》亦云'畿季子寬'，可知'子'字爲'弟'字之誤，今改正。"潘眉《考證》亦云："《唐書·宰相世系表》：畿三子：恕、理、寬。"盧弼《集解》又云："《意林》引《篤論》作'少子寬'，畿之少子也。"

[2] 郎中：官名。東漢時，秩比三百石，分隸五官、左、右三署中郎將，名義上備宿衛，實爲後備官吏人才。魏、晉雖罷五官、左、右三署中郎將，仍置郎中，州郡所舉秀才、孝廉，多先授郎中，再出補長吏。

[3] 皆：盧弼《集解》本無"皆"字，百衲本、殿本、校點本有。今從百衲本等。

[4] 智謀：百衲本、殿本"謀"字作"謨"，盧弼《集解》本、校點本作"謀"，《世說新語·方正篇》劉孝標注引亦作"謀"。按，二字義同，今從《集解》本等。

[5] 理亂：趙幼文《校箋》謂《世說新語·方正篇》注引"理"字作"治"。疑是。

[6] 德者非所企及：各本"所"下有"以"字。趙幼文《校箋》謂《世說新語·方正篇》注引"德"上有"立"字，"所"下無"以"字。吳金華《〈三國志〉斠議》謂孔穎達《春秋左傳正義》卷二"杜氏"注引王隱《晉書》亦無"以"字。今據趙、吳所引刪"以"字。

[7] 所：趙幼文《校箋》謂《冊府元龜》卷七七二引作

"可"。

[8]辯：盧弼《集解》本、校點本作"辨"，百衲本、殿本作"辯"。今從百衲本等。

[9]春秋左氏經傳集解：《晋書》卷三四《杜預傳》亦云："（預）既立功之後，從容無事，乃耽思經籍，爲《春秋左氏經傳集解》。又參考衆家譜第，謂之《釋例》。又作《盟會圖》《春秋長曆》，備成一家之學，比老乃成。"《隋書·經籍志》亦著録《春秋左氏經傳集解》三十卷，杜預撰；《春秋釋例》十五卷，杜預撰；《春秋左氏傳評》二卷，杜預撰。至于《盟會圖》與《春秋長曆》，《四庫全書總目提要》謂爲《釋例》中之二篇，並非別爲一書。

[10]征南大將軍：官名。秩二千石，第二品，位次三公。開府者位從公，升爲一品。

[11]錫：各本均作"暇"。錢劍夫《三國志標點本商榷》謂兩"暇"字都應作"錫"字。其注云："此注上引《杜氏新書》云'子錫，字世暇'，則'錫'爲其名，即不得單稱其字。《晋書·杜預傳》亦但稱'錫'，不單稱'暇'，亦其徵。而《晋諸公贊》撰者爲傅暢，其先世亦無名'錫'者，見《晋書·傅祇傳》，似亦無由緣家諱而改。"（《中國語文》1978年第2期）此説有理，今從之。

[12]斌：百衲本作"武"，殿本《考證》亦云："'斌'宋本作'武'。"殿本、盧弼《集解》本、校點本均作"斌"，而再無其他依據，故從殿本等。

[13]弘治：殿本、盧弼《集解》本、校點本作"洪治"，百衲本作"弘治"，《晋書》卷九三《杜乂傳》作"弘理"；"理"爲唐人避諱改。《世説新語·賞譽》云："杜弘治墓崩，哀容不稱。"注引《晋陽秋》曰："杜乂字弘治，京兆人。"作"弘治"爲是，故從百衲本。

[14]丹陽：縣名。治所在今安徽當塗縣東北小丹陽鎮。　丞：官名。縣令之副佐。漢代，職掌文書及倉獄事宜，秩四百石至二百石。曹魏時，大縣之丞秩四百石，第八品；次縣、小縣第九

品。晋同。

[15] 拓落：形容心胸寬廣。

[16] 三禮圖：《隋書·經籍志》著録有"《三禮圖》九卷，鄭玄及後漢侍中阮諶等撰"。

[17] 藥方一部：《隋書·經籍志》醫方類謂梁有《阮河南藥方》十六卷，阮文叔撰，亡。《舊唐書·經籍志》又著録《阮河南方》十六卷，阮炳撰。盧弼《集解》云："此作'字叔文'，《隋志》作'文叔'，未知孰是。"

[18] 太子少傅：官名。與太子太傅並稱太子二傅。東漢時秩中二千石，掌輔導太子及東宫衆務。曹魏以二傅並攝東宫事務，與尚書東曹並掌太子、諸侯官屬選舉，三品。西晋同。

[19] 平東將軍：官名。漢末建安初置。曹魏時，與平西、平南、平北將軍合稱四平將軍，權任頗重，多持節都督或監某一地區軍事，時或爲刺史等地方長官兼理軍務之加官，第三品。晋沿置。

[20] 幅巾：男子用絹一幅束髮稱幅巾。此謂不著封爵之冠，祇幅巾而已。

[21] 出身：謂做官。

[22] 濮陽：王國名。治所濮陽縣，在今河南濮陽縣西南。
文學：官名。曹魏置太子文學，諸王亦置，常爲皇帝監督諸王的耳目；諸國亦置。晋朝諸王、諸王世子亦置。

[23] 領軍長史：官名。領軍將軍之僚屬，秩六百石，第七品。

[24] 領軍：官名。即領軍將軍，禁衛軍之最高統帥。西晋初省，惠帝時復置。

鄭渾字文公，河南開封人也。[1]（高）〔曾〕祖父衆，[2]衆父興，[3]皆爲名儒。〔一〕渾兄泰，與荀攸等謀誅董卓，爲揚州刺史，卒。〔二〕渾將泰小子袤避難淮南，[4]袁術賓禮甚厚。渾知術必敗。時華歆爲豫章太守，[5]素與泰善，渾乃渡江投歆。太祖聞其篤行，召爲掾，[6]復遷下蔡長、邵陵令。[7]天下未定，民皆剽輕，[8]不念產殖；其生子無以相活，率皆不舉。渾所在奪其漁獵之具，課使耕桑，[9]又兼開稻田，重去子之法。[10]民初畏罪，後稍豐給，無不舉贍；[11]所育男女，多以鄭爲字。[12]辟爲丞相掾屬，遷左馮翊。[13]

〔一〕《續漢書》曰：興字少贛，諫議大夫。[14]衆字子師，[15]大司農。[16]

〔二〕張璠《漢紀》曰：泰字公業。少有才略，多謀計，知天下將亂，陰交結豪傑。家富於財，有田四百頃，而食常不足，名聞山東。[17]舉孝廉，三府辟，公車徵，[18]皆不就。何進輔政，徵用名士，以泰爲尚書侍郎，[19]加奉車都尉。[20]進將誅黃門，[21]欲召董卓爲助，泰謂進曰："董卓彊忍寡義，志欲無饜，若借之朝政，授之大事，將肆其心以危朝廷。以明公之威德，據阿衡之重任，[22]秉意獨斷，誅除有罪，誠不待卓以爲資援也。且事留變生，其鑒不遠。"[23]又爲陳時之要務，進不能用，乃棄官去。謂潁川人荀攸曰：[24]"何公未易輔也。"進尋見害，卓果專權，廢帝。[25]關東義兵起，卓會議大發兵，[26]羣寮咸憚卓，莫敢忤旨。泰恐其彊，益將難制，乃曰："夫治在德，不在兵也。"卓不悅曰："如此，兵無益邪？"衆人莫不變容，爲泰震慄。泰乃詭辭對曰：[27]"非以無益，[28]以山東不足加兵也。[29]今山東議欲起兵，州郡相連，人衆相動，非不能也。然中國自光武以來，無雞鳴狗吠之驚，[30]百姓忘戰日久；仲尼有言'不教民戰，是謂棄之'，[31]雖衆不能爲害，一也。明公出自西州，[32]少爲國將，閑習軍事，數踐戰場，名稱當世；以此威民，民懷懾服，二也。袁本初公卿子弟，[33]生處京師，體長婦人；[34]張孟卓東平長者，[35]坐不窺堂;[36]孔公緒能清談高論,[37]噓枯吹生,[38]無軍帥之才,[39]負霜露之勤;臨鋒履刃,決敵雌雄,皆非明公敵,三也。察山東之士,力能跨馬控弦,勇等孟賁,[40]捷齊慶忌,[41]信有聊城之守,[42]策有良平之謀;[43]可任以偏師,責以成功,未聞有其人者,四也。就有其人,王爵不相加,婦姑位不定,[44]各恃衆怙力,將人人蓁峙,以觀成敗,不肯同心共膽,率徒旅進,[45]五也。關西諸郡,[46]北接上黨、太原、馮翊、扶風、安定,[47]自頃以來,數與胡戰,婦女載戟挾矛,弦弓負矢,[48]況其悍夫;以此當山東忘戰之民,譬驅羣羊向虎狼,其勝可必,六也。且天下之權勇,[49]今見在者不過并、涼、匈奴屠各、湟中義從、八種西羌,[50]皆百姓素所畏服,而明公權以爲爪牙,[51]壯夫震慄,[52]況小醜乎!七也。又明公之將帥,皆中表腹心,周旋日久,自三原、硤口以來,[53]恩信醇著,忠誠可遠任,智謀可特使,以此當山東解(合)〔后〕之虛誕,[54]實不相若,八也。夫戰有三亡:以亂攻治者亡,以邪攻正者亡,以逆攻順者亡。今明公秉國政平,討夷凶宜,忠義克立;以三德待於三亡,奉辭伐罪,誰人敢禦?九也。東州有鄭康成,[55]學該古今,儒生之所以集;北海邴根矩,[56]清高直亮,羣士之楷式。彼諸將若詢其計畫,案典校之彊弱,燕、趙、齊、梁非不盛,[57]終見滅於秦,吳、楚七國非不衆,[58]而不敢踰滎陽,[59]況今德政之赫赫,股肱之邦良,[60]欲造亂以徼不義者,必不相然讚,[61]成其凶謀,十也。若十事少有可采,無事徵兵以驚天下,使患役之民,相聚爲非,棄德恃衆,以輕威重。"卓乃悅,以泰爲將軍,統諸軍擊關東。或謂卓曰:"鄭泰智略過人,而結謀山東,今資之士馬,使就其黨,竊爲明公懼之。"[62]卓收其兵馬,留拜議郎。[63]後又與王允謀共誅卓,[64]泰脫身自武關走,[65]東歸。後將軍袁術以爲揚州刺史,[66]未至官,道卒,時年四十一。[67]

［1］開封：縣名。治所在今河南開封市南。

［2］曾祖：各本皆作"高祖"。沈家本《瑣言》謂《後漢書》卷七八《鄭衆傳》曰"曾孫公業"，《鄭太傳》曰"司農衆之曾孫"，渾既泰弟，則當云曾祖父衆，"高"字誤。按此説有理，故從改。

［3］興：鄭興，東漢初著名的古文經學家，長於《春秋左傳》及《周禮》。子衆，亦傳父業，精於《左傳》，兼通《詩》《易》。（見《後漢書》卷三六《鄭興傳》及附《衆傳》）

［4］淮南：錢大昕《三史拾遺》卷五云："初平四年（193），袁術殺揚州刺史陳温，遂據淮南，淮南即壽春也。"壽春，縣名。治所在今安徽壽縣。

［5］豫章：郡名。治所南昌縣，在今江西南昌市。

［6］掾：屬官之統稱。漢朝三公府及其他重要官府皆置掾、屬，分曹治事。

［7］下蔡：縣名。治所在今安徽鳳臺縣。　邵陵：縣名。亦即召陵縣，治所在今河南漯河市郾城區東。

［8］剽輕：謂强悍而輕浮不定。

［9］耕桑：趙幼文《校箋》謂《太平御覽》卷二六七引"桑"字作"種"。

［10］重去子之法：潘眉《考證》云："《零陵先賢傳》云：'漢末多事，國用不足，産子一歲，輒出口錢，民多不舉子。'蓋是時民窮財盡，懼出口錢，因不舉子。鄭渾先課耕桑，開稻田，令其豐給，無不舉育，法之善者也。"

［11］舉贍：趙幼文《校箋》謂《太平御覽》卷二六七引"贍"字作"育"，是。

［12］字：趙幼文《校箋》謂《太平御覽》引作"名"，是。

［13］左馮翊：官名。漢武帝以後，京都所在地之附近三郡，稱京兆尹、右扶風、左馮翊，合稱三輔；東漢建都洛陽，以三輔陵廟所在，不改其號，仍稱三輔。其長官名與地區名相同，職位相當

於郡太守。左馮翊治所高陵縣，在今陝西高陵縣西南。漢獻帝建安初又移於臨晉縣，在今陝西大荔縣。

［14］諫議大夫：官名。秩六百石。屬光祿勳，掌議論，無定員。

［15］子師：《後漢書》卷三六《鄭興附衆傳》作"仲師"。

［16］大司農：官名。秩中二千石，漢列卿之一。掌全國租賦收入和國家財政開支；原屬少府管理的帝室財政開支，東漢時亦並歸大司農。

［17］山東：地區名。指崤山以東之地。

［18］公車：官署名。以公車司馬令主之。東漢時掌皇宮南闕門，並接待臣民上書及徵召。

［19］尚書侍郎：官名。尚書臺郎曹長官。東漢尚書臺六曹各置六員，分隸列曹尚書。初入臺稱郎（郎中），任滿三年（一説滿一年）者始得稱侍郎，亦統稱爲尚書郎。

［20］奉車都尉：官名。秩比二千石，掌皇帝車輿，入侍左右。

［21］黃門：此指宦官。東漢黃門令、中黃門諸官皆以宦官爲之，故以黃門稱宦官。

［22］阿衡：商湯時，伊尹所任官名。《詩·商頌·長發》："實維阿衡，實左右商王。"毛傳："阿衡，伊尹也。左右，助也。"鄭箋："阿，倚；衡，平也。伊尹，湯所依倚而取平，故以爲官名。"

［23］其鑒不遠：胡三省云："謂竇武之事可爲殷鑒也。"（《通鑑》卷五九漢靈帝中平六年注）竇武，漢桓帝竇皇后之父，桓帝死，迎立靈帝，爲大將軍執掌朝政。後與陳蕃、李膺等謀誅宦官，事泄，兵敗自殺。（見《後漢書》卷六九《竇武傳》）

［24］潁川：郡名。治所陽翟縣，在今河南禹州市。

［25］廢帝：謂廢少帝劉辯。

［26］卓會議：趙幼文《校箋》謂《册府元龜》卷八三三引作"卓會公卿議"，多"公卿"二字，《季漢書》同。

［27］對曰：殿本、盧弼《集解》本"對曰"上有"而"字，百衲本、校點本無。今從百衲本等。

［28］非以無益：趙幼文《校箋》謂《册府元龜》卷八三三引"以"字作"謂"。按，宋本《册府元龜》引"益"字作"用"。

［29］山東：戰國秦漢間人稱"山東"，一般指崤山以東。鄭泰此時在洛陽，所説"山東"，當指太行山以東。如《史記》卷三九《晉世家》"晉兵先下山東"，即指太行山以東。

［30］雞鳴狗吠之驚：盧弼《集解》本作"雞鳴犬吠之驚"，並注云："馮本'犬'作'狗'，'驚'作'警'。"校點本作"雞鳴狗吠之警"，百衲本、殿本皆作"雞鳴狗吠之驚"。今從百衲本等。

［31］仲尼有言：孔子此語，見《論語·子路》。

［32］西州：指涼州。

［33］袁本初：袁紹字本初。

［34］體長婦人：謂在高官府第中由侍妾、女婢侍奉長大。

［35］張孟卓：張邈字孟卓，時為陳留太守，與袁紹同時起兵討董卓。

［36］坐不窺堂：《後漢書》卷七〇《鄭太傳》王先謙《集解》云："言不出帷房也。"

［37］孔公緒：孔伷字公緒，時為豫州刺史，與袁紹同時起兵討董卓。

［38］噓枯吹生：《後漢書》卷七〇《鄭太傳》李賢注："枯者噓之使生，生者吹之使枯。言談論有所抑揚。"亦即謂言談雖然動聽，而抑揚褒貶不合實際。

［39］軍帥：盧弼《集解》云："宋本'軍'作'將'。"而百衲本亦作"軍"。趙幼文《校箋》又謂《册府元龜》卷八三三引"帥"字作"旅"。《後漢書·鄭太傳》同。疑作"軍旅"者是。

［40］孟賁（bēn）：戰國勇士。《史記》卷一〇一《袁盎列傳》之《索隱》引《尸子》云："孟賁水行不避蛟龍，陸行不避

兕虎。"

　　[41] 慶忌：春秋時吳王僚之子，以勇聞名。《吳越春秋·闔閭內傳》：吳王曰："慶忌之勇，世所聞也，筋骨果勁，萬人莫當，走追奔獸，手接飛鳥，骨騰肉飛，拊膝數百里。"

　　[42] 聊城之守：《史記》卷八三《魯仲連列傳》："燕將攻下聊城，聊城人或讒之燕，燕將懼誅，因保守聊城，不敢歸。齊田單攻聊城歲餘，士卒多死而聊城不下。"

　　[43] 良平：即張良、陳平，漢高祖劉邦之重要謀士。

　　[44] 婦姑位不定：婦，兒媳；姑，婆婆。謂尊卑之位未定。此句《後漢書·鄭太傳》即作"尊卑無序"。

　　[45] 率徒：百衲本"率"字作"牽"，殿本、盧弼《集解》本、校點本作"率"。今從殿本等。　旅進：《禮記·樂記》："今夫古樂，進旅退旅。"鄭玄注："旅，俱也。俱進俱退，主一齊也。"

　　[46] 關西：地區名。指函谷關以西之地。

　　[47] 太原：郡名。治所晉陽縣，在今山西太原市西南古城營西古城。

　　[48] 弦弓：《後漢書·鄭太傳》作"挾弓"。盧弼《集解》謂當從《後漢書》作"挾弓"。趙幼文《校箋》謂《冊府元龜》卷八三三引亦作"挾弓"。上句"挾矛"《冊府元龜》作"操矛"。錢劍夫則云："'弦弓'者即緊其弓或堅其弓，中醫謂人脈急曰弦，亦由此義引申。"（《三國志集解校點記》）

　　[49] 權勇：吳金華《校詁》謂即強勇。《詩·齊風·盧令》："其人美且鬈。"鄭玄箋："鬈當讀權。權，勇壯也。"可見東漢稱強勇爲"權"，"權勇"連文，乃同義字之平列。

　　[50] 匈奴屠各：屠各爲匈奴族之一種。　湟中義從：歸順漢朝居於湟中地區的月氏胡人。　八種西羌：羌族內部支系繁多，《後漢書》卷八七《西羌傳》云："自爰劍後，子孫支分，凡百五十種。"此八種西羌，當指居於涼州之燒當羌八種。《後漢書·西羌傳》又云："延熹二年，訪卒，以中郎將段熲爲校尉。時燒當八種

寇隴右。"

［51］權：《後漢書·鄭太傳》作"攉"。盧弼《集解》謂《後漢書》正確。

［52］震慄：殿本、盧弼《集解》本"慄"字作"悚"，百衲本、校點本作"慄"。今從百衲本等。

［53］三原：地區名。在漢馮翊池陽縣界，即今陝西涇陽縣一帶。 硤口：百衲本、殿本、盧弼《集解》本均作"狹口"。趙一清《注補》云："'狹口'當作'硤口'，即望垣硤，見《後漢書·董卓傳》。"校點本作"硤口"。今從趙説與校點本。又按，"望垣硤"見本書卷六《董卓傳》，乃地名。其地在望垣縣境，望垣縣治所在今甘肅天水市西北。

［54］解后：各本皆作"解合"，校點本從吳承仕《緅齋讀書記》説改爲"解后"。今從校點本。又按，"解后"即"邂逅"，謂彼此不期而遇。

［55］東州：指青州。 鄭康成：鄭玄字康成，青州北海郡高密縣（今山東高密市西南）人。

［56］邴根矩：邴原字根矩。

［57］燕趙齊梁：指戰國之四國。梁即魏國，因魏曾遷都大梁（今河南開封市西北），故又以梁稱之。

［58］吳楚七國：漢景帝三年，吳、膠西、楚、趙等七王國起兵反叛，景帝命周亞夫將兵擊之。亞夫至滎陽（今河南滎陽市東北），堅壁固守。吳、楚軍食盡，引去，亞夫出精兵追擊，遂大破之。（見《漢書》卷四〇《周勃附亞夫傳》）

［59］滎陽：殿本、盧弼《集解》本作"熒陽"，百衲本、校點本作"滎陽"。今從百衲本等。

［60］邦良：趙幼文《校箋》謂《册府元龜》卷八三三引"邦"字作"惟"。

［61］然讚：稱許，贊成。

［62］竊：百衲本作"切"，殿本、盧弼《集解》本、校點本

作"竊"。今從殿本等。

［63］議郎：官名。郎官之一種，屬光禄勳，秩六百石，不入直宿衛，得參預朝政議論。

［64］與王允謀共誅卓：何焯云："《後漢書》作'與何顒、荀攸共謀誅卓'，爲得其實。"（《義門讀書記》卷二六《三國志·魏志》）沈家本《瑣言》亦云："以王允、董卓傳考之，誅卓時無鄭泰名，則何説誠是。"

［65］武關：關隘名。在今陝西商州市西南丹江北岸。

［66］後將軍：官名。位如上卿，與前、左、右將軍掌京師兵衛和邊防屯警。

［67］四十一：百衲本作"四十二"，盧弼《集解》亦云："宋本作'四十二'，范書同。"而《後漢書·鄭太傳》實作"四十一"，殿本、盧弼《集解》本、校點本均作"四十一"。今從殿本、《後漢書》等。

時梁興等略吏民五千餘家爲寇鈔，[1]諸縣不能禦，皆恐懼，寄治郡下。[2]議者悉以爲當移就險，渾曰："興等破散，竄在山阻。雖有隨者，率脅從耳。今當廣開降路，宣喻恩信。而保險自守，此示弱也。"乃聚斂吏民，治城郭，爲守禦之備。遂發民逐賊，明賞罰，與要誓，其所得獲，十以七賞。百姓大悦，皆願捕賊，多得婦女、財物。賊之失妻子者，皆還求降。渾責其得他婦女，然後還其妻子，於是轉相寇盜，黨與離散。又遣吏民有恩信者，分布山谷告喻，出者相繼，乃使諸縣長吏各還本治以安集之。[3]興等懼，將餘衆聚鄘城。[4]太祖使夏侯淵就助郡擊之，渾率吏民前登，斬興及其支黨。[5]又賊靳富等，脅將夏陽長、邵陵令并其吏民人磴山，[6]渾復討擊破富等，獲二縣長吏，將其所略還。及趙青龍者，殺左內史程休，[7]渾聞，遣壯士就梟其首。前後歸附四千餘家，由是山賊皆平，民安產業。轉為上黨太守。

太祖征漢中，以渾為京兆尹。渾以百姓新集，為制移居之法，使兼複者與單輕者相伍，[8]溫信者與孤老為比，[9]勤稼穡，明禁令，以發姦者。由是民安於農，而盜賊止息。及大軍入漢中，運轉軍糧為最。又遣民田漢中，無逃亡者。太祖益嘉之，復入為丞相掾。文帝即位，為侍御史，[10]加駙馬都尉，[11]遷陽平、沛郡二太守。[12]郡界下溼，[13]患水潦，[14]百姓飢乏。渾於蕭、相二縣界，[15]興陂遏，[16]開稻田。郡人皆以為不便，渾曰："地勢洿下，宜溉灌，終有魚稻經久之利，[17]此豐民之本也。"遂躬率吏民，興立功夫，[18]一冬間皆成。比年大收，頃畝歲增，租入倍常，民賴其利，刻石頌之，號曰鄭陂。[19]轉為山陽、魏郡太守，[20]其治放此。[21]又以郡下百姓，苦乏材木，[22]乃課樹榆為籬，[23]並益樹五果；[24]榆皆成藩，五果豐實。入魏郡界，村落齊整如一，民得財足用饒。明帝聞之，下詔稱述，布告天下。遷將作大匠。[25]渾清素在公，妻子不免於飢寒。及卒，以子崇為郎中。〔一〕

〔一〕《晉陽秋》曰：泰子袤，字林叔。[26]泰與華歆、荀攸善。見袤曰："鄭公業為不亡矣。"初為臨菑侯文學，稍遷至光祿大夫。泰始七年，[27]以袤為司空，[28]固辭不受，終於家。子默，字思元。[29]

《晋諸公贊》曰：默遵守家業，以篤素稱，位至太常。默弟質、舒、詡，皆爲卿。默子球，清直有理識，尚書右僕射、領選。球弟豫，爲尚書。

[1] 梁興：關中割據勢力韓遂、馬超的餘黨。

[2] 寄治郡下：謂遷縣公署於郡城。

[3] 長吏：指諸縣令、長。

[4] 鄜城：即鄜縣城。鄜縣，西漢置，東漢省。謝鍾英《補三國疆域志補注》謂東漢末又立。治所在今陝西洛川縣東南鄜城。

[5] 斬興：盧弼《集解》謂本書《夏侯淵傳》所載，斬梁興者夏侯淵，與此所説不同。

[6] 夏陽：縣名。治所在今陝西韓城市南。　邵陵：梁章鉅《旁證》引何焯説，渾爲司隸部左馮翊，夏陽乃其屬城，若邵陵，則屬汝郡，與左馮翊無涉，此因前有渾爲邵陵令之文而誤耳。地當去夏陽不遠，或"郃陽"之誤。按，何焯的推論大體正確。郃陽縣治所在今陝西合陽縣東南夏陽鎮南。　磝山：未詳確址，當在夏陽與郃陽附近。

[7] 左內史：官名。本書卷二三《裴潛傳》裴注引《魏略》云："建安初，關中始開。詔分馮翊西數縣爲左內史郡，治高陵。"此郡名與官名相同。高陵縣治所在今陝西高陵縣西南。

[8] 兼複者：謂强宗富室。　單輕者：謂單家貧户。　伍：鄰伍。

[9] 比：比鄰。

[10] 侍御史：官名。秩六百石，第七品。掌察舉非法，受公卿群吏奏事，有違失者舉劾之。

[11] 駙馬都尉：官名。秩比二千石，掌皇帝副車之馬。曹魏時第六品，無定員或爲加官。

[12] 陽平：郡名。魏文帝黄初二年分魏郡置，治所館陶縣，在今河北館陶縣。　沛郡：魏初治所沛縣，在今江蘇沛縣。

〔13〕郡界：此謂"郡界下濕，患水潦，百姓飢乏"，專指沛郡而言，觀下文"渾于蕭、相二縣興陂遏"云云可知。蕭、相二縣均屬沛郡。

〔14〕患水潦：盧弼《集解》謂《太平御覽》卷二六一引"患"上有"常"字。

〔15〕蕭：縣名。治所在今安徽蕭縣西北。　相：縣名。治所在今安徽濉溪縣西北。

〔16〕陂遏：錢大昭《辨疑》云："《晉書·食貨志》'遏'作'堨'，疑與'堰'同。"陂遏，塘堰。

〔17〕終有魚稻經久之利：趙幼文《校箋》謂《太平御覽》卷二六一引作"終成稻田經久之利"。

〔18〕功夫：工役。

〔19〕鄭陂：在蕭縣西北，久堙。

〔20〕山陽：郡名。治所昌邑縣，在今山東金鄉縣西北。　魏郡：治所鄴縣，在今河北臨漳縣西南鄴鎮東一里半。

〔21〕放：同"仿"。

〔22〕材木：趙幼文《校箋》謂《北堂書鈔》卷七四引"材"字作"林"。

〔23〕樹：趙幼文《校箋》謂《北堂書鈔》卷七四、《藝文類聚》卷八八引"樹"字俱作"種"。

〔24〕五果：指桃、李、杏、栗、棗五種果樹。

〔25〕將作大匠：官名。漢代，秩二千石，掌宮室、宗廟、陵寢及其他土木之營建。曹魏沿置，第三品。

〔26〕林叔：殿本、盧弼《集解》本作"材叔"，百衲本、校點本作"林叔"，《晉書》卷四四《鄭袤傳》亦作"林叔"。今從百衲本等。

〔27〕泰始：晉武帝司馬炎年號（265—274）。

〔28〕司空：官名。西晉時，第一品，爲名譽宰相，無實際職掌，多爲大臣加官。

[29] 元：殿本、盧弼《集解》本、校點本作"玄"，百衲本作"元"，《晉書》卷四四《鄭袤附默傳》亦作"元"。若以名與字的關係看，似應作"玄"，百衲本之作"元"，可視爲宋人之避諱，而唐人之《晉書》亦作"元"，故仍從百衲本。

倉慈字孝仁，淮南人也。[1]始爲郡吏。建安中，太祖開募屯田於淮南，以慈爲綏集都尉。[2]黃初末，爲長安令，[3]清約有方，吏民畏而愛之。太和中，遷燉煌太守。郡在西陲，以喪亂隔絕，曠無太守二十歲，大姓雄張，[4]遂以爲俗。前太守尹奉等，[5]循故而已，無所匡革。慈到，抑挫權右，撫恤貧羸，甚得其理。舊大族田地有餘，而小民無立錐之土；慈皆隨口割賦，[6]稍稍使畢其本直。[7]先是屬城獄訟衆猥，縣不能決，多集治下；慈躬往省閱，料簡輕重，自非殊死，[8]但鞭杖遣之，[9]一歲決刑曾不滿十人。[10]又常日西域雜胡欲來貢獻，[11]而諸豪族多逆斷絕；既與貿遷，欺詐侮易，多不得分明。胡常怨望，慈皆勞之。欲詣洛者，[12]爲封過所，[13]欲從郡還者，官爲平取，輒以府見物與共交市，使吏民護送道路，由是民夷翕然稱其德惠。數年卒官，吏民悲感如喪親戚，圖畫其形，思其遺（像）〔愛〕。[14]及西域諸胡聞慈死，悉共會聚於戊己校尉及長吏治下發哀，[15]或有以刀畫面，以明血誠，又爲立祠，遙共祠之。〔一〕

〔一〕《魏略》曰：天水王遷，[16]承代慈，雖循其迹，不能及也。金城趙基承遷後，復不如遷。至嘉平中，安定皇甫隆代基爲太守。初，燉煌不甚曉田，常灌溉滀水，使極濡洽，[17]然後乃耕。又不曉作耬犁，[18]用水，及種，人牛功力既費，而收穀更少。隆到，教作耬犁，[19]又教衍溉，[20]歲終率計，其所省庸力過半，得穀加五。[21]又燉煌俗，婦人作裙，攣縮如羊腸，用布一匹；隆又禁改之，所省復不訾。[22]故燉煌人以爲隆剛斷嚴毅不及於慈，至於勤恪愛惠，爲下興利，可以亞之。

［1］淮南：郡名。治所壽春縣，在今安徽壽縣。

［2］綏集都尉：官名。蓋爲管理屯田之官，與典農都尉大體相同。

［3］長安：縣名。治所在今陝西西安市西北。

［4］雄張：盧弼《集解》謂《太平御覽》引"張"字作"豪"。趙幼文《校箋》謂見《太平御覽》卷二六一。考《册府元龜》卷六九六引仍作"張"，作"張"字是。雄張，《後漢書》卷四七《班超傳》注："猶熾盛也。"

［5］尹奉：尹奉爲敦煌太守，見本書卷一八《閻溫傳》。

［6］隨口割賦：謂按人口將大族之田地割劃給貧民。

［7］畢其本直：謂貧民償還完所得大族田地所值之錢。

［8］殊死：《漢書》卷一下《高帝紀下》"其赦天下殊死以下"顏師古注引韋昭曰："殊死，斬刑也。"

［9］但鞭杖遣之：趙幼文《校箋》謂《太平御覽》卷二六一引作"便杖而遣之"。按，《册府元龜》卷六九〇引亦作"但鞭杖遣之"。

［10］決刑：死刑。　曾：趙幼文《校箋》謂《册府元龜》卷六九〇引作"曹"。

［11］常：趙幼文《校箋》謂《册府元龜》卷四二九引作"當"。

［12］洛：指京都洛陽，在今河南洛陽市東北白馬寺東。

[13] 過所：官府發給行人的過關憑證。
　　[14] 思其遺愛：各本作"思其遺像"。趙幼文《校箋》謂《白孔六帖》卷七七引"像"字作"愛"，是也。既已圖畫其形，則不當復云思其遺像。思其遺愛猶云懷念其遺惠也。"像"係誤字，當改作"愛"。今從趙説改。
　　[15] 戊己校尉：官名。魏時秩比二千石，第四品，職責是安撫西域。治所高昌，在今新疆吐魯番市東。
　　[16] 天水：郡名。治所冀縣，在今甘肅甘谷縣東。（本謝鍾英《補三國疆域志補注》）
　　[17] 濡洽：濕潤。
　　[18] 耬（lóu）犁：殿本作"樓犁"，百衲本、盧弼《集解》本、校點本作"耬犁"。今從百衲本等。耬犁，又稱耬車，是西漢趙過創制的播種農具。一人在前牽引，一人挽耬。後多用畜力牽引，人扶於後，開溝下種同時完成，一日可種地一頃。
　　[19] 教作：趙幼文《校箋》謂《太平御覽》卷八二三引"教"上有"乃"字，《晋書·食貨志》《齊民要術》引同。
　　[20] 衍溉：灌溉。
　　[21] 加五：增加五成。
　　[22] 貲：通"貨"，計量。

　　自太祖迄于咸熙，[1]魏郡太守陳國吳瓘、清河太守樂安任燠、京兆太守濟北顏斐、弘農太守太原令狐邵、濟南相魯國孔乂，[2]或哀矜折獄，或推誠惠愛，或治身清白，或擿姦發伏，咸爲良二千石。〔一〕

　　〔一〕瓘、燠事行無所見。《魏略》曰：顏斐字文林。有才學。[3]丞相召爲太子洗馬，[4]黃初初轉爲黃門侍郎，後爲京兆太守。始，京兆從馬超破後，民人多不專於農殖，又歷數四二千石，取解目前，亦不爲民作久遠計。斐到官，乃令屬縣整阡陌，樹桑果。是時民多無車牛。斐又課民以閒月取車材，使轉相教匠作車。又課民無牛者，令畜猪狗，賣以買牛。[5]始者民以爲煩，一二年閒，家家有丁車、大牛。[6]又起文學，[7]聽吏民欲讀書者，復其小徭。又於府下起菜園，使吏（役）〔投〕閒鉏治。[8]又課民當輸租時，車牛各因便致薪兩束，爲冬寒冰炙筆硯。於是風化大行，吏不煩民，民不求吏。京兆與馮翊、扶風接界，二郡道路既穢塞，田疇又荒萊，人民饑凍，而京兆皆整頓開明，[9]豐富常爲雍州十郡最。[10]斐又清己，仰奉而已，於是吏民恐其遷轉也。至青龍中，[11]司馬宣王在長安立軍市，而軍中吏士多侵侮縣民，[12]斐以白宣王。宣王乃發怒召軍市候，[13]便於斐前杖一百。時長安典農與斐共坐，[14]以爲斐宜謝，乃私推築斐。斐不肯謝，良久乃曰：「斐意觀明公受分陝之任，[15]乃欲一齊衆庶，必非有所左右也。[16]而典農竊見推築，欲令斐謝；假令斐謝，是更爲不得明公意也。」宣王遂嚴持吏士。自是之後，軍營、郡縣各得其分。後數歲，遷爲平原太守。[17]吏民啼泣遮道，車不得前，步步稽留，十餘日乃出界，[18]東行至崤而疾困，[19]斐素心戀京兆，其家人從者見斐病甚，勸之，言：「平原當自勉勵作健。」[20]斐曰：「我心不願平原，汝曹等呼我，何不言京兆邪？」遂卒，還平原。[21]京兆聞之，皆爲流涕，爲立碑，於今稱頌之。[22]

令狐邵字孔叔。父仕漢，爲烏丸校尉。[23]建安初，袁氏在冀州，邵去本郡家居鄴。[24]九年，暫出到武安毛城中。[25]會太祖破鄴，遂圍毛城。城破，執邵等輩十餘人，皆當斬。太祖閱見之，疑其衣冠也，問其祖考，而識其父，乃解放，署軍謀掾。[26]仍歷宰守，後徙丞相主簿，[27]出爲弘農太守。所在清如冰雪，妻子希到官省；[28]舉善而教，恕以待人，不好獄訟，與下無忌。是時，郡無知經者，乃歷問諸吏，有欲遠行就師，輒假遣，令詣河東就樂詳學經，粗明乃還，因設文學。由是弘農學業轉興。至黃初初，徵拜羽林郎，[29]遷虎賁中郎將，[30]三歲，[31]病亡。始，邵族子愚，爲白衣時，[32]常有高志，衆人謂愚必榮令狐氏，而邵獨以爲"愚性倜儻，不修德而願大，必滅我宗"。愚聞邵言，其心不平。及邵爲虎賁郎將，而愚仕進已多所更歷，所在有名稱。愚見邵，因從容言次，微激之曰："先時聞大人謂愚爲不繼，愚今竟云何邪？"邵熟視而不答也。然私謂其妻子曰："公治性度猶如故也。[33]以吾觀之，終當敗滅。但不知我久當坐之不邪？將逮汝曹耳！"邵没之後，十餘年間，愚爲兗州刺史，果與王淩謀廢立，家屬誅滅。邵子華，時爲弘農郡丞，[34]以屬疏得不坐。

案《孔氏譜》：[35]孔乂字元儁，孔子之後。曾祖疇，字元矩，陳相。漢桓帝立老子廟於苦縣之賴鄉，[36]畫孔子象於壁；疇爲陳相，立孔子碑於像前，今見存。乂父祖皆二千石，乂爲散騎常侍，上疏規諫。語在《三少帝紀》。至大鴻臚，[37]子恂字士信，晉平東將軍、衞尉也。[38]

[1]咸熙：魏元帝曹奐年號（264—265）。

[2]陳國：王國名。治所陳縣，在今河南淮陽縣。　濟北：王國名。治所盧縣，在今山東長清縣南。　濟南：王國名。治所東平陵縣，在今山東章丘市西北。　魯國：王國名。治所魯縣，在今山東曲阜市東古城。

[3]有才學：趙幼文《校箋》謂《北堂書鈔》卷六六引"有"字作"以"。

[4]太子洗（xiǎn）馬：官名。東宮屬官。"洗"亦作"先"。先馬，即前驅。秩比六百石，掌賓贊受事，太子出行則爲前導。東漢屬太子少傅。曹魏因之，第七品。

[5]令畜豬狗賣以買牛：殿本《考證》云："《太平御覽》作'令畜豬貴時賣以買牛'。"吳金華《校詁》謂《齊民要術序》稱顏斐"又課民無牛者，令畜豬，投貴時賣以買牛"，似當以訂補。趙

1400

幼文《校箋》亦謂《晉書・食貨志》作"令養豬投貴賣以買牛"。據諸書所引，則此注"狗"字或"投"字之誤，且奪"貴時"二字，遂致文義不可解矣，似應訂補。

　　[6] 丁車：大車。

　　[7] 文學：指學校。

　　[8] 投閒鉏治：百衲本無"投"字，殿本、盧弼《集解》本、校點本皆作"役閒"。盧弼《集解》又謂《太平御覽》卷八二四作"投閒灌治之"。吳金華《校詁》謂作"投閒"文較順。投閒，猶言找空隙時間。趙幼文《校箋》謂《白孔六帖》卷一一引亦作"投閒"。"役"當爲"投"字之形誤。今從盧、吳、趙說改。

　　[9] 整頓開明：趙幼文《校箋》謂《北堂書鈔》卷七五引"明"字作"闢"，是。此句正承上文"道路穢塞，田疇荒萊"而言，"開闢"蓋對"荒萊"而言之，"明"字於此無義。

　　[10] 十郡：魏初雍州十郡指京兆、馮翊、扶風、上郡、安定、隴西、漢陽、北地、武都、南安等郡。（本沈家本《瑣言》）

　　[11] 青龍：魏明帝曹叡年號（233—237）。

　　[12] 侵侮：殿本、盧弼《集解》本作"侮侵"，百衲本、校點本作"侵侮"，盧弼《集解》謂北宋本作"侵侮"。今從百衲本等。

　　[13] 軍市候：官名。曹魏置。軍隊出征，駐屯一地時，則立軍市，與民貿易以供軍需，置此官以掌其事。

　　[14] 典農：指典農都尉。

　　[15] 分陝：周成王時，周公與召公分陝而治。陝指陝陌（又稱陝原），在今河南陝縣西南。周公治陝以東，召公治陝以西。（見《公羊傳・隱公五年》）後世因將中央官員出任地方長官稱爲分陝。

　　[16] 左右：謂輕重厚薄。

　　[17] 平原：郡名。治所平原縣，在今山東平原縣西南。

　　[18] 乃出界：趙幼文《校箋》謂《北堂書鈔》卷七六引"乃"下有"得"字。

[19] 崤：指崤山，在今河南洛寧縣北。

[20] 作健：吳金華《校詁》云："《釋名·釋言語》：'健，建也。能有所建爲也。'能立功立事，謂之'作健'。"

[21] 還平原：趙幼文《校箋》謂郝經《續後漢書》無此三字，疑應刪。

[22] 稱頌之：殿本、盧弼《集解》本"之"下有"也"字，百衲本、校點本無。今從百衲本等。

[23] 烏丸校尉：即護烏丸校尉。

[24] 鄴：縣名。治所在今河北臨漳縣西南鄴鎮東一里半。

[25] 武安：縣名。治所在今河北武安市西南。趙幼文《校箋》謂《太平御覽》卷二四九引"武安"作"安邑"。按，安邑距鄴遠，恐誤。　毛城：地名。在今河北涉縣西北。

[26] 軍謀掾：官名。東漢末曹操置爲司空、丞相府之僚屬，以參議軍政。

[27] 丞相主簿：官名。曹操爲丞相後，於丞相府置主簿四人，皆省錄衆事。

[28] 到：百衲本作"到"，殿本、盧弼《集解》本、校點本作"至"。趙幼文《校箋》謂《太平御覽》卷二六一、《册府元龜》卷六七九引俱作"到"。今從百衲本。

[29] 羽林郎：官名。秩比三百石，掌宿衛侍從，無定員。魏、晉時爲第八品。

[30] 虎賁（bēn）中郎將：官名。秩比二千石，掌虎賁宿衛，屬光祿勳。魏、晉沿之，第五品。

[31] 三歲：殿本作"二歲"，百衲本、盧弼《集解》本、校點本均作"三歲"。今從百衲本等。

[32] 白衣：古人未出仕時著白衣，猶後世言布衣。如《史記》卷一二一《儒林列傳》謂公孫弘"漢《春秋》白衣爲天子三公"。

[33] 公治：令狐愚字公治。

[34] 郡丞：官名。郡太守之副，佐掌衆事。秩六百石，第八品。

[35] 孔氏譜：沈家本《三國志注所引書目》謂《隋書》《舊唐書》之《經籍志》、《新唐書·藝文志》，皆未著録。《漢書》卷八一《孔光傳》顔師古注謂"孔氏自爲譜諜"。

[36] 苦（hù）縣：治所在今河南鹿邑縣東。

[37] 大鴻臚：官名。漢列卿之一，秩中二千石。掌少數族君長、諸侯王、列侯之迎送、接待，安排朝會、封授、襲爵及奪爵削土之典禮；諸侯王死，則奉詔護理喪事，宣讀誅策謚號；百官朝會，掌贊襄引導；兼管京都之郡國邸舍及郡國上計吏之接待；又兼管少數族之朝貢使節及侍子。三國沿之，魏爲三品。

[38] 衛尉：官名。秩中二千石，第三品，掌宫門及宫中警衛。西晉時尚兼管武庫、冶鑄。

評曰：任峻始興義兵，以歸太祖，闢土殖穀，倉庾盈溢，庸績致矣。蘇則威以平亂，既政事之良，又矯矯剛直，[1]風烈足稱。杜畿寬猛克濟，惠以康民。鄭渾、倉慈，恤理有方。抑皆魏代之名守乎！恕屢陳時政，經綸治體，[2]蓋有可觀焉。

[1] 矯矯：形容威武。

[2] 經綸：殿本、盧弼《集解》本、校點本作"經論"，百衲本作"經綸"；殿本《考證》亦謂宋本作"經綸"，張照曰："'經綸'本《易·屯·象傳》，而古本《易》有作'經論'字者，'綸'亦可作'論'。"雖然二字可通，而不致歧義，以作"經綸"爲妥，故從百衲本。經綸，謂籌劃治國大事。

三國志 卷一七

魏書十七

張樂于張徐傳第十七

張遼字文遠，鴈門馬邑人也。[1]本聶壹之後，[2]以避怨變姓。少爲郡吏。漢末，并州刺史丁原以遼武力過人，[3]召爲從事，[4]使將兵詣京都。何進遣詣河北募兵，得千餘人。還，進敗，以兵屬董卓。卓敗，以兵屬呂布，遷騎都尉。[5]布爲李傕所敗，從布東奔徐州，[6]領魯相，[7]時年二十八。太祖破呂布於下邳，[8]遼將其衆降，拜中郎將，[9]賜爵關內侯。[10]數有戰功，遷裨將軍。[11]袁紹破，別遣遼定魯國諸縣。與夏侯淵圍昌豨於東海，[12]數月糧盡，議引軍還，遼謂淵曰："數日已來，每行諸圍，豨輒屬目視遼。又其射矢更稀，此必豨計猶豫，故不力戰。遼欲挑與語，儻可誘也？"乃使謂豨曰："公有命，使遼傳之。"豨果下與遼語，遼爲説"太祖神武，方以德懷四方，先附者受大賞"。豨乃許降。遼遂單身上三公山，[13]入豨家，拜妻子。[14]豨歡喜，隨詣太祖。太祖遣豨還，責遼曰："此非大將法也。"遼謝曰："以明公威信著於四海，遼奉聖旨，豨必不敢害故也。"從討袁譚、袁尚於黎陽，[15]有功，行中堅將軍。[16]從攻尚於鄴，[17]尚堅守不下。太祖還許，[18]使遼與樂進拔陰安，[19]徙其民河南。復從攻鄴，鄴破，遼別徇趙國、常山，[20]招降緣山諸賊及黑山孫輕等。[21]從攻袁譚，譚破，別將徇海濱，[22]破遼東賊柳毅等。[23]還鄴，太祖自出迎遼，引共載，以遼為盪寇將軍。[24]復別擊荊州，[25]定江夏諸縣，[26]還屯臨潁，[27]封都亭侯。[28]從征袁尚於柳城，[29]卒與虜遇，遼勸太祖戰，氣甚奮，太祖壯之，自以所持麾授遼。遂擊，大破之，斬單于蹋頓。〔一〕

〔一〕《傅子》曰：太祖將征柳城，遼諫曰："夫許，天下之會也。今天子在許，[30]公遠北征，若劉表遣劉備襲許，據之以號令四方，公之勢去矣。"[31]太祖策表必不能任備，遂行也。

[1] 雁門：郡名。東漢時治所陰館縣，在今山西朔州市東南夏關城；曹魏時移治所於廣武縣，在今山西代縣西南古城。 馬邑：漢代為縣，治所在今山西朔州市。曹魏廢置。

[2] 聶壹：西漢雁門馬邑人。漢武帝元光二年（前133），命韓安國、李廣、公孫賀、王恢、李息等誘擊匈奴。又使聶壹亡入匈奴，誘單于曰："吾能斬馬邑令、丞，以城降，財物可盡得。"單于信之，率十萬騎往，未至馬邑百餘里，即發覺有伏兵，遂撤還。（見《漢書》卷五二《韓安國傳》）

[3] 并州：刺史治所晉陽，在今山西太原市西南古城營西古城。

[4]從事：官名。漢代州牧刺史的佐吏，有別駕從事史、治中從事史、兵曹從事史、部從事史等，均可簡稱爲從事。

　　[5]騎都尉：官名。屬光祿勳，秩比二千石，掌羽林騎兵。

　　[6]徐州：刺史治所本在郯縣（今山東郯城縣北），東漢末移於下邳，在今江蘇睢寧縣西北。（本吳增僅《三國郡縣表附考證》）

　　[7]魯：王國名。治所魯縣，在今山東曲阜市東古城。　相：官名。王國的相，由朝廷直接委派，執掌王國行政大權，相當於郡太守。

　　[8]下邳：縣名。治所在今江蘇睢寧縣西北。

　　[9]中郎將：官名。東漢統兵將領之一，位次將軍，秩比二千石。

　　[10]關內侯：爵名。漢制二十級爵之十九級，次於列侯，祇有封户收取租税而無封地。魏文帝定爵制爲十等，關内侯在亭侯下，仍爲虚封，無食邑。

　　[11]裨將軍：官名。漢代雜號將軍之低級者。

　　[12]東海：郡名。治所郯縣，在今山東郯城縣北。

　　[13]三公山：在今山東郯城縣境。

　　[14]拜妻子：吳金華《校詁》謂《册府元龜》卷四二六引作"拜其妻"，於情似較合。同輩相交，交厚者有升堂見妻之禮。若"拜妻子"不誤，則宜解爲昌豨使其妻兒出拜。

　　[15]黎陽：縣名。治所在今河南浚縣東北。

　　[16]中堅將軍：官名。漢獻帝建安初曹操置，主領兵征伐。

　　[17]鄴：縣名。治所在今河北臨漳縣西南鄴鎮東一里半。

　　[18]許：縣名。治所在今河南許昌縣東。

　　[19]陰安：縣名。治所在今河南南樂縣西南。

　　[20]趙國：王國名。治所邯鄲縣，在今河北邯鄲市西南。常山：王國名。治所元氏縣，在今河北元氏縣西北。

　　[21]黑山：在今河南浚縣西北太行山脈中。東漢末，與黃巾軍同時起義的一支農民軍，以黑山一帶爲根據地，被稱爲"黑山

賊"。

[22] 別將徇：吳金華《三國志斠議》謂宋本《册府元龜》卷三四二作"別徇"，似可據之删"將"字。按，郝經《續後漢書》亦作"別將徇"，暫不删字。

[23] 遼東：郡名。治所襄平縣，在今遼寧遼陽市老城區。

[24] 盪寇將軍：官名。東漢末置，爲雜號將軍，統兵出征。

[25] 荆州：刺史的治所本在漢壽縣，在今湖南常德市東北。劉表爲刺史，移治所於襄陽縣，在今湖北襄陽市襄州區。

[26] 江夏：郡名。原治所西陵縣，在今湖北新洲縣西。劉表以黄祖爲江夏太守，治所沙羨（yí）縣，在今湖北武漢市武昌區西南。黄祖死後，劉琦爲江夏太守，卻屯夏口，在今武漢市漢水入長江處。

[27] 臨潁：縣名。治所在今河南臨潁縣西北。

[28] 都亭侯：爵名。位在鄉侯下，食禄於都亭。都亭，城郭附近之亭。

[29] 柳城：西漢縣名。西漢時屬遼西郡。東漢省。治所在今遼寧朝陽市西南十二臺營子。(本《〈中國歷史地圖集〉釋文匯編（東北卷）》)

[30] 許：趙幼文《校箋》謂郝經《續後漢書》"許"字作"焉"，疑是。上文已言"夫許天下之會"，此不必重出"許"字，於文爲順。

[31] 公之勢去矣：趙幼文《校箋》謂郝經《續後漢書》作"則公之事去矣"，蕭常《續後漢書》"勢"亦作"事"。

時荆州未定，復遣遼屯長社。[1]臨發，軍中有謀反者，夜驚亂起火，一軍盡擾。遼謂左右曰："勿動。是不一營盡反，必有造變者，欲以動亂人耳。"乃令軍中："其不反者安坐！"遼將親兵數十人，中陣而立。[2]有頃定,即得首謀者殺之。陳蘭、梅成以(氐)〔灊〕、六縣叛,[3]太祖遣于禁、臧霸等討成,遼督張郃、朱蓋等討蘭。[4]成僞降禁,禁還。成遂將其衆就蘭,轉入灊山。[5]灊中有天柱山,[6]高峻二十餘里,道險狹,步徑裁通,蘭等壁其上。遼欲進,諸將曰:"兵少道險,難用深入。"遼曰:"此所謂一與一,[7]勇者得前耳。"遂進到山下安營,攻之,斬蘭、成首,盡虜其衆。太祖論諸將功,曰:"登天山,履峻險,以取蘭、成,盪寇功也。"增邑,假節。[8]

太祖既征孫權還,使遼與樂進、李典等將七千餘人屯合肥。[9]太祖征張魯,教與護軍薛悌,[10]署函邊曰"賊至乃發"。俄而權率十萬衆圍合肥,乃共發教,教曰:"若孫權至者,張、李將軍出戰;樂將軍守護軍,勿得與戰。"諸將皆疑。遼曰:"公遠征在外,比救至,彼破我必矣。是以教指及其未合逆擊之,折其盛勢,以安衆心,然後可守也。成敗之機,在此一戰,諸君何疑?"李典亦與遼同。於是遼夜募敢從之士,[11]得八百人,椎牛饗將士,明日大戰。平旦,遼被甲持戟,先登陷陣,[12]殺數十人,斬二將,大呼自名,衝壘入,至權麾下。權大驚,衆不知所爲,走登高冢,以長戟自守。遼叱權下戰,權不敢動,望見遼所將衆少,乃聚圍遼數重。遼左右麾圍,直前急擊,圍開,遼將麾下數十人得出,餘衆號呼曰:"將軍棄我乎!"遼復還突圍,拔出餘衆。權人馬皆披靡,無敢當者。自旦戰至日中,[13]吳人奪氣,還修守備,衆心乃安,諸將咸服。權（守）〔攻〕合肥十餘日，[14]城不可拔，乃引退。遼率諸軍追擊，幾復獲權。太祖大壯遼，拜征東將軍。[一][15]建安二十一年，[16]太祖復征孫權，到合肥，循行遼戰處，歎息者良久。乃增遼兵，多留諸軍，徙屯居巢。[17]

〔一〕孫盛曰：夫兵固詭道，奇正相資，[18]若乃命將出征，推轂委權，[19]或賴率然之形，[20]或憑掎角之勢，羣帥不和，[21]則棄師之道也。至於合肥之守，縣弱無援，專任勇者則好戰生患，專任怯者則懼心難保。且彼衆我寡，必懷貪惰；以致命之兵，擊貪惰之卒，其勢必勝；勝而後守，守則必固。是以魏武推選方員，[22]參以同異，爲之密教，節宣其用；事至而應，若合符契，妙矣夫！[23]

[1] 長社：縣名。治所在今河南長葛縣東北。

[2] 陣：校點本作"陳"，百衲本、殿本、盧弼《集解》本均作"陣"。固然"陳""陣"可通，今仍從百衲本等。

[3] 灊（qián）六：各本皆作"氏六"。梁章鉅《旁證》引陳景雲曰："'氏'當作'灊'，繁欽《征天臺山賦》爲遼平蘭、成而作，其詞云'羣舒蠢動，割有灊、六'。斯其證也。蘭、成初叛，本分割二邑，繼乃并兵於灊。此傳所載，與繁賦合。"梁氏又云："按《通鑑》亦作'灊、六'。灊、六二縣皆屬廬江郡。"按，陳、梁之說極是，今從之。灊縣，治所在今安徽霍山縣東北。六縣，西漢爲六安王國治所，在今安徽六安市東北。東漢改六縣爲六安侯國，治所未變。

[4] 朱蓋：百衲本、校點本作"牛蓋"。殿本、盧弼《集解》本作"朱蓋"；殿本《考證》亦謂宋本作"牛蓋"。蕭常《續後漢書》及《册府元龜》卷三四二引皆作"朱蓋"。又本書卷一七《徐

晃傳》亦有曹操之部將"朱蓋",故從殿本等。

[5] 灊山:漢代灊縣之山,即今安徽霍山縣之霍山。(本盧弼《集解》)

[6] 天柱山:霍山之最高峰。(本盧弼《集解》)

[7] 一與一:謂一敵一。《左傳・襄公二十五年》:(閭丘)嬰曰:"崔、慶其追我。"(申)鮮虞曰:"一與一,誰能懼我?"楊伯峻注:"道狹,車不能並行,相鬭,只能一敵一,不足使我懼。與,敵也。"

[8] 假節:漢末三國時期,皇帝賜予臣下的一種權力。至晉代,此種權力明確爲因軍事可殺犯軍令者。

[9] 七千餘人:趙幼文《校箋》謂《太平御覽》卷三〇九引無"七"字,《文選》陳孔璋《檄吳將校部曲文》李善注、《通典・兵一》同。按,中華書局1988年校點本《通典》又據《魏志・張遼傳》於"千"字上增"七"字。　合肥:縣名。治所在今安徽合肥市西。

[10] 護軍:官名。此爲軍中監督之官。

[11] 敢從之士:趙幼文《校箋》謂《太平御覽》卷三〇九、卷四三四、《册府元龜》卷三九四引"從"字俱作"死",《通典》同。

[12] 陣:校點本作"陳",百衲本、殿本、盧弼《集解》本作"陣"。今從百衲本等。

[13] 旦:趙幼文《校箋》謂《太平御覽》卷三〇九引作"朝"。

[14] 攻:各本作"守"。趙幼文《校箋》謂《册府元龜》卷三四二引作"攻",《通典》同。作"攻"字是。按,守合肥者乃張遼、李典、樂進,作"攻"字與下文"城不可拔"義正相承。今從趙説改。

[15] 征東將軍:官名。秩二千石。黃初中位次三公,第二品。資深者爲大將軍。

[16] 建安：漢獻帝劉協年號（196—220）。

[17] 居巢：縣名。治所在今安徽巢湖市東北。

[18] 奇正：指奇兵與正兵。《孫子兵法·兵勢篇》："凡戰者，以正合，以奇勝。"曹操注："正者當敵，奇兵從旁擊不備也。"亦即謂以正兵合戰，以奇兵制勝，得相互配合。

[19] 推轂：比喻薦舉人才。

[20] 率然：傳說的一種蛇。《孫子兵法·九地篇》："故善用兵者，譬如率然。率然者，常山之蛇也。擊其首則尾至，擊其尾則首至，擊其中則首尾俱至。"

[21] 帥：百衲本作"師"，殿本、盧弼《集解》本、校點本作"帥"。今從殿本等。

[22] 推選方員：百衲本"員"字作"圓"，殿本、盧弼《集解》本、校點本作"員"。今從殿本等。方員，方面之大員。殿本《考證》云："《太平御覽》作'雜選武力'。"

[23] 妙矣夫：百衲本無"夫"字，殿本、盧弼《集解》本、校點本有。今從殿本等。

關羽圍曹仁於樊，[1]會權稱藩，召遼及諸軍悉還救仁。遼未至，徐晃已破關羽，仁圍解。遼與太祖會摩陂。[2]遼軍至，太祖乘輦出勞之，還屯陳郡。[3]文帝即王位，轉前將軍。[一][4]分封兄汎及一子列侯。[5]孫權復叛，遣遼還屯合肥，進遼爵都鄉侯。[6]給遼母輿車，及兵馬送遼家詣屯，敕遼母至，導從出迎。[7]所督諸軍將吏皆羅拜道側，觀者榮之。文帝踐阼，封晉陽侯，[8]增邑千户，并前二千六百户。黄初二年，[9]遼朝洛陽宮，文帝引遼會建始殿，親問破吳意狀。帝歎息顧左右曰："此亦古之召虎也。"[10]爲起第舍，又特爲遼母作殿,[11]以遼所從破吳軍應募步卒,皆爲虎賁。[12]孫權復稱藩。遼還屯雍丘,[13]得疾。帝遣侍中劉曄將太醫視疾,[14]虎賁問消息,道路相屬。疾未瘳,帝迎遼就行在所,車駕親臨,執其手,賜以御衣,太官日送御食。[15]疾小差,還屯。孫權復叛,[16]帝遣遼乘舟,與曹休至海陵,[17]臨江。權甚憚焉,敕諸將:"張遼雖病,不可當也,慎之!"是歲,遼與諸將破權將呂範。遼病遂篤,薨于江都。[18]帝爲流涕,諡曰剛侯。子虎嗣。六年,帝追念遼、典在合肥之功,詔曰:"合肥之役,遼、典以步卒八百,破賊十萬,自古用兵,未之有也。使賊至今奪氣,可謂國之爪牙矣。其分遼、典邑各百戶,賜一子爵關內侯。"虎爲偏將軍,[19]薨。子統嗣。

〔一〕《魏書》曰:王賜遼帛千匹,穀萬斛。

[1] 樊:城名。在襄陽縣北,與襄陽隔漢水相對,在今湖北襄陽市樊城區。

[2] 摩陂:地名。在今河南郟縣東南。

[3] 陳郡:東漢中爲陳國,漢末陳王劉寵被袁紹所殺,國除爲郡(本《元和郡縣圖志》),治所陳縣,在今河南商丘市淮陽區。

[4] 前將軍:官名。在漢代,與後、左、右將軍皆位如上卿,掌京師兵衛與邊防屯警。魏、晉亦置,第三品。權位漸低,略高於一般雜號將軍,不典禁兵,不與朝政。

[5] 列侯:爵名。漢代二十級爵之最高者。金印紫綬,有封邑,食租稅。功大者食縣,小者食鄉亭。曹魏初亦沿襲有列侯。

[6] 都鄉侯:爵名。列侯食邑爲都鄉(近城之鄉)者,稱都

鄉侯。位次於縣侯，高於鄉侯。

［7］導從：官員出行時的儀仗隊伍，前爲導，後爲從。

［8］晉陽：原爲縣名，此爲侯國名。治所在今太原市西南古城營西古城。

［9］黃初：魏文帝曹丕年號（220—226）。

［10］召虎：百衲本、盧弼《集解》本"召"字作"邵"，殿本、校點本作"召"。按，二字同。今從殿本等。召虎，周宣王之大臣，曾受命平定淮夷。《詩·大雅·江漢》序："《江漢》，尹吉甫美宣王也。能興衰撥亂，命召公平淮夷。"毛傳："召公，召穆公也，名虎。"

［11］殿：盧弼《集解補》："顧炎武曰：《後漢書·蔡茂傳》'夢坐大殿'注：屋之大者古通呼爲殿。"

［12］虎賁（bēn）：官名。即虎賁郎，職掌宿衛，禁衛皇宮。由虎賁中郎將率領。

［13］雍丘：縣名。治所在今河南杞縣。

［14］侍中：官名。曹魏時，第三品。爲門下侍中寺長官。職掌門下衆事，侍從左右，顧問應對，拾遺補闕，與散騎常侍、黃門侍郎等共平尚書奏事。晉沿置，爲門下省長官。　太醫：官名。即太醫令。東漢時，秩六百石，掌諸醫，屬少府。曹魏沿置，第七品。按《宋書·百官志》謂漢代三公病，"遣中黃門問病。魏、晉則黃門郎，尤重者或侍中也"。趙一清《注補》云："遼位未至公，而遣侍中，蓋寵之也。"

［15］太官：官署名。漢代有太官署，掌宮廷膳食，由令、丞主之，屬少府。魏沿置。

［16］孫權復叛：趙一清《注補》謂孫權無再服再叛之事。沈家本《瑣言》則據本書卷四七《孫權傳》、卷九《曹仁傳》以及《孫權傳》裴注引《魏略》等，列舉大量事實，證明孫權有再服再叛之事。

［17］海陵：西漢縣名。治所在今江蘇泰州市。東漢廢置，漢

末又一度復置，曹魏又廢。（本《續漢書·郡國志》王先謙《集解》引馬輿龍説）又洪亮吉《補三國疆域志》謂此"海陵"係"廣陵"之訛，見本書《文帝紀》可知。廣陵縣治所則在今江蘇揚州市西北蜀岡上。

[18] 遼病遂篤薨于江都：校點本及盧弼《集解》所説馮本作"遼病篤遂薨于江都"；百衲本、殿本、盧弼《集解》本均作"遼病遂篤薨于江都"。按，張遼本有疾病，在破呂範後病遂篤而死，於情較合，故從百衲本等。江都，漢代爲縣，治所在今江蘇揚州市西南。三國吳沿置。

[19] 偏將軍：官名。雜號將軍中地位較低者，第五品，無定員。

樂進字文謙，陽平衛國人也。[1]容貌短小，以膽烈從太祖，爲帳下吏。[2]遣還本郡募兵，得千餘人，還爲軍假司馬、陷陣都尉。[3]從擊呂布於濮陽，[4]張超於雍丘，橋蕤於苦，[5]皆先登有功，封廣昌亭侯。[6]從征張繡於安衆，[7]圍呂布於下邳，（破）別將擊眭固於射犬，[8]攻劉備於沛，[9]皆破之，拜討寇校尉。[10]渡河攻獲嘉，[11]還，從擊袁紹於官渡，[12]力戰，斬紹將淳于瓊。[13]從擊譚、尚於黎陽，斬其大將嚴敬，行遊擊將軍。[14]別擊黄巾，破之，定樂安郡。[15]從圍鄴，鄴定，從擊袁譚於南皮，[16]先登，入譚東門。譚敗，別攻雍奴，[17]破之。建安十一年，[18]太祖表漢帝，稱進及于禁、張遼曰："武力既弘，計略周備，質忠性一，守執節義，每臨戰攻，[19]常爲督率，奮強突固，無堅不陷，自援枹鼓，手不知倦。又遣別征，統御師旅，撫衆則和，奉令無犯，當敵制決，靡有遺失。論功紀用，宜各顯寵。"於是禁爲虎威;[20]進,折衝;[21]遼,盪寇將軍。

　　進別征高幹,從北道入上黨,[22]回出其後,幹等還守壺關,連戰斬首。幹堅守未下,會太祖自征之,乃拔。太祖征管承,軍淳于,[23]遣進與李典擊之。[24]承破走,逃入海島,海濱平。荊州未服,遣屯陽翟。[25]後從平荊州,留屯襄陽,[26]擊關羽、蘇非等,皆走之,南郡諸縣山谷蠻夷詣進降。[27]又討劉備臨沮長杜普、旌陽長梁太,[28]皆大破之。後從征孫權,假進節。太祖還,留進與張遼、李典屯合肥,增邑五百,并前凡千二百戶。以進數有功,分五百戶,封一子列侯;進遷右將軍。[29]建安二十三年薨,諡曰威侯。子綝嗣。綝果毅有父風,官至揚州刺史。諸葛誕反,掩襲殺綝,詔悼惜之,追贈衛尉,[30]諡曰愍侯。子肇嗣。

　　[1]陽平:郡名。魏文帝黃初二年分魏郡置,治所館陶縣,在今河北館陶縣。　衛國:縣名。治所在今河南清豐縣東南。

　　[2]帳下吏:官名。東漢末曹操置,軍中官佐。

　　[3]軍假司馬:官名。漢制,校尉所領營部,置軍司馬以佐之。不置校尉之部,則軍司馬爲長官,又置軍假司馬爲副職,協助管理軍務。　陷陣都尉:校點本作"陷陳都尉",百衲本、殿本、盧弼《集解》本皆作"陷陣都尉"。今從百衲本等。陷陣都尉,東漢建安初曹操置,領兵,隨從征伐。

　　[4]濮陽:縣名。治所在今河南濮陽縣西南。

　　[5]苦(hù):縣名。治所在今河南鹿邑縣東。

　　[6]亭侯:爵名。漢制,列侯大者食縣邑,小者食鄉亭。東漢後期,遂以食鄉、亭者稱爲鄉侯、亭侯。

[7] 安衆：縣名。治所在今河南鎮平縣東南。

[8] 別將："別將"前各本有"破"字。吴金華《〈三國志〉箋記》謂宋本《册府元龜》卷三四二引無"破"字，應據删。今從吴説删。　射犬：聚邑名。在今河南修武縣西南。

[9] 沛：縣名。治所在今江蘇沛縣。

[10] 討寇校尉：官名。漢末建安初曹操所置，領兵，武職。

[11] 獲嘉：縣名。治所在今河南新鄉縣西南。

[12] 官渡：地名。在今河南中牟縣東北。

[13] 斬紹將淳于瓊：盧弼《集解》引何焯云："俘之未斬也。"見本書卷一《武帝紀》建安五年及裴注引《曹瞞傳》。

[14] 遊擊將軍：官名。漢代之雜號將軍。

[15] 樂安郡：東漢質帝時改樂安國置，治所高苑縣，在今山東鄒平縣東北苑城鎮。

[16] 南皮：縣名。治所在今河北南皮縣東北。

[17] 雍奴：縣名。治所在今天津市武清區西北。

[18] 十一年：盧弼《集解》引何焯云："宋本作'十二年'。"而百衲本作"十一年"。盧弼《集解》則云："按《武帝紀》建安十年冬高幹以并州叛，十一年公征幹，八月公東征海賊管承。此表在征高幹、管承之前，應作'十年'；《張遼傳》遼爲蕩寇將軍在從征袁尚於柳城之前，亦應在建安十年，此表同稱進及于禁、張遼，其爲'十年'無疑。"

[19] 戰攻：百衲本、殿本作"戰功"，盧弼《集解》本、校點本作"戰攻"。盧弼《集解》云："宋本、元本、吴本、監本、官本'攻'作'功'誤，馮本、毛本不誤。"今從《集解》本等。

[20] 虎威：即虎威將軍，漢末建安中曹操置。

[21] 折衝：即折衝將軍，前代曾一度置，建安中曹操亦置。

[22] 上黨：郡名。東漢末治所壺關縣，在今山西長治市北。

[23] 淳于：縣名。治所在今山東安丘市東北杞城。

[24] 與：殿本、盧弼《集解》本無"與"字，百衲本、校點

本有。今從百衲本等。

［25］陽翟：縣名。治所在今河南禹州市。

［26］襄陽：縣名。治所在今湖北襄陽市。

［27］南郡：治所江陵縣，在今湖北荊州市江陵區。　諸縣：校點本作"諸郡"，百衲本、殿本、盧弼《集解》本皆作"諸縣"。今從百衲本等。

［28］臨沮：縣名。治所在今湖北遠安縣西北。　旌陽：縣名。治所在今湖北枝江市北。　梁太：校點本作"梁大"，百衲本、殿本、盧弼《集解》本作"梁太"。今從百衲本等。

［29］右將軍：官名。位如上卿，與前、後、左將軍掌京師兵衛與邊防屯警。

［30］衛尉：官名。秩中二千石，第三品，掌宮門及宮中警衛。

　　于禁字文則，泰山鉅平人也。[1]黃巾起，鮑信招合徒眾，禁附從焉。及太祖領兗州，[2]禁與其黨俱詣爲都伯，[3]屬將軍王朗。[4]朗異之，薦禁才任大將（軍）。[5]太祖召見與語，拜軍司馬，[6]使將兵詣徐州，攻廣威，[7]拔之，拜陷陣都尉。從討呂布於濮陽，別破布二營於城南，又別將破高雅於須昌。[8]從攻壽張、定陶、離狐，[9]圍張超於雍丘，皆拔之。從征黃巾劉辟、黃邵等，屯版梁，[10]邵等夜襲太祖營，禁帥麾下擊破之，斬（辟）邵等，[11]盡降其眾。遷平虜校尉。[12]從圍橋蕤於苦，斬蕤等四將。從至宛，[13]降張繡。繡復叛，太祖與戰不利，軍敗，還舞陰。[14]是時軍亂，各閒行求太祖，禁獨勒所將數百人，且戰且引，雖有死傷不相離。虜追稍緩，禁徐整行隊，鳴鼓而還。未至太祖所，道見十餘人被創裸走，禁問其故，曰："爲青州兵所劫。"初，黃巾降，號青州兵，太祖寬之，故敢因緣爲略。禁怒，令其衆曰："青州兵同屬曹公，而還爲賊乎！"乃討之，數之以罪。青州兵遽走詣太祖自訴。禁既至，先立營壘，不時謁太祖。或謂禁："青州兵已訴君矣，宜促詣公辨之。"禁曰："今賊在後，追至無時，不先爲備，何以待敵？且公聰明，譖訴何緣！"[15]徐鑿塹安營訖，乃入謁，具陳其狀。太祖悅，謂禁曰："淯水之難，[16]吾其急也，[17]將軍在亂能整，討暴堅壘，有不可動之節，雖古名將，何以加之！"於是錄禁前后功，封益壽亭侯。復從攻張繡於穰，[18]禽吕布於下邳，別與史渙、曹仁攻眭固於射犬，破斬之。

　　太祖初征袁紹，紹兵盛，禁願爲先登。太祖壯之，乃選步騎二千人，[19]使禁將，守延津以拒紹，[20]太祖引軍還官渡。劉備以徐州叛，太祖東征之。紹攻禁，禁堅守，紹不能拔。復與樂進等將步騎五千，擊紹別營，從延津西南緣河至汲、獲嘉二縣，[21]焚燒保聚三十餘屯，斬首獲生各數千，降紹將何茂、王摩等二十餘人。太祖復使禁別將屯原武，[22]擊紹別營於杜氏津，[23]破之。遷裨將軍，後從還官渡。太祖與紹連營，起土山相對。紹射營中，士卒多死傷，軍中懼。禁督守土山，力戰，氣益奮。紹破，遷偏將軍。冀州平。[24]昌豨復叛，遣禁征之。禁急進攻豨；豨與禁有舊，詣禁降。諸將皆以爲豨已降，當送詣太祖，禁曰："諸君不知公常令乎！圍而後降者不赦。[25]夫奉法行令，事上之節也。豨雖舊友，[26]禁可失節乎！"自臨與豨決,隕涕而斬之,[27]是時太祖軍淳于,聞而歎曰:"豨降不詣吾而歸禁,豈非命耶!"益重禁。〔一〕東海平,拜禁虎威將軍。後與臧霸等攻梅成,張遼、張郃等討陳蘭。禁到,成舉衆三千餘人降。既降復叛,其衆奔蘭。[28]遼等與蘭相持,軍食少,禁運糧前後相屬,遼遂斬蘭、成。增邑二百戶,并前千二百戶。是時,禁與張遼、樂進、張郃、徐晃俱爲名將,太祖每征伐,咸遞行爲軍鋒,還爲後拒;而禁持軍嚴整,得賊財物,無所私入,由是賞賜特重。然以法御下,不甚得士衆心。太祖常恨朱靈,[29]欲奪其營。以禁有威重,遣禁將數十騎,齎令書,徑詣靈營奪其軍,靈及其部衆莫敢動;乃以靈爲禁部下督,衆皆震服,其見憚如此。遷左將軍,假節鉞,[30]分邑五百戶,封一子列侯。

〔一〕臣松之以爲圍而後降,法雖不赦;囚而送之,未爲違命。禁曾不爲舊交希冀萬一,而肆其好殺之心,以戾衆人之議,所以卒爲降虜,死加惡諡,宜哉。

[1]泰山:郡名。治所奉高縣,在今山東泰安市東。 鉅平:侯國名。治所在今山東泰安市南。

[2]兗州:州牧刺史治所昌邑縣,在今山東金鄉縣西北。

[3]都伯:武官名。《通典·兵二》引曹操《步戰令》:"伍中有不進,伍長殺之。伍長有不進者,什長殺之。什長有不進者,都伯殺之。"梁章鉅《旁證》云:"是都伯即隊長。"

[4]王朗:非本書卷一三《王朗傳》之王朗。趙幼文《校箋》謂《太平御覽》卷二四〇引"朗"字作"服",疑是。

[5]大將:各本皆作"大將軍"。盧弼《集解》云:"'軍'

字疑衍,大將軍位次最高,豈此時之王朗所能薦乎!"吴金華《校詁》謂《通志》卷一一五正作"薦禁才任大將",此文"軍"字可據删。趙幼文《校箋》謂《太平御覽》卷二四〇引無"軍"字。今從盧、趙、吴説删"軍"字。

[6] 軍司馬:官名。漢代校尉所領營部,置以佐之。不置校尉之部,則爲長官,領兵征伐,秩比千石。

[7] 廣戚:百衲本、殿本、盧弼《集解》本、校點本第1版均作"廣威"。謝鍾英《補三國疆域志補注》云:"考徐州諸郡無廣威縣,即'廣戚'之訛。"校點本第2版改"廣威"爲"廣戚",但未在《校記》中説明。今從謝説與校點本第2版。廣戚縣治所在今江蘇沛縣東南廣戚鄉。

[8] 須昌:縣名。治所在今山東東平縣西北。

[9] 壽張:縣名。治所在今山東東平縣西南。　定陶:縣名。治所在今山東定陶縣西北。　離狐:殿本作"狐離",百衲本、盧弼《集解》本、校點本作"離狐"。今從百衲本等。離狐,縣名。治所在今河南濮陽縣東南。

[10] 版梁:地名。未詳。

[11] 斬邵等:各本皆作"斬辟邵等"。趙一清《注補》云:"此傳之誤,與《武紀》同,曹公破辟、邵在建安元年,而五年又云汝南降賊劉辟叛,則此時邵死而辟降可知,不得並斬也。"校點本即從此趙説删"辟"字,今從之。

[12] 平虜校尉:官名。漢末建安初曹操置,爲領兵武職,隨從征伐。

[13] 宛:縣名。治所在今河南南陽市。

[14] 舞陰:縣名。治所在今河南泌陽縣西北。

[15] 何緣:趙幼文《校箋》謂《通志》"緣"下有"而入"二字。

[16] 淯(yù)水:即今白河。源出今河南嵩縣南伏牛山,東南流經南陽市東。曹操被張繡所敗處,當在此附近。

[17] 吾其急也：吳金華《校詁》謂審其辭氣，當作"吾甚急也"，"其"疑"甚"字之殘。
　　[18] 穰：縣名。治所在今河南鄧州市。
　　[19] 選步騎：校點本作"遣步卒"，百衲本、殿本、盧弼《集解》本作"選步騎"。今從百衲本等。
　　[20] 延津：津渡名。是當時黃河之重要渡口，在今河南新鄉市東南。在當時白馬、黎陽之西。漢、魏又在此地置延津關。曹操命于禁"守延津"以拒袁紹，即指延津關。
　　[21] 汲：縣名。治所在今河南衛輝市西南。
　　[22] 原武：縣名。治所在今河南原陽縣。
　　[23] 杜氏津：津渡名。在今河南原陽縣西北古黃河上。
　　[24] 冀州：東漢末，州牧刺史治所常設在鄴，在今河北臨漳縣西南鄴鎮東一里半。
　　[25] 圍而後降者：趙幼文《校箋》謂《太平御覽》卷六四五引"圍"上有"先"字。
　　[26] 舊友：趙幼文《校箋》謂《太平御覽》引"友"字作"交"。
　　[27] 隕涕而斬之：趙幼文《校箋》謂《太平御覽》引句下有"郡中震慄，無求不獲"八字。
　　[28] 其衆：盧弼《集解》謂"其"上當有"將"字。
　　[29] 朱靈：原爲袁紹將，後歸曹操。見本卷後"徐晃傳"。
　　[30] 左將軍：官名。位如上卿，與前、後、右將軍掌京師兵衛和邊防屯警。　假節鉞：漢末三國時期，皇帝賜予重臣的一種權力。加此號者，可代行皇帝旨意，掌握生殺特權。

　　　　建安二十四年，太祖在長安，使曹仁討關羽於樊，又遣禁助仁。秋，大霖雨，漢水溢，平地水數丈，禁等七軍皆沒。禁與諸將登高望水，無所回避，羽乘大船就攻禁等，禁遂降，惟龐悳不屈節而死。太祖聞之，哀歎者久之，曰："吾知禁三十年，[1]何意臨危處難，反不及龐悳邪！"[2]會孫權禽羽，獲其衆，禁復在吳。文帝踐阼，權稱藩，遣禁還。帝引見禁，鬚髮皓白，形容顦顇，泣涕頓首。帝慰諭以荀林父、孟明視故事，〔一〕[3]拜爲安遠將軍。[4]欲遣使吳，先令北詣鄴謁高陵。[5]帝使豫於陵屋畫關羽戰克、龐悳憤怒、禁降服之狀。[6]禁見，慚恚發病薨。子圭嗣，封益壽亭侯。諡禁曰厲侯。

〔一〕《魏書》載制曰："昔荀林父敗績于邲，孟明喪師於殽，秦、晉不替，使復其位。其後晉獲狄土，秦霸西戎，區區小國，猶尚若斯，而況萬乘乎？樊城之敗，水災暴至，[7]非戰之咎，其復禁等官。"

[1] 三十年：沈家本《瑣言》云："上文'太祖領兗州'，禁爲都伯。操領兗州在初平三年，至建安二十四年爲二十八年，言'三十'者，舉成數也。"

[2] 及：校點本作"如"，百衲本、殿本、盧弼《集解》本作"及"。今從百衲本等。

[3] 荀林父：春秋時晉國執政。晉景公三年（前597），任中軍帥，與楚戰於邲（今河南滎陽市東北），因内部軍將不睦而敗。晉景公仍然用之。三年後，荀林父即敗赤狄。（見《左傳·宣公十二年》《十五年》） 孟明視：春秋時秦國將，百里奚之子。秦穆公三十三年（前627），奉命與西乞術、白乙丙率師襲鄭，回師經殽，爲晉所襲，被俘。旋得釋回，仍爲穆公所重用。後終敗晉師，穆公遂霸西戎。（見《史記》卷五《秦本紀》）

[4] 安遠將軍：官名。東漢末始置，多用以任命降將或邊遠地區的地方長官。曹魏沿置，第三品。

　　[5] 高陵：曹操之陵墓。

　　[6] 畫關羽戰克：趙幼文《校箋》謂《太平御覽》卷三七三引"畫"字作"圖"、卷四九一引作"圖畫關羽"云云，疑此句"畫"上脱"圖"字。

　　[7] 暴至：趙幼文《校箋》謂《册府元龜》卷一四九引"至"字作"長"。按，宋本《册府元龜》亦作"至"。

　　張郃字儁乂，河間鄭人也。[1]漢末應募討黄巾，爲軍司馬，屬韓馥。馥敗，以兵歸袁紹。紹以郃爲校尉，[2]使拒公孫瓚。瓚破，郃功多，遷寧國中郎將。[3]太祖與袁紹相拒於官渡，〔一〕紹遣將淳于瓊等督運屯烏巢，[4]太祖自將急擊之。[5]郃説紹曰："曹公兵精，[6]往必破瓊等；瓊等破，則將軍事去矣，宜急引兵救之。"郭圖曰："郃計非也。不如攻其本營，勢必還，此爲不救而自解也。"[7]郃曰："曹公營固，攻之必不拔，若瓊等見禽，吾屬盡爲虜矣。"紹但遣輕騎救瓊，而以重兵攻太祖營，不能下。太祖果破瓊等，紹軍潰。圖慚，又更譖郃曰："郃快軍敗，出言不遜。"郃懼，乃歸太祖。〔二〕

　　〔一〕《漢晋春秋》曰：郃説紹曰："公雖連勝，然勿與曹公戰也，密遣輕騎鈔絶其南，則兵自敗矣。"紹不從之。

　　〔二〕臣松之案《武紀》及《袁紹傳》並云袁紹使張郃、高覽攻太祖營，郃等聞淳于瓊破，遂來降，紹衆於是大潰。是則緣郃等降而後紹軍壞也。至如此傳，爲紹軍先潰，懼郭圖之譖，然後歸太祖，[8]爲參錯不同矣。[9]

[1] 河間：王國名。治所樂成縣，在今河北獻縣東南。 鄚：縣名。治所在今河北任丘市北。

[2] 校尉：官名。漢代軍職之稱。東漢末，位次於中郎將。魏、晉沿置，而名號繁多，品秩亦高低不等。

[3] 寧國中郎將：官名。漢末建安初袁紹置，爲統兵武職。

[4] 烏巢：地名。因其地有烏巢澤而得名。在今河南延津縣東南。

[5] 急擊之：趙幼文《校箋》謂《册府元龜》卷四二八引無"急"字。

[6] 兵精：《後漢書》卷七四上《袁紹傳》李賢注引《魏志》作"精兵"，《通鑑》卷六三《漢紀》建安五年亦同，郝經《續後漢書》又作"兵精"。按，二者皆通，不必改動。

[7] 此爲：趙幼文《校箋》謂《册府元龜》引"爲"字作"謂"。

[8] 然後歸太祖：殿本作"來歸太祖"，百衲本作"然歸太祖"，盧弼《集解》本、校點本作"然後歸太祖"。今從《集解》本等。

[9] 參錯不同：盧弼《集解》引姜宸英説："此必郃家傳自文其醜，故與《武紀》《紹傳》互異。"盧氏則云："按承祚紀事，多於本傳諱之，而錯見於他傳。"

太祖得郃甚喜，謂曰："昔子胥不早寤，[1]自使身危，豈若微子去殷、韓信歸漢邪？"[2]拜郃偏將軍，封都亭侯。授以衆，從攻鄴，拔之。又從擊袁譚於渤海，[3]別將軍圍雍奴，[4]大破之。從討柳城，[5]與張遼俱爲軍鋒，以功遷平狄將軍。[6]別征東萊，[7]討管承，又與張遼討陳蘭、梅成等,破之。從破馬超、韓遂於渭南。[8]圍安定,[9]降楊秋。與夏侯淵討鄜賊梁興及武都氐;[10]又破馬超,平宋建。太祖征張魯,先遣郃督諸軍討興和氐王竇茂。[11]太祖從散關入漢中,[12]又先遣郃督步卒五千於前通路。至陽平,[13]魯降,太祖還,留郃與夏侯淵等守漢中,拒劉備。郃別督諸軍降巴東、巴西二郡,[14]徙其民於漢中。進軍宕渠,[15]為備將張飛所拒,引還南鄭。拜盪寇將軍。劉備屯陽平,郃屯廣石。[16]備以精卒萬餘,分為十部,夜急攻郃。郃率親兵搏戰,備不能克,其後備於走馬谷燒都圍,[17]淵救火,從他道與備相遇,交戰,短兵接刃。淵遂没,郃還陽平。〔一〕當是時,新失元帥,恐為備所乘,三軍皆失色。淵司馬郭淮乃令眾曰:[18]"張將軍,國家名將,劉備所憚;今日事急,非張將軍不能安也。"遂推郃為軍主。郃出,勒兵安陣,諸將皆受郃節度,眾心乃定。太祖在長安,遣使假郃節。太祖遂自至漢中,劉備保高山不敢戰。太祖乃引出漢中諸軍,郃還屯陳倉。[19]

〔一〕《魏略》曰:淵雖為都督,[20]劉備憚郃而易淵。及殺淵,備曰:"當得其魁,用此何為邪!"

[1] 子胥:指伍子胥,春秋時楚國人。因其父兄被楚平王枉殺,遂逃入吳,助吳王闔閭取得王位,後又攻破楚國。及吳王夫差敗越王勾踐後,子胥諫不可聽和,夫差不納。後夫差兩度伐齊,子胥均諫阻。太宰嚭因讒毀子胥,吳王夫差遂賜子胥劍逼令自殺。子

胥死前告其舍人曰："抉吾眼懸吳東門之上，以觀越寇之入滅吳也。"（見《史記》卷六六《伍子胥列傳》）

[2] 微子：殷商末人，殷紂王之庶兄。紂王無道，微子數諫，不聽。其後箕子、比干相繼進諫，亦不被采納。箕子因佯狂爲奴，比干竟被剖心而死。微子遂抱其祭器而奔周。周武王復其故位。及周公受成王命平定武庚之亂，遂封微子於宋以奉殷祀。（見《史記》卷三八《宋微子世家》） 韓信：秦末兵起，初投項梁、項羽，不被重用；後投劉邦，得蕭何力薦，劉邦任之爲大將。遂助劉邦滅項羽。西漢建立後，封爲楚王。（見《史記》卷九二《淮陰侯列傳》）

[3] 渤海：即"勃海"，郡名。治所南皮縣，在今河北南皮縣東北。

[4] 別將軍：趙幼文《校箋》謂《太平御覽》卷一六一（當爲一六二）引無"軍"字。郝經《續後漢書》同。疑無"軍"字者是。

[5] 從討：殿本、盧弼《集解》本"從"字作"後"，百衲本、校點本作"從"。今從百衲本等。

[6] 平狄將軍：官名。漢末建安中曹操置，領兵征討。

[7] 東萊：郡名。治所黃縣，在今山東龍口市東南舊黃縣東黃城集。

[8] 渭南：指渭水之南。

[9] 安定：郡名。治所臨涇縣，在今甘肅鎮原縣東南。

[10] 鄜：縣名。治所在今陝西洛川縣東南鄜城。 武都：郡名。治所下辯縣，在今甘肅成縣西。

[11] 興和：地名。約在今甘肅徽縣北。

[12] 散關：關隘名。亦名大散關。在今陝西寶雞市西南的大散嶺上，地勢險要，古爲軍事重地。 漢中：郡名。治所南鄭縣，在今陝西漢中市東。

[13] 陽平：關隘名。在今陝西勉縣西北白馬城。今寧强縣亦

有陽平關，乃後代移置，非古陽平關。

［14］巴東：郡名。治所魚復縣，在今重慶奉節縣東白帝城。巴西：郡名。治所閬中縣，在今四川閬中市。

［15］宕渠：縣名。治所在今四川渠縣東北土溪鄉。

［16］廣石：地名。在今陝西勉縣西。

［17］走馬谷：謝鍾英《補三國疆域志補注》云："時先主南渡沔水，擊淵於定軍山，走馬谷疑即定軍山之谷。"盧弼《集解》云："按之地勢，以謝說爲是。"定軍山在今陝西勉縣東南。

［18］司馬：官名。將軍府之屬官，掌參贊軍務，管理府内武職，位僅次於長史。當時夏侯淵爲征西將軍，郭淮爲其府之司馬。

［19］陳倉：縣名。治所在今陝西寶雞市東渭水北岸。

［20］都督：此都督，謂軍隊統帥。

文帝即王位，以郃爲左將軍，進爵都鄉侯。及踐阼，進封鄚侯。詔郃與曹真討安定盧水胡及東羌，[1]召郃與真並朝許宮，遣南與夏侯尚擊江陵。郃別督諸軍渡江，取洲上屯塢。[2]明帝即位，遣南屯荆州，與司馬宣王擊孫權別將劉阿等，追至祁口，[3]交戰，破之。諸葛亮出祁山。[4]加郃位特進，[5]遣督諸軍，拒亮將馬謖於街亭。[6]謖依阻南山，不下據城。郃絕其汲道，擊，大破之。南安、天水、安定郡反應亮，[7]郃皆破平之。詔曰："賊亮以巴蜀之衆，當虓虎之師。將軍被堅執鋭，所向克定，朕甚嘉之。益邑千户，并前四千三百户。"司馬宣王治水軍於荆州，[8]欲順沔入江伐吳，[9]詔郃督關中諸軍往受節度。[10]至荆州，會冬水淺，大船不得行，乃還屯方城。[11]諸葛亮復出，急攻陳倉，帝驛馬召郃到京都。帝自幸河南城，[12]置酒送郃，遣南北軍士三萬及分遣武衛、虎賁使衛郃，[13]因問郃曰：
"遲將軍到，[14]亮得無已得陳倉乎！"郃知亮縣軍無穀，
不能久攻，對曰："比臣未到，亮已走矣；屈指計亮糧
不至十日。"郃晨夜進至（南）鄭，[15]亮退。詔郃還京
都，拜征西、車騎將軍。[16]

郃識變數，善處營陳，料戰勢地形，無不如計，
自諸葛亮皆憚之。郃雖武將，而愛樂儒士，嘗薦同鄉
（卑）〔畢〕湛經明行修，[17]詔曰："昔祭遵爲將，[18]
奏置五經大夫，居軍中，與諸生雅歌投壺。[19]今將軍
外（勒）〔勤〕戎旅，[20]內存國朝。朕嘉將軍之意，
今擢湛爲博士。"[21]

諸葛亮復出祁山，詔郃督諸將西至略陽，[22]亮還
保祁山，郃追至木門，[23]與亮軍交戰，飛矢中郃右膝，
薨，〔一〕諡曰壯侯。子雄嗣。郃前後征伐有功，明帝分
郃戶，封郃四子列侯。賜小子爵關內侯。

〔一〕《魏略》曰：亮軍退，司馬宣王使郃追之，郃曰："軍
法，[24]圍城必開出路，[25]歸軍勿追。"宣王不聽。郃不得已，遂
進。蜀軍乘高布伏，弓弩亂發，矢中郃髀。[26]

[1] 盧水胡：少數民族名。東漢以後居於盧水（約在今青海
西寧市西）一帶的匈奴族後裔，被稱爲盧水胡。至東漢末，分布甚
廣，不限於盧水一帶。（本唐長孺《魏晉雜胡考》）

[2] 洲：指江陵中洲。胡三省云："江陵中洲即百里洲也。其
洲自枝江縣西，至上明東及江津，江津北岸即江陵故城。"（《通
鑑》卷七〇魏文帝黃初三年注）按，胡氏所言之百里洲，在今湖北
枝江市南長江中。

1429

［3］祁口：趙一清《注補》謂"祁口"即"沶口"，魏晉間"祁""沶"可通。按，沶口在今湖北宜城市西，即沶水入鄢水（今蠻河）之口。

［4］祁山：山名。在今甘肅禮縣東。

［5］特進：官名。漢制，凡諸侯大臣功德優盛，朝廷所敬異者，加位特進，朝會時位在三公下，車服俸祿仍從本官。魏、晉沿襲之。

［6］街亭：地名。在今甘肅秦安縣東北九十里的隴城鎮。

［7］南安：郡名。治所豲（huán）道，在今甘肅隴西縣東南渭水東岸。　天水：郡名。治所冀縣，在今甘肅甘谷縣東南。（本謝鍾英《補三國疆域志補注》）

［8］司馬宣王：司馬懿。

［9］沔：水名。即漢水，古時漢水始出嶓冢山，稱漾水，東南流稱沔水，襄陽以下又稱夏水。今則統稱漢水。

［10］關中：地區名。指函谷關以內之地。包括今陝西和甘肅、寧夏、內蒙古的部分地區。

［11］方城：山名。在今河南葉縣南，方城縣東北，西連伏牛山脈。春秋時楚曾築方城經其東麓。

［12］河南城：舊城名。在今河南洛陽市西郊澗水東岸。原稱王城，戰國時加以擴建，稱河南城，爲西周君所居。秦、漢時置爲河南縣。

［13］南北軍：此指禁衛軍。西漢京都的禁衛軍分爲南軍和北軍。南軍負責守衛皇宮，由衛尉（後稱光祿勳）統領；北軍負責京城及附近地區的警衛，由中尉（後稱執金吾）統領。東漢仍有北軍，而北軍之屯騎、越騎、步兵、長水、射聲等五校尉營則由北軍中候監管；至於衛尉、光祿勳，雖設其職，但已無南軍之名稱。曹魏時，雖仍有屯騎等五校尉之設置，但已無北軍之名稱；五校尉所領之營，亦非宿衛軍之主力。故此所謂"南北軍"，僅借西漢禁衛軍之名而已。　武衛：盧弼《集解》本作"武威"，百衲本、殿

本、校點本作"武衛"。今從百衲本等。此"武衛",指武衛將軍所統領的中軍宿衛禁兵。　虎賁:此指虎賁中郎將所統領的宿衛兵。

[14] 遲:比及,等到。

[15] 鄭:各本皆作"南鄭"。郁松年《續後漢書劄記》謂南鄭爲漢中郡治,時漢兵方圍陳倉,郃何得遽至南鄭?考之《續漢志》,當作"鄭","南"字衍。吴金華《校詁》云:"由河南城奔潼關,至鄭,約五百里;由鄭至西安,向陳倉,亦五百里許。張郃之進軍,莫便乎此道。郁氏謂'南鄭'之'南'爲衍文,其説甚辯。"今從郁、吴説删"南"字。鄭,縣名。治所在今陝西華縣。

[16] 征西:即征西將軍。官名。秩二千石,第二品,位次三公。多授予都督雍、凉二州諸軍事,領兵屯駐長安。資深者爲征西大將軍。　車騎將軍:官名。東漢時位比三公,常以貴戚充任。出掌征伐,入參朝政,漢靈帝時常作贈官。魏、晋時位次驃騎將軍,在諸名號將軍上,多作爲軍府名號,加授大臣、重要州郡長官,無具體職掌,二品。開府者位從公,一品。

[17] 同鄉畢諶:趙幼文《校箋》謂《白孔六帖》卷五二引"鄉"字作"郡"。古未有稱"同鄉"者,疑作"郡"字是。按,《漢書》卷九七上《外戚史皇孫王夫人傳》謂王嫗"年十四嫁爲同鄉王更得妻"。是古代有同鄉之稱。而《太平御覽》卷六三一引此"鄉"字亦作"郡",《册府元龜》卷四一三引又作"鄉"。畢諶,各本皆作"卑湛"。盧弼《集解》云:"何焯校'卑'爲'畢'。"趙幼文《校箋》謂《太平御覽》卷六三一引"卑"作"畢",郝經《續後漢書》《通志》及張采《三國文》亦作"畢"。今從盧、趙説改。

[18] 祭遵:東漢初潁川潁陽(今河南許昌市西)人。初從劉秀轉戰河北,劉秀即帝位後,爲征虜將軍等。祭遵重儒學及儒雅之士,博士范升上疏有云:"遵爲將軍,取士皆用儒術,對酒設樂,必雅歌投壺。又建爲孔子立後,奏置五經大夫。雖在軍旅,不忘俎豆,可謂好禮悦樂,守死善道者也。"(《後漢書》卷二〇《祭遵

傳》)

[19] 投壺：古代宴會禮制，亦爲一種娛樂活動。設壺一個，賓主依次投矢其中，以投中多少定勝負，多者勝，負者飲酒。

[20] 外勤：各本皆作"外勒"。趙幼文《校箋》謂《太平御覽》卷六三一、《册府元龜》卷四一三引"勒"字作"勤"。作"勤"字是。今從趙說改。

[21] 博士：此爲太學博士，秩比六百石，第五品。掌以五經教諸子弟。

[22] 諸將：趙幼文《校箋》謂《太平御覽》卷三一〇引"將"字作"軍"。 略陽：縣名。治所在今甘肅秦安縣東北。

[23] 木門：關隘名。在今甘肅天水市西南五十公里處。

[24] 軍法：趙幼文《校箋》謂郝經《續後漢書》作"兵法"。按，《太平御覽》卷三七二引亦作"軍法"。

[25] 圍城必開出路：趙幼文《校箋》謂《太平御覽》卷三七一（當爲三七二）引作"圍城必闕"，無"開出路"三字。疑"開"字爲"闕"字之誤，"出路"二字應衍。

[26] 髀：趙幼文《校箋》謂《太平御覽》引"髀"下有"股"字。

徐晃字公明，河東楊人也。[1]爲郡吏，從車騎將軍楊奉討賊有功，[2]拜騎都尉。李傕、郭汜之亂長安也，晃說奉，令與天子還洛陽，奉從其計。天子渡河至安邑，[3]封晃都亭侯。及到洛陽，韓暹、董承日爭鬬，晃說奉令歸太祖；奉欲從之，後悔。太祖討奉於梁，[4]晃遂歸太祖。太祖授晃兵，使擊卷、_{卷音墟權反。}原武賊，[5]破之，拜裨將軍。從征呂布，別降布將趙庶、李鄒等。與史渙斬眭固於河內。[6]從破劉備，又從破顏良，拔白馬，[7]進至延津，破文醜，拜偏將軍。與曹洪擊濦彊賊祝臂，[8]破之，又與史渙擊袁紹運車於故市，[9]功最多，封都亭侯。[10]太祖既圍鄴，破邯鄲，[11]易陽令韓範偽以城降而拒守，[12]太祖遣晃攻之。晃至，飛矢城中，爲陳成敗。範悔，晃輒降之。既而言於太祖曰："二袁未破，諸城未下者傾耳而聽，今日滅易陽，明日皆以死守，恐河北無定時也。願公降易陽以示諸城，則莫不望風。"[13]太祖善之，別討毛城，[14]設伏兵掩擊，破三屯。從破袁譚於南皮，討平原叛賊，[15]克之。從征蹋頓，拜橫野將軍。[16]從征荊州，別屯樊，討中廬、臨沮、宜城賊。[17]又與滿寵討關羽於漢津，[18]與曹仁擊周瑜於江陵。[19]十五年，[20]討太原反者，[21]圍大陵，[22]拔之，斬賊帥商曜。韓遂、馬超等反關右，[23]遣晃屯汾陰以撫河東，[24]賜牛酒，令上先人墓。太祖至潼關，[25]恐不得渡，召問晃。晃曰："公盛兵於此，而賊不復別守蒲阪，[26]知其無謀也。今假臣精兵〔一〕渡蒲坂津，[27]爲軍先置，以截其裏，[28]賊可擒也。"太祖曰："善。"使晃以步騎四千人渡津。作塹柵未成，賊梁興夜將步騎五千餘人攻晃，晃擊走之，太祖軍得渡。遂破超等，使晃與夏侯淵平䧳麋、汧諸氐，[29]與太祖會安定。太祖還鄴，使晃與夏侯淵平鄜、夏陽餘賊，[30]斬梁興，降三千餘户。從征張魯。別遣晃討攻櫝、仇夷諸山氐，[31]皆降之。遷平寇將軍。[32]解將軍張順圍。擊賊陳福等三十餘屯，皆破之。

〔一〕臣松之云：案晃于時未應稱臣，傳寫者誤也。

[1] 河東：郡名。治所安邑縣，在今山西夏縣西北禹王城。楊：縣名。治所在今山西洪洞縣東南范村東古城。

[2] 車騎將軍：官名。東漢時位比三公，常以貴戚充任。出掌征伐，入參朝政，漢靈帝時常作贈官。

[3] 安邑：縣名。治所在今山西夏縣西北禹王城。

[4] 梁：縣名。治所在今河南汝州市南。

[5] 卷：縣名。治所在今河南原陽縣舊原武西北。

[6] 河內：郡名。治所懷縣，在今河南武陟縣西南。

[7] 白馬：縣名。治所在今河南滑縣東南城關鎮東。

[8] 灅彊：縣名。治所在今河南臨潁縣東。

[9] 故市：地名。在今河南延津縣界？（本盧弼《集解》）

[10] 都亭侯：梁章鉅《旁證》引姜宸英曰："前已書封都亭侯，此又封，殆以前封非出操邪！"盧弼《集解》則引沈家本說，謂此有奪誤，當云封某某亭侯，非與前文複也。

[11] 邯鄲：縣名。治所在今河北邯鄲市西南。

[12] 易陽：縣名。治所在今河北永年縣東南。

[13] 望風：趙幼文《校箋》謂《冊府元龜》卷四〇二引"風"下有"歸矣"二字，詞意乃備。

[14] 毛城：地名。在今河北涉縣西北。

[15] 平原：縣名。治所在今山東平原縣西南。

[16] 橫野將軍：官名。東漢置，爲雜號將軍中位較低者。

[17] 中廬：縣名。治所在今湖北南漳縣東北。 宜城：縣名。治所在今湖北宜城市南。

[18] 漢津：津渡名。在今湖北荊門市東漢水上。

[19] 江陵：縣名。治所在今湖北荊州市荊州區。

[20] 十五年：指建安十五年。此事本書卷一《武帝紀》載於建安十六年。（參錢大昭《辨疑》）

[21] 太原：郡名。治所晉陽縣，在今山西太原市西南古城營西古城。

[22] 大陵：百衲本、殿本、盧弼《集解》本均作"太陵"，盧氏云："按《武紀》云'太原商曜等以大陵叛'，此作'太陵'誤。"校點本作"大陵"。今從之。大陵，縣名。治所在今山西文水縣東北武陵村。

[23] 關右：地區名。指函谷關以西之地，故又稱關西。

[24] 汾陰：縣名。治所在今山西萬榮縣西南廟前村北古城。

[25] 潼關：關隘名。在今陝西潼關縣東北黃河南岸潼關。

[26] 蒲阪：縣名。治所在今山西永濟縣西南蒲州鎮。

[27] 蒲阪津：蒲阪縣西之黃河渡口。

[28] 以截其裏：趙幼文《校箋》謂《冊府元龜》卷三六二引"裏"字作"衆"。按，宋本《冊府元龜》亦作"裏"。

[29] 隃麋：《續漢書·郡國志》作"渝麋"，侯國名。治所在今陝西千陽縣東。　汧（qiān）：縣名。治所在今陝西隴縣東南。

[30] 夏陽：縣名。治所在今陝西韓城市南。

[31] 櫝：未詳。　仇夷：即仇池，山名。在今甘肅西和縣西南。《後漢書》卷八六《西南夷列傳》謂白馬氏"居於河池，一名仇池，方百頃，四面斗絕"。李賢注："仇池，山，在今成州上禄縣南。"又引酈道元《水經注》云："羊腸盤道三十六回，《開山圖》謂之仇夷。"

[32] 平寇將軍：官名。漢末建安中曹操置，曹魏時定爲第三品。

　　太祖還鄴，留晃與夏侯淵拒劉備於陽平。備遣陳式等十餘營絕馬鳴閣道，[1]晃別征破之，賊自投山谷，多死者。太祖聞，甚喜，假晃節，令曰："此閣道，漢中之險要喉咽也。[2]劉備欲斷絕外內，以取漢中。將軍一舉，克奪賊計，善之善者也。"太祖遂自至陽平，引出漢中諸軍。復遣晃助曹仁討關羽，屯宛。會漢水暴溢，[3]于禁等没。羽圍仁於樊，又圍將軍呂常於襄陽。晃所將多新卒，以羽難與爭鋒，遂前至陽陵陂屯。[4]太祖復（還）遣將軍徐商、呂建等詣晃，[5]令曰："須兵馬集至，乃俱前。"賊屯偃城。[6]晃到，詭道作都塹，示欲截其後，賊燒屯走。晃得偃城，兩面連營稍前，去賊圍三丈所。未攻，太祖前後遣殷署、朱蓋等凡十二營詣晃。賊圍頭有屯，又別屯四冢。[7]晃揚聲當攻圍頭屯，而密攻四冢。羽見四冢欲壞，自將步騎五千出戰，晃擊之，退走，[8]遂追陷與俱入圍，破之，或自投沔水死。太祖令曰："賊圍塹鹿角十重，[9]將軍致戰全勝，遂陷賊圍，多斬首虜。吾用兵三十餘年，及所聞古之善用兵者，未有長驅徑入敵圍者也。且樊、襄陽之在圍，過於莒、即墨，[10]將軍之功，踰孫武、穰苴。"[11]晃振旅還摩陂，太祖迎晃七里，置酒大會。太祖舉卮酒勸晃，且勞之曰："全樊、襄陽，將軍之功也。"時諸軍皆集，太祖案行諸營，士卒咸離陣觀，而晃軍營整齊，將士駐陣不動。太祖歎曰："徐將軍可謂有周亞夫之風矣。"[12]

文帝即王位，以晃為右將軍，進封逯鄉侯。及踐阼，進封楊侯。與夏侯尚討劉備於上庸，[13]破之。以晃鎮陽平，徙封陽平侯。明帝即位，拒吳將諸葛瑾於襄陽。增邑二百，并前三千一百戶。病篤，遺令斂以時服。

性儉約畏慎，將軍常遠斥候，[14]先為不可勝，然後戰，追奔爭利，士不暇食。常歎曰："古人患不遭明君,今幸遇之,當以功自効,何用私譽爲!"終不廣交援。太和元年薨,[15]諡曰壯侯。子蓋嗣。蓋薨,子霸嗣。明帝分晃户,封晃子孫二人列侯。

初,清河朱靈爲袁紹將。[16]太祖之征陶謙,紹使靈督三營助太祖,戰有功。紹所遣諸將各罷歸,靈曰:"靈觀人多矣,無若曹公者,此乃真明主也。今已遇,復何之?"遂留不去。所將士卒慕之,皆隨靈留。靈後遂爲好將,名亞晃等,至後將軍,[17]封高唐(亭)侯。〔一〕[18]

〔一〕《九州春秋》曰:初,清河季雍以鄃叛袁紹而降公孫瓚,[19]瓚遣兵衞之。紹遣靈攻之。靈家在城中,瓚將靈母弟置城上,[20]誘呼靈。靈望城涕泣曰:[21]"丈夫一出身與人,豈復顧家耶!"遂力戰拔之,生擒雍而靈家皆死。

《魏書》曰:靈字文博。太祖既平冀州,遣靈將新兵五千人騎千四守許南。太祖戒之曰:"冀州新兵,數承寬緩,[22]暫見齊整,意尚怏怏。卿名先有威嚴,善以道寬之,不然即有變。"[23]靈至陽翟,中郎將程昂等果反,即斬昂,以狀聞。太祖手書曰:"兵中所以爲危險者,外對敵國,内有姦謀不測之變。昔鄧禹中分光武軍西行,[24]而有宗歆、馮愔之難,後將二十四騎還洛陽,[25]禹豈以是減損哉?來書懇惻,多引咎過,未必如所云也。"文帝即位,封靈鄃侯,增其户邑。詔曰:"將軍佐命先帝,典兵歷年,威過方、邵,[26]功踰絳、灌,[27]圖籍所美,何以加焉?朕受天命,帝有海内,元功之將,社稷之臣,皆朕所與同福共慶,傳之無窮者也。今封鄃侯。富貴不歸故鄉,如夜行衣繡。若平常所志,願勿難言。"靈謝曰:"高唐,宿所願。"於是更封高唐侯,薨,諡曰威侯。子術嗣。[28]

［1］馬鳴閣道：《續漢書·郡國志》：益州廣漢郡葭萌。王先謙《集解》謂有馬鳴閣道，在昭化縣北百里。按，昭化縣即今四川廣元市西南昭化鎮。則昭化北百里之馬鳴閣道，即古巴蜀入漢中之棧道。

　　［2］喉咽：百衲本作"喉咽"。盧弼《集解》亦云："宋本、元本、吳本、毛本作'喉咽'。"中華再造善本影宋本亦作"喉咽"。而殿本、盧弼《集解》本、校點本作"咽喉"。今從百衲本。

　　［3］暴溢：校點本作"暴隘"，百衲本、殿本、盧弼《集解》本皆作"暴溢"。今從百衲本等。

　　［4］陽陵陂：塘堰名。在今湖北襄陽市西北。（本謝鍾英《補三國疆域志補注》）

　　［5］太祖復遣：各本皆作"太祖復還遣"。盧弼《集解》云："'還'字疑衍。"吳金華《校詁》謂"太祖復還"四字，前無所承，又與下文不屬。按，本書卷一《武帝紀》建安二十四年八月、十月所載曹操之行踪，知此"還"字有誤，盧氏疑衍，可從。删此"還"字，可與上下文密合無間。今從盧、吳之說删"還"字。趙幼文《校箋》則云："本志《武帝紀》：'建安二十四年冬十月，軍還洛陽。'疑此'復還'二字乙，'還'字下有脫文。"

　　［6］偃城：城名。在今湖北襄陽市襄州區北。

　　［7］四冢：地名。在今湖北襄陽市附近。（本謝鍾英《補三國疆域志補注》）

　　［8］退走：趙幼文《校箋》謂《通志》引"退"上有"羽"字。

　　［9］鹿角：營房四周埋插削尖的帶枝樹木，以之防備敵人的攻襲，因形似鹿角，故名。

　　［10］莒即墨：戰國時齊國之二城邑。齊湣王末，燕將樂毅攻下齊國七十餘城，唯莒、即墨二城堅守不下。後田單以即墨反攻，擊敗燕軍，光復七十餘城。（見《史記》卷八二《田單列傳》）

　　［11］孫武：春秋齊國人。以《兵法》十三篇見吳王闔閭，被

任爲將，因攻破楚國，北威齊、晋，名顯諸侯。（見《史記》卷六五《孫子列傳》）　穰苴：即司馬穰苴。春秋齊國人，田氏，名穰苴，官司馬。齊景公時，晋國、燕國侵占齊部分城地。晏嬰遂薦穰苴於景公，景公任以爲將。穰苴乃嚴整軍紀，盡復齊國失地。（見《史記》卷六四《司馬穰苴列傳》）

　　[12] 周亞夫：西漢初周勃之子。漢文帝後元六年（前158），匈奴大入邊境，文帝於長安附近的霸上、棘門、細柳三地聚集軍隊以防禦，各以劉禮、徐厲、周亞夫爲將軍。文帝親往勞軍，至霸上、棘門，徑馳入營内，將以下皆下騎送迎；至細柳周亞夫營，吏士威嚴，軍紀嚴格，若無將軍令，雖皇帝亦不能擅入。文帝深加贊賞説："嗟夫，此真將軍矣！曩者霸上、棘門軍，若兒戲耳，其將固可襲而虜也。至於亞夫，可得而犯邪！"（《史記》卷五七《絳侯周勃世家》）

　　[13] 上庸：縣名。治所在今湖北竹山縣西南。

　　[14] 斥候：候望，偵察。

　　[15] 太和：魏明帝曹叡年號（227—233）。

　　[16] 清河：郡名。漢桓帝前稱清河國，桓帝建和二年（148）改稱甘陵國，獻帝建安十一年（206）國除，稱甘陵郡，曹魏時又改稱清河郡。治所清河縣，在今山東臨清市東北。

　　[17] 後將軍：官名。東漢時位如上卿，與前、左、右將軍掌京師兵衛與邊防屯警。魏、晋亦置，第三品。權位漸低，略高於一般雜號將軍，不典禁兵，不與朝政，僅領兵征戰。

　　[18] 高唐侯：各本皆作"高唐亭侯"。殿本《考證》盧明楷曰："按注引《魏書》云'文帝即位，封靈鄳侯'；又云'更封高唐侯'。'亭'字宜衍。"其後梁章鉅《旁證》、徐紹楨《質疑》、盧弼《集解》等皆有同説。今從諸説删"亭"字。高唐，縣名。治所在今山東禹城市西南。

　　[19] 鄃：縣名。治所在今山東平原縣西南。

　　[20] 將：趙幼文《校箋》謂《太平御覽》卷三一〇引作

"以"。

[21] 涕泣：趙幼文《校箋》謂《太平御覽》引"涕"字作"上"。

[22] 數承：殿本"承"作"乘"，百衲本、盧弼《集解》本、校點本作"承"。今從百衲本等。

[23] 即有變：校點本1982年7月第2版誤作"既有變"。

[24] 鄧禹：漢光武帝劉秀之功臣。當劉秀轉戰河北時，赤眉軍已西向長安，將據關中。劉秀遂平分所率之軍二萬與鄧禹，令其西入關。鄧禹率馮愔、宗歆、樊崇、鄧尋等西行，首先攻據河東，再引軍向三輔地區。而赤眉軍新入長安後，軍銳財足，不易攻破。鄧禹遂引軍北至栒邑（今陝西旬邑縣東北），將進據上郡、北地、安定三郡。光武帝却令鄧禹進攻長安。鄧禹仍行己意，遣將別攻上郡諸縣，留馮愔、宗歆守栒邑，禹則引軍至大要（今甘肅寧縣東南）。馮愔、宗歆卻在栒邑爭權相攻，愔殺歆，又反禹。後赤眉軍退出長安，鄧禹乃南下，駐軍昆明池。赤眉軍又復還長安，與鄧禹戰。禹敗，軍又乏食，光武帝乃命禹還。鄧禹與鄧弘又再與赤眉軍戰，仍大敗，衆皆死散。鄧禹僅與二十四騎還宜陽（今河南宜陽縣西），乃上交大司徒、梁侯印綬。光武帝仍復其侯爵，任爲右將軍。（見《後漢書》卷一六《鄧禹傳》）

[25] 洛陽：各本皆作"洛陽"，吳金華《校詁》據《後漢書》卷一七《馮異傳》與卷一六《鄧禹傳》，謂"洛陽"當作"宜陽"。按，曹操手書所用此典，目的在說明鄧禹受挫返還後，漢光武帝仍未責罰他。至於所說返還之地不很確切，亦不傷本意。不必更改。

[26] 方：指方叔。周宣王時的大臣，曾北伐玁狁，南征荆蠻。《詩·小雅·采芑》："顯允方叔，征伐玁狁，荆蠻來威。" 邵：指召虎。亦周宣王時大臣，曾平淮夷。

[27] 絳：指絳侯周勃。漢高祖劉邦之功臣。事見《史記》卷五七《絳侯周勃世家》。 灌：指灌嬰。亦漢高祖之功臣。事見《史記》卷九五《灌嬰列傳》。

［28］子術嗣：百衲本、殿本、盧弼《集解》本皆有此三字，校點本無。今從百衲本等。

評曰：太祖建茲武功，而時之良將，五子爲先。于禁最號毅重，然弗克其終。張郃以巧變爲稱，樂進以驍果顯名，而鑒其行事，未副所聞。或注記有遺漏，未如張遼、徐晃之備詳也。

三國志 卷一八

魏書十八

二李臧文呂許典二龐閻傳第十八

李典字曼成，山陽鉅野人也。[1]典從父乾，有雄氣，合賓客數千家在乘氏。[2]初平中，[3]以衆隨太祖，破黃巾於壽張，[4]又從擊袁術，征徐州。[5]呂布之亂，太祖遣乾還乘氏，慰勞諸縣。布別駕薛蘭、治中李封招乾，[6]欲俱叛，乾不聽，遂殺乾。太祖使乾子整將乾兵，與諸將擊蘭、封。蘭、封破，從平兗州諸縣有功，[7]稍遷青州刺史。[8]整卒，典徙潁陰令，[9]爲中郎將，[10]將整軍，〔一〕遷離狐太守。[11]

〔一〕《魏書》曰：典少好學，不樂兵事，乃就師讀《春秋左氏傳》，博觀羣書。太祖善之，故試以治民之政。

[1] 山陽：郡名。治所昌邑縣，在今山東金鄉縣西北。　鉅野：縣名。治所在今山東巨野縣東北。

［2］乘氏：縣名。治所在今山東巨野縣西南。

［3］初平：漢獻帝劉協年號（190—193）。

［4］壽張：縣名。治所在今山東東平縣西南。

［5］徐州：刺史治所本在郯縣，今山東郯城縣北。東漢末移於下邳，在今江蘇睢寧縣西北。（本吳增僅《三國郡縣表附考證》）

［6］別駕：官名。別駕從事史的簡稱，爲州牧刺史的主要屬吏。州牧刺史巡行各地時，別乘傳車從行，故名別駕。　治中：即治中從事。官名。州牧刺史的主要屬吏，居中治事，主衆曹文書。

［7］兗州：州牧刺史治所昌邑縣，在今山東金鄉縣西北。

［8］青州：刺史治所臨淄縣，在今山東淄博市東北臨淄區北。

［9］潁陰：縣名。治所在今河南許昌市。

［10］中郎將：官名。東漢統兵將領之一，位次將軍，秩比二千石。

［11］離狐：本爲縣名，治所在今河南濮陽縣東南。錢大昕云："離狐縣，前漢屬東郡，後漢屬濟陰郡，史無置郡之文。蓋建安初暫置而即罷耳。"（《廿二史考異》卷一五）

　　時太祖與袁紹相拒官渡，[1]典率宗族及部曲輸穀帛供軍。紹破，以典爲裨將軍，[2]屯安民。[3]太祖擊譚、尚於黎陽，[4]使典與程昱等以船運軍糧。會尚遣魏郡太守高蕃將兵屯河上，[5]絕水道，太祖敕典、昱："若船不得過，下從陸道。"典與諸將議曰："蕃軍少甲而恃水，有懈怠之心，擊之必克。軍不內御；苟利國家，專之可也，宜亟擊之。"昱亦以爲然。遂北渡河，攻蕃，破之，水道得通。劉表使劉備北侵，至葉，[6]太祖遣典從夏侯惇拒之。備一旦燒屯去，惇率諸軍追擊之，典曰："賊無故退，疑必有伏。南道狹窄，草木深，不可追也。"惇不聽，與于禁追之，典留守。惇等果入賊伏裏，戰不利，典往救，備望見救至，乃散退。[7]從圍鄴，[8]鄴定，與樂進圍高幹於壺關，[9]擊管承於長廣，[10]皆破之。遷捕虜將軍，[11]封都亭侯。[12]典宗族部曲三千餘家，[13]居乘氏，自請願徙詣魏郡。太祖笑曰："卿欲慕耿純邪？"[14]典謝曰："典駑怯功微，而爵寵過厚，誠宜舉宗陳力；加以征伐未息，宜實郊遂之內，[15]以制四方，非慕純也。"遂徙部曲宗族萬三千餘口居鄴。[16]太祖嘉之，遷破虜將軍。[17]與張遼、樂進屯合肥，[18]孫權率衆圍之，遼欲奉教出戰。進、典、遼皆素不睦，遼恐其不從，典慨然曰："此國家大事，顧君計何如耳，吾可以私憾而忘公義乎！"[19]乃率衆與遼破走權。增邑百戶，并前三百戶。

　　典好學問，貴儒雅，不與諸將爭功。敬賢士大夫，恂恂若不及，軍中稱其長者。年三十六薨，子禎嗣。文帝踐阼，追念合肥之功，增禎邑百戶，賜典一子爵關內侯，[20]邑百戶；謚典曰愍侯。

　　[1] 官渡：地名。在今河南中牟縣東北。

　　[2] 裨將軍：官名。漢代雜號將軍之低級者。

　　[3] 安民：亭名。在今山東渾城縣東。（本謝鍾英《補三國疆域志補注》）

　　[4] 黎陽：縣名。治所在今河北浚縣東北。

　　[5] 魏郡：治所鄴縣，在今河北臨漳縣西南鄴鎮東一里半。河：指黃河。

　　[6] 葉（shè）：縣名。治所在今河南葉縣西南。徐紹楨《質

疑》云：《先主傳》云表"使拒夏侯惇、于禁等於博望。久之，先主設伏兵，自燒屯僞遁，惇等追之，爲伏兵所破"。據此，博望之役爲惇來侵，而先主拒之。與《典傳》不同。以《典傳》考之，此事書於曹公破紹之後圍鄴之前，《武帝紀》載有建安八年（203）秋八月"公征劉表，軍西平"之語，正在其時，意此爲曹公征表而遣惇等先之。《先主傳》當得其實。是時葉及博望均屬南陽郡，爲劉表所有，亦不得云劉備侵葉也。

［7］乃：百衲本作"軍"，殿本、盧弼《集解》本、校點本作"乃"。今從殿本等。

［8］鄴：縣名。治所在今河北臨漳縣西南鄴鎮東一里半。

［9］壺關：縣名。治所在今山西長治市北。

［10］長廣：縣名。治所在今山東萊陽市東。

［11］捕虜將軍：官名。東漢初置，爲雜號將軍，統兵出征。後省。漢末建安中曹操復置。曹魏定爲第五品。

［12］都亭侯：爵名。位在鄉侯下，食祿於都亭。都亭，城郭附近之亭。

［13］三千餘家：盧弼《集解》本誤作"三十餘家"，百衲本、殿本、校點本不誤。

［14］耿純：東漢初鉅鹿宋子（今河北趙縣東北）人。更始時，爲騎都尉。後率宗族賓客二千餘人歸劉秀，老病者皆載棺木自隨。後純又遣人返鄉焚其舊居房舍，以絕衆人反顧之望。深爲劉秀所信重。（見《後漢書》卷二一《耿純傳》）

［15］郊遂：謂都城周圍之地。古代都城以外百里爲郊，郊外百里爲遂。

［16］萬三千餘口：盧弼《集解》本作"萬二千餘口"，百衲本、殿本、校點本均作"萬三千餘口"。今從百衲本等。

［17］破虜將軍：官名。漢獻帝初平初置，雜號將軍之一。

［18］合肥：縣名。治所在今安徽合肥市西。

［19］吾可：百衲本、盧弼《集解》本作"吾不可"，殿本、

校點本作"吾可"。今從殿本等。

〔20〕關內侯：爵名。漢制二十級爵之十九級，次於列侯，祇有封户收取租税而無封地。魏文帝定爵制爲十等，關內侯在亭侯下，仍爲虚封，無食邑。

李通字文達，江夏平春人也。〔一〕[1] 以俠聞於江、汝之間。[2] 與其郡人陳恭共起兵於朗陵，[3] 衆多歸之。時有周直者，衆二千餘家，與恭、通外和内違。通欲圖殺直而恭難之。通知恭無斷，乃獨定策，與直克會，[4] 酒酣殺直。衆人大擾，通率恭誅其黨帥，盡并其營。後恭妻弟陳郃，殺恭而據其衆。通攻破郃軍，斬郃首以祭恭墓。又生禽黄巾大帥吳霸而降其屬。遭歲大饑，通傾家振施，與士分糟糠，皆爭爲用，由是盜賊不敢犯。

〔一〕《魏略》曰：通小字萬億。

[1] 平春：縣名。治所在今河南信陽市西。
[2] 俠：盧弼《集解》謂《太平御覽》"俠"上有"游"字。趙幼文《校箋》謂見《太平御覽》卷二四〇。　江：指長江。汝：指汝水。汝水上游即今河南汝河，自郾城縣以下，故道南流至西平縣東會沅水（今洪河），又南流經上蔡縣西至遂平縣東會瀙水（今沙河）；此下即今南汝河及新蔡縣以下洪河。
[3] 朗陵：縣名。治所在今河南確山縣西南。
[4] 與直克會：趙幼文《校箋》謂《通志》"克"字作"恭"，下文"通率恭誅其黨帥"，則作"恭"疑是。

建安初，[1]通舉眾詣太祖於許。[2]拜通振威中郎將，[3]屯汝南西界。[4]太祖討張繡，劉表遣兵以助繡，太祖軍不利。通將兵夜詣太祖，太祖得以復戰，通爲先登，大破繡軍。拜裨將軍，封建功侯。[5]分汝南二縣，以通爲陽安都尉。[6]通妻伯父犯法，朗陵長趙儼收治，致之大辟。[7]是時殺生之柄，決於牧守，通妻子號泣以請其命。通曰：“方與曹公戮力，義不以私廢公。”嘉儼執憲不阿，與爲親交。太祖與袁紹相拒於官渡。紹遣使拜通征南將軍，[8]劉表亦陰招之，通皆拒焉。通親戚部曲流涕曰：“今孤危獨守，以失大援，亡可立而待也，不如亟從紹。”通按劍以叱之曰：“曹公明哲，必定天下。紹雖彊盛，而任使無方，終爲之虜耳。吾以死不貳。”即斬紹使，送印綬詣太祖。又擊羣賊瞿恭、江宮、沈成等，[9]皆破，殘其眾，[10]送其首。遂定淮、汝之地。改封都亭侯，拜汝南太守。時賊張赤等五千餘家聚桃山，通攻破之。劉備與周瑜圍曹仁於江陵，[11]別遣關羽絕北道。通率眾擊之，下馬拔鹿角入圍，且戰且前，以迎仁軍，勇冠諸將。通道得病薨，時年四十二。追增邑二百户，并前四百户。文帝踐阼，謚曰剛侯。詔曰：“昔袁紹之難，自許、蔡以南，[12]人懷異心。通秉義不顧，使攜貳率服，朕甚嘉之。不幸早薨，子基雖已襲爵，未足酬其庸勳。[13]基兄緒，前屯樊城，又有功。世篤其勞，其以基爲奉義中郎將，[14]緒平虜中郎將，[15]以寵異焉。”〔一〕

〔一〕王隱《晉書》曰：緒子秉，字玄冑，有儁才，爲時所貴。[16]官至秦州刺史。[17]秉嘗答司馬文王問，因以爲《家誡》曰："昔侍坐於先帝，[18]時有三長吏俱見。[19]臨辭出，上曰：'爲官長當清，當慎，當勤，修此三者，何患不治乎？'並受詔。既出，上顧謂吾等曰：'相誡敕正當爾不？'侍坐衆賢，莫不贊善。上又問曰：[20]'必不得已，[21]於斯三者何先？'或對曰：'清固爲本。'次復問吾，對曰：'清慎之道，相須而成，必不得已，慎乃爲大。[22]夫清者不必慎，慎者必自清，亦由仁者必有勇，勇者不必有仁，是以《易》稱括囊無咎，[23]藉用白茅，[24]皆慎之至也。'上曰：'卿言得之耳。[25]可舉近世能慎者誰乎？'諸人各未知所對，吾乃舉故太尉荀景倩、尚書董仲連、僕射王公仲並可謂爲慎。[26]上曰：'此諸人者，溫恭朝夕，執事有恪，亦各其慎也。然天下之至慎，其惟阮嗣宗乎！[27]每與之言，言及玄遠，而未曾評論時事，[28]臧否人物，真可謂至慎矣。'吾每思此言，亦足以爲明誡。凡人行事，年少立身，不可不慎，勿輕論人，勿輕說事，如此則悔吝何由而生，患禍無從而至矣。"

秉子重，字茂曾。少知名，歷位吏部郎、平陽太守。[29]《晉諸公贊》曰：重以清尚稱。相國趙王倫以重望取爲右司馬。[30]重以倫將爲亂，辭疾不就。倫逼之不已，重遂不復自（活）[治]，[31]至於困篤，扶曳受拜，數日卒，贈散騎常侍。[32]重二弟，尚字茂仲，矩字茂約，永嘉中並典郡；[33]矩至江州刺史。[34]重子式，字景則，官至侍中。[35]

[1] 建安：漢獻帝劉協年號（196—220）。

[2] 許：縣名。治所在今河南許昌市東。

[3] 振威中郎將：官名。漢末建安初曹操置，爲領兵武職。

[4] 汝南：郡名。治所平輿縣，在今河南平輿縣北。

[5] 建功侯：封爵名。類似於建安二十年所設之名號侯，

爲虛封。

[6]陽安：本縣名。治所在今河南確山縣東北。趙一清《注補》引《讀史方輿紀要》卷五〇云："曹操分汝南置陽安都尉，以朗陵縣屬焉，亦曰陽安郡。尋罷。"按，本書卷二三《趙儼傳》裴注引《魏略》謂朗陵長與陽安太守李通同治所，則陽安郡治所應在朗陵縣，朗陵縣治所在今確山縣西南。　都尉：官名。西漢時郡置都尉，輔佐郡守並掌本郡軍事。東漢廢除，僅在邊郡或關塞之地置都尉及屬國都尉，並漸漸分縣治民，職如太守。陽安與朗陵既非邊地，亦非關塞之地，蓋劃此二縣爲郡，僅以都尉稱其長官（即太守）。

[7]大辟：死刑。

[8]征南將軍：官名。在漢代，爲雜號將軍。

[9]羣：校點本作"郡"，百衲本、殿本、盧弼《集解》本作"羣"。今從百衲本等。

[10]殘：殿本、盧弼《集解》本作"殲"，百衲本、校點本作"殘"。今從百衲本等。按此句標點從吴金華《〈三國志集解〉箋記》説。

[11]江陵：縣名。治所在今湖北荆州市江陵區。

[12]蔡：指上蔡縣，治所在今河南上蔡縣西南。

[13]酬：百衲本作"疇"，殿本、盧弼《集解》本、校點本作"酬"。按二字可通，今從殿本等。

[14]其以基：百衲本、殿本、盧弼《集解》本無"其"字，盧氏云："馮本'以'上有'其'字。"校點本有"其"字。按，此"其"字爲秦漢以後之詔書所常用，今從校點本。　奉義中郎將：官名。曹魏初置，秩比二千石，第四品。

[15]平虜中郎將：官名。曹魏初置，秩比二千石，第四品。

[16]爲時所貴：殿本、盧弼《集解》本作"爲時人所貴"，百衲本、校點本作"爲時所貴"。今從百衲本等。

[17]秦州：校點本1982年7月第2版誤作"泰州"。秦州，

晋武帝泰始五年（269）置，刺史治所冀縣，在今甘肅甘谷縣東；太康三年（282）廢，七年復置，刺史治所移於上邽縣，在今甘肅天水市。

[18] 昔侍坐：趙幼文《校箋》謂《世説新語·德行篇》注引"昔"下有"嘗"字。

[19] 長吏：趙幼文《校箋》謂《世説新語·德行篇》注引"吏"字作"史"，《太平御覽》卷四三〇引同。郝經《續後漢書》亦作"史"。 見：盧弼《集解》本作"免"，百衲本、殿本、校點本作"見"。今從百衲本等。

[20] 問曰：殿本、盧弼《集解》本無"曰"字，百衲本、校點本有。今從百衲本等。

[21] 必不得已：趙幼文《校箋》謂《世説新語·德行篇》注引句下有"而去"二字。

[22] 大：趙幼文《校箋》謂《太平御覽》卷三四〇（當作四三〇）引"大"字作"先"。

[23] 括囊無咎：《易·坤》六四《象》曰："括囊無咎，慎不害也。"括囊，把口袋口拴住。

[24] 藉用白茅：《易·大過》初六："藉用白茅，無咎。"《繫辭上》："苟錯諸地而可矣，藉之用茅，何咎之有？慎之至也。夫茅之爲物薄而用可重也，慎斯術也以往，其無所失矣。"意謂：本來將物置於地上是可以的，而在物之下再鋪上白茅，哪裏會有過錯？這是慎重之極的。

[25] 耳：百衲本作"爾"，殿本、盧弼《集解》本、校點本作"耳"。按，二字通。今從殿本等。趙幼文《校箋》則謂《世説新語·德行篇》注引作"矣"。《太平御覽》卷四三〇引同。

[26] 太尉：官名。西晉仍列三公之首，第一品，爲名譽宰相，無實際職掌，多爲加官。 荀景倩：荀顗字景倩。見本書卷一〇《荀彧傳》裴注引《晉陽秋》。 尚書：官名。西晉初，置吏部、三公、客曹、駕部、屯田、度支六曹尚書，秩皆六百石，第三品。

其中吏部職要任重，徑稱吏部尚書，其餘諸曹均稱尚書。　董仲連：趙幼文《校箋》謂《世說新語・德行篇》注引"連"字作"達"。僕射（yè）：即尚書僕射，官名。魏、晉時爲尚書省次官，秩六百石，第三品。或單置，或並置左、右。左、右並置時，左僕射居右僕射上。輔助尚書令執行政務，參議大政，諫諍得失，監察糾彈百官，可封還詔旨，常受命主管官吏選舉。

　　[27] 阮嗣宗：阮籍字嗣宗。見本書卷二一《王粲傳》裴注及所引《魏氏春秋》。

　　[28] 未曾：趙幼文《校箋》謂《世說新語・德行篇》注引"曾"字作"嘗"。

　　[29] 吏部郎：官名。尚書吏部曹之長官，屬吏部尚書，主管官吏選任銓叙調動事務，可建議任免五品以下官吏。秩四百石，第六品。　平陽：郡名。治所平陽縣，在今山西臨汾市西南金殿。

　　[30] 相國：官名。西晉時，位尊於丞相，職權品秩略同，非尋常人臣之職。　右司馬：《晉書》卷四六《李重傳》作"左司馬"。（盧弼《集解》校）此"右司馬"或"左司馬"皆謂相國司馬，爲相國府之高級幕僚，位僅次長史，職責是參贊軍務，秩千石。或分置左、右。

　　[31] 自治：各本皆作"自活"。吳金華《校詁》謂《世說新語・品藻篇》注引此文作"自治"；《賢媛》注文叙此事又云"有疾不治"。是"活"乃"治"字之誤。今從吳說改。

　　[32] 散騎常侍：官名。曹魏初始置，西晉沿置，位比侍中，秩比二千石，第三品。爲門下重職，散騎省長官。職掌侍從皇帝左右，諫諍得失，應對顧問，與侍中等共平尚書奏事，有異議得駁奏。亦常爲宰相、諸公等加官，得入宮禁議政。

　　[33] 永嘉：晉懷帝司馬熾年號（307—313）。

　　[34] 江州：西晉惠帝元康元年（291）置，刺史治所南昌縣，在今江西南昌市。東晉成帝咸康六年（340），徙治所於尋陽縣，在今湖北黄梅縣西南。

[35] 侍中：官名。曹魏時，第三品。爲門下侍中寺長官。職掌門下衆事，侍從左右，顧問應對，拾遺補闕，與散騎常侍、黃門侍郎等共平尚書奏事。晉沿置，爲門下省長官。

臧霸字宣高，泰山華人也。[1]父戒，爲縣獄掾，[2]據法不聽太守欲所私殺。太守大怒，令收戒詣府，時送者百餘人。霸年十八，將客數十人徑於費西山中要奪之，[3]送者莫敢動，因與父俱亡命東海，[4]由是以勇壯聞。黃巾起，霸從陶謙擊破之，拜騎都尉。[5]遂收兵於徐州，與孫觀、吳敦、尹禮等並聚衆，霸爲帥，屯於開陽。[6]太祖之討呂布也，霸等將兵助布。既禽布，霸自匿。太祖募索得霸，見而悅之，使霸招吳敦、尹禮、孫觀、觀兄康等，皆詣太祖。太祖以霸爲琅邪相，[7]敦利城、禮東莞、觀北海、康城陽太守，[8]割青、徐二州，[9]委之於霸。太祖之在兗州，以徐翕、毛暉爲將。兗州亂，翕、暉皆叛。後兗州定，翕、暉亡命投霸。太祖語劉備，令語霸送二人首。霸謂備曰："霸所以能自立者，以不爲此也。[10]霸受公生全之恩，[11]不敢違命。然王霸之君可以義告，願將軍爲之辭。"備以霸言白太祖，太祖歎息，謂霸曰："此古人之事而君能行之，孤之願也。"乃皆以翕、暉爲郡守。時太祖方與袁紹相拒，而霸數以精兵入青州，故太祖得專事紹，不以東方爲念。太祖破袁譚於南皮，[12]霸等會賀。霸因求遣子弟及諸將父兄家屬詣鄴，太祖曰："諸君忠孝，豈復在是！[13]昔蕭何遣子弟入侍，[14]而高祖不拒，耿純焚室輿櫬以從，而光武不逆，吾將何以易之哉！"東州擾攘，[15]霸等執義征暴，清定海岱，[16]功莫大焉，皆封列侯。[17]霸爲都亭侯，加威虜將軍。[18]又與于禁討昌豨，與夏侯淵討黃巾餘賊徐和等，有功，遷徐州刺史。沛國（公）武周爲下邳令，[19]霸敬異周，身詣令舍。部從事憩詞不法，[20]周得其罪，便收考竟，[21]霸益以善周。從討孫權，先登，再入巢湖，[22]攻居巢，[23]破之。張遼之討陳蘭，霸別遣至皖，[24]討吳將韓當，使權不得救蘭。當遣兵逆霸，霸與戰於逢龍，[25]當復遣兵邀霸於夾石，[26]與戰破之，還屯舒。[27]權遣數萬人乘船屯舒口，[28]分兵救蘭，聞霸軍在舒，遁還。霸夜追之，比明，行百餘里，邀賊前後擊之。賊窘急，不得上船，赴水者甚衆。由是賊不得救蘭，遼遂破之。霸從討孫權於濡須口，[29]與張遼爲前鋒，行遇霖雨，大軍先（及）〔反〕，[30]水遂長，賊船稍（進）〔近〕，將士皆不安。遼欲去，霸止之曰："公明於利鈍，寧肯捐吾等邪？"明日果有令。遼至，以語太祖。太祖善之，拜〔霸〕揚威將軍，[31]假節。[32]後權乞降，太祖還，留霸與夏侯惇等屯居巢。

　　文帝即王位，遷鎮東將軍，[33]進爵武安鄉侯，[34]都督青州諸軍事。[35]及踐阼，進封開陽侯，徙封良成侯。[36]與曹休討吳賊，破呂範於洞浦，[37]徵爲執金吾，[38]位特進。[39]每有軍事，帝常咨訪焉。[一][40]明帝即位，增邑五百，并前三千五百户。薨，謚曰威侯。子艾嗣。[二]艾官至青州刺史、少府。[41]艾薨，謚曰恭侯。子權嗣。霸前後有功，封子三人列侯，賜一人爵

關內侯。〔三〕

〔一〕《魏略》曰：霸一名奴寇。孫觀名嬰子。吳敦名黯奴。尹禮名盧兒。建安二十四年，霸遣別軍在洛。會太祖崩，霸所部及青州兵，以爲天下將亂，皆鳴鼓擅去。文帝即位，以曹休都督青、徐，[42]霸謂休曰："國家未肯聽霸耳！[43]若假霸步騎萬人，必能橫行江表。"[44]休言之於帝，帝疑霸軍前擅去，今意壯乃爾。遂東巡，因霸來朝而奪其兵。

〔二〕《魏書》曰：艾少以才理稱，爲黃門郎，[45]歷位郡守。

〔三〕霸一子舜，字太伯，晉散騎常侍，見《武帝百官名》。此《百官名》，不知誰所撰也，皆有題目，稱舜"才穎條暢，識贊時宜"也。

[1] 泰山：郡名。治所奉高縣，在今山東泰安市東。　華：縣名。治所在今山東費縣東北。周壽昌《注證遺》云："《後漢書·郡國志》泰山郡屬無華縣，霸生漢末，尚稱華人何也？考《泰山郡都尉孔宙碑》陰有'故吏泰山華丗樓覬'，碑爲桓帝延熹六年立，是時尚有泰山華縣，與《霸傳》尤合，《郡國志》或偶遺之。"

[2] 父戒：趙幼文《校箋》謂《白孔六帖》卷四五〇引"戒"字作"式"。　獄掾：官名。縣府屬吏，職掌刑獄。

[3] 數十人：趙幼文《校箋》謂《白孔六帖》卷四五〇、《太平御覽》卷四三四引"數"下無"十"字。　費：侯國名。治所在今山東費縣西北。　西山：趙一清《注補》云："西山即蒙山也，在費縣西北五十里。"

[4] 東海：郡名。治所郯縣，在今山東郯城縣北。

[5] 騎都尉：官名。屬光祿勳，秩比二千石，掌羽林騎兵。

[6] 開陽：縣名。治所在今山東臨沂市北。

[7] 琅邪：王國名。治所即開陽縣。　相：官名。王國相，由

朝廷直接委派，執掌王國行政大權，相當於郡太守。

［8］利城：郡名。本爲縣，曹操設爲郡，治所在今江蘇贛榆縣西古城。　東莞：郡名。治所東莞縣，在今山東沂水縣東北。　北海：王國名。治所劇縣，在今山東昌樂縣西。　城陽：郡名。西漢時城陽國，東漢并入北海國，建安初曹操又分置城陽郡。治所東武縣，在今山東諸城市。

［9］青：州名。刺史治所臨淄縣，在今山東淄博市臨淄區北。二州：趙幼文《校箋》謂《册府元龜》卷九九引"州"下有"附於海"三字。

［10］爲：百衲本作"謂"，殿本、盧弼《集解》本、校點本作"爲"。今從殿本等。

［11］公生全之恩：趙幼文《校箋》謂蕭常《續後漢書》"公"上有"曹"字。《册府元龜》卷八〇二引"生"字作"成"。

［12］南皮：縣名。治所在今河北南皮縣東北。

［13］在：趙幼文《校箋》謂《册府元龜》卷七六五引作"任"。

［14］蕭何：漢高祖劉邦之功臣。劉邦爲漢王後，以蕭何爲丞相。楚漢相爭中，蕭何留守關中，使劉邦軍足食足兵。而劉邦與項羽爭戰之次年，卻常遣使回關中勞問丞相。鮑生謂丞相曰："王暴衣露蓋，數使使勞苦君者，有疑君之心也。爲君計，莫若遣君子孫昆弟能勝兵者悉詣軍所，上必益信君。"蕭何從其計，劉邦大悅。（見《史記》卷五三《蕭相國世家》）

［15］東州：指青州一帶。

［16］海岱：地區名。指東海與岱山（泰山）一帶地區，即當時青、徐、兗三州交界的一帶地區。

［17］列侯：爵名。漢代二十級爵之最高者。金印紫綬，有封邑，食租税。功大者食縣，小者食鄉、亭。曹魏初亦沿襲有列侯。

［18］威虜將軍：官名。東漢初置，後省。漢末建安中曹操復置，爲無固定職掌的名號將軍。曹魏沿置，第五品。

[19] 沛國武周：百衲本、殿本、盧弼《集解》本皆作"沛國公武周"。殿本《考證》朱良裘云："按《胡質傳》注引虞預《晋書》曰'武周字伯南，沛國竹邑人'。此'公'字疑衍。"盧弼《集解》亦引陳景雲曰："'公'字衍，武周沛國竹邑人，詳《胡質傳》注。"校點本即從陳景雲説刪"公"字。今從校點本。沛國治所相縣，在今安徽濉溪縣西北。　下邳：縣名。治所在今江蘇睢寧縣西北。

　　[20] 部從事：官名。即部郡國從事史，州牧刺史的屬吏，每郡國一人，主督促文書，察舉非法。　謥（còng）詷（dòng）：夸誕，言過其實。元應《一切經音義》卷八《阿彌陀經》下卷："謥詷：《通俗文》言過謂之謥詷。"

　　[21] 考竟：《釋名·釋喪制》云："獄死曰考竟。考得其情，竟其命於獄也。"按，此謂拷問窮竟，拷問清楚。

　　[22] 巢湖：湖名。即今安徽巢湖。

　　[23] 居巢：縣名。治所在今安徽巢湖市東北。

　　[24] 霸別遣：趙幼文《校箋》謂《文選》陸士衡《辨亡論》李善注引作"別遣霸"，應據乙。　皖：縣名。治所在今安徽潛山縣。

　　[25] 逢龍：地名。謝鍾英云："逢龍當與夾石相近。"（《補三國疆域志補注》）

　　[26] 夾石：地名。在今安徽桐城市北。

　　[27] 舒：縣名。治所在今安徽廬江縣西南。

　　[28] 舒口：地名。在今安徽舒城縣東。謝鍾英云："當即今巴洋河入巢湖之口。"（《補三國疆域志補注》）

　　[29] 濡須口：古濡須水在今安徽境内，源出巢湖，東南流，經今無爲縣東南入長江。入長江處稱濡須口。

　　[30] 先反：各本皆作"先及"，又下句"稍近"各本皆作"稍進"。殿本《考證》謂《太平御覽》"先及"作"先反""稍進"作"稍近"。吳金華《校詁》又謂臧霸、張遼爲先鋒，不得稱

"大軍";此云"大軍先及",殊不可解。《通志》卷一一六"先及"作"未至",可以參考。又《太平御覽》卷二四〇"先及"作"先反",與下文"遼欲去"云云頗爲接合;"稍近"亦較"稍進"爲優。似以《太平御覽》爲實。今從吳說據《太平御覽》改。

[31] 拜霸揚威將軍:各本皆無"霸"字。盧弼《集解》云:"'拜'下當有'霸'字。"趙幼文《校箋》謂《太平御覽》卷二四〇引"拜"下有"霸"字,應據增。今從盧、趙說增。揚武將軍,官名。漢末建安中曹操置,爲領兵之官。魏、晋沿置,第四品。

[32] 假節:漢末三國時期,皇帝賜予臣下的一種權力。至晋代,此種權力明確爲因軍事可殺犯軍令者。

[33] 鎮東將軍:官名。曹魏時第二品。位次四征將軍,領兵如征東將軍。多爲持節都督,出鎮方面。

[34] 鄉侯:爵名。漢制,列侯大者食縣邑,小者食鄉、亭。東漢後期,遂以食鄉、亭者稱爲鄉侯、亭侯。

[35] 都督:官名。魏文帝黃初中,置都督諸州軍事,或兼領刺史,或統領所督州之軍事,無固定品級,多帶將軍名號。晋代沿置。

[36] 良成:縣名。治所在今江蘇邳州市東南。

[37] 洞浦:地名。在今安徽和縣西南長江邊。

[38] 執金吾:官名。建安十八年(213)魏國置中尉,黃初元年(220)改爲執金吾,秩中二千石,第三品,掌宮外及京都警衛,皇帝出行,則充任護衛及儀仗。

[39] 特進:官名。漢制,凡諸侯大臣功德優盛,朝廷所敬異者,加位特進,朝會時位在三公下,車服俸禄仍從本官。魏、晋沿襲之。

[40] 常:盧弼《集解》本誤作"嘗",百衲本、殿本、校點本不誤,作"常"。今從百衲本等。

[41] 少府:官名。秩中二千石。東漢時,掌宮中御衣、寶貨、

珍膳等。魏、晉沿之,主要管理宮廷手工業。三品。

[42] 都督:官名。魏文帝黄初中,置都督諸州軍事,或兼領刺史,或統領所督州之軍事,無固定品級,多帶將軍名號。晉代沿置。

[43] 國家:漢魏人稱皇帝爲國家。

[44] 江表:古稱長江以南之地爲江表。

[45] 黄門郎:官名。即黄門侍郎,亦稱給事黄門侍郎。東漢時,秩六百石。掌侍從左右,給事禁中,關通中外。初無員數,漢獻帝定爲六員,與侍中出入禁中,近侍帷幄,省尚書奏事。三國沿置,魏定爲五品。

而孫觀亦至青州刺史,假節,從太祖討孫權,戰被創,薨。子毓嗣,亦至青州刺史。[一]

[一]《魏書》曰:孫觀字仲臺,泰山人。與臧霸俱起,討黄巾,拜騎都尉。太祖破吕布,使霸招觀兄弟,皆厚遇之。與霸俱戰伐,觀常爲先登,征定青、徐羣賊,功次於霸,封吕都亭侯。[1]康亦以功封列侯。與太祖會南皮,遣子弟入居鄴,拜觀偏將軍,[2]遷青州刺史。從征孫權於濡須口,假節。攻權,爲流矢所中,傷左足,[3]力戰不顧,太祖勞之曰:"將軍被創深重,而猛氣益奮,不當爲國愛身乎?"轉振威將軍,[4]創甚,[5]遂卒。

[1] 吕都:西漢縣名。治所在今山東菏澤市西吕陵集。趙一清《注補》云:"吕都,《前漢書·地理志》屬濟陰郡,後漢省,今以封孫觀,蓋縣廢而城存耳。"

[2] 偏將軍:官名。雜號將軍中位較低者。

[3] 傷:趙幼文《校箋》謂《太平御覽》卷七四二引作"穿"。

〔4〕振威將軍：官名。東漢置，爲雜號將軍，統兵出征。

〔5〕創甚：趙幼文《校箋》謂《太平御覽》卷七四二引"創"上有"及"字。按，《太平御覽》引"創"皆作"瘡"。

文聘字仲業，南陽宛人也，[1]爲劉表大將，使禦北方。表死，其子琮立。太祖征荆州，琮舉州降，呼聘欲與俱，聘曰："聘不能全州，當待罪而已。"太祖濟漢，聘乃詣太祖，太祖問曰："來何遲邪？"聘曰："先日不能輔弼劉荆州以奉國家，荆州雖没，常願據守漢川，[2]保全土境，生不負於孤弱，死無愧於地下，而計不得已，以至於此。實懷悲慚，無顔早見耳。"遂欷歔流涕。太祖爲之愴然，曰："仲業，卿真忠臣也。"厚禮待之。授聘兵，使與曹純追討劉備於長阪。[3]太祖先定荆州，江夏與吳接，[4]民心不安，乃以聘爲江夏太守，使典北兵，委以邊事，賜爵關內侯。〔一〕與樂進討關羽於尋口，[5]有功，進封延壽亭侯，[6]加討逆將軍。[7]又攻羽輜重於漢津，[8]燒其船於荆城。[9]文帝踐阼，進爵長安鄉侯，假節。與夏侯尚圍江陵，使聘別屯沔口，[10]止石梵，[11]自當一隊，禦賊有功，遷後將軍，[12]封新野侯。[13]孫權以五萬衆自圍聘於石陽，[14]甚急。聘堅守不動，權住二十餘日乃解去。聘追擊破之。〔二〕增邑五百户，并前千九百户。

〔一〕孫盛曰：資父事君，忠孝道一。臧霸少有孝烈之稱，文聘著垂泣之誠，是以魏武一面，委之以二方之任，豈直壯武見知於倉卒之間哉！

〔二〕《魏略》曰：孫權嘗自將數萬衆卒至。時大雨，城柵崩壞，人民散在田野，未及補治。聘聞權到，不知所施，乃思惟莫若潛默可以疑之。乃敕城中人使不得見，又自卧舍中不起。權果疑之，語其部黨曰："北方以此人忠臣也，故委之以此郡，今我至而不動，此不有密圖，必當有外救。"遂不敢攻而去。《魏略》此語，與《本傳》反。

[1] 南陽：郡名。治所宛縣，在今河南南陽市。

[2] 漢川：指襄陽一帶漢水兩岸之地。此實代指荊州。

[3] 長阪：地名。在今湖北荊門市西南。

[4] 江夏：郡名。原治所西陵縣，在今湖北武漢市新州區西。劉表以黃祖爲江夏太守，治所沙羨（yí）縣，在今武漢市武昌區西南。黃祖死後，劉琦爲江夏太守，屯夏口，在今漢口市漢水入長江處。此後，魏、吳並置江夏郡。魏文聘爲江夏太守，治所石陽縣，在今漢川縣西北。（本吳增僅《三國郡縣表附考證》）

[5] 尋口：地名。在今湖北鍾祥市西南漢水東南。（本謝鍾英《補三國疆域志補注》）

[6] 亭侯：爵名。漢制，列侯大者食縣邑，小者食鄉、亭。東漢後期遂以食鄉、亭者稱爲鄉侯、亭侯。

[7] 討逆將軍：官名。漢末建安初置，後曹魏沿置，第五品。

[8] 漢津：津渡名。在今湖北荊門市東漢水上。

[9] 荊城：地名。在今湖北鍾祥市西南。

[10] 沔口：地名。又名夏口、漢口，在今湖北武漢市，原漢水入長江處。

[11] 石梵：地名。在今湖北天門市東南。（本謝鍾英《補三國疆域志補注》）

[12] 後將軍：官名。東漢時位如上卿，與前、左、右將軍掌京師兵衛與邊防屯警。魏、晉亦置，第三品。權位漸低，略高於一

般雜號將軍，不典禁兵，不與朝政，僅領兵征戰。

[13] 新野：縣名。治所在今河南新野縣。

[14] 石陽：縣名。即文聘爲江夏太守之治所。

聘在江夏數十年，有威恩，名震敵國，賊不敢侵。分聘户邑封聘子岱爲列侯，又賜聘從子厚爵關内侯。聘薨，諡曰壯侯。岱又先亡，聘養子休嗣。卒，子武嗣。

嘉平中，[1]譙郡桓禺爲江夏太守，[2]清儉有威惠，名亞於聘。

[1] 嘉平：魏少帝齊王曹芳年號（249—254）。

[2] 譙郡：治所譙縣，在今安徽亳州市。　江夏：郡名。魏江夏郡自嘉平中王基築上昶城，治所遂遷於上昶城。上昶城屬安陸縣，在今湖北雲夢縣西南，安陸縣則在今湖北安陸市西北。

呂虔字子恪，任城人也。[1]太祖在兗州，聞虔有膽策，以爲從事，[2]將家兵守湖陸。[3]（襄陵）〔襄賁〕校尉杜松部民炅母等作亂，[4]與昌豨通。太祖以虔代松。虔到，招誘炅母渠率及同惡數十人，賜酒食。簡壯士伏其側，虔察炅母等皆醉，使伏兵盡格殺之。撫其餘衆，羣賊乃平。太祖以虔領泰山太守。郡接山海，世亂，聞民人多藏竄。袁紹所置中郎將郭祖、公孫犢等數十輩，保山爲寇，百姓苦之。虔將家兵到郡，開恩信，[5]祖等黨屬皆降服，諸山中亡匿者盡出安土業。簡其彊者補戰士，泰山由是遂有精兵，冠名州郡。濟南黃巾徐和等，[6]所在劫長吏，攻城邑。虔引兵與夏侯淵會擊之，前後數十戰，斬首獲生數千人。太祖使督青州諸郡兵以討東萊羣賊李條等，[7]有功。太祖令曰："夫有其志，必成其事，蓋烈士之所徇也。卿在郡以來，禽姦討暴，百姓獲安，躬蹈矢石，所征輒克。昔寇恂立名於汝、潁，[8]耿弇建策於青、兗，[9]古今一也。"舉茂才，[10]加騎都尉，典郡如故。虔在泰山十數年，甚有威惠。文帝即王位，加裨將軍，封益壽亭侯，遷徐州刺史，加威虜將軍。請琅邪王祥爲別駕，[11]民事一以委之，世多其能任賢。〔一〕討利城叛賊，斬獲有功。明帝即位，徙封萬年亭侯，增邑二百，并前六百戶。虔薨，子翻嗣。翻薨，子桂嗣。

〔一〕孫盛《雜語》曰：祥字休徵。性至孝，後母苛虐，每欲危害祥，祥色養無怠。盛寒之月，後母曰："吾思食生魚。"祥脫衣，將剖冰求之，(有)少〔項〕，[12]堅冰解，下有魚躍出，因奉以供，時人以爲孝感之所致也。供養三十餘年，母終乃仕，以淳誠貞粹見重於時。

王隱《晉書》曰：祥始出仕，年過五十矣，稍遷至司隸校尉。[13]高貴鄉公入學，以祥爲三老，[14]遷司空、太尉。[15]司馬文王初爲晉王，[16]司空荀顗要祥盡敬，祥不從。語在《三少帝紀》。[17]晉武踐阼，拜祥爲太保，[18]封睢陵公。[19]泰始四年，[20]年八十九薨。祥弟覽，字玄通，光禄大夫。[21]《晉諸公贊》稱覽率素有至行。覽子孫繁衍，頗有賢才相係，[22]奕世之盛，[23]古今少比焉。

[1] 任城：王國名。治所任城縣，在今山東微山縣西北。

[2]從事：官名。漢代州牧刺史的佐史，有別駕從事史、治中從事史、兵曹從事史、部從事史等，均可簡稱爲從事。

[3]湖陸：縣名。治所在今山東魚臺縣東南。

[4]襄賁（féi）：各本皆作"襄陵"。趙一清《注補》云："'襄陵'字誤，當作'襄賁'。《漢郡國志》東海郡襄賁縣。賁音肥。是時昌豨作亂於東海，故炅母得與豨通。若河東之襄陵與陳留襄邑之亦名襄陵，皆去東海甚遠。'陵'字爲誤無疑。"校點本即從趙氏此說改"襄陵"爲"襄賁"。今從校點本。襄賁縣治所在今山東蒼山縣東南。　校尉：漢制，縣置尉，主防治盜賊事。《續漢書・百官志》云："尉，大縣二人，小縣一人。"本注曰："尉主盜賊。凡有賊發，主名不立，則推索行尋，案察奸宄，以起端緒。"襄賁爲縣，當稱"尉"，此稱"校尉"，有誤。　炅母：殿本、盧弼《集解》本作"炅毋"，百衲本、校點本作"炅母"。今從百衲本等。

[5]開恩信：趙幼文《校箋》謂《册府元龜》卷六九二引"開"下有"示"字。按，宋本《册府元龜》亦無"示"字。

[6]濟南：王國名。治所東平陵縣，在今山東章丘市西北。

[7]東萊：郡名。治所黃縣，在今山東龍口市東南舊黃縣東黃城集。

[8]寇恂：東漢初光武帝劉秀之功臣。劉秀定河內郡（治所在今河南武陟縣西南），以恂爲河內太守，恂轉輸軍糧，前後不絕。光武帝即位後，潁川郡（治所在今河南禹州市）人嚴終、趙敦等聚衆爲寇，光武帝即以寇恂爲潁川太守，數月後便平定寇亂。次年，汝南郡（治所在今河南平輿縣北）盜賊猖獗，光武帝又以寇恂爲汝南太守，不久，又肅清盜賊，郡得安定。恂乃興立學校，教授生徒。數年後，調爲執金吾。次年，潁川盜賊又群起，恂隨光武帝南討，盜賊悉降，百姓遂請留恂爲太守。恂因鎮撫吏民，受納餘降。（見《後漢書》卷一六《寇恂傳》）　汝、潁：即指汝南郡與潁川郡。

[9]耿弇：東漢初光武帝劉秀之功臣。光武帝即位後，以弇爲建威大將軍。及破延岑，降杜弘後，弇因自請北收上谷兵，然後定彭寵於漁陽，取張豐於涿郡，還收富平、獲索，東攻張步，以平齊地。光武帝許之。耿弇遂逐步用兵，終於破降張步，齊地悉平。（見《後漢書》卷一九《耿弇傳》）　青、兖：指青州、兖州，大體爲古之齊地。

[10]茂才：即秀才，東漢人避光武帝劉秀諱改，爲漢代薦舉人材科目之一。東漢之制，州牧刺史歲舉一人。三國沿之，或稱秀才。

[11]琅邪：王國名。治所開陽縣，在今山東臨沂市北。

[12]少頃：百衲本、殿本、盧弼《集解》本均作"有少"。殿本《考證》云："宋本'有少'下多'頃'字。"校點本則從何焯説作"少頃"。今從校點本。

[13]司隸校尉：官名。秩比二千石，第三品。掌糾察京師百官違法者，並治所轄各郡，相當於州刺史。

[14]三老：官名。職掌教化。漢代初於鄉、縣置三老，後來郡國亦置。皆選有德行，能率衆爲善，年五十以上者爲之。東漢明帝時又以年高德重之大臣爲三老，以示孝悌天下。三國時一般不置鄉、縣三老，而依漢明帝之制，於國置三老。

[15]司空：官名。曹魏後期，第一品，爲名譽宰相，無實際職掌，多爲大臣加官。　太尉：官名。曹魏後期，與司空相同，爲名譽宰相，無實際職掌，多爲大臣加官。

[16]司馬文王：即司馬昭。

[17]三少帝紀：殿本、盧弼《集解》本作"二少帝紀"，百衲本、校點本作"三少帝紀"。今從百衲本等。

[18]太保：官名。西晋時與太宰、太傅並爲上公，第一品。爲尊貴虚銜，無職掌。

[19]睢陵：縣名。治所在今江蘇睢寧縣。

[20]泰始：晋武帝司馬炎年號（265—274）。

［21］光禄大夫：官名。西晋時位在諸卿上，第三品，多授予年老有病的致仕官員，無具體職掌。

［22］相係：殿本、盧弼《集解》本作"相繼"，百衲本、校點本作"相係"。今從百衲本等。

［23］奕世：累世。東晉南朝的第一高門琅邪王氏，即王覽一系之子孫後代。

許褚字仲康，譙國譙人也。[1]長八尺餘，腰大十圍，[2]容貌雄毅，[3]勇力絶人。漢末，聚少年及宗族數千家，共堅壁以禦寇。時汝南葛陂賊萬餘人攻褚壁，[4]褚衆少不敵，力戰疲極。兵矢盡，乃令壁中男女，聚治石如杵斗者置四隅。[5]褚飛石擲之，所值皆摧碎。賊不敢進。糧乏，僞與賊和，以牛與賊易食，賊來取牛，牛輒奔還。褚乃出陳前，一手逆曳牛尾，行百餘步。賊衆驚，遂不敢取牛而走。由是淮、汝、陳、梁間，[6]聞皆畏憚之。

太祖徇淮、汝，褚以衆歸太祖。太祖見而壯之曰："此吾樊噲也。"[7]即日拜都尉，[8]引入宿衛。諸從褚俠客，皆以爲虎士。[9]從征張繡，先登，斬首萬計，遷校尉。[10]從討袁紹於官渡。時常從士徐他等謀爲逆，以褚常侍左右，憚之不敢發。伺褚休下日，[11]他等懷刀入。褚至下舍心動，即還侍。他等不知，入帳見褚，大驚愕。他〔等〕色變，[12]褚覺之，即擊殺他等。太祖益親信之，出入同行，不離左右。從圍鄴，力戰有功，賜爵關內侯。從討韓遂、馬超於潼關。[13]太祖將北渡，臨濟河，先渡兵，獨與褚及虎士百餘人留南岸斷後。超將步騎萬餘人，來奔太祖軍，矢下如雨。褚白太祖，賊來多，今兵渡已盡，[14]宜去，乃扶太祖上船。賊戰急，軍爭濟，[15]船重欲没。褚斬攀船者，左手舉馬鞍蔽太祖。船工爲流矢所中死，褚右手並泝船，[16]僅乃得渡。是日，微褚幾危。其後太祖與遂、超等單馬會語，[17]左右皆不得從，唯將褚。超負其力，陰欲前突太祖，素聞褚勇，疑從騎是褚。[18]乃問太祖曰："公有虎侯者安在？"太祖顧指褚，褚瞋目盼之。超不敢動，乃各罷。後數日會戰，大破超等，褚身斬首級，遷武衛中郎將。[19]武衛之號，自此始也。軍中以褚力如虎而癡，故號曰（虎癡）〔癡虎〕;[20]是以超問虎侯，至今天下稱焉，皆謂其姓名也。

褚性謹慎奉法，質重少言。曹仁自荆州來朝謁，太祖未出，入與褚相見於殿外。仁呼褚入便坐語，褚曰："王將出。"便還入殿，仁意恨之。或以責褚曰："征南宗室重臣，[21]降意呼君，君何故辭？"褚曰："彼雖親重，外藩也。褚備内臣，衆談足矣，入室何私乎？"太祖聞，愈愛待之，遷中堅將軍。[22]太祖崩，褚號泣歐血。文帝踐阼，進封萬歲亭侯，遷武衛將軍，都督中軍宿衛禁兵，[23]甚親近焉。初，褚所將爲虎士者從征伐，太祖以爲皆壯士也，同日拜爲將，其後以功爲將軍封侯者數十人，都尉、校尉百餘人，皆劍客也。明帝即位，進〔封〕牟鄉侯，[24]邑七百户，賜子爵一人關内侯。褚薨，謚曰壯侯。子儀嗣。褚兄定，亦以軍功（封）爲振威將軍，[25]都督徼道虎賁。[26]太和中，[27]帝思褚忠孝，下詔褒贊，復賜褚子孫二人爵關內侯。儀爲鍾會所殺。泰始初，子綜嗣。

[1] 譙國：王國。魏文帝黃初三年曹林進爵爲譙郡王，此時稱譙國；黃初五年又復爲譙縣王，則譙國復稱譙郡。治所始終爲譙縣，在今安徽亳州市。（本吳增僅《三國郡縣表附考證》）

[2] 圍：計度圓周的量詞。而說法不一，有說一尺爲圍，五寸爲圍；又有說一抱爲圍。總之，"腰大十圍"係極言其身腰粗大，不可拘泥於具體長度。吳金華《〈三國志〉待質錄》又謂"大"可能是"帶"的音近之誤。

[3] 雄毅：趙幼文《校箋》謂《太平御覽》卷三七一引"毅"字作"異"，疑作"異"者是。

[4] 葛陂：陂塘名。在今河南新蔡縣北。上承澺水（今洪河），東出爲鮦水、富水等注入淮河。周三十里。今陂與鮦水、富水皆湮。

[5] 杅（yú）：通"盂"。盛湯或食物的器皿。

[6] 淮：淮水。 汝：汝水。 陳：陳國。治所陳縣，在今河南淮陽縣。 梁：梁國。治所睢陽縣，在今河南商丘市南。

[7] 君：百衲本作"君"，殿本、盧弼《集解》本、校點本作"吾"。盧弼注云："宋本、元本'吾'作'君'。"趙幼文《校箋》則謂《通志》亦作"君"。然《太平御覽》卷四三四引孔演《漢晉春秋》俱作"此樊噲也"。疑是"君"字或後人妄增，又譌爲"吾"也。今從百衲本。 樊噲：漢高祖劉邦之勇將。

[8] 都尉：官名。此爲兩漢之高級武官，稍低於校尉。

[9] 虎士：曹操的宿衛兵。

[10] 校尉：官名。漢代軍職之稱。東漢末，位次於中郎將。魏、晉沿置，而名號繁多，品秩亦高低不等。

[11] 休下日：例假日。吳金華《校詁》謂魏晉之"休下日"，

即漢代之"休沐日"。

［12］他等色變：各本皆無"等"字。趙幼文《校箋》謂《册府元龜》卷六二七引"他"下有"等"字，應據補，與上下文相應。今從趙説補。

［13］潼關：關隘名。在今陝西潼關縣東北黃河南岸潼關。

［14］已：百衲本、盧弼《集解》本作"以"，殿本、校點本作"已"。今從殿本等。

［15］爭濟：殿本、盧弼《集解》本作"爭濟船"，百衲本、校點本作"爭濟"。今從百衲本等。

［16］泝（sù）：殿本《考證》云："《太平御覽》作'棹'。"

［17］太祖與遂超等單馬會語：本書卷一《武帝紀》建安十六年謂與曹操會語者僅韓遂一人，故《通鑑考異》云："按時超不與遂同在，彼故疑。此説妄也。"（《通鑑》卷六六漢獻帝建安十六年）盧弼《集解》亦同《考異》之説。而本書卷三六《馬超傳》亦同本傳之説，又《武帝紀》載曹操與韓遂單獨會語後，裴松之注引《魏書》又謂"公後日復與遂等會語"云云，則曹操與韓遂會語非僅一次；又既云"遂等"，亦可有馬超；《太平御覽》卷七〇四引《江表傳》亦載"魏太祖與馬超單馬會語，超負其多力"云云，則確有馬超與曹操會語之事，故本傳之説不宜輕易否定。

［18］是褚：趙幼文《校箋》謂《太平御覽》卷三六〇引"是"下無"褚"字，語意已足，無緣重贅"褚"字。

［19］武衛中郎將：官名。漢末建安中曹操置，掌率親軍護衛。魏文帝黃初初改稱武衛將軍。

［20］癡虎：各本皆作"虎癡"。趙幼文《校箋》謂《北堂書鈔》卷六四、《太平御覽》卷三八六、卷四九〇、卷七三九，《㺨玉集》卷一二引並作"癡虎"。今從趙所列證據改。

［21］征南：征南將軍。曹仁在曹操定荆州後行征南將軍，故此呼爲征南。

［22］中堅將軍：官名。漢末建安中曹操置，主領兵征伐。

［23］中軍：中央軍。魏晉時期，中央統轄的軍隊（包括禁軍）稱中軍，州郡之地方部隊則稱外軍。

［24］進封：各本皆無"封"字。陳景雲《辨誤》謂當作"進封"。校點本即從《辨誤》增"封"字。今從校點本。

［25］爲振威將軍：各本皆作"封爲振威將軍"。陳景雲《辨誤》云："按將軍乃官號，非國邑，不當言封；而上文'進牟鄉侯'當作'進封'，蓋'功'下衍字，正前所脱也。"校點本亦從《辨誤》删"封"字。今從校點本。

［26］徼道虎賁：巡查警衛道路的禁衛兵。

［27］太和：魏明帝曹叡年號（227—233）。

典韋，陳留己吾人也。[1]形貌魁梧，旅力過人，有志節任俠。[2]襄邑劉氏與睢陽李（永）〔禮〕爲讎，[3]韋爲報之。（永）〔禮〕故富春長，[4]備衛甚謹。[5]韋乘車載雞酒，僞爲候者，門開，懷匕首入殺（永）〔禮〕，并殺其妻，徐出，取車上刀戟，步（出）〔去〕。[6]（永）〔禮〕居近市，一市盡駭。追者數百，莫敢近。行四五里，遇其伴，轉戰得脱。由是爲豪傑所識。初平中，張邈舉義兵，韋爲士，屬司馬趙寵。[7]牙門旗長大，[8]人莫能勝，[9]韋一手建之，寵異其才力。後屬夏侯惇，數斬首有功，拜司馬。太祖討吕布於濮陽。[10]布有别屯在濮陽西四五十里，太祖夜襲，比明破之。未及還，會布救兵至，三面掉戰。時布身自搏戰，自旦至日昳數十合，[11]相持急。太祖募陷陣，韋先占，將應募者數十人，[12]皆重衣兩鎧，棄楯，但持長矛撩戟。[13]時西面又急，韋進當之，賊弓弩亂發，矢至如雨，韋不視，謂等人曰：[14]"虜來十步，乃白之。"等人曰："十步矣。"又曰："五步乃白。"等人懼，疾言："虜至矣！"韋手持十餘戟，大呼起，所抵無不應手倒者。[15]布衆退。會日暮，太祖乃得引去。拜韋都尉，引置左右，將親兵數百人，常繞大帳。[16]韋既壯武，其所將皆選卒，每戰鬭，常先登陷陣。遷爲校尉。性忠至謹重，常晝立侍終日，夜宿帳左右，稀歸私寢。好酒食，飲噉兼人，每賜食於前，大飲長歠，左右相屬，數人益乃供，太祖壯之。韋好持大雙戟與長刀等，軍中爲之語曰："帳下壯士有典君，提一雙戟八十斤。"

太祖征荆州，至宛，張繡迎降，太祖甚悅，延繡及其將帥，置酒高會。太祖行酒，韋持大斧立後，刃徑尺，太祖所至之前，韋輒舉斧目之。竟酒，繡及其將帥莫敢仰視。後十餘日，繡反，襲太祖營，太祖出戰不利，輕騎引去。韋戰於門中，賊不得入。兵遂散從他門並入。[17]時韋校尚有十餘人，[18]皆殊死戰，無不一當十。賊前後至稍多，韋以長戟左右擊之，一叉入，輒十餘矛摧。左右死傷者略盡。韋被數十創，短兵接戰，賊前搏之。韋雙挾兩賊擊殺之，餘賊不敢前。韋復前突賊，殺數人，創重發，瞋目大罵而死。賊乃敢前，取其頭，傳觀之，覆軍就視其軀。太祖退住舞陰，[19]聞韋死，爲流涕，募閒取其喪，親自臨哭之，遣歸葬襄邑，[20]拜子滿爲郎中。[21]車駕每過，常祠以中牢。[22]太祖思韋，拜滿爲司馬，引自近。文帝即王位，以滿爲都尉，賜爵關內侯。

［1］陳留：郡名。治所陳留縣，在今河南開封市東南。　己吾：縣名。治所在今河南寧陵縣西南。

［2］有志節任俠：趙幼文《校箋》謂《太平御覽》卷三四五、卷三四六引俱作"好節俠"。疑此"任"上脱"好"字。

［3］襄邑：縣名。治所在今河南睢縣。　睢陽：縣名。治所在今河南商丘縣南。　李禮：各本皆作"李永"。盧弼《集解》云："《御覽》'永'字作'禮'。"趙幼文《校箋》謂《太平御覽》卷三四五、卷四七三、卷四八一，《册府元龜》卷八九六引"永"字俱作"禮"。蓋"禮"或作"礼"，因誤爲"永"也。今從趙所列證據改。下同。

［4］富春：縣名。治所在今浙江富陽市。

［5］備衛：趙幼文《校箋》謂《太平御覽》卷四七六（當作四七三）、卷四八一，《册府元龜》卷八九六引"衛"字俱作"怨"。按，《太平御覽》卷三四五引亦作"怨"。

［6］步去：各本皆作"步出"。殿本《考證》云："《太平御覽》'步出'作'步去'。"校點本則從何焯説改爲"步去"。今從校點本。

［7］司馬：官名。將軍府之屬官，掌參贊軍務，管理府内武職，位僅次於長史。

［8］牙門旗：軍營門前之大旗。趙幼文《校箋》謂《藝文類聚》卷六〇、《白孔六帖》卷五六引無"旗"字。

［9］人莫：趙幼文《校箋》謂《北堂書鈔》卷一二〇、《藝文類聚》卷六〇、《太平御覽》卷三三九"莫"上俱無"人"字。

［10］濮陽：縣名。治所在今河南濮陽縣西南。

［11］日昳（dié）：午後日偏斜。

［12］數十人：百衲本、殿本、盧弼《集解》本作"數千人"，殿本《考證》云："《太平御覽》作'數十人'。"校點本作"數十人"。今從校點本。

［13］撩戟：殿本、盧弼《集解》本作"撩戰"，百衲本、校

點本作"撩戟"。今從百衲本等。撩戟，投擲兵器，類似投槍。

[14] 等人：趙幼文《校箋》謂《禮記·文王世子》"乃進其等"疏："等，輩類也。"等人，猶言同輩，謂應募者。

[15] 抵：擲。

[16] 大帳：趙幼文《校箋》謂《北堂書鈔》卷六三，《藝文類聚》卷二〇，及《太平御覽》卷四一八、卷六九九引俱無"大"字。

[17] 兵遂散從他門並入：趙幼文《校箋》謂《初學記》卷一七引《魏國統》"從"上有"賊"字，疑此脱，則語意不完。

[18] 校：部，軍隊之一部。

[19] 舞陰：縣名。治所在今河南泌陽縣西北。

[20] 襄邑：典韋之故鄉本己吾，而此時己吾已并入襄邑，故此稱襄邑。

[21] 郎中：官名。東漢時，秩比三百石，分隸五官、左、右三署中郎將，名義上備宿衛，實爲後備官吏人才。魏、晋雖罷五官、左、右三署中郎將，仍置郎中，州郡所舉秀才、孝廉，多先授郎中，再出補長吏。

[22] 中牢：以豬、羊二牲祭祀稱中牢。

龐悳字令明，南安狟道人也。[1]狟音桓。少爲郡吏州從事。初平中，從馬騰擊反羌叛氐，數有功，稍遷至校尉。建安中，太祖討袁譚、尚於黎陽，譚遣郭援、高幹等略取河東，[2]太祖使鍾繇率關中諸將討之。悳隨騰子超拒援、幹於平陽，[3]悳爲軍鋒，進攻援、幹，大破之，親斬援首。〔一〕拜中郎將，封都亭侯。後張白騎叛於弘農，[4]悳復隨騰征之，破白騎於兩殽間。[5]每戰，常陷陣卻敵，勇冠騰軍。後騰徵爲衛尉，[6]悳留屬超。太祖破超於渭南，[7]惠隨超亡入漢陽，[8]保冀城。後復隨超奔漢中，[9]從張魯。太祖定漢中，惠隨衆降。[10]太祖素聞其驍勇，[11]拜立義將軍，[12]封關門亭侯，邑三百戶。

〔一〕《魏略》曰：惠手斬一級，不知是援。戰罷之後，衆人皆言援死而不得其首。援，鍾繇之甥。惠晚後於鞬中出一頭，[13]繇見之而哭。惠謝繇，繇曰："援雖我甥，乃國賊也。卿何謝之？"[14]

［1］南安：郡名。治所獂（huán）道，在今甘肅隴西縣東南渭水東岸。 狟道：即"獂道"。
［2］河東：郡名。治所安邑縣，在今山西夏縣西北禹王城。
［3］平陽：東漢爲侯國，曹魏爲縣，治所在今山西臨汾市西南。
［4］弘農：縣名。治所在今河南靈寶市東北。
［5］兩殽：即"兩崤"。指東、西二崤山，在今河南洛寧縣西北，西北接陝縣界。
［6］衛尉：官名。漢諸卿之一，秩中二千石。掌宮門警衛。
［7］渭南：指渭水之南。
［8］漢陽：郡名。治所冀縣，在今甘肅甘谷縣東。
［9］漢中：郡名。治所南鄭縣，在今陝西漢中市東。
［10］隨衆：趙幼文《校箋》謂《太平御覽》卷二〇〇引"隨"字作"以"。按，《太平御覽》卷二四〇引亦作"以"。
［11］素聞：趙幼文《校箋》謂《太平御覽》卷二〇〇、卷二四〇引俱無"素"字。
［12］立義將軍：官名。建安中曹操置，曹魏定爲第五品。
［13］鞬（jiān）：裝弓之袋。

[14] 之：趙幼文《校箋》謂《太平御覽》卷三六三引"之"字作"焉"。

侯音、衛開等以宛叛，[1]悳將所領與曹仁共攻拔宛，斬音、開，遂南屯樊，[2]討關羽。樊下諸將以悳兄在漢中，頗疑之。〔一〕悳常曰：[3]"我受國恩，義在效死。我欲身自擊羽。今年我不殺羽，羽當殺我。"後親與羽交戰，射羽中額。時悳常乘白馬，羽軍謂之白馬將軍，[4]皆憚之。仁使悳屯樊北十里，會天霖雨十餘日，漢水暴溢，樊下平地五六丈，悳與諸將避水上堤。[5]羽乘船攻之，以大船四面射隄上。悳被甲持弓，箭不虛發。將軍董衡、部曲將董超等欲降，[6]悳皆收斬之。自平旦力戰至日過中，羽攻益急，矢盡，短兵接戰。[7]悳謂督將成何曰："吾聞良將不怯死以苟免，烈士不毀節以求生，今日，我死日也。"戰益怒，氣愈壯，而水浸盛，吏士皆降。悳與麾下將一人，伍伯二人，[8]彎弓傅矢，乘小船欲還仁營。水盛船覆，失弓矢，獨抱船覆水中，爲羽所得，立而不跪。羽謂曰："卿兄在漢中，我欲以卿爲將，不早降何爲？"悳罵羽曰："豎子，何謂降也！魏王帶甲百萬，威振天下。汝劉備庸才耳，豈能敵邪！我寧爲國家鬼，不爲賊將也。"遂爲羽所殺。太祖聞而悲之，爲之流涕，封其二子爲列侯。文帝即王位，乃遣使就悳墓賜諡，策曰："昔先軫喪元，[9]王蠋絕脰，[10]隕身徇節，前代美之。惟侯戎昭果毅，[11]蹈難成名，聲溢當時，義高在昔，寡人愍焉。諡曰壯侯。"又賜子會等四人爵關內侯，邑

各百戶。會勇烈有父風，官至中衛將軍，[12] 封列侯。〔二〕

〔一〕《魏略》曰：惠從兄名柔，[13] 時在蜀。

〔二〕王隱《蜀記》曰：[14] 鍾會平蜀，前後鼓吹，迎惠屍喪還葬鄴，冢中身首如生。

臣松之案惠死於樊城，文帝即位，又遣使至惠墓所，則其屍喪不應在蜀。此王隱之虛說也。

[1] 宛：縣名。治所在今河南南陽市樊城區。

[2] 樊：城名。在襄陽縣北，與襄陽隔漢水相對，在今湖北襄陽市樊城區。

[3] 惠常曰：趙幼文《校箋》謂《冊府元龜》卷三九二引作"嘗言曰"。

[4] 白馬將軍：趙幼文《校箋》謂《藝文類聚》卷五九、《太平御覽》卷二七九引無"軍"字。

[5] 上堤：趙幼文《校箋》謂蕭常《續後漢書》《通志》作"堤上"。

[6] 部曲將：官名。屬部曲督，軍中及州郡皆置。 董超等：殿本《考證》云："《太平御覽》作'統超等'。"趙幼文《校箋》謂見《太平御覽》卷三一二。

[7] 短兵接戰：趙幼文《校箋》謂《群書治要》卷二五引無"戰"字。

[8] 伍伯：百衲本作"伍伯"，殿本、盧弼《集解》本、校點本作"五伯"。按，二者同，今從百衲本。伍伯，漢代官府的侍從小吏，職在導引、問事。

[9] 先軫喪元：先軫，春秋晉國執政，曾率軍大破楚軍於城濮，晉襄公元年（前627）又敗秦軍於崤山；但不久，狄人攻晉

國，晉襄公出征，先軫奮勇衝入狄陣而死。狄人歸其首（即元），面目如生。（見《左傳·僖公三十三年》）

［10］王蠋：戰國時齊國之賢士。齊湣王時，燕軍攻入齊國，連下數十城，至臨淄西北之畫邑，聞邑中王蠋賢，燕將乃令軍中曰："環畫邑三十里無入。"又使人謂蠋曰："齊人多高子之義，吾以子爲將，封子萬家。"王蠋固辭。燕將又曰："子不聽，吾引軍而屠畫邑。"王蠋曰："忠臣不事二君，貞女不更二夫。齊王不聽吾諫，故退而耕於野。國既破亡，吾不能存；今又劫之以兵，爲君將，是助桀爲暴也。與其生而無義，固不如烹！"遂繫其頸於樹枝，"自奮絶脰而死"。（《史記》卷八二《田單列傳》）又《索隱》引何休云："脰，頸，齊語也。音豆。"

［11］戎昭果毅：戎昭，百衲本、盧弼《集解》本作"戎昭"，殿本、校點本作"式昭"。今從百衲本等。《左傳·宣公二年》："戎昭果毅以聽之之謂禮。"楊伯峻對"戎昭果毅"注云："謂兵戎之事在於表明果毅精神。"

［12］中衛將軍：校點本誤作"中尉將軍"，百衲本、殿本、盧弼《集解》本皆作"中衛將軍"。中衛將軍，魏元帝咸熙二年（265）於晉王司馬昭相國府置，統兵，位在驍騎將軍、左右長史之上。司馬炎即晉王位後，分爲左、右衛將軍。

［13］悥：殿本、盧弼《集解》本作"其"，百衲本、校點本作"悥"。今從百衲本等。

［14］蜀記：沈家本《三國志注所引書目》云："案《隋志》不著錄，二《唐志》有《删補蜀記》七卷，在雜史。其稱删補者，不知何人删之補之；抑原有《蜀記》，而隱删補之邪？隱著書以多，此書止七卷，殆後人删補之邪？其書久佚，無可考矣。此傳所引鍾會平蜀迎悥屍喪一事，裴以爲虛説；《諸葛亮傳》引郭沖五事，裴逐漸難之。其書殆是非參半矣。"

龐淯字子異，[1]酒泉表氏人也。[2]初以涼州從事守破羌長，[3]會武威太守張猛反，[4]殺刺史邯鄲商，猛令曰："敢有臨商喪，死不赦。"淯聞之，棄官，晝夜奔走，號哭喪所訖，詣猛門，衷匕首，[5]欲因見以殺猛。猛知其義士，敕遣不殺，由是以忠烈聞。〔一〕太守徐揖請爲主簿。[6]後郡人黃昂反，圍城。淯棄妻子，夜踰城出圍，告急於張掖、燉煌二郡，[7]初疑未肯發兵，淯欲伏劍，二郡感其義，遂爲興兵。軍未至而郡城邑已陷，[8]揖死。淯乃收斂揖喪，送還本郡，行服三年乃還。太祖聞之，辟爲掾屬。[9]文帝踐阼，拜駙馬都尉，[10]遷西海太守，[11]賜爵關內侯。後徵拜中散大夫，[12]薨。子曾嗣。

〔一〕《魏略》曰：猛兵欲來縛淯，猛聞之，歎曰："猛以殺刺史爲罪。此人以至忠爲名，如又殺之，何以勸一州履義之士邪！"遂使行服。

《典略》曰：張猛字叔威，本燉煌人也。猛父奐，桓帝時仕歷郡守、中郎將、太常，[13]遂居華陰，[14]終因葬焉。建安初，猛仕郡爲功曹，[15]是時河西四郡以去涼州治遠，[16]隔以河寇，上書求別置州。詔以陳留人邯鄲商爲雍州刺史，[17]別典四郡。時武威太守缺，詔又以猛父昔在河西有威名，乃以猛補之。商、猛俱西。初，猛與商同歲，每相戲侮，及共之官，行道更相責望。暨到，商欲誅猛。猛覺之，遂勒兵攻商。商治舍與猛側近，商聞兵至，恐怖登屋，呼猛字曰："叔威，汝欲殺我耶？然我死者有知，汝亦族矣。請和解，尚可乎？"猛因呼曰："來！"商踰屋就猛，猛因責數之，語畢，以商屬督郵。[18]督郵錄商，閉置傳舍。[19]後商欲逃，事覺，遂殺之。是歲建安十四年也。至十五年，將軍韓遂自上討猛，猛發兵遣軍東拒。其吏民畏遂，乃反共攻猛。初奐爲武威太守時，猛方在孕。母夢帶奐印綬，登樓而歌，旦以告奐。奐訊占夢者，曰："夫人方生男，後當復臨此郡，其必死官乎！"及猛被攻，自知必死，曰："使死者無知則已矣，若有知，豈使吾頭東過華陰歷先君之墓乎？"乃登樓自燒而死。

［1］子異：殿本、盧弼《集解》本作"子冀"，百衲本、校點本作"子異"；梁章鉅《旁證》謂《太平御覽》卷四三八引《魏志》亦作"子異"。今從百衲本等。

［2］酒泉：郡名。治所福禄縣，在今甘肅酒泉市。　表氏：縣名。治所在今甘肅高臺縣西北。

［3］涼州：漢靈帝中平後，迄於建安末，刺史治所在冀縣，在今甘肅甘谷縣東。（本《續漢書·郡國志》王先謙《集解》引馬與龍說）　破羌：縣名。治所在今青海樂都縣東南。

［4］武威：郡名。治所武威縣，在今甘肅武威市。

［5］衷匕首：將匕首藏於衣内。《左傳·襄公二十七年》："楚人衷甲。"杜預注："甲在衣中。"

［6］主簿：官名。漢代中央及州郡縣官府皆置此官，以典領文書，辦理事務。

［7］張掖：郡名。治所觻得縣，在今甘肅張掖市西北。　燉煌：郡名。治所敦煌縣，在今甘肅敦煌市西。

［8］郡城邑：盧弼《集解》云："'邑'字疑衍。"趙幼文《校箋》謂《太平御覽》卷二六五引"郡"下無"城"字。《册府元龜》卷八〇二引無"邑"字。疑衍"邑"字爲是。

［9］掾屬：屬官之統稱。漢代，三公府與其他重要官府以及郡縣官府皆置掾屬。正曰掾，副曰屬。

［10］駙馬都尉：官名。秩比二千石，掌皇帝副車之馬。曹魏時第六品，無定員或爲加官。

［11］西海：郡名。漢末建安中置，治所居延縣，在今内蒙古額濟納旗東南。

［12］中散大夫：官名。東漢時隸屬光禄勳，秩六百石，掌應對顧問，無常事。魏、晉沿置，多養老疾，無職事，第七品。

［13］太常：官名。東漢時仍爲列卿之首，秩中二千石，掌禮儀祭祀，選試博士等。

［14］華陰：縣名。治所在今陝西華陰市東南。

［15］功曹：官名。漢代郡太守下設功曹史，簡稱功曹，爲郡太守之佐吏，除分掌人事外，並得參與一郡之政務。

［16］河西四郡：指黄河上游以西的敦煌、酒泉、張掖、武威等四郡。《後漢書》卷九《獻帝紀》興平元年六月"分涼州河西四郡爲雍州"。李賢注："謂金城、酒泉、敦煌、張掖。"吴增僅云："今考武威，地居金城、張掖之中，金城地在河東，實非河西之地。"（《三國郡縣表附考證》）

［17］雍州：興平元年初置後，刺史治所在姑臧縣，在今甘肅武威市。建安十八年又移治所於長安，在今陝西西安市西北。

［18］督郵：官名。本名督郵書掾（或督郵曹掾），省稱督郵掾、督郵。漢置，郡府屬吏，秩六百石。主要職掌除督送郵書外，又代表郡守督察屬縣，宣達教令，並兼司獄訟捕亡等。每郡督郵皆分部，有二部、三部、四部、五部不等。

［19］傳舍：官府置以供往來差派人員之住宿處所。

初，清外祖父趙安爲同縣李壽所殺，清舅兄弟三人同時病死，壽家喜。清母娥自傷父讎不報，乃幃車袖劍，[1]白日刺壽於都亭前，訖，徐詣縣，顏色不變，曰："父讎已報，[2]請受戮。"禄福長尹嘉解印綬縱娥，[3]娥不肯去，遂彊載還家。會赦得免，州郡歎貴，刊石表閭。〔一〕

〔一〕皇甫謐《列女傳》曰：[4]酒泉烈女龐娥親者，[5]表氏龐子夏之妻，祿福趙君安之女也。君安爲同縣李壽所殺，娥親有男弟三人，皆欲報讐，壽深以爲備。會遭災疫，三人皆死。壽聞大喜，請會宗族，共相慶賀，云："趙氏彊壯已盡，唯有女弱，何足復憂！"防備懈弛。娥親子淯出行，聞壽此言，還以啓娥親。娥親既素有報讐之心，及聞壽言，感激愈深，愴然隕涕曰："李壽，汝莫喜也，終不活汝！戴履天地，爲吾門户，吾三子之羞也。焉知娥親不手刃殺汝，而自儌倖邪？"陰市名刀，[6]挾長持短，晝夜哀酸，志在殺壽。壽爲人凶豪，聞娥親之言，更乘馬帶刀，鄉人皆畏憚之。比鄰有徐氏婦，憂娥親不能制，恐逆見中害，每諫止之，曰："李壽，男子也，凶惡有素，加今備衞在身。趙雖有猛烈之志，而彊弱不敵。邂逅不制，則爲重受禍於壽，絶滅門户，痛辱不輕也。願詳舉動，爲門户之計。"娥親曰："父母之讐，不同天地共日月者也。李壽不死，娥親視息世閒，活復何求！今雖三弟早死，門户泯絶，[7]而娥親猶在，豈可假手於人哉！若以卿心況我，則李壽不可得殺；論我之心，壽必爲我所殺明矣。"夜數磨礪所持刀訖，扼腕切齒，悲涕長歎，家人及鄰里咸共笑之。[8]娥親謂左右曰："卿等笑我，[9]直以我女弱不能殺壽故也。要當以壽頸血污此刀刃，令汝輩見之。"遂棄家事，乘鹿車伺壽。[10]至光和二年二月上旬，[11]以白日清時，於都亭之前，與壽相遇，便下車扣壽馬，叱之。壽驚愕，[12]迴馬欲走。娥親奮刀斫之，并傷其馬。馬驚，壽擠道邊溝中。娥親尋復就地斫之，探中樹蘭，[13]折所持刀。壽被創未死，娥親因前欲取壽所佩刀殺壽，壽護刀瞋目大呼，跳梁而起。[14]娥親迺挺身奮手，左抵其額，右樁其喉，反覆盤旋，應手而倒。遂拔其刀以截壽頭，持詣都亭，歸罪有司，徐步詣獄，辭顏不變。時禄福長漢陽尹嘉不忍論娥親，[15]即解印綬去官，弛法縱之。娥親曰："讐塞身死，[16]妾之明分也。治獄制刑，君之常典也。何敢貪生以枉官法？"鄉人聞之，傾城奔往，觀者如堵焉，莫不爲之悲喜慷慨嗟嘆也。守尉不敢公縱，[17]陰語使去，以便宜自匿。娥親抗聲大言曰："枉法逃死，非妾本心。今讐人已雪，死則妾分，乞得歸法以全國體。雖復萬死，於娥親畢足，不敢貪生爲明廷負也。"尉故不聽所執，娥親復言曰："匹婦雖微，猶知憲制。殺人之罪，法所不縱。今既犯之，義無可逃。乞就刑戮，隕身朝市，肅明王法，娥親之願也。"辭氣愈厲，面無懼色。[18]尉知其難奪，彊載還家。涼州刺史周洪、酒泉太守劉班等並共表上，稱其烈義，刊石立碑，顯其門閭。太常弘農張奐貴尚所履，以束帛二十端禮之。海内聞之者，莫不改容贊善，高大其義。故黃門侍郎安定梁寬追述娥親，[19]爲其作傳。玄晏先生以爲父母之讐，[20]不與共天地，蓋男子之所爲也。而娥親以女弱之微，念父辱之酷痛，感讐黨之凶言，奮劍仇頸，人馬俱摧，塞亡父之怨魂，[21]雪三弟之永恨，近古已來，未之有也。《詩》云"修我戈矛，[22]與子同仇"，娥親之謂也。

[1] 幃：百衲本作"帷"，殿本、盧弼《集解》本、校點本作"幃"。按二字義同，皆謂用幕布遮蔽。今從殿本等。

[2] 巳：校點本作"己"，百衲本、殿本作"巳"，盧弼《集解》本作"已"。今從《集解》本。

[3] 禄福：縣名。《漢書·地理志》作"禄福"，《續漢書·郡國志》作"福禄"，而此又作"禄福"，《曹全碑》亦作"禄福"，但同爲一縣，治所皆在今甘肅酒泉市。

[4] 列女傳：百衲本、殿本、盧弼《集解》本作"烈女傳"，盧氏云："馮本'烈'作'列'是。"校點本作"列女傳"。今從校點本。

[5] 龐娥親：趙一清《注補》曰："姜云：據士安作傳，'娥親'是其名，而志但云'娥'，豈傳寫之訛，或'娥'是女子之通

稱乎？一清案：傳云'趙君安'，亦與陳志不同。"趙幼文《校箋》謂《北堂書鈔》卷一二三、《藝文類聚》卷三三引《列女傳》，《太平御覽》卷四〇引孔衍《漢晋春秋》、卷四八引《東觀漢記》，"娥"下俱無"親"字。惟《太平御覽》卷四一五引《列女後傳》作"娥親"。是諸家書均作"娥"，惟皇甫謐書作"娥親"也。

[6] 陰市名刀：趙幼文《校箋》謂《太平御覽》卷三四五引作"乃陰市刀"，無"名"字，有"乃"字。

[7] 泯絕：盧弼《集解》本作"泯滅"，百衲本、殿本、校點本均作"泯絕"。今從百衲本等。

[8] 鄰里：殿本、盧弼《集解》本作"鄉里"，百衲本、校點本作"鄰里"。今從百衲本等。

[9] 笑我：盧弼《集解》本無"我"字，百衲本、殿本、校點本皆作"笑我"。今從百衲本等。

[10] 鹿車：用人力推挽的小車。《太平御覽》卷七七五引《風俗通》："鹿車窄小，裁容鹿也。或云樂車"，"無牛馬而能行者，獨一人所致耳"。

[11] 光和：漢靈帝劉宏年號（178—184）。

[12] 驚愕：盧弼《集解》本作"驚憚"，百衲本、殿本、校點本作"驚愕"。今從百衲本等。

[13] 探中：此當爲"斫中"之義。

[14] 跳梁：跳躍。

[15] 漢陽：殿本、盧弼《集解》本作"壽陽"，百衲本、校點本作"漢陽"。今從百衲本等。

[16] 塞：吳金華《校詁》云："猶今語報復。"

[17] 尉：官名。漢制，大縣置尉二人，小縣一人，掌管軍事，防止盜賊。

[18] 面：殿本、盧弼《集解》本作"而"，百衲本、校點本作"面"。今從百衲本等。

[19] 安定：郡名。治所臨涇縣，在今甘肅鎮原縣東南。

[20] 玄晏先生：皇甫謐自稱玄晏先生。見《晉書》卷五一《皇甫謐傳》。

[21] 塞：酬神。《漢書·郊祀志上》："冬塞禱祠。"顏師古注："塞謂報其所祈也。"

[22] "《詩》云"句：此詩見《詩·秦風·無衣》。

閻溫字伯儉，天水西城人也。[1]以涼州別駕守上邽令。[2]馬超走奔上邽，[3]郡人任養等舉衆迎之。溫止之，不能禁，乃馳還州。超復圍州所治冀城甚急，州乃遣溫密出，告急於夏侯淵。[4]賊圍數重，溫夜從水中潛出。明日，賊見其迹，遣人追遮之，於顯親界得溫，[5]執還詣超。超解其縛，謂曰："今成敗可見，足下爲孤城請救而執於人手，義何所施？若從吾言，反謂城中'東方無救'，此轉禍爲福之計也。不然，今爲戮矣。"溫僞許之，超乃載溫詣城下。溫向城大呼曰："大軍不過三日至，勉之！"城中皆泣，稱萬歲。超怒數之曰："足下不爲命計邪？"溫不應。時超攻城久不下，故徐誘溫，冀其改意。復謂溫曰："城中故人，有欲與吾同者不？"溫又不應。遂切責之，溫曰："夫事君有死無貳，而卿乃欲令長者出不義之言，吾豈苟生者乎？"超遂殺之。

先是，河右擾亂，[6]隔絕不通，燉煌太守馬艾卒官，府又無丞。[7]功曹張恭素有學行，郡人推行長史事，[8]恩信甚著，乃遣子就東詣太祖，請太守。時酒泉黃華、張掖張進各據其郡，欲與恭（艾）并勢。[9]就至酒泉，爲華所拘執，劫以白刃。就終不回，私與恭疏曰："大人率厲燉煌，忠義顯然，豈以就在困厄之中而替之哉？昔樂羊食子，[10]李通覆家，[11]經國之臣，寧懷妻孥邪？今大軍垂至，但當促兵以掎之耳；[12]願不以下流之愛，[13]使就有恨於黃壤也。"恭即遣從弟華攻酒泉沙頭、乾齊二縣。[14]恭又連兵尋繼華後，以為首尾之援。別遣鐵騎二百，迎吏官屬，東緣酒泉北塞，徑出張掖北河，逢迎太守尹奉。於是張進須黃華之助；華欲救進，西顧恭兵，恐急擊其後，遂詣金城太守蘇則降。[15]就竟平安。奉得之官。黃初二年，[16]下詔褒揚，賜恭爵關內侯，拜西域戊己校尉。[17]數歲徵還，將授以侍臣之位，而以子就代焉。恭至燉煌，固辭疾篤。太和中卒，贈執金吾，就後為金城太守，父子著稱於西州。〔一〕[18]

〔一〕《世語》曰：就子敳，字祖文，弘毅有幹正，晉武帝世為廣漢太守。[19]王濬在益州，[20]受中制募兵討吳，無虎符，[21]敳收濬從事列上，由此召敳還。帝責敳："何不密啓而便收從事？"敳曰："蜀漢絕遠，劉備嘗用之。輒收，臣猶以為輕。"帝善之。官至匈奴中郎將。[22]敳子固，字元安，有敳風，為黃門郎，早卒。敳，一本作勃。

《魏略・勇俠傳》載孫賓碩、祝公道、楊阿若、鮑出等四人，賓碩雖漢人，而魚豢編之魏書，蓋以其人接魏，事義相類故也。論其行節，皆龐、閻之流。其祝公道一人，已見《賈逵傳》。今列賓碩等三人于後。

孫賓碩者，[23]北海人也，家素貧。當漢桓帝時，常侍左悺、唐衡等權倖人主。[24]延熹中，[25]衡弟為京兆虎牙都尉，[26]秩比二千石，而統屬郡。衡弟初之官，不脩敬於京兆尹，[27]入門不持版，郡功曹趙息呵廊下曰："虎牙儀如屬城，何得放臂入府門？"促收其主簿。衡弟顧促取版，既入見尹，[28]尹欲脩主人，[29]敕外爲市買。息又啓云："（左）〔衡〕、愔子弟，[30]來爲虎牙，非德選，不足爲特酤買，宜隨中舍菜食而已。"及其到官，遣吏奉牋謝尹，息又敕門，言"無常見此無陰兒輩子弟邪，用其箋記爲通乎？"晚乃通之，又不得即令報。衡弟皆知之，甚恚，欲滅諸趙。因書與衡，求爲京兆尹，旬月之間，得爲之。息自知前過，乃逃走。時息從父仲臺，見爲涼州刺史，於是衡爲詔徵仲臺，遣歸。遂詔中都官及郡部督郵，[31]捕諸趙尺兒以上，[32]及仲臺皆殺之，有藏者與同罪。時息從父岐爲皮氏長，[33]聞有家禍，因從官舍逃，走之河間，[34]變姓字，又轉詣北海，著絮巾布袴，常於市中販胡餅。賓碩時年二十餘，乘犢車，[35]將騎入市。觀見岐，疑其非常人也。因問之曰："自有餅邪，販之邪？"岐曰："販之。"賓碩曰："買幾錢？賣幾錢？"岐曰："買三十，賣亦三十。"賓碩曰："視處士之望，[36]非似賣餅者，殆有故！"乃開車後戶，顧所將兩騎，令下馬扶上之。時岐以爲是唐氏耳目也，[37]甚怖，面失色。賓碩閉車後戶，下前襜，[38]謂之曰："視處士狀貌，既非販餅者，加今面色變動，即不有重怨，則當亡命。我北海孫賓碩也，闔門百口，又有百歲老母在堂，勢能相度者也，終不相負，必語我以實。"岐乃具告之。賓碩遂載岐驅歸。住車門外，先入，白母言："今日出，[39]得死友在外，當來入拜。"乃出，延岐入，椎牛鍾酒，快相娛樂。一二日，因載著別田舍，藏置複壁中。後數歲，唐衡及弟皆死。岐乃得出，還本郡。三府並辟，展轉仕進，至郡守、刺史、太僕，[40]而賓碩亦從此顯名於東國，仕至豫州刺史。[41]初平末，賓碩以東方饑荒，南客荊州。[42]至興平中，[43]趙岐以太僕持節使安慰天下，[44]南詣荊州，乃復與賓碩相遇，相對流涕。岐爲劉表陳其本末，由是益禮賓碩。頃之，賓碩病亡，岐在南，爲行喪也。

　　楊阿若後名豐，字伯陽，酒泉人。少遊俠，常以報讎解怨爲事，故時人爲之號曰：“東市相斫楊阿若，西市相斫楊阿若。”至建安年中，[45]太守徐揖誅郡中彊族黃氏。時黃昂得脫在外，[46]乃以其家粟金數斛，[47]募衆得千餘人以攻揖。揖城守。豐時在外，以昂爲不義，乃告揖，捐妻子走詣張掖求救。會張掖又反，殺太守，而昂亦陷城殺揖，二郡合勢。昂患豐不與己同，乃重募取豐，欲令張掖以麻繫其頭，[48]生致之。豐遂逃走。武威太守張猛假豐爲都尉，使齎檄告酒泉，聽豐爲揖報讐。豐遂單騎入南羌中，合衆得千餘騎，從（樂浪）〔樂涫〕南山中出，[49]指趨郡城。[50]未到三十里，皆令騎下馬，曳柴揚塵。酒泉郡人望見塵起，以爲東大兵到，遂破散。昂獨走出，羌捕得昂，豐謂昂曰：[51]“卿前欲生繫我頸，今反爲我所繫，云何？”昂慚謝，[52]豐遂殺之。時黃華在東，又還領郡。豐畏華，復走依燉煌。至黃初中，河西興復，黃華降，豐乃還郡。郡舉孝廉，[53]州表其義勇，詔即拜駙馬都尉。後二十餘年，病亡。

　　鮑出字文才，京兆新豐人也。[54]少遊俠。興平中，三輔亂，[55]出與老母兄弟五人家居本縣，以飢餓，留其母守舍，相將行採蓬實，合得數升，使其二兄初、雅及其弟成持歸，爲母作食，獨與小弟在後採蓬。初等到家，而啖人賊數十人已略其母，以繩貫其手掌，[56]驅去。初等怖恐，不敢追逐。[57]須臾，出從後到，[58]知母爲賊所略，欲追賊。兄弟皆云：“賊衆，當如何？”出怒曰：“有母而使賊貫其手，將去煮啖之，用活何爲？”乃攘臂結袵獨追之，[59]行數里及賊。賊望見出，乃共布列待之。出到，回從一頭斫賊四五人。[60]賊走，復合聚圍出，[61]出跳越圍斫之，又殺十餘人。時賊分布，驅出母前去。賊連擊出，不勝，乃走與前輩合。出復追擊之，還見其母與比舍嫗同貫相連，出遂復奮擊賊。賊問出曰：“卿欲何得？”[62]出責數賊，指其母以示之，賊乃解還出母。比舍嫗獨不解，遙望出求哀。出復斫賊，賊謂出曰：“已還卿母，何爲不止？”出又指求哀嫗：“此我嫂也。”賊復解還之。

出得母還，遂相扶將，[63]客南陽。建安五年，關中始開，出來北歸，而其母不能步行，兄弟欲共輿之。出以輿車歷山險危，不如負之安穩，乃以籠盛其母，獨自負之，到鄉里。鄉里士大夫嘉其孝烈，欲薦州郡，郡辟召出，出曰："田民不堪冠帶。"至青龍中，[64]母年百餘歲乃終，出時年七十餘，行喪如禮，於今年八九十，才若五六十者。

魚豢曰：昔孔子歎顏回，[65]以爲三月不違仁者，蓋觀其心耳，[66]孰如孫、祝菜色於市里，顛倒於牢獄，據有實事哉？且夫濮陽周氏不敢匿迹，[67]魯之朱家不問情實，是何也？懼禍之及，且心不安也。而太史公猶貴其竟脫季布，[68]豈若二賢，厥義多乎？今故遠收孫、祝，而近錄楊、鮑，既不欲其泯滅，[69]且敦薄俗。至於鮑出，不染禮教，心痛意發，[70]起於自然，亦雖在編戶，[71]與篤烈君子何以異乎？若夫楊阿若，少稱任俠，長遂蹈義，自西徂東，摧討逆節，可謂勇而有仁者也。[72]

[1] 天水：郡名。治所冀縣，在今甘肅甘谷縣東。 西城：錢大昕云："天水無西城縣，蓋即西縣。"（《廿二史考異》卷一五）西縣治所在今甘肅天水市西南。

[2] 上邽：縣名。治所在今甘肅天水市。

[3] 走奔：趙幼文《校箋》謂《太平御覽》卷四二〇、《册府元龜》卷八〇二引無"走"字。

[4] 夏侯淵：胡三省云："夏侯淵時屯長安。"（《通鑑》卷六六漢獻帝建安十八年注）

[5] 顯親：侯國名。治所在今甘肅秦安縣西北。

[6] 河右：地區名。即河西。指黃河上游以西之地，即今甘肅河西走廊一帶。

[7] 丞：官名。即郡丞，郡太守之副，佐掌衆事。秩六百石。

[8] 長史：官名。東漢時，諸王國、邊郡、屬國不置郡丞而置

長史，掌兵馬，故又常稱將兵長史。

［9］與恭并勢：各本"恭"下有"艾"字。錢大昭《辨疑》云："太守馬艾已卒，功曹張恭行長史事也。'艾'字衍。"盧弼《集解》引何焯説亦云："《册府》引此無'艾'字。"校點本即從錢、何説删"艾"字，今從之。

［10］樂羊：戰國魏將。《戰國策·魏策一》："樂羊爲魏將攻中山，其子在中山，中山之君烹其子而遺之羹。樂羊坐於幕下而啜之，盡一盅。"

［11］李通：東漢初南陽宛縣（今河南南陽市）人。其父李守，王莽時爲宗卿師。新莽末，下江、新市兵起，李通即謀議劉秀起事。李通又謀劫南陽太守兵，事泄而逃走。王莽得知後，遂在長安收殺李守；南陽太守亦捕殺宛城的李通兄弟及門宗六十四人，並焚屍宛市。及劉秀即帝位後，以通爲大司農，常居守京師，鎮撫百姓。後通欲避榮寵而辭位。大司徒侯霸等曰："王莽篡漢，傾亂天下。通懷伊、吕、蕭、曹之謀，建造大策，扶助神靈，輔成聖德。破家爲國，忘身奉主，有扶危存亡之義。功德最高，海内所聞。"（《後漢書》卷一五《李通傳》）

［12］掎（jǐ）：拖住。

［13］下流：魏晋人稱子孫爲下流。

［14］沙頭：縣名。東漢以池頭縣改名，治所在今甘肅玉門市西北。　乾齊：縣名。治所在今甘肅玉門市西北玉門鎮附近。

［15］金城：郡名。治所允吾，在今甘肅永靖縣西北湟水南岸。曹魏時移治所於榆中縣，在今甘肅榆中縣西北黃河南岸。

［16］黄初：魏文帝曹丕年號（220—226）。

［17］西域戊己校尉：官名。始置於西漢元帝時，秩比二千石，隸屬西域都護，管理屯田事務。新莽至東漢初或置或省。和帝永元三年（91）復置。安帝永初元年（107）罷西域都護後，遂與西域長史共同管理西域事務。

［18］西州：指涼州。

〔19〕廣漢：郡名。晋武帝太康六年（285）改蜀漢之東廣漢郡置，治所廣漢縣，在今四川射洪縣南柳樹鎮。

〔20〕益州：刺史治所成都縣，在今四川成都市舊東西城區。

〔21〕虎符：征調兵的憑證。爲銅鑄，虎形，背有銘文，分爲兩半，右半留中央，左半授予統兵將帥或地方長官。調兵時由使臣持符驗合，方能有效。

〔22〕匈奴中郎將：官名。亦稱護匈奴中郎將或使匈奴中郎將。東漢置，秩比二千石，職在監護南匈奴單于，參預司法事務，並助南匈奴防禦北匈奴的侵擾。東漢末罷。魏明帝太和五年（231）復置，仍監護南匈奴事務，多以并州刺史兼任，使持節或假節，第四品。西晋沿置。

〔23〕孫賓碩：《後漢書》卷六四《趙岐傳》謂賓碩名嵩，北海安丘（今山東安丘市西南）人。

〔24〕常侍：官名。即中常侍。秩比二千石，侍從皇帝左右，傳詔令和掌理文書，權力極大。東漢時以宦官充任。

〔25〕延熹：漢桓帝劉志年號（158—167）。

〔26〕衡弟：《後漢書》卷六四《趙岐傳》作"唐衡兄玹"。京兆虎牙都尉：官名。東漢安帝永初四年（110）置，駐長安，與扶風都尉並稱二營，將兵護衛園陵，抵禦羌人進犯。

〔27〕京兆尹：官名。西漢，在京都長安周圍設置京兆尹、左馮翊、右扶風，合稱三輔，相當於三郡。京兆尹即京兆尹地區的長官，治所在長安，職掌如太守。東漢雖都於洛陽，但以三輔陵廟所在，仍不改其名，沿稱京兆尹。

〔28〕見：趙幼文《校箋》謂《太平御覽》卷八四七引作"謁"。

〔29〕脩主人：謂主人設宴款待。

〔30〕衡悺子弟：各本皆作"左悺子弟"。殿本《考證》陳浩云："按上云'衡弟爲京兆虎牙都尉'，此云'左悺子弟'誤，當作'唐衡子弟'或'衡、悺子弟'。"校點本即從此說，改爲"衡、

悟子弟"。今從校點本。

[31] 中都官：漢代京師諸官府之統稱。

[32] 尺兒：吳金華《〈三國志〉待質錄》謂"尺兒"疑當作"尺口"。稱嬰兒爲"尺口"，是當時常語。此作"尺兒"，當屬傳寫者誤改。

[33] 皮氏：縣名。治所在今山西河津縣西。

[34] 河間：王國名。治所樂成縣，在今河北獻縣東南。

[35] 犢車：牛車。

[36] 望：趙幼文《校箋》謂《藝文類聚》卷一〇五引作"狀"。

[37] 唐氏：盧弼《集解》本作"唐衡"，百衲本、殿本、校點本均作"唐氏"。今從百衲本等。

[38] 前襜（chān）：盧弼《集解》本無"前"字，百衲本、殿本、校點本均作"前襜"。今從百衲本等。襜，車帷。

[39] 出：趙幼文《校箋》謂《册府元龜》卷八〇一引"出"下有"行"字。《後漢書》卷六四《趙岐傳》同。

[40] 太僕：官名。秩中二千石，掌皇帝車馬，兼管官府畜牧業，東漢尚兼掌兵器製作，織綬等。曹魏因之，三品。

[41] 豫州：刺史治所譙縣，在今安徽亳州市。趙一清《注補》謂《後漢書》卷六四《趙岐傳》及《水經注》皆言孫賓碩爲青州刺史。

[42] 荆州：刺史治所本在漢壽縣，在今湖南常德市東北。劉表爲刺史，移治所於襄陽縣，在今湖北襄陽市襄州區。

[43] 興平：漢獻帝劉協年號（194—195）。

[44] 持節：漢朝官吏奉使外出時，由皇帝授予節杖，以提高其權威。漢末三國，則爲皇帝授予出征或出鎮的軍事長官的一種權力。至晉代，此種權力明確爲可殺無官位之人，若軍事，可殺二千石以下官員。如皇帝派遣大臣出巡或祭吊等事務時，加持節，則表示權力和尊崇。

［45］年中：趙幼文《校箋》謂《太平御覽》卷四八一引無"年"字。

［46］黃昂：百衲本作"黃其"，殿本、盧弼《集解》本、校點本作"黃昂"。今從殿本等。

［47］其家：百衲本、盧弼《集解》本作"昂家"，殿本、校點本作"其家"。今從殿本等。

［48］其：殿本作"半"，百衲本、盧弼《集解》本、校點本作"其"。今從百衲本等。

［49］樂涫（guàn）：各本皆作"樂浪"。梁章鉅《旁證》云："'樂浪'當作'樂涫'。《舊唐志》肅州福祿縣，武德二年於樂涫故城置。"校點本即從梁説改"樂浪"爲"樂涫"。今從校點本。樂涫，縣名。治所在今甘肅酒泉市東南。

［50］指趣：趙幼文《校箋》謂《册府元龜》卷八四八引"指"字作"詣"。按，宋本《册府元龜》亦作"指"。

［51］謂：盧弼《集解》本誤作"爲"，百衲本、殿本、校點本皆作"謂"。今從百衲本等。

［52］慚謝：百衲本、殿本、盧弼《集解》本作"謝慚"。盧氏云："疑作'慚謝'。"校點本作"慚謝"。今從校點本。

［53］孝廉：漢代選拔官吏的主要科目。孝指孝子，廉指廉潔之士。原本爲二科，後混同爲一科，也不再限於孝子和廉士。東漢後期定制爲不滿四十歲者不得察舉；被舉者先詣公府課試，以觀其能。郡國每年要向中央推舉一至二人。曹魏定爲郡國口滿十萬者舉孝廉一人，其有優異，不拘户口，並不限年齒，老幼皆可。蜀漢、孫吳亦由郡舉孝廉。晋沿魏制，尚書郎缺，從孝廉中補。

［54］新豐：縣名。治所在今陝西臨潼縣東北。

［55］三輔：地區名。西漢都城在長安，遂以長安爲中心置京兆尹、右扶風、左馮翊，合稱三輔。東漢定都洛陽，以三輔陵廟所在，不改其號，仍稱三輔。轄區在今陝西渭水流域一帶。

［56］貫：連結。

[57] 追逐：趙幼文《校箋》謂《册府元龜》卷七五一引作"逐之"。按，宋本《册府元龜》亦作"追逐"。

[58] 到：趙幼文《校箋》謂《册府元龜》引作"至"。按，宋本《册府元龜》亦作"到"。

[59] 獨追之：殿本《考證》云："《太平御覽》作'獨持楯追之'。"趙幼文《校箋》謂此《太平御覽》見卷三五七。

[60] 斫賊：趙幼文《校箋》謂《册府元龜》卷七五一、卷八四七引"賊"上有"殺"字。

[61] 復合：趙幼文《校箋》謂《册府元龜》引"復"下有"相"字。

[62] 卿欲何得：百衲本此句下有"出曰卿欲何得"六字，殿本、盧弼《集解》本、校點本無。今從殿本等。

[63] 扶將：百衲本作"扶將"，殿本、盧弼《集解》本、校點本作"扶侍"。按，宋本《册府元龜》卷七五一、卷八四七引作"扶將"。今從百衲本。扶將，攙扶。

[64] 青龍：魏明帝曹叡年號（233—237）。

[65] 顔回：孔子弟子。孔子曾説："回也，其心三月不違仁，其餘則日月至焉而已矣。"（《論語·雍也》）

[66] 蓋：趙幼文《校箋》謂郝經《續後漢書》苟宗道注引作"善"。

[67] 濮陽周氏不敢匿迹：秦末，項羽與劉邦爭戰時，季布爲項羽將，多次圍困劉邦。及項羽敗亡，劉邦得天下後，即懸賞千金，捕捉季布，並令敢藏布者，罪及三族。時季布藏於濮陽周氏家中，周氏遂爲季布謀劃，將季布扮作刑徒，賣於魯國朱家爲奴。朱家心知是季布，遂通過滕公夏侯嬰向劉邦進言，季布因得赦免，並拜爲郎中。（見《史記》卷一〇〇《季布列傳》）

[68] 太史公：司馬遷。

[69] 泯滅：百衲本"滅"字作"威"，殿本、盧弼《集解》本、校點本作"滅"。今從殿本等。

［70］意發：趙幼文《校箋》謂郝經《續後漢書》苟宗道注引"意"字作"義"。

［71］亦：殿本、盧弼《集解》本、校點本作"迹"，百衲本作"亦"。從上下文理而言，張元濟百衲本《校勘記》謂應作"亦"。今從百衲本。

［72］勇：殿本、盧弼《集解》本作"勇力"，百衲本、校點本作"勇"。今從百衲本等。

　　評曰：李典貴尚儒雅，義忘私隙，美矣。李通、臧霸、文聘、呂虔鎮衞州郡，並著威惠。許褚、典韋折衝左右，抑亦漢之樊噲也。龐悳授命叱敵，有周苛之節。[1]龐淯不憚伏劍，而誠感鄰國。閻温向城大呼，齊鷈、路之烈焉。[2]

　　[1]周苛：秦末人。劉邦爲漢王後，爲御史大夫。劉邦使與樅公守滎陽。項羽攻下滎陽後，生得周苛。羽謂苛曰："爲我將，我以公爲上將軍，封三萬戶。"周苛罵曰："若不趣降漢，漢今虜若，若非漢敵也。"項羽怒，烹殺周苛，並殺樅公。（見《史記》卷七《項羽本紀》）

　　[2]解：指解揚。春秋晉人。鄭襄公十一年（前594），楚莊王伐宋，宋告急於晉。晉景公遣解揚告宋，毋降楚。解揚經過鄭，鄭與楚親，乃執解揚獻楚。楚莊王許解揚厚賞，令告宋速降，晉無援救。在楚威逼下，解揚登上樓車（探望敵軍之車），至宋城下，卻對宋人言："晉方悉國兵以救宋，宋雖急，慎勿降楚，晉兵今至矣！"楚莊王大怒，將殺解揚。在莊王諸弟勸阻下，解揚方得被釋返國。（見《史記》卷四二《鄭世家》）　路：指路中大夫。漢景帝時爲齊王國之中大夫。景帝前元三年（前154），吳國、楚國反，起兵西進，膠西、膠東、菑川、濟南等國已響應。叛軍至齊國城

下，欲與齊聯合。齊孝王城守不聽，並派路中大夫上告朝廷。景帝復令路中大夫還告齊王："善堅守，吾兵今破吳、楚矣。"路中大夫還至齊城下，被圍城叛軍所拘，逼令至城下言漢已被破，齊速與吳、楚等聯合。路中大夫至城下望見齊王，乃曰："漢已發兵達百萬，使太尉周亞夫擊破吳、楚，方引兵救齊，齊必堅守無下！"圍城叛軍遂殺路中大夫。（見《史記》卷五二《齊悼惠王世家》）

三國志 卷一九

魏書十九

任城陳蕭王傳第十九

  任城威王彰，[1]字子文。少善射御，膂力過人，手格猛獸，不避險阻。數從征伐，志意慷慨。太祖常抑之曰：[2]"汝不念讀書慕聖道，而好乘（汗）馬擊劍，[3]此一夫之用，[4]何足貴也！"課彰讀《詩》《書》，彰謂左右曰："丈夫一爲衞、霍，[5]將十萬騎馳沙漠，驅戎狄，立功建號耳，何能作博士邪？"[6]太祖嘗問諸子所好，使各言其志。彰曰："好爲將。"太祖曰："爲將奈何？"對曰："被堅執鋭，[7]臨難不顧，爲士卒先；賞必行，[8]罰必信。"太祖大笑。建安二十一年，[9]封鄢陵侯。[10]

  二十三年，代郡烏丸反，[11]以彰爲北中郎將，[12]行驍騎將軍。[13]臨發，太祖戒彰曰："居家爲父子，受事爲君臣，動以王法從事，爾其戒之！"彰北征，入涿郡界，[14]叛胡數千騎卒至。時兵馬未集，唯有步卒千人，騎數百匹。用田豫計，固守要隙，虜乃散退。[15]彰追之，身自搏戰，射胡騎，應弦而倒者前後相屬。戰過半日，彰鎧中數箭，意氣益厲，乘勝逐北，至于桑乾，〔一〕[16]去代二百餘里。長史諸將皆以爲新涉遠，[17]士馬疲頓，又受節度，不得過代，不可深進，違令輕敵。[18]彰曰："率師而行，[19]唯利所在，何節度乎？胡走未遠，追之必破。從令縱敵，非良將也。"遂上馬，令軍中："後出者斬。"一日一夜與虜相及，[20]擊，大破之，斬首獲生以千數。彰乃倍常科大賜將士，將士無不悅喜。時鮮卑大人軻比能將數萬騎觀望彊弱，見彰力戰，所向皆破，乃請服。北方悉平。時太祖在長安，[21]召彰詣行在所。彰自代過鄴，[22]太子謂彰曰："卿新有功，今西見上，[23]宜勿自伐，應對常若不足者。"彰到，如太子言，歸功諸將。太祖喜，持彰鬚曰："黃鬚兒竟大奇也！"〔二〕

〔一〕臣松之案桑乾縣屬代郡，今北虜居之，[24]號爲索干之都。[25]

〔二〕《魏略》曰：太祖在漢中，[26]而劉備棲於山頭，[27]使劉封下挑戰。太祖罵曰："賣履舍兒，[28]長使假子拒汝公乎！[29]待呼我黃鬚來，令擊之。"乃召彰。彰晨夜進道，西到長安而太祖已還，從漢中而歸。彰鬚黃，故以呼之。

[1] 任城：王國名。治所任城縣，在今山東微山縣西北。威：謚號。

[2] 常：盧弼《集解》本、校點本作"嘗"，百衲本、殿本作

"常"。按，二字可通。今從百衲本等。

　　［3］好乘馬：各本"馬"上有"汗"字。趙幼文《校箋》謂《金樓子・説蕃篇》作"好乘馬"，無"汗"字。《藝文類聚》卷四五引亦無"汗"字。今據趙引删。

　　［4］用：趙幼文《校箋》謂蕭常與郝經《續後漢書》俱作"勇"。

　　［5］丈夫：趙幼文《校箋》謂《藝文類聚》卷四五、《太平御覽》卷一五〇引"丈"上有"大"字。　衛、霍：指衛青、霍去病。皆西漢河東平陽（今山西臨汾市西南）人，漢武帝時之名將。衛青官至大將軍，霍去病官至驃騎將軍。二人均各自多次擊敗匈奴。元狩四年（前119），二人共同擊敗匈奴主力，解除了匈奴對漢朝之威脅。（見《史記》卷一一一《衛將軍驃騎列傳》）

　　［6］博士：官名。此指太學博士，掌以五經教授弟子。

　　［7］被：盧弼《集解》本作"披"，百衲本、殿本、校點本均作"被"。按，二字雖可通，今仍從百衲本等。

　　［8］賞：校點本1982年7月第2版誤作"嘗"。

　　［9］建安：漢獻帝劉協年號（196—220）。

　　［10］鄢陵：縣名。治所在今河南鄢陵縣西北。

　　［11］代郡：東漢治所高柳縣，在今山西陽高縣西北。

　　［12］北中郎將：官名。東漢靈帝時所置四中郎將之一，主率軍征伐。

　　［13］驍騎將軍：官名。東漢爲雜號將軍，掌統兵出征，事訖即罷。

　　［14］涿郡：治所涿縣，在今河北涿州市。

　　［15］散退：百衲本、盧弼《集解》本作"散退"，殿本、校點本作"退散"。趙幼文《校箋》謂《北堂書鈔》卷一一八引《魏書》作"散退"，《太平御覽》卷三一二引同。今從百衲本等。

　　［16］桑乾：縣名。治所在今河北蔚縣東北。

　　［17］長史：官名。漢代，三公府設有長史，以輔助三公。將

軍府之屬官亦有長史，以總理幕府。

　　[18] 違令：趙幼文《校箋》謂《北堂書鈔》卷六三、《白孔六帖》卷五四引"令"字俱作"命"。

　　[19] 率師而行：殿本《考證》云："《太平御覽》作'率師專行'。"趙幼文《校箋》謂《白孔六帖》卷五四、《太平御覽》卷三一二引"而"字俱作"專"。

　　[20] 一日一夜：盧弼《集解》本作"二日一夜"，百衲本、殿本、校點本均作"一日一夜"。今從百衲本等。

　　[21] 長安：縣名。治所在今陝西西安市西北。

　　[22] 鄴：縣名。治所在今河北臨漳縣西南鄴鎮東一里半。

　　[23] 上：盧弼《集解》云："操時爲魏王，不得稱'行在所'，亦不得稱'上'。"

　　[24] 北虜：指拓跋鮮卑。

　　[25] 索干：即桑干。《宋書》卷九五《索虜傳》謂拓跋魏早年"治代郡桑干縣之平城"。周一良《宋書劄記》云："'索干''桑干'一聲之轉"（載《魏晉南北朝史劄記》，中華書局1985年版）。按，北魏桑干縣治所在今山西山陰縣東南。又平城本爲縣，爲北魏前期之都，在今山西大同市東北古城，非桑干縣所屬之城鎮。

　　[26] 漢中：郡名。治所南鄭縣，在今陝西漢中市東。

　　[27] 山：指定軍山，在今陝西勉縣東南。

　　[28] 賣履：販賣鞋。本書卷三三《先主傳》謂劉備少時"與母販履織席爲業"。

　　[29] 長：趙幼文《校箋》謂郝經《續後漢書》作"乃"。假子：收養之子。本書卷四〇《劉封傳》謂劉封"本羅侯寇氏之子，長沙劉氏之甥也。先主至荆州，以未有繼嗣，養封爲子"。

　　太祖東還，以彰行越騎將軍，[1]留長安。太祖至洛陽，[2]得疾，驛召彰，未至，太祖崩。〔一〕文帝即王位，彰與諸侯就國。〔二〕詔曰："先王之道，[3]庸勳親親，[4]並建母弟，[5]開國承家，故能藩屏大宗，[6]禦侮厭難。[7]彰前受命北伐，清定朔土，厥功茂焉。增邑五千，并前萬戶。"黃初二年，[8]進爵爲公。三年，立爲任城王。四年，朝京都，疾薨于邸，[9]諡曰威。〔三〕至葬，賜鑾輅、龍旂，[10]虎賁百人，[11]如漢東平王故事。[12]子楷嗣，徙封中牟。[13]五年，改封任城縣。太和六年，[14]復改封任城國，食五縣二千五百戶。青龍三年，[15]楷坐私遣官屬詣中尚方作禁物，[16]削縣二千戶。正始七年，[17]徙封濟南，[18]三千戶。正元、景元初，[19]連增邑，凡四千四百戶。〔四〕

〔一〕《魏略》曰：彰至，謂臨菑侯植曰："先王召我者，欲立汝也。"植曰："不可。不見袁氏兄弟乎！"

〔二〕《魏略》曰：太子嗣立，既葬，遣彰之國。始彰自以先王見任有功，冀因此遂見授用，而聞當隨例，意甚不悅，不待遣而去。時以鄢陵堵薄，使治中牟。及帝受禪，因封爲中牟王。[20]是後大駕幸許昌，[21]北州諸侯上下，皆畏彰之剛嚴；每過中牟，不敢不速。

〔三〕《魏氏春秋》曰：初，彰問璽綬，將有異志，故來朝不即得見。彰忿怒暴薨。

〔四〕楷，泰始初爲崇化少府，[22]見《百官名》。

[1] 越騎將軍：官名。東漢初置，統兵出征。後省。建安末曹操復置，以其子曹彰行之，統兵留守長安。

[2] 洛陽：縣名。治所在今河南洛陽市東北白馬寺東。

[3] 先王：校點本1982年第2版誤作"先生"。

[4] 庸勳親親：《左傳·僖公二十四年》：周襄王將以狄伐鄭，富辰諫曰："庸勳親親，暱近尊賢，德之大者也。"庸勳，酬賞有功勳者。親親，親愛親人。

[5] 建：封建，封侯。

[6] 大宗：始祖之嫡長子一系爲大宗。《儀禮·喪服》："大宗者，尊之統也。"

[7] 厭難：抑制禍難。

[8] 黃初：魏文帝曹丕年號（220—226）。

[9] 疾薨于邸：劉咸炘《知意》云："彰爲丕酖死，見《世說·尤悔》，此不當諱。"

[10] 鑾輅：皇帝之乘車。

[11] 虎賁（bēn）：作儀仗隊之武士。

[12] 東平王：東漢光武帝之子，名蒼。建武十七年（41）進爵爲東平王。漢章帝建初八年（83）卒，及葬，詔"賜鸞輅乘馬，龍旂九旒，虎賁百人，奉送王行"。（《後漢書》卷四二《東平憲王蒼傳》）

[13] 中牟：縣名。治所在今河南中牟縣東。

[14] 太和：魏明帝曹叡年號（227—233）。

[15] 青龍：魏明帝曹叡年號（233—237）。

[16] 中尚方：官署名。曹魏以中尚方令主之，屬少府。主製作皇宮所用刀劍及其他貴重器物。

[17] 正始：魏少帝齊王曹芳年號（240—249）。

[18] 濟南：王國名。治所東平陵縣，在今山東章丘市西北。

[19] 正元：魏少帝高貴鄉公曹髦年號（254—256）。 景元：魏元帝曹奐年號（260—264）。

[20] 中牟王：此與《傳》云"立爲任城王"不同。

[21] 許昌：縣名。治所在今河南許昌縣東。

[22] 泰始：晉武帝司馬炎年號（265—274）。 崇化：宮名。

晋武帝母王皇太后所居。　少府：官名。太后三卿之一，掌皇太后宫私府庫藏出納。皆冠以皇太后宮名。

陳思王植字子建。[1]年十（歲餘）〔餘歲〕，[2]誦讀《詩》《論》及辭賦數十萬言，[3]善屬文。太祖嘗視其文，謂植曰："汝倩人邪？"[4]植跪曰：[5]"言出爲論，[6]下筆成章，（顧）〔願〕當面試，[7]奈何倩人？"時鄴銅爵臺新成，[8]太祖悉將諸子登臺，[9]使各爲賦。植援筆立成，可觀，太祖甚異之。〔一〕性簡易，不治威儀。輿馬服飾，不尚華麗。每進見難問，應聲而對，特見寵愛。建安十六年，封平原侯。[10]十九年，徙封臨菑侯。[11]太祖征孫權，使植留守鄴，戒之曰："吾昔爲頓丘令，[12]年二十三。思此時所行，無悔於今。今汝年亦二十三矣，可不勉與！"植既以才見異，而丁儀、丁廙、楊脩等爲之羽翼。太祖狐疑，幾爲太子者數矣。而植任性而行，不自彫勵，[13]飲酒不節。文帝御之以術，矯情自飾，宫人左右，並爲之説，故遂定爲嗣。二十二年，增植邑五千，[14]并前萬户。植嘗乘車行馳道中，[15]開司馬門出。[16]太祖大怒，公車令坐死。[17]由是重諸侯科禁，而植寵日衰。〔二〕太祖既慮終始之變，以楊脩頗有才策，而又袁氏之甥也，[18]於是以罪誅脩。植益内不自安。〔三〕二十四年，曹仁爲關羽所圍。太祖以植爲南中郎將，[19]行征虜將軍，[20]欲遣救仁，呼有所敕戒。植醉不能受命，於是悔而罷之。〔四〕

〔一〕陰澹《魏紀》載植賦曰[21]"從明后而嬉游兮,[22]登層臺以娛情。[23]見太府之廣開兮,[24]觀聖德之所營。[25]建高門之嵯峨兮,[26]浮雙闕乎太清。[27]立中天之華觀兮,[28]連飛閣乎西城。[29]臨漳水之長流兮,[30]望園果之滋榮。仰春風之和穆兮,聽百鳥之悲鳴。天雲垣其既立兮,[31]家願得而獲逞。揚仁化於宇内兮,盡肅恭於上京。[32]惟桓、文之爲盛兮,[33]豈足方乎聖明![34]休矣美矣!惠澤遠揚。翼佐我皇家兮,寧彼四方。同天地之規量兮,[35]齊日月之暉光。永貴尊而無極兮,等年壽於東王"云云。[36]太祖深異之。

〔二〕《魏武故事》載令曰:"始者謂子建,兒中最可定大事。"又令曰:"自臨菑侯植私出,開司馬門至金門,[37]令吾異目視此兒矣。"又令曰:"諸侯長史及帳下吏,[38]知吾出輒將諸侯行意否?從子建私開司馬門來,吾都不復信諸侯也。恐吾適出,便復私出,故攝將行。不可恒使吾(爾)〔以〕誰爲心腹也!"[39]

〔三〕《典略》曰:楊脩字德祖,太尉彪子也。謙恭才博。[40]建安中,舉孝廉,[41]除郎中,[42]丞相請署倉曹屬、主簿。[43]是時,軍國多事,脩總知外内,事皆稱意。自魏太子已下,並爭與交好。又是時臨菑侯植以才捷愛幸,來意投脩,[44]數與脩書,書曰:"數日不見,思子爲勞;[45]想同之也。僕少好辭賦,[46]迄至于今二十有五年矣。[47]然今世作者,可略而言也。昔仲宣獨步於漢南,[48]孔璋鷹揚於河朔,[49]偉長擅名於青土,[50]公幹振藻於海隅,[51]德璉發迹於大魏,[52]足下高視於上京。當此之時,人人自謂握靈蛇之珠,[53]家家自謂抱荆山之玉也。[54]吾王於是設天網以該之,[55]頓八紘以掩之,[56]今盡集茲國矣。然此數子,猶不能飛翰絶迹,一舉千里也。以孔璋之才,不閑辭賦,而多自謂與司馬長卿同風,[57]譬畫虎不成還爲狗者也。前爲書嘲之,[58]反作論盛道僕贊其文。夫鍾期不失聽,[59]于今稱之。吾亦不敢妄歎者,畏後之嗤余也。世人著述,不能無病。僕常好人譏彈其文;有不善者，應時改定。[60]昔丁敬禮嘗作小文，[61]使僕潤飾之，僕自以才不能過若人，辭不爲也。敬禮云：'卿何所疑難乎！文之佳麗，吾自得之。後世誰相知定吾文者邪？'吾常歎此達言，以爲美談。昔尼父之文辭，[62]與人通流；[63]至於制《春秋》，游、夏之徒不能錯一字。[64]過此而言不病者，吾未之見也。蓋有南威之容，[65]乃可以論於淑媛；有龍淵之利，[66]乃可以議於割斷。劉季緒才不逮於作者，而好詆呵文章，掎摭利病。[67]昔田巴毁五帝，[68]罪三王，呰五伯於稷下，[69]一旦而服千人，魯連一說，使終身杜口。劉生之辯未若田氏，今之仲連求之不難，可無歎息乎！[70]人各有所好尚。蘭茞蓀蕙之芳，[71]衆人之所好，而海畔有逐臭之夫；[72]《咸池》《六（英）〔莖〕》之發，[73]衆人所樂，而墨翟有非之之論：[74]豈可同哉！今往僕少小所著詞賦一通相與。夫街談巷說，必有可采，擊轅之歌，[75]有應風雅，匹夫之思，未易輕棄也。辭賦小道，固未足以揄揚大義，[76]彰示來世也。昔揚子雲，[77]先朝執戟之臣耳，猶稱'壯夫不爲'也；[78]吾雖薄德，位爲藩侯，猶庶幾戮力上國，流惠下民，建永世之業，流金石之功，豈徒以翰墨爲勳績，辭頌爲君子哉？若吾志不果，吾道不行，亦將採史官之實錄，辨時俗之得失，[79]定仁義之衷，成一家之言，雖未能藏之名山，將以傳之同好，此要之白首，豈可以今日論乎！其言之不怍，[80]恃惠子之知我也。[81]明早相迎，書不盡懷。"脩答曰："不侍數日，[82]若彌年載，[83]豈獨愛顧之隆，使係仰之情深邪！損辱來命，蔚矣其文。[84]誦讀反覆，雖諷《雅》《頌》，[85]不復過也。若仲宣之擅（江）〔漢〕表，[86]陳氏之跨冀域，徐、劉之顯青、豫，[87]應生之發魏國，斯皆然矣。至如脩者，聽采風聲，仰德不暇，目周章於省覽，[88]何惶駭於高視哉？[89]伏惟君侯，少長貴盛，體旦、發之質，[90]有聖善之教。[91]遠近觀者，徒謂能宣昭懿德，光贊大業而已，不謂復能兼覽傳記，[92]留思文章。今乃含王超陳，度越數子；觀者駭視而拭目，聽者傾首而聳耳；非夫體通性達，受之自然，其誰能至於此乎？[93]又嘗親見執事握牘持筆，有所造作，若成誦在心，借書於手，曾不斯須少留思慮。仲尼日月，[94]無得踰焉。[95]脩之仰望，殆如此矣。是以對鶤而辭，[96]作《暑賦》彌日而不獻，見西施之容，歸憎其貌者也。伏想執事不知其然，猥受顧賜，教使刊定。《春秋》之成，莫能損益。《呂氏》《淮南》，[97]字直千金；[98]然而弟子鉗口，市人拱手者，聖賢卓犖，固所以殊絕凡庸也。今之賦頌，古詩之流，不更孔公，[99]風雅無別耳。[100]脩家子雲，[101]老不曉事，彊著一書，[102]悔其少作。若此，仲山、周旦之徒，[103]則皆有怨乎！君侯忘聖賢之顯迹，述鄙宗之過言，竊以爲未之思也。若乃不忘經國之大美，流千載之英聲，銘功景鍾，[104]書名竹帛，此自雅量素所蓄也，豈與文章相妨害哉？輒受所惠，竊備矇瞍誦歌而已。[105]敢望惠施，[106]以忝莊氏！季緒瑣瑣，何足以云。"其相往來，如此甚數。植後以驕縱見疏，而植故連綴脩不止，脩亦不敢自絕。至二十四年秋，公以脩前後漏泄言教，交關諸侯，乃收殺之。脩臨死，謂故人曰："我固自以死之晚也。"其意以爲坐曹植也。脩死後百餘日而太祖薨，太子立，遂有天下。初，脩以所得王髦劍奉太子，太子常服之。及即尊位，在洛陽，從容出宮，追思脩之過薄也，撫其劍，駐車顧左右曰："此楊德祖昔所說王髦劍也。髦今焉在？"及召見之，賜髦穀帛。

　　摯虞《文章志》曰：劉季緒名脩，劉表子。官至東安太守。[107]著詩、賦、頌六篇。

　　臣松之案：《呂氏春秋》曰："人有臭者，其兄弟妻子皆莫能與居，其人自苦而居海上。[108]海上人有悅其臭者，晝夜隨之而不能去。"此植所云"逐臭之夫"也。田巴事出《魯連子》，亦見《皇覽》，文多故不載。

　　《世語》曰：脩年二十五，以名公子有才能，爲太祖所器。與丁儀兄弟，皆欲以植爲嗣。太子患之，[109]以車載廢簏，[110]內朝歌長吳質與謀。[111]脩以白太祖，未及推驗。太子懼，告質，質曰："何患？明日復以簏受絹車內以惑之，脩必復重白，重白必推，而無驗，則彼受罪矣。"世子從之，脩果白，而無人，[112]太祖由是疑焉。脩與賈逵、王淩並爲主簿，而爲植所友。每當就植，慮事有闕，[113]忖度太祖意，豫作答教十餘條，敕門下，教出以次答。教裁出，答已入，太祖怪其捷，推問始泄。太祖遣太子及植各出鄴城一門，密敕門不得出，[114]以觀其所爲。[115]太子至門，不得出而還。脩先戒植："若門不出侯，侯受王命，可斬守者。"植從之。故脩遂以交搆賜死。脩子囂，囂子準，皆知名於晉世。囂，泰始初爲典軍將軍，[116]受心膂之任，早卒。準字始丘，惠帝末爲冀州刺史。[117]

荀綽《冀州記》曰：準見王綱不振，遂縱酒，不以官事爲意，逍遙卒歲而已。成都王知準不治，[118]猶以其爲名士，[119]惜而不責，召以爲軍謀祭酒。[120]府散停家，關東諸侯議欲以準補三事，[121]以示懷賢尚德之舉。事未施行而卒。準子嶠字國彥，[122]髦字士彥，並爲後出之俊。準與裴頠、樂廣善，遣往見之。頠性弘方，愛嶠之有高韻，[123]謂準曰："嶠當及卿，然髦小減也。"廣性清淳，愛髦之有神檢，[124]謂準曰："嶠自及卿，然髦尤精出。"準歎曰："我二兒之優劣，乃裴、樂之優劣也。"評者以爲嶠雖有高韻，而神檢不逮，廣言爲得。傅暢云："嶠似準而疎。"嶠弟俊，字惠彥，最清出。嶠、髦皆爲二千石。[125]俊，太傅掾。[126]

〔四〕《魏氏春秋》曰：植將行，太子飲焉，偪而醉之。王召植，植不能受王命，故王怒也。

[1] 陳：王國名。治所陳縣，在今河南淮陽縣。　字子建：趙幼文《校箋》謂《世說新語·文學篇》注引《魏志》"子建"下有"文帝同母弟也"六字。

[2] 年十餘歲：各本皆作"年十歲餘"。盧弼《集解》已有似

應作"年十餘歲"一説。吴金華《校詁》又謂《世説新語·文學篇》注引《魏志》及《藝文類聚》卷四五均作"年十餘歲"，當據改。趙幼文《校箋》亦謂《世説新語·文學篇》注引《魏志》，《北堂書鈔》卷七〇，《藝文類聚》卷四五，《太平御覽》卷一五一、卷四五九、卷六〇〇引俱作"年十餘歲"，是也。今從盧、吴、趙之説改爲"年十餘歲"。

［3］數十萬言：趙幼文《校箋》謂《世説新語·文學篇》注引"數"下無"十"字，《太平御覽》卷六〇〇、又卷六〇二引《文選人名録》引俱無"十"字，應據删。按，《藝文類聚》卷四五、《太平御覽》卷一五一引又作"數十萬言"，《太平御覽》卷四九五引《曹植别傳》又作"十萬言"。故暫不删改。

［4］倩：借助。《方言》卷一二：倩，借也。

［5］植跪曰：趙幼文《校箋》謂《北堂書鈔》卷九八、《太平御覽》卷六〇二引"跪"下俱有"對"字。

［6］言出爲論：趙幼文《校箋》謂《北堂書鈔》卷九八引作"出言爲論"，同卷引《曹植集序》同。《太平御覽》卷六〇〇、《世説新語·文學篇》注引亦同。疑此誤倒，似應據乙。

［7］願：各本作"顧"。趙幼文《校箋》謂《藝文類聚》卷五六、《太平御覽》卷六〇〇、卷六〇二引俱作"願"，蕭常《續後漢書》同。今從趙説改。

［8］銅爵臺：即銅雀臺。建造於建安十五年（210），臺高十丈，有屋一百間，在樓頂鑄有一丈五尺高的大銅雀。遺址在今河北臨漳縣西。據《藝文類聚》卷六二所録魏文帝《登臺賦序》，登臺在建安十七年春。

［9］登臺：趙幼文《校箋》謂《世説新語·文學篇》注引"臺"字作"之"。

［10］平原：縣名。治所在今山東平原縣西南。

［11］臨菑：縣名。治所在今山東淄博市臨淄區。

［12］頓丘：校點本"丘"字作"邱"，百衲本、殿本、盧弼

《集解》本皆作"丘",《續漢書·郡國志》亦作"丘"。今從百衲本等。頓丘,縣名。治所在今河南清豐縣西南。

[13] 彫勵:盧弼《集解》謂《通鑑》作"不自彫飾"。趙幼文《校箋》謂作"彫飾"者是。彫飾猶言修飾,作"彫勵"者誤。

[14] 植:校點本作"置",百衲本、殿本、盧弼《集解》本均作"植"。盧氏云:"馮本'植'作'置'誤。"今從百衲本等。

[15] 馳道:帝王行車馬之道,又稱御街。

[16] 司馬門:潘眉《考證》謂宮門稱司馬門,每門由司馬主管。此司馬門指鄴城魏王宮之門。

[17] 公車令:官名。即公車司馬令。秩六百石,魏為第六品。掌宮南闕門,凡吏民上章,四方貢獻及徵詣公車者,均由公車司馬令呈達。

[18] 袁氏之甥:《後漢書》卷五四《楊震附脩傳》謂楊脩為袁術之甥。

[19] 南中郎將:官名。東漢末置,與東、西、北中郎將並稱四中郎將,主率軍征伐。

[20] 征虜將軍:官名。東漢為雜號將軍,曹魏時第三品。

[21] 魏紀:《隋書·經籍志》古史類著錄"《魏紀》十二卷,左將軍陰澹撰"。校點本《校勘記》云:"據《晉書·張軌傳》,陰澹為晉人。'左將軍'前當有'晉'字。"

[22] 明后:尊稱曹操。后,君主。

[23] 登層臺以娛情:趙幼文《校箋》謂《藝文類聚》卷六二載植此賦文字與裴注引略異。此句作"聊登臺以娛情"。按,層臺,指銅雀臺。

[24] 太府:大府,大宮府。 廣開:趙幼文《校箋》謂《藝文類聚》引"開"字作"浦"。按,上海古籍出版社1999年重版汪紹楹校《類聚》(以下簡稱上海古籍出版社本)仍作"開"。

[25] 聖:指曹操。

[26] 高門:趙幼文《校箋》謂《藝文類聚》引"門"字作

"殿"。按，潘眉《考證》謂，指《鄴中記》所言鄴宮南面三門之西邊鳳陽門。門高二十五丈，距鄴城七八里，即見此門。

[27] 雙闕：趙幼文據《文選·魏都賦》謂雙闕在文昌殿外，端門左右。（見《曹植集校注》卷一《贈徐幹》注）　太清：天空。

[28] 中天：趙幼文云："中天猶半天，謂其高也。"（見《曹植集校注》卷一《贈徐幹》注）　華觀：趙幼文云："華觀，即迎風觀。華，謂彩飾也。"（見《曹植集校注》卷一《登臺賦》注）按，《文選》曹子建《贈徐幹》李善注："《地理書》曰：迎風觀在鄴。"

[29] 連飛閣：趙幼文《校箋》謂《藝文類聚》引"連"字作"臨"。按，上海古籍出版社本仍作"連"。　西城：潘眉《考證》云："鄴二城：東西六里，南北八里六十步者，鄴之南城（見《河朔訪古記》）；東西七里，南北五里者，鄴之北城（見《水經注》）。魏銅爵臺在鄴都北城西北隅（見《鄴中記》）。鄴無西城，所謂西城者，北城之西面也。臺在北城西北隅，與城之西面樓閣相接，故曰'連飛閣乎西城'。"

[30] 漳水：趙幼文《校箋》謂《藝文類聚》引"水"字作"川"。按，漳水即漳河。古漳河經今河北臨漳縣東北流。又《水經·濁漳水注》謂魏武"引漳流，自鄴城西東入，徑銅雀臺下，伏流入城東注，謂之長明溝也"。

[31] 天雲：《曹植集校注》本作"天功"。趙幼文云："天功與家願正相儷。"又引《後漢書》卷三五《張奮傳》李賢注："功謂王業。"　垣：《曹植集校注》本作"恒"。趙幼文注引《銓評》謂《藝文類聚》作"坦"。趙幼文云："恒、垣於此無義，或皆'坦'字之形誤。"坦，《文選·東京賦》薛綜注："大也。"（《曹植集校注》卷一《登臺賦》注）

[32] 上京：指漢獻帝所在之京都許縣，治所在今河南許昌市東。

[33] 桓文：春秋時之齊桓公、晋文公，相繼爲中原霸主。

［34］聖明：指曹操。

［35］規量：趙幼文《校箋》謂《藝文類聚》引"規"字作"矩"。

［36］東王：東王父，傳說中的神名。《海內十洲記·聚窟洲》："扶桑在碧海之中，地方萬里，上有太帝宮，太真東王父所治處。"

［37］司馬門至金門：潘眉《考證》疑即金明門，爲鄴城七門之一，在鄴城之西。盧弼《集解》則據《水經·穀水注》謂當爲洛陽之司馬門。趙幼文《校箋》亦謂以洛陽之司馬門爲是。又《太平御覽》卷一八三引《洛陽宮殿名》，謂洛陽有司馬門、金門。潘氏以鄴之金明門當之，或非。

［38］諸侯長史：官名。諸侯府幕僚之長，掌諸侯府事。

［39］以：各本皆作"爾"。殿本《考證》謂《册府元龜》作"以"。李清植謂作"爾"文甚拗，作"以"文義較順。校點本即據殿本《考證》改"爾"爲"以"。今從校點本。下段"典略"，校點本1982年7月第2版誤作"曲略"。

［40］才博：趙幼文《校箋》謂郝經《續後漢書》"才"字作"辯"。

［41］孝廉：漢代選拔官吏的主要科目。孝指孝子，廉指廉潔之士。原本爲二科，後混同爲一科，也不再限於孝子和廉士。東漢後期定制爲不滿四十歲者不得察舉；被舉者先詣公府課試，以觀其能。郡國每年要向中央推舉一至二人。

［42］郎中：官名。秩比三百石。東漢時，分隸五官、左、右三署中郎將，名義上備宿衛，實爲後備官吏人才。

［43］倉曹屬：官名。曹操爲丞相時，丞相府置有倉曹掾、屬，主管倉穀事。　主簿：官名。曹操爲丞相時，丞相府置主簿四人，錄省衆事。

［44］來意：盧弼《集解》云："《文選》注作'秉意'，郝經《續漢書》作'委意'。"趙幼文《校箋》亦云："《文選·楊德祖

〈答臨淄侯牋〉》及《與楊德祖書》李善注引 '來' 字俱作 '秉'。吳金華《〈三國志〉叢考》又謂 "來" 字可據郝經《續後漢書》作 "委"；"投" 字應作 "於"。按，中華再造善本影宋本以及文淵閣《四庫全書》本與《叢書集成初編》本郝經《續後漢書》卷二九中荀宗道注引《典略》仍作 "來意"，故暫不改動。

[45] 爲勞：趙幼文注："勞，《淮南子·精神訓》高注：'病也。' 爲勞，猶成病也。"（《曹植集校注》卷一《與楊德祖書》注。此篇以下引趙幼文說，均同此，不再作注）

[46] 僕少好辭賦：《文選》曹子建《與楊祖德書》及《曹植集校注》均作 "僕少小好爲文章"。以下凡此類者，不再出校注。又盧弼《集解》本、校點本 "辭賦" 作 "詞賦"，今從百衲本、殿本作 "辭賦"。

[47] 二十有五年：曹植生於初平二年（191），撰此書時爲二十五歲，則此書撰於建安二十一年。

[48] 仲宣：王粲字仲宣。　獨步：謂一時無雙。　漢南：指荊州。《爾雅·釋地》："漢南曰荊州。" 當時荊州牧劉表治襄陽，王粲在襄陽依劉表。

[49] 孔璋：陳琳字孔璋。　河朔：河北。指冀州。陳琳曾在袁紹處任記室。

[50] 偉長：徐幹字偉長。　青土：指青州。《文選》李善注："徐偉長居北海郡。《禹貢》之青州也。故云青土。"

[51] 公幹：劉楨字公幹。　海隅：《文選》李善注："公幹東平寧陽人也。寧陽邊齊，故云海隅。《呂氏春秋》曰：東方爲海隅。青州，齊也。"

[52] 德璉：應瑒字德璉。　大魏：《文選》作 "此魏"。沈家本《校記》云："是時漢祚未移，不得稱大魏，作 '此' 字爲是。" 趙幼文則云：《初學記》卷二七引作 "北魏"，"此" 或 "北" 字之形誤。曹植《王仲宣誄》有 "發軫北魏" 之句，是當時有此稱謂，作 "北" 字是也。北魏，指鄴。

[53] 握：殿本作"掘"，百衲本、盧弼《集解》本、校點本作"握"。今從百衲本等。　靈蛇之珠：寶珠。即隋侯珠或明月珠。《淮南子·覽冥訓》："譬如隋侯之珠、和氏之璧，得之者富，失之者貧。"高誘注："隋侯，漢東之國，姬姓諸侯也。隋侯見大蛇傷斷，以藥傅之，後蛇於江中銜大珠以報之，因曰隋侯之珠。蓋明月珠也。"

[54] 荊山之玉：寶玉。荊山即楚山。《韓非子·和氏》謂楚人和氏得玉璞楚山中，奉而獻之厲王，王以和爲誑，刖其左足；後又獻之武王，王又以和爲誑而刖其右足。後文王即位，和乃抱璞痛哭於楚山之下，王異之，"乃使玉人理其璞而得寶焉"。

[55] 該：包容，包括。卷子本《玉篇·言部》："該，《廣雅》：包也。"

[56] 八紘：八方之繩索。《漢書》卷八七上《揚雄傳》"燭六合，燿八紘"顏師古注："八紘，八方之綱維也。"

[57] 司馬長卿：司馬相如字長卿，漢武帝時之辭賦家。

[58] 啁（tiáo）：通"嘲"，譏笑。

[59] 鍾期：又稱鍾子期，春秋楚人，善解琴音。《列子·湯問》："伯牙善鼓琴，鍾子期善聽。伯牙鼓琴，志在登高山，鍾子期曰：'善哉！峨峨兮若泰山！'志在流水，鍾子期曰：'善哉！洋洋兮若江河！'"

[60] 應時：劉淇《助字辨略》卷四："應，猶即也。"

[61] 丁敬禮：丁廙字敬禮。

[62] 尼父：指孔子。孔子名丘字仲尼。《禮記·檀弓上》："魯哀公誄孔丘曰：'天不遺耆老，莫相予位焉。嗚呼哀哉尼父！'"

[63] 與人通流：《史記》卷四七《孔子世家》："孔子在位聽訟，文辭有可與人共者，弗獨有也。至於爲《春秋》，筆則筆，削則削，子夏之徒不能贊一辭。"

[64] 游夏：子游、子夏，皆孔子弟子。　錯：通"措"，置。趙幼文注引《春秋說題辭》："孔子作《春秋》一萬八千字，九月

而成書，以授游、夏，游、夏之徒不能措一字。"

［65］南威：春秋時之美女。《戰國策·魏策二》魯君曰："晋文公得南之威，三日不聽朝，遂推南之威而遠之，曰：'後世必有以色亡其國者。'"按，"南之威"即"南威"，之，語助辭。後文即云："左白臺而右閭須，南威之美也。"

［66］龍淵：寶劍名。《戰國策·韓策一》蘇秦曰："宛馮、龍淵、大阿，皆陸斷馬牛，水擊鵠雁，當敵即斬。"

［67］掎摭：指摘。

［68］田巴：戰國時齊之辯士。《文選》李善注："《魯連子》曰：齊辯者曰田巴，辯於狙丘而議於稷下，毀五帝，罪三王，一日而服千人。有徐劫弟子曰魯連，謂劫曰：臣願當田子，使不敢復說。"又見《史記》卷八三《魯仲連列傳》之《正義》引《魯仲連子》。

［69］訾：通"訾"，詆毀。 五伯：即"五霸"。《文選》《曹植集校注》即作"五霸"。指春秋五霸。 稷下：戰國齊宣王時，於齊國國都臨淄城稷門附近建館舍，聚集學者研討學術，遂稱其地爲稷下。（見《史記》卷四六《田敬仲完世家》及《集解》引劉向《別錄》）

［70］歎息：《文選》無"歎"字。趙幼文謂宋刊本《曹子建文集》無"歎"字；李善所見唐本無"歎"字，故注云"息，止也"；梁章鉅《文選旁證》亦以無"歎"字爲是。有"歎"字，或習見"歎息"連文而未詳究文義妄增耳。

［71］蘭茞（chǎi）蓀蕙：皆香草名。

［72］逐臭之夫：見《吕氏春秋·孝行覽》，内容見後裴松之引。《文選》李善注云："喻人評文章，愛好不同也。"

［73］咸池：黃帝樂名。 六莖：各本皆作"六英"，《文選》《曹植集校注》均作"六莖"，今據改。《漢書·禮樂志》云："昔黃帝作《咸池》，顓頊作《六莖》，帝嚳作《五英》。"

［74］墨翟：戰國時思想家，墨家學派的創始人。《文選》李

善注:"《墨子》有《非樂》篇。"按,今傳本《墨子》只存《非樂》上篇,中、下篇均闕。

[75] 擊轅之歌:《文選》五臣注吕向曰:"擊轅,野人歌也。"

[76] 揄揚:闡發。

[77] 揚子雲:揚雄字子雲,西漢辭賦家。漢成帝時爲郎官。郎官執戟宿衛皇宫殿廊門户,出充車騎扈從。

[78] 壯夫不爲:揚雄撰有《法言》一書,其《吾子篇》云:"或問:'吾子少而好賦?'曰:'然。童子雕蟲篆刻。'俄而曰:'壯夫不爲也。'"

[79] 辨:校點本作"辯",百衲本、殿本、盧弼《集解》本作"辨"。今從百衲本等。

[80] 怍:慚愧。《論語·憲問》子曰:"其言之不怍,則爲之也難。"何晏《集解》:"馬融曰:怍,慚也。"

[81] 惠子:惠施。戰國宋人,名學家。與莊子爲知己友,常互相辯論。死後,莊子謂無人與言。《莊子·徐無鬼》:莊子送葬,過惠子之墓,顧謂從者曰:"自夫子之死也,吾無以爲質矣,吾無與言之矣。"曹植自比於莊子,而以惠施比楊脩。

[82] 不佞數日:《文選》亦載此文,題爲楊德祖《答臨淄侯箋》,在"不佞數日"上有"脩死罪死罪"五字。以下文字,一般不作校補。

[83] 彌:《文選》李善注:"毛萇《詩傳》曰:彌,終也。"

[84] 蔚(wèi):形容文采華美。

[85] 諷:殿本作"風",校點本1982年第2版亦作"風";百衲本、盧弼《集解》本、校點本1959年第1版作"諷",《文選》亦作"諷"。李善注:"《説文》曰:諷,誦也。"此諷誦與上句"誦讀"連義,作"諷"爲是。今從百衲本等。

[86] 漢表:各本皆作"江表",《文選》作"漢表"。李善注:"仲宣投劉表,寓流楚壤,故云'漢表'。"按,荆州雖也有江南之地,而劉表治所在襄陽,在漢水之南,言"漢表"爲是。"漢表"

即"漢南",本書卷六《劉表傳評》即謂劉表"跨蹈漢南"。上文曹植即云"昔仲宣獨步於漢南"。故從《文選》改爲"漢表"。

[87] 豫:州名。漢末刺史治所譙縣,在今安徽亳州市。《文選》李善注云:"公幹淪飄許京,故云豫。"

[88] 目:百衲本作"自",殿本、盧弼《集解》本、校點本作"目"。今從殿本等。盧弼《集解》謂《文選》作"自"。趙幼文《校箋》謂"目"字義長,謂目用於省覽,實有應接不暇之勢也。周章:《文選》屈平《九歌·雲中君》"聊翱游兮周章"王逸注:"周章猶周流也。"

[89] 惶駭:《文選》作"遑"。與上句語義更合。

[90] 旦:周公名旦。　發:周武王名發。

[91] 聖善之教:《文選》李善注:"《毛詩》曰:凱風自南,吹彼棘心。母氏聖善,我無令人。"

[92] 不謂:百衲本作"不能",殿本、盧弼《集解》本、校點本作"不謂"。今從殿本等。

[93] 誰:百衲本作"言",殿本、盧弼《集解》本、校點本作"誰",《文選》作"孰"。今從殿本等。

[94] 仲尼日月:謂孔子像日月一樣高。《論語·子張》:"子貢曰:'他人之賢者,丘陵也,猶可逾也;仲尼,日月也。無得而逾焉。'"

[95] 無得:殿本、盧弼《集解》本作"無所",百衲本、校點本、《文選》均作"無得"。今從百衲本等。

[96] 對鶡而辭:《文選》李善注:"植爲《鶡鳥賦》,亦命脩爲之,而脩辭讓。植又作《大暑賦》,而脩亦作之,竟日不敢獻。"

[97] 呂氏:即《呂氏春秋》。秦呂不韋集學士所撰。　淮南:即《淮南子》。西漢淮南王劉安集學士撰成。

[98] 字直千金:《文選》李善注:"桓子《新論》曰:秦呂不韋,請迎高妙,作《呂氏春秋》;漢之淮南王,聘天下辯通以著篇章。書成,皆布之都市,懸置千金,以延示衆士,而莫能有

變易者。"

［99］不更孔公：謂未經孔子刪定。

［100］風雅：指《詩經》之《風》《雅》。

［101］脩家子雲：按，楊脩之姓作"楊"，而揚雄之姓作"揚"，後世學者對此議論紛紜，未有定説。

［102］一書：指《法言》一書。

［103］仲山：即仲山甫。周宣王時大臣。《文選》李善注，謂《詩經》中無仲山甫之作，只有吉父歌頌仲山甫功德之作，"未詳德祖何以言之"。 周旦：即周公旦。《文選》李善注："《毛詩序》曰：《七月》，周公遭變，陳王業之艱難。"按，後世學者不以《七月》爲周公之作，而以《鴟鴞》爲周公所撰。

［104］景鍾：《國語·晋語七》謂晋臣魏顆擊退秦軍，俘虜杜回，"其勳銘於景鍾"。韋昭注："景鍾，景公鍾。"後世因以景鍾爲褒功之典。

［105］矇瞍：樂師。古樂師以盲者爲之，善於記誦樂章。

［106］望：百衲本、殿本、校點本作"忘"，盧弼《集解》本作"望"。盧氏云："官本'望'作'忘'，《文選》《册府》作'望'。"今從《集解》本。《文選》李善注云："植書云其言不慚，恃惠子之知我也。脩言己豈敢望比惠施之德，以忝辱於莊周之相知乎！莊周喻植也。惠施、莊周相知者也，故引之。"

［107］東安：郡名。原爲縣，建安中一度爲郡，旋廢。治所仍東安縣，在今山東沂水縣西南。趙幼文《校箋》則謂《文選》曹子建《與楊德祖書》李善注引"東安"作"樂安"，是也。按，樂安郡於東漢質帝時改樂安國置，治所高苑縣，在今山東鄒平縣東北苑城鎮。

［108］自苦：百衲本、殿本作"自若"，盧弼《集解》本、校點本作"自苦"。按，裴氏所引《吕氏春秋》見《孝行覽·遇合》，《遇合》即作"自苦"，高誘注："苦，傷也。"今從《集解》本等。

［109］太子：趙幼文《校箋》謂蓋公侯之嫡嗣曰世子，王之

嫡嗣稱太子，此古制也。崔琰與曹丕書稱世子（見本書卷一二《崔琰傳》），時操爲魏公也。及魏國既建，遂稱太子（見卷一二《何夔傳》）。即據此注言，前稱世子，後稱太子，蓋以時日不同，情勢有殊，故其稱謂亦隨之而易也。《太平御覽》卷七〇五引"太"字作"世"字，是證此"太"字實誤。

[110] 篚（ㄈㄟˇ）：竹箱。

[111] 朝歌：趙幼文《校箋》謂《太平御覽》卷七〇五引"內"下有"詣"字。朝歌，縣名。治所在今河南淇縣。

[112] 而無人：趙幼文《校箋》謂此句語意不足。紹興本"白"下（即"而"上）有"推"字，《太平御覽》引同，應據補。按，百衲本亦無"推"字，《太平御覽》有。

[113] 闕：殿本作"闕"，百衲本、盧弼《集解》本、校點本作"闕"。今從百衲本等。

[114] 密敕門：趙幼文《校箋》謂"門"下疑脫"者"字。

[115] 以觀其所爲：百衲本在此句下有"而還脩先戒植若門不得出侯侯觀其所爲"十七字，顯係錯行所致，殿本、盧弼《集解》本、校點本皆無。今從殿本等。

[116] 典軍將軍：官名。西晉置，掌宿衛禁軍，間亦奉宣詔命。

[117] 冀州：西晉時，刺史治所房子縣，在今河北高邑縣西南。

[118] 成都王：成都王司馬穎，先爲鎮北大將軍，繼爲征北大將軍，皆鎮鄴。

[119] 其爲：百衲本作"爲其"，殿本、盧弼《集解》本、校點本作"其爲"。今從殿本等。

[120] 軍謀祭酒：官名。此爲鎮北（或征北）大將軍府之僚屬，掌參謀軍事。

[121] 關東：地區名。指函谷關以東之地。　三事：三公之別稱。

[122] 嶠：趙幼文《校箋》謂《世說新語·賞譽篇》"嶠"作

"喬",《品藻篇》同。

[123] 高韻:指人之高雅氣質。

[124] 神檢:指人清秀超逸的儀表。

[125] 二千石:本為官吏之俸秩,而漢代太守之秩為二千石,故多以二千石指太守。

[126] 太傅掾:官名。西晉太傅府之僚屬。西晉太傅位上公,在三公上,第一品。常與太宰、太保並掌朝政,開府置僚屬,為宰相之任。

　　文帝即王位,誅丁儀、丁廙并其男口。〔一〕[1]植與諸侯並就國。黃初二年,監國謁者灌均希指,[2]奏"植醉酒悖慢,劫脅使者"。有司請治罪,帝以太后故,貶爵安鄉侯。〔二〕[3]其年改封鄄城侯。[4]三年,立為鄄城王,邑二千五百户。

　　〔一〕《魏略》曰:丁儀字正禮,沛郡人也。[5]父沖,宿與太祖親善,時隨乘輿。見國家未定,乃與太祖書曰:"足下平生常謂然有匡佐之志,今其時矣。"是時張楊適還河内,[6]太祖得其書,乃引軍迎天子東詣許,[7]以沖為司隸校尉。[8]後數來過諸將飲,[9]酒美不能止,醉爛腸死。太祖以沖前見開導,常德之。聞儀為令士,雖未見,欲以愛女妻之,以問五官將。[10]五官將曰:"女人觀貌,而正禮目不便,誠恐愛女未必悦也。[11]以為不如與伏波子楙。"[12]太祖從之。尋辟儀為掾,[13]到與論議,嘉其才朗,曰:"丁掾,好士也,即使其兩目盲,尚當與女,何況但眇?[14]是吾兒誤我。"時儀亦恨不得尚公主,而與臨菑侯親善,數稱其奇才。太祖既有意欲立植,而儀又共贊之。及太子立,欲治儀罪,轉儀為右刺姦掾,[15]欲儀自裁而儀不能。乃對中領軍夏侯尚叩頭求哀,[16]尚為涕泣而不能救。後遂因職事收付獄,殺之。

廙字敬禮，儀之弟也。《文士傳》曰：廙少有才姿，博學洽聞。初辟公府，建安中爲黄門侍郎。[17]廙嘗從容謂太祖曰："臨菑侯天性仁孝，發於自然，而聰明智達，其殆庶幾。[18]至於博學淵識，文章絶倫。當今天下之賢才君子，不問少長，皆願從其游而爲之死，實天之所以鍾福於大魏，[19]而永授無窮之祚也。"[20]欲以勸動太祖。太祖答曰："植，吾愛之，安能若卿言！吾欲立之爲嗣，何如？"廙曰："此國家之所以興衰，天下之所以存亡，非愚劣瑣賤者所敢與及。廙聞知臣莫若於君，知子莫若於父。至於君不論明闇，父不問賢愚，而能常知其臣子者何？蓋由相知非一事一物，相盡非一旦一夕。況明公加之以聖哲，[21]習之以人子。今發明達之命，吐永安之言，可謂上應天命，下合人心，得之於須臾，垂之於萬世者也。廙不避斧鉞之誅，敢不盡言！"太祖深納之。

〔二〕《魏書》載詔曰："植，朕之同母弟。朕於天下無所不容，而況植乎？骨肉之親，舍而不誅，[22]其改封植。"

[1] 誅丁儀丁廙并其男口：胡三省云："并其男口誅之，絶其世也。"（《通鑑》卷六九魏文帝黄初元年注）又按，《晉書》卷八三《陳壽傳》謂西晉時，陳壽向丁儀、丁廙之子索米爲其父作佳傳之説，顯係捏造。

[2] 監國謁者：官名。曹魏對諸王、侯國防制甚嚴，特遣謁者或使者監伺諸國，稱監國謁者或監國使者。

[3] 鄉侯：爵名。漢制，列侯大者食縣邑，小者食鄉、亭。東漢後期，遂以食鄉、亭者稱爲鄉侯、亭侯。曹魏因之。

[4] 鄄城：縣名。治所在今山東鄄城縣北。

[5] 沛郡：治所沛縣，在今江蘇沛縣。

[6] 河内：郡名。治所懷縣，在今河南武陟縣西南。

[7] 許：縣名。治所在今河南許昌市東。

［8］司隸校尉：官名。秩比二千石。掌糾察京師百官違法者，並治所轄各郡，相當於州刺史。

［9］來過：趙幼文《校箋》謂《北堂書鈔》卷六一、《太平御覽》卷三七六引作"歲遇"。

［10］五官將：指曹丕。曹丕當時爲五官中郎將。

［11］誠：校點本1982年7月第2版誤作"誡"。

［12］伏波：指夏侯惇，當時夏侯惇爲伏波將軍。

［13］掾：屬官之統稱。漢代三公府及其他重要官府皆置掾，分曹治事，掾爲曹長。

［14］眇（miǎo）：單眼瞎。趙幼文《校箋》謂《太平御覽》卷七四〇、《册府元龜》卷九〇六引"眇"下有"乎"字。郝經《續後漢書》作"何況但眇耶"。"眇"下似應增"乎"字，語氣乃足。

［15］刺姦掾：官名。漢獻帝建安中，曹操置爲屬官，又分爲左、右，掌司法事務。

［16］中領軍：官名。第三品，掌禁軍，主五校、中壘、武衛三營。

［17］黄門侍郎：官名。即給事黄門侍郎。東漢時秩六百石。掌侍從左右，關通中外。初無員數，漢獻帝定爲六員，與侍中俱出入禁中，近侍帷幄，省尚書奏事。

［18］庶幾：指賢才。《易·繫辭下》："顏氏之子，其殆庶幾乎。"顏氏之子指顏回，後世因以"庶幾"借指賢才。

［19］實天之所以鍾福於大魏：百衲本作"實天下所以鍾福於大魏"，殿本作"實天之所以鍾福於大魏"，盧弼《集解》本作"實天下所以種福於大魏"，校點本作"實天所以鍾福於大魏"。以殿本之文義較順，故從殿本。

［20］授：盧弼《集解》本作"受"，百衲本、殿本、校點本均作"授"。今從百衲本等。

［21］明公：百衲本作"名公"，殿本、盧弼《集解》本、校

點本作"明公"。今從殿本等。　聖哲：盧弼《集解》本作"明哲"，百衲本、殿本、校點本作"聖哲"。今從百衲本等。

［22］舍而不誅：盧弼《集解》云："《文選》李善注引此作'舛而不殊'。"趙幼文《校箋》謂《漢書·昌邑王傳》云"析而不殊"。曹丕詔蓋本此。"舍""誅"二字或爲"析殊"之形訛。顔師古曰："此'舛'與爽、粲、散、析互異而義相同。"

四年，徙封雍丘王。[1]其年，朝京都。上疏曰：[2]

臣自抱釁歸藩，[3]刻肌刻骨，追思罪戾，晝分而食，夜分而寢。誠以天罔不可重離，[4]聖恩難可再恃。竊感《相鼠》之篇，[5]"無禮遄死"之義，形影相弔，五情愧赧。以罪棄生，則違古賢"夕改"之勸，[6]忍（活）〔垢〕苟全，[7]則犯詩人"胡顔"之譏。[8]伏惟陛下德象天地，恩隆父母，施暢春風，澤如時雨。是以不別荆棘者，慶雲之惠也；[9]七子均養者，尸鳩之仁也；[10]舍罪責功者，明君之舉也；矜愚愛能者，慈父之恩也：是以愚臣徘徊於恩澤而不能自棄者也。

前奉詔書，臣等絕朝，心離志絕，自分黄耇無復執珪之望。[11]不圖聖詔猥垂齒召，[12]至止之日，馳心輦轂。僻處西館，未奉闕廷，踊躍之懷，瞻望反仄。謹拜表獻詩二篇。其辭曰："於穆顯考，[13]時惟武皇，[14]受命于天，寧濟四方。朱旗所拂，[15]九土披攘，玄化滂流，[16]荒服來王。[17]超商越周，與唐比蹤。篤生我皇，[18]奕世載聰，[19]武則肅烈，文則時雍，[20]受禪炎漢，臨君萬邦。[21]萬邦既化，率由舊則；[22]廣命懿親，以藩王國。帝曰爾侯，君茲青土，[23]奄有海濱，方周于魯，車服有輝，旗章有敍，濟濟儁乂，[24]我弼我輔。伊予小子，[25]恃寵驕盈，舉挂時網，動亂國經。作藩作屏，先軌是（墮）〔隳〕，[26]傲我皇使；犯我朝儀。國有典刑，我削我絀，[27]將寘于理，[28]元兇是率。[29]明明天子，時篤同類，不忍我刑，暴之朝肆，違彼執憲，哀予小子。[30]改封兗邑，[31]于河之濱，股肱弗置，有君無臣，荒淫之闕，誰弼予身？煢煢僕夫，[32]于彼冀方，[33]嗟予小子，乃罹斯殃。赫赫天子，恩不遺物，冠我玄冕，[34]要我朱紱。[35]朱紱光大，使我榮華，[36]剖符授玉，[37]王爵是加。[38]仰齒金璽，[39]俯執聖策，[40]皇恩過隆，祇承怵惕。咨我小子，[41]頑凶是嬰，[42]逝慚陵墓，存愧闕廷。匪敢僭德，實恩是恃，威靈改加，足以沒齒。[43]昊天罔極，性命不圖，常懼顛沛，抱罪黃壚。[44]願蒙矢石，建旗東嶽，[45]庶立豪氂，[46]微功自贖。危軀授命，知足免戾，甘赴江、湘，[47]奮戈吳、越。[48]天啟其衷，得會京畿，遲奉聖顏，[49]如渴如饑。心之云慕，愴矣其悲，天高聽卑，皇肯照微！”又曰：[50]“肅承明詔，[51]應會皇都，星陳夙駕，秣馬脂車。命彼掌徒，[52]肅我征旅，[53]朝發鸞臺，[54]夕宿蘭渚。芒芒原隰，[55]祁祁士女，[56]經彼公田，樂我稷黍。爰有樛木，[57]重陰匪息；雖有餱糧，[58]飢不遑食。望城不過，面邑匪游，[59]僕夫警策，[60]平路是由。玄駟藹藹，[61]揚鑣灑沬；[62]流風翼衡，[63]輕雲承蓋。[64]涉澗之濱，緣山之隈，[65]遵彼河滸，黃阪是階。[66]西濟關谷，[67]或降或升；騑驂倦路，[68]再寢再興。將朝聖皇，匪敢晏寧；弭節長騖，[69]指日遄征。[70]前驅舉燧，[71]後乘抗旌；輪不輟運，鸞無廢聲。[72]爰暨帝室，稅此西墉；[73]嘉詔未賜，朝覲莫從。仰瞻城闕，[74]俯惟闕廷；長懷永慕，憂心如酲。"[75]

帝嘉其辭義，優詔答勉之。〔一〕

〔一〕《魏略》曰：初植未到關，自念有過，宜當謝帝。乃留其從官著關東，單將兩三人微行，入見清河長公主，[76]欲因主謝。而關吏以聞，帝使人逆之，不得見。[77]太后以為自殺也，對帝泣。[78]會植科頭負鈇鑕，[79]徒跣詣闕下，[80]帝及太后乃喜。及見之，帝猶嚴顏色，不與語，又不使冠履。植伏地泣涕，太后為不樂。詔乃聽復王服。

《魏氏春秋》曰：是時待遇諸國法峻。任城王暴薨，諸王既懷友于之痛。[81]植及白馬王彪還國，[82]欲同路東歸，以敍隔闊之思，而監國使者不聽。植發憤告離而作詩曰：[83]"謁帝承明廬，[84]逝將歸舊疆。[85]清晨發皇邑，日夕過首陽。[86]伊、洛曠且深，[87]欲濟川無梁。汎舟越洪濤，[88]怨彼東路長。回顧戀城闕，引領情內傷。大谷何寥廓，山樹鬱蒼蒼。霖雨泥我塗，流潦浩從橫。中逵絕無軌，[89]改轍登高岡。修阪造雲日，[90]我馬玄以黃。[91]玄黃猶能進，我思鬱以紆。鬱紆將何念？親愛在離居。[92]本圖相與偕，中更不克俱。鴟梟鳴衡軛，[93]豺狼當路衢；蒼蠅間白黑，[94]讒巧反親疎。[95]欲還絕無蹊，攬轡止踟躕。[96]踟躕亦何留，相思無終極。秋風發微涼，寒蟬鳴我側。原野何蕭條，白日忽西匿。孤獸走索羣，銜草不遑食。[97]歸鳥赴高林，翩翩厲羽翼。感物傷我懷，撫心長歎息。歎息亦何爲，[98]天命與我違。[99]奈何念同生，[100]一往形不歸！[101]孤魂翔故域，靈柩寄京師。存者忽復過，[102]亡沒身自衰。[103]人生處一世，忽若朝露晞。[104]年在桑榆間，[105]影響不能追。[106]自顧非金石，咄唶令心悲。[107]心悲動我神，棄置莫復陳。丈夫志四海，萬里猶比鄰。恩愛苟不虧，在遠分日親。[108]何必同衾幬，[109]然後展殷勤。倉卒骨肉情，[110]能不懷苦辛？[111]苦辛何慮思，天命信可疑。虛無求列仙，松子久吾欺。[112]變故在斯須，百年誰能持？離別永無會，執手將何時？王其愛玉體，[113]俱享黃髮期。[114]收淚即長塗，援筆從此辭。"

[1] 雍丘：縣名。治所在今河南杞縣。

[2] 疏：《文選》載此疏題爲《上責躬應詔詩表》，《曹植集校注》題爲《責躬》。

[3] 此句上《文選》與《曹植集校注》均有"臣植言"三字，以下一般不作文字校對。

[4] 罔：同"網"，《文選》《曹植集校注》即作"網"。離：遭遇。《玉篇·隹部》："離，遇也。"《字彙·隹部》："離，遭也。與罹同。"

[5] 相鼠：《詩·鄘風·相鼠》："相鼠有體，人而無禮。人而無禮，胡不遄死？"《文選》李善注："《爾雅》曰：遄，速也。"

[6] 夕改：《文選》李善注："曾子曰：君子朝有過，夕改則與之；夕有過，朝改則與之。"

[7] 垢：各本皆作"活"，《文選》《曹植集校注》作"垢"。錢大昭《辨疑》云："'活'當從《文選》作'垢'。"按，"垢"同"詬"。《左傳·宣公十五年》："國君含垢，天之道也。"杜預注："忍垢耻。"陸德明《釋文》："垢，本或作詬。"《玉篇·言

部》："詬，耻辱也。"今從錢説據《文選》改。

[8] 胡顔：《文選》李善注云："即上'胡不遄死'之義也。"

[9] 慶雲之惠：《文選》六臣注劉良曰："慶雲，瑞雲也。言慶蔭物不分荆棘蘭桂而覆之。"

[10] 尸鳩：又作"鳲鳩"，鳥名。即布穀鳥。《詩·曹風·鳲鳩》："鳲鳩在桑，其子七兮。"毛傳："鳲鳩之養其子，朝從上下，莫從下上，平均如一。"

[11] 黄耇：指老年人。《漢書》卷八六《師丹傳》："丹經爲世儒宗，德爲國黄耇。"顔師古注："黄耇，老人之稱也。黄謂白髮落更生黄者也。耇，老人面色不净如垢也。" 珪：《文選》李善注："珪者，古之諸侯所執。"

[12] 齒召：趙幼文注：《禮記·王制》鄭注："齒，猶録也。"

[13] 於（wū）穆：贊歎詞。《詩·周頌·清廟》："於穆清廟。"毛傳："於，歎辭也。穆，美。"

[14] 時：是。 惟：語助辭。 武皇：曹操。

[15] 朱旗：《文選》李善注："漢火德，操爲漢臣，故建朱旗也。時獻帝在故。"

[16] 玄化：《文選》李善注："《廣雅》曰：'玄，道也。'謂道德之化也。"

[17] 荒服：邊遠之地。古代王畿之外，每五百里爲一區劃，按距離遠近分爲侯服、甸服、綏服、要服、荒服。

[18] 我皇：指魏文帝曹丕。

[19] 載：百衲本、殿本、盧弼《集解》本作"再"，校點本、《文選》《曹植集校注》作"載"。按，二字可通，今從校點本等。

[20] 時雍：和善之意。《尚書·堯典》："百姓昭明，協和萬邦，黎民于變時雍。"傳："時，是；雍，和。"

[21] 受禪炎漢臨君萬邦：盧弼《集解》云："《文選》'炎'作'于'，'臨君'作'君臨'。宋本《子建集》同。朱琦曰：作'臨君'與今《書·顧命》合，是也。"趙幼文《校箋》謂李善注

引《尚書》作"君臨周邦",是李善所見本不作"臨君"。《穀梁傳·哀公七年》"春秋有臨天下之言焉"注:"臨,撫有也。"

　　[22]舊則:趙幼文《校箋》謂《曹子建集》"則"字作"章"。

　　[23]青土:曹植由平原侯徙封臨淄侯,臨淄屬齊郡,在青州,故云青土。

　　[24]濟濟:形容衆多。　雋乂:德才兼備之士。

　　[25]伊:語氣詞。　小子:曹植自稱。

　　[26]隮:殿本作"墜",百衲本、盧弼《集解》本、校點本作"墮",《文選》《曹植集校注》作"隮"。錢大昭《辨疑》云:"當從《文選》作'隮',方與'儀'韻相協。"今從錢說改。

　　[27]絀:《文選》《曹植集校注》作"黜"。按,二字可通,爲貶退之意。此指由縣侯貶降爲鄉侯。

　　[28]理:《文選》李善注:"鄭玄《禮記注》曰:理,治獄之官。"

　　[29]率:類似。《史記》卷六三《老子韓非列傳》謂莊子"著書十餘萬言,大抵率寓言也"。《正義》:"率猶類也。"

　　[30]哀予小子:盧弼《集解》云:"梁章鉅曰:《文選》'子'作'臣',恐誤,與下文臣復韻。"趙幼文《校箋》則謂胡紹英曰:"按善本作'臣',故引《儀禮》曰:'小臣正辭。'此與下'於河之濱'韻,下'臣','身'自爲韻,作'子'則失其韻矣。"

　　[31]改封兗邑:指曹植由安鄉侯改封爲鄄城侯。鄄城屬東郡在兗州。

　　[32]煢(qióng)煢:孤獨之貌。

　　[33]冀方:冀州。黃節《曹子建詩注》謂曹植封鄄城侯後,被東郡太守王機誣告。魏文帝遂將曹植禁閉於鄴。鄴屬冀州。

　　[34]玄冕:古代王侯等之黑色禮冠。

　　[35]要:即"腰"。　朱紱(fú):繫印之紅絲綬。

[36] 朱紱光大使我榮華：盧弼《集解》云："《文選》作'光光大使我榮我華'。"趙幼文《校箋》云："'朱紱光大'語疑有誤。《文選》作'光光大使'，句亦不可解。竊疑此當作'光光大魏，使我榮華'。《太平御覽》卷二六二引《桓階別傳》有'光光大魏'之語可證。此'朱紱'蓋蒙上文而衍。'大'下補'魏'字，'榮'下增'我'字（按此句當無），則句意可曉矣。

[37] 剖符：帝王分封諸侯、功臣時授與之符信，剖分爲二，各存其半，故稱剖符。　授玉：盧弼《集解》云："《文選》李善注本'玉'作'土'，五臣注本作'玉'。"按，作"玉"爲是。李善注又引《喻巴蜀檄》曰："剖符而封，析珪而爵。"析珪即授玉，即分封時授與之玉圭，因爵位不同而形制大小不同。《說文·土部》："圭，瑞玉也，上圜下方。公執桓圭，九寸；侯執信圭，伯執躬圭，皆七寸；子執穀璧，男執蒲璧，皆五寸。以封諸侯。"

[38] 王爵是加：此指曹植由鄄城侯加封爲鄄城王。

[39] 齒：承受之意。《漢書》卷五一《枚乘傳》："腐肉之齒利劍，鋒接必無事矣。"顏師古注："齒謂當之也。"　金璽：《漢書·百官公卿表》："諸侯王，高帝初置，金璽盭綬，掌治其國。"魏承漢制，諸侯王亦授金璽。

[40] 聖策：指封授之策書。

[41] 咨：語氣詞。

[42] 嬰：《文選》李善注："《說文》：嬰，繞也。"

[43] 沒齒：《文選》李善注："《論語》子曰：'管仲奪伯氏駢邑三百，沒齒無怨言。'孔安國曰：'齒，年也。'"

[44] 黃壚：指地下。《淮南子·覽冥訓》："上際九天，下契黃壚。"高誘注："黃泉下壚土也。"壚土，黑土。

[45] 東嶽：本指泰山，此指東吳之境。《文選》李善注："東岳，鎮吳之境。"

[46] 氂：通"釐"。《文選》李善注："《漢書音義》曰：十毫爲氂。"

[47] 江湘：今之長江與湘江，時在孫吴境内。

[48] 吴越：古吴、越之地，亦在孫吴境内。

[49] 遲（zhì）：希望。《後漢書》卷三《章帝紀》建初五年詔："朕思遲直士，側席異聞。"李賢注："遲，猶希望也。音持二反。"

[50] 又曰：《文選》載此詩題爲《應詔詩》，《曹植集校注》亦題爲《應詔》。

[51] 肅：《文選》李善注："《爾雅》曰：肅，敬也。"

[52] 掌徒：主管從行僕役之官。

[53] 肅：《文選》李善注："鄭玄《禮記注》曰：肅，戒也。"

[54] 鸞臺：《文選》李善注："鸞臺、蘭渚，以美言之。"謂僅係美稱而非實地。

[55] 原隰（xí）：《爾雅·釋地》："下濕曰隰，大野曰平，廣平曰原。"

[56] 祁祁：衆多的樣子。

[57] 樛（jiū）木：《詩·周南·樛木》"南有樛木"毛傳："木下曲曰樛。"

[58] 餱（hóu）：百衲本、殿本作"糇"，盧弼《集解》本、校點本作"餱"。按，二字同。今從《集解》本等。餱糧，乾糧。

[59] 面：《文選》李善注："鄭玄《周禮注》曰：面猶向也。"

[60] 警：《文選》李善注："鄭玄《周禮注》曰：警，敕戒之。" 策：馬鞭。

[61] 玄駟：玄，黑色。駟，四馬駕一車稱駟，爲諸侯所乘之車。 藹藹：《文選》李善注："《廣雅》：藹藹，盛也。"

[62] 鑣：馬嚼子。馬口中所銜鐵具，口中部分稱銜，露在嘴外之部分稱鑣。 瀏：同"漂"，流。 沫：指馬口沫。

[63] 翼：扶。 衡：車轅前端的横木。

[64] 承：接續。 蓋：車蓋。

[65] 隈（wēi）：山水彎曲處。

[66]黄阪：盧弼《集解》引趙一清、梁章鉅、胡玉縉之説及盧弼之辨析，皆謂黄阪爲地名，但均有不可通之處。趙幼文《校箋》則云："竊疑黄阪非專名，蓋泛指黄土原也。" 階：《文選》李善注："《爾雅》曰：階，因也。"

[67]闠谷：《文選》李善注："陸機《洛陽記》曰：洛陽有西闠，南伊闕。谷，即太谷也。"

[68]騑（fēi）驂（cān）：四馬駕的車，中間夾轅的兩馬稱爲服，兩旁之馬稱爲騑或驂。

[69]弭節：駕馭車。《文選》張平子《東京賦》："大丙弭節，風后陪乘。"薛綜注："高誘曰：二人，太乙之御也。" 騖：奔馳。

[70]遄（chuán）征：疾速行進。

[71]燧：《文選》李善注："《西京賦》曰'升觿舉燧'，薛綜曰："燧，火也。"趙幼文注云："案燧疑爲旞字之形誤。《周禮·司常》：'道車載旞。'道車，王朝出入所乘。古代旗竿首飾有牦牛尾曰旄，再以五采全羽繫於其上曰旞。若釋爲火，恐違曹植詩原意。"

[72]鸞：通"鑾"，《文選》即作"鑾"，繫於車上之鈴。廢：停止。

[73]税：《文選》李善注："《毛詩》曰：'召伯所税。'毛萇曰：'税猶舍也。'"亦即休、止之意。 西墉：《文選》李善注："墉，城也。"趙幼文注云："疑指洛陽金墉城。《太平御覽》卷一七六引《洛陽記》：'洛陽城內西北角有金墉城，東北角有樓高百尺，魏文帝造也。'《文選·西京賦》薛注：'西方稱之曰金。'則金墉或可稱曰西墉。"

[74]閾（yù）：門檻。

[75]酲（chéng）：《詩·小雅·節南山》："憂心如酲。"毛傳："酒病曰酲。"

[76]清河長公主：曹操女，夏侯楙妻。蔡邕《獨斷》云："帝之姊妹曰長公主。"

〔77〕不得見：趙幼文《校箋》謂《太平御覽》卷一五二引無"見"字。

〔78〕對帝泣：趙幼文《校箋》謂《太平御覽》引"泣"下有"下"字。

〔79〕科頭：結髮不戴冠稱科頭。　鈇鑕：斬刑之具。鈇，即斧；鑕，即鐵椹。行刑時被刑人腰置鑕上，以斧斬之。

〔80〕徒跣：赤足步行。

〔81〕友于：兄弟。《論語·爲政》子曰："《書》云：'孝乎惟孝，友于兄弟，施于有政。'"後世因以"友于"稱兄弟。

〔82〕白馬：縣王國名。治所在今河南滑縣東南城關鎮東。

〔83〕作詩：此詩《文選》《曹植集校注》均題作《贈白馬王彪》。

〔84〕承明廬：本書卷二《文帝紀》黃初元年裴松之注云："諸書記是時帝居北宮，以建始殿朝群臣，門曰承明，陳思王植詩曰'謁帝承明廬'是也。"

〔85〕舊疆：《文選》李善注："舊疆，鄄城也。時植雖封雍丘，仍居鄄城。"

〔86〕首陽：山名。《文選》李善注："陸機《洛陽記》曰：首陽山，在洛陽東北，去洛二十里。"

〔87〕伊洛：伊水與洛水，即今河南伊河與洛河，均流經洛陽。　曠：《文選》及《曹植集校注》作"廣"。

〔88〕洪濤：趙幼文注云："《水經·伊水注》：'闕左壁有石銘云：黃初四年六月二十四日辛巳，大出水，舉高四丈五尺。'即此詩所云洪濤。"

〔89〕中逵：百衲本、殿本、盧弼《集解》本作"中田"，校點本、《文選》《曹植集校注》作"中逵"。今從校點本等。中逵，中途，謂行進途中。

〔90〕修阪：高坡。　造：至。　雲日：形容高峻。

〔91〕玄以黃：即玄黃。以，語中助詞。《文選》李善注：

"《毛詩》曰：'陟彼高岡，我馬玄黃。'毛萇曰：'玄馬病則黃。'"趙幼文注引王引之《經義述聞》："玄黃雙聲字，謂病貌也。傳言玄馬病則黃，失之。"

[92] 親愛：指兄弟。

[93] 鴟（chī）梟（xiāo）：又作"鴟鴞"，即猫頭鷹。古人常以比喻惡人、小人。何焯《義門讀書記》卷四六《文選·詩》云："鴟梟、豺狼指監國使者。"

[94] 蒼蠅：《文選》李善注："《毛詩》曰：'營營青蠅，止于樊。'鄭玄曰：'蠅之爲蟲，污白使黑，污黑使白。喻佞人變亂善惡也。'《廣雅》曰：'間，毀也。'"

[95] 反親疎：趙幼文注云："反親疏謂變親爲疏也。"

[96] 止：語中助詞。

[97] "孤獸""衒草"兩句：《文選》《曹植集校注》在"翩翩厲羽翼"之後。

[98] 亦何爲：殿本作"何所爲"，百衲本、盧弼《集解》本、校點本作"亦何爲"，《文選》《曹植集校注》作"將何爲"。今從百衲本等。

[99] 天命：《文選》李善注："鄭玄《周易注》曰：命，所受天命也。"即謂人壽命乃天所授。 違：《文選》李善注："毛萇《詩傳》曰：違，離也。謂不耦也。"

[100] 同生：指任城王曹彰。曹彰與曹植皆卞后所生。

[101] 一往：指死亡。

[102] 勿：趙幼文注云："案《説文》，勿有匆匆之意。後作'忽'。《廣雅·釋詁一》：'忽，疾也。'"

[103] 亡没：盧弼《集解》引劉履曰：（上句）"存者""亡没"四字疑互誤。

[104] 晞：《文選》李善注："毛萇《詩傳》曰：晞，乾也。"

[105] 桑榆：《太平御覽》卷三引《淮南子》："日西垂，景在樹端，謂之桑榆。"注："言其光在桑榆樹上。"又《文選》李善注

云:"日在桑榆,以喻人之將老。"

[106] 影響:光影與聲響。二者皆頃刻即逝,不能追及。以比喻人生命之短暫。

[107] 咄咤:《文選》及《曹植集校注》作"咄嗟"。李善注引《説文》曰:"咄,叱也。"《聲類》曰:"嗟,大呼也。"李善云:"言人命叱呼之間,或至夭喪也。"即謂人之生命在呼吸之間就結束,形容時間易逝,人生短暫。

[108] 分(fèn):情分,情誼。

[109] 衾幬(chóu):被子與床帳。《文選》李善注:"《毛詩》曰:'抱衾與裯。'毛萇曰:'衾,被也。'鄭玄曰:'裯,床帳也。''幬'與'裯'古字同。"

[110] 骨肉:指兄弟。

[111] 苦辛:與下句"苦辛",校點本 1982 年 7 月第 2 版均誤作"苦幸"。

[112] 松子:即赤松子。傳説中之僊人。《史記》卷五五《留侯世家》:"願棄人間事,欲從赤松子游耳。"《索隱》引《列僊傳》:"(赤松子)神農時雨師也,能入火自燒,崑崙山上隨風雨上下也。"

[113] 王:指白馬王曹彪。

[114] 黃髮:指高壽。《爾雅·釋詁》:"黃髮,壽也。"郭璞注:"黃髮,髮落更生黃者。"

六年,帝東征,還過雍丘,幸植宮,增户五百。太和元年,徙封浚儀。[1] 二年,復還雍丘。植常自憤怨,抱利器而無所施,上疏求自試曰:[2]

臣聞士之生世,入則事父,出則事君;事父尚於榮親,事君貴於興國。故慈父不能愛無益之子,仁君不能畜無用之臣。[3] 夫論德而授官者,成功之君也；量能而受爵者，畢命之臣也。故君無虛授，臣無虛受；虛授謂之謬舉，虛受謂之尸祿，[4]《詩》之"素餐"所由作也。[5]昔二虢不辭兩國之任，[6]其德厚也；旦、奭不讓燕、魯之封，[7]其功大也。今臣蒙國重恩，三世于今矣。[8]正值陛下升平之際，沐浴聖澤，潛潤德教，可謂厚幸矣。而竊位東藩，[9]爵在上列，[10]身被輕煖，口厭百味，目極華靡，耳倦絲竹者，爵重祿厚之所致也。退念古之（授）〔受〕爵祿者，[11]有異於此，皆以功勤濟國，輔主惠民。今臣無德可述，無功可紀，若此終年無益國朝，將挂風人"彼其"之譏。[12]是以上慚玄冕，俯愧朱紱。

方今天下一統，九州晏如，[13]而顧西有違命之蜀，東有不臣之吳，使邊境未得脫甲，謀士未得高枕者，誠欲混同宇內以致太和也。故啓滅有扈而夏功昭，[14]成克商、奄而周德著。[15]今陛下以聖明統世，將欲卒文、武之功，[16]繼成、康之隆，[17]簡賢授能，以方叔、召虎之臣鎮御四境，[18]爲國爪牙者，可謂當矣。然而高鳥未挂於輕繳，[19]淵魚未縣於鈎餌者，恐釣射之術或未盡也。昔耿弇不俟光武，[20]亟擊張步，言不以賊遺於君父。故車右伏劍於鳴轂，雍門刎首於齊境，若此二士，豈惡生而尚死哉？誠忿其慢主而陵君也。〔一〕夫君之寵臣，欲以除患興利；臣之事君，必以殺身靜亂，[21]以功報主也。昔賈誼弱冠，求試屬國，請係單于之頸而制其命；[22]終軍以妙年使越，欲得長纓纓其王，[23]羈致北闕。此二臣，豈好爲夸主而燿世哉？志或鬱結，欲逞其才力，輸能於明君也。昔漢武爲霍去病治第，辭曰：「匈奴未滅，臣無以家爲！」[24]固夫憂國忘家，[25]捐軀濟難，忠臣之志也。今臣居外，非不厚也。而寢不安席，食不遑味者，伏以二方未克爲念。[26]

伏見先武皇帝武臣宿將，[27]年耆即世者有聞矣。[28]雖賢不乏世，宿將舊卒，[29]猶習戰陣，竊不自量，志在効命，庶立毛髮之功，以報所受之恩。若使陛下出不世之詔，効臣錐刀之用，使得西屬大將軍，[30]當一校之隊，[31]若東屬大司馬，[32]統偏舟之任，[33]必乘危蹈險，騁舟奮驪，[34]突刃觸鋒，爲士卒先。雖未能禽權馘亮，庶將虜其雄率，殲其醜類，必效須臾之捷，以滅終身之愧，使名挂史筆，事列朝策。[35]雖身分蜀境，首縣吳闕，猶生之年也。如微才弗試，没世無聞，徒榮其軀而豐其體，生無益於事，死無損於數，虛荷上位而忝重禄，禽息鳥視，終於白首，此徒圈牢之養物，非臣之所志也。流聞東軍失備，[36]師徒小衂，輟食棄餐，奮袂攘袵，撫劍東顧，而心已馳於吳、會矣。[37]

臣昔從先武皇帝南極赤岸，[38]東臨滄海，[39]西望玉門，[40]北出玄塞，[41]伏見所以行軍用兵之勢，可謂神妙矣。故兵者不可豫言，[42]臨難而制變者也。[43]志欲自效於明時，立功於聖世。每覽史籍，觀古忠臣義士，出一朝之命，以徇國家之難，身雖屠裂，而功銘著於鼎鍾，名稱垂於竹帛，[44]未嘗不拊心而歎息也。臣聞明主使臣，不廢有罪。故奔北敗軍之將用，秦、魯以成其功；〔二〕絶纓盜馬之臣赦，楚、趙以濟其難。〔三〕臣竊感先帝早崩，威王棄世，[45]臣獨何人，以堪長久！常恐先朝露，填溝壑，墳土未乾，而身名並滅。臣聞騏驥長鳴，則伯樂照其能；[46]盧狗悲號，[47]則韓國知其才。是以效之齊、楚之路，[48]以逞千里之任；試之狡兔之捷，以驗搏噬之用。今臣志狗馬之微功，竊自惟度，終無伯樂、韓國之舉，是以於邑而竊自痛者也。[49]

夫臨博而企竦，[50]聞樂而竊抃者，或有賞音而識道也。昔毛遂，[51]趙之陪隸，猶假錐囊之喻，以寤主立功，何況巍巍大魏多士之朝，而無慷慨死難之臣乎！夫自衒自媒者，士女之醜行也。干時求進者，道家之明忌也。[52]而臣敢陳聞於陛下者，誠與國分形同氣，憂患共之者也。冀以塵（霧）〔露〕之微補益山海，[53]熒燭末光增輝日月，是以敢冒其醜而獻其忠。〔四〕

〔一〕劉向《說苑》曰：[54]越甲至齊，雍門狄請死之。齊王曰：「鼓鐸之聲未聞，矢石未交，長兵未接，子何務死？知爲人臣之禮邪？」雍門狄對曰：「臣聞之，昔者王田於囿，左轂鳴，車右請死之，[55]王曰：『子何爲死？』車右曰：『爲其鳴吾君也。』王曰：'左轂鳴者，此工師之罪也。子何事之有焉？'車右對曰：'吾不見工師之乘，而見其鳴吾君也。'遂刎頸而死。有是乎？"王曰："有之。"雍門狄曰："今越甲至，其鳴吾君，豈左轂之下哉？車右可以死左轂，而臣獨不可以死越甲邪？"遂刎頸而死。是日，越人引軍而退七十里，曰："齊王有臣，鈞如雍門狄，[56]疑使越社稷不血食。"遂歸。齊王葬雍門狄以上卿之禮。

〔二〕臣松之案：秦用敗軍之將，[57]事顯，故不注。魯連與燕將書曰："曹子爲魯將，[58]三戰三北而亡地五百里，[59]向使曹子計不反顧，義不旋踵，刎頸而死，則亦不免爲敗軍之將矣。曹子棄三北之恥，而退與魯君計。桓公朝天子，[60]會諸侯，曹子以一劍之任，披桓公之心於壇坫之上，顏色不變，辭氣不悖。三戰之所亡，一朝而復之。天下震動，諸侯驚駭，威加吳、越。"若此二士者，非不能成小廉而行小節也。

〔三〕臣松之案：楚莊掩絕纓之罪，[61]事亦顯，故不書。[62]秦穆公有赦盜馬事，[63]趙則未聞。蓋以秦亦趙姓，故互文以避上"秦"字也。

〔四〕《魏略》曰：植雖上此表，猶疑不見用，故曰："夫人貴生者，非貴其養體好服，終竟年壽也，貴在其代天而理物也。夫爵祿者，非虛張者也，有功德然後應之，當矣。無功而爵厚，無德而祿重，或人以爲榮，而壯夫以爲恥。故太上立德，其次立功，蓋功德者所以垂名也。名者不滅，士之所利，故孔子有夕死之論，[64]孟軻有棄生之義。[65]彼一聖一賢，豈不願久生哉？志或有不展也。是用喟然求試，必立功也。嗚呼！言之未用，欲使後之君子知吾意者也。"

[1] 浚儀：縣名。治所在今河南開封市。

[2] 上疏求自試：《文選》與《曹植集校注》載此文，均題爲《求自試表》。本注一般不作文字校對。

［3］"故慈父"句：《文選》李善注："《墨子》曰：雖有賢君，不愛無功之臣；雖有慈父，不愛無益之子。"

［4］尸禄：祇受俸禄而不理事。

［5］素餐：《詩·魏風·伐檀》："彼君子兮，不素餐兮！"詩之素餐，謂不勞而食。後世則多指無功而食禄。

［6］二虢（guó）：指周文王之弟虢仲、虢叔所封之東虢、西虢二國。《左傳·僖公五年》："虢仲、虢叔，王季之穆也，爲文王卿士，勳在王室，藏于盟府。"孔穎達疏引賈逵云："虢仲封東虢，制是也；虢叔封西虢，虢公是也。"

［7］旦：周公旦。周武王之弟，佐武王滅殷後，武王封之於魯。（見《史記》卷三三《魯周公世家》） 奭（shì）：召公奭。《史記》卷三四《燕召公世家》："召公奭與周同姓，姓姬氏。周武王之滅紂，封召公於北燕。"

［8］三世：指武帝曹操、文帝曹丕、明帝曹叡。

［9］東藩：指爲雍丘王。

［10］上列：上位。亦指爲雍丘王。

［11］受：各本皆作"授"，《文選》《曹植集校注》作"受"。錢大昭《辨疑》云："'授'當從《文選》作'受'。"徐紹楨《質疑》亦云："以'功勤濟國'二句觀之，則受爵禄自指臣下言之，似不當作'授'。"今從錢、徐説改。

［12］風人：指《詩經》國風詩之作者，亦即詩人。《詩·曹風·候人》："彼其之子，不稱其服。"鄭箋："不稱者，言德薄而服尊。" 彼其：百衲本、殿本、盧弼《集解》本作"彼己"，校點本、《文選》作"彼其"。今從校點本。

［13］晏如：安寧。

［14］啓：夏禹之子。繼帝位後，有扈氏（在今陝西户縣一帶）不服。啓遂領兵討伐，大戰於有扈氏之南郊甘地，"遂滅有扈氏，天下咸朝"。（《史記》卷二《夏本紀》）

［15］成：周成王。周武王死後，成王幼年繼位，周公攝政。

管叔、蔡叔與商紂之子武庚叛亂，周公奉成王命，率兵東征，平定了叛亂。後成王又與周公、召公東伐淮夷及奄（在今山東曲阜境）。"成王自奄歸，在宗周，作《多方》。既絀殷命；襲淮夷，歸在豐，作《周官》。興正禮樂，度制於是改，而民和睦，頌聲興。"（《史記》卷四《周本紀》）

[16] 文武：周文王、周武王。西周之創建者。

[17] 成康：周成王、周康王。《史記》卷四《周本紀》云："康王即位，遍告諸侯，宣告以文、武之業以申之，作《康誥》，故成、康之際，天下安寧，刑錯四十餘年不用。"

[18] 方叔：周宣王時大臣，曾率軍北伐獫狁，南征荊蠻。《詩·小雅·采芑》："顯允方叔，征伐獫狁，蠻荊來威。" 召虎：亦周宣王時大臣，曾受命平定淮夷。《詩·大雅·江漢》："江漢之滸，王命召虎：'式辟四方，徹我疆土。'"

[19] 繳（zhuó）：生絲繩，繫於箭上，用以射鳥。

[20] 耿弇（yǎn）：東漢初光武帝劉秀之功臣。當光武帝即位後，張步尚盤據於齊地。光武帝遂命耿弇進討。《文選》李善注引《東觀漢記》曰："耿弇討張步，陳俊謂弇曰：'虜兵盛，可且閉營休士，以須上來。'弇曰：'乘輿且到，臣子當擊牛釃酒以待百官，反欲以賊虜遺君父邪！'及出大戰，自旦及昏，大破之。"

[21] 静：殿本、盧弼《集解》本、校點本作"靖"，百衲本、《文選》《曹植集校注》作"静"。按，二字雖可通，今仍從百衲本等。

[22] 賈誼：西漢初洛陽人。漢文帝時甚被賞識，二十餘歲即為太中大夫。將被任為公卿之時，遭舊臣讒毀，遂出為長沙王太傅。後又被召進京，任為梁懷王太傅。時匈奴侵邊，且制度疏闊，諸侯王又不守禮制，賈誼遂上疏陳政事。其中有云："臣竊料匈奴之衆不過漢一大縣，以天下之大，困於一縣之衆，甚為執事者羞之。陛下何不試以臣為屬國之官以主匈奴？行臣之計，請必係單于之頸而制其命。"（《漢書》卷四八《賈誼傳》） 屬國：指典屬國，

西漢沿秦置，掌諸屬國歸附少數民族事務，秩二千石。

[23] 終軍：西漢武帝時人，年十八即選爲博士弟子，武帝又任之爲謁者給事中。當時南越與漢和親，乃遣終軍出使南越，説其王入朝。終軍卻自請説："願受長纓，必羈南越王而致之闕下。"終軍遂往説越王，越王聽許，請舉國內屬。（《漢書》卷六四下《終軍傳》） 繈其王：校點本作"占其王"。《文選》李善注本亦作"占其王"，而五臣注本又作"繈占王"。百衲本、殿本、盧弼《集解》本皆作"繈其王"，故仍從百衲本等。

[24] 無以家爲：此語見《漢書》卷五五《霍去病傳》。

[25] 固：校點本據《文選》五臣注本刪，而百衲本、殿本、盧弼《集解》本、胡刻《文選》李善注本、《曹植集校注》均有"固"字。今從百衲本等。又錢儀吉《證聞》謂"固""故"古通。

[26] 伏以：趙幼文《校箋》謂《曹子建集》"伏"字作"恒"。

[27] 伏見先武皇帝武臣宿將：盧弼《集解》云："《子建集》作'伏見先帝武臣宿兵'，《文選》同。"趙幼文《校箋》謂此作"武臣宿將"疑是。

[28] 即世：謂死亡。

[29] 宿將：各本皆作"宿將"，《文選》《曹植集校注》亦作"宿將"。趙幼文注云："'將'字疑當作'兵'。句意謂曹操時之舊將死亡，已有所聞，而老兵舊卒，猶習戰陣，語意方順，作'宿將'則與上文'宿將'複矣。"

[30] 大將軍：指曹真。太和二年（228），大將軍曹真都督關右，並進兵與蜀漢諸葛亮戰於街亭。（見本書卷三《明帝紀》）

[31] 一校：即一部。《續漢書·百官志》云："大將軍營五部，部校尉一人，比二千石。"

[32] 大司馬：指曹休。太和二年，大司馬曹休東擊吳，與吳將陸議（遜）戰於石亭。（見本書卷三《明帝紀》）

[33] 偏舟之任：盧弼《集解》云："《文選》'舟'作

'師'。"潘眉《考證》云："'偏舟之任'當依《文選》作'偏師之任'。"

［34］驪：黑色馬。此泛指馬。

［35］朝策：盧弼《集解》云："《文選》'策'作'榮'。"趙幼文《校箋》謂"榮"爲"策"字之形訛。朝策猶言國史。

［36］東軍失備：指太和二年曹休與吳戰，敗於石亭。詳見本書卷九《曹休傳》。

［37］吳會：吳郡與會稽郡，皆孫吳之地。

［38］赤岸：周一良《劄記》謂汪中《廣陵曲江》引《太平寰宇記》赤岸在六合縣東三十里，高十二丈，周四里，土色皆赤，因名。朱珔《文選集釋》因采汪說，謂"舉赤岸者，地與建康隔江相對，言已臨吳境耳"。（《魏晉南北朝史劄記》）

［39］滄海：指渤海。曹操《步出夏門行》："東臨碣石，以觀滄海。"而此詩作於建安十二年（207）北征烏丸途中，與下云"北出玄塞"是一時之事，則不應重言。趙幼文注，謂指建安十一年曹操東征管承事，其時曹植已十五歲，或從軍行。

［40］玉門：關名。西漢所置玉門關，在今甘肅敦煌市西北小方盤城。建安十六年，曹操西征關中之馬超、韓遂，楊秋等。關中平，馬超、韓遂走涼州，楊秋奔安定（治所在今甘肅鎮原縣東南）。同年十月，曹操又自長安北征楊秋。

［41］玄塞：《文選》李善注："玄塞，長城也。北方色黑故曰玄。"按，亦即盧龍塞，因當地山形似龍，土色黑，故名盧龍。在今河北遷西縣北喜峰口附近一帶。建安十二年曹操北征烏丸，由此出塞。

［42］豫言：趙幼文《校箋》謂《北堂書鈔》卷一三引"言"字作"圖"。

［43］臨難：趙幼文《校箋》謂《北堂書鈔》引"難"字作"敵"。

［44］垂：百衲本作"著"，殿本、盧弼《集解》本、校點本

作"垂",《文選》亦作"垂"。今從殿本等。

［45］威王：即任城威王曹彰。

［46］則：百衲本無"則"字，殿本、盧弼《集解》本、校點本有。今從殿本等。　伯樂：春秋秦穆公時人，以善相馬著稱。《文選》李善注："《戰國策》：楚客謂春申君曰：'昔騏驥駕車吳坂，遷延負轅而不能進。遭伯樂，仰而長鳴，知伯樂知己也。'"　照：《文選》作"昭"。

［47］盧狗：《文選》李善注："《戰國策》曰：齊欲伐魏，淳于髡謂齊王曰：'韓子盧者，天下之壯犬也。東郭俊者，海內之狡兔也。韓子盧逐東郭俊，環山者三，騰山者五，兔極於前，犬廢於後，犬兔俱罷，各死其處。田父見之而擅其功。'高誘曰：'韓國之盧犬，古之名狗也。'然悲號之義未聞也。"《文選》五臣注劉良則注云："盧，黑也，謂黑狗也。齊人韓國相狗於市，遂有狗號鳴，而國知其善。"但不知劉良所本。

［48］齊楚：《文選》李善注："齊、楚，言遠也。"

［49］於（wū）邑：同"於悒"，謂憂悒鬱結，哽咽。

［50］博：百衲本作"捕"，校點本作"搏"，殿本、盧弼《集解》本、《文選》皆作"博"。今從殿本等。博，指博戲，又稱局戲，古代的一種游戲。《列子·說符》張湛注引《古博經》云："博法，二人相對坐，向局，局分爲十二道，兩頭當中名爲水，用棋十二。"

［51］毛遂：戰國時趙國平原君趙勝門下之食客。趙惠文王時，秦遣軍圍趙之邯鄲。趙王使平原君求救於楚，與楚聯合。平原君擬選門下食客二十人同往，而只選得十九人。毛遂因自薦。平原君曰："先生處勝之門下幾年於此矣？"毛遂曰："三年於此矣。"平原君曰："夫賢士之處世也，譬若錐之處囊中，其末立見。今先生處勝之門下三年於此矣，左右未有所稱頌，勝未有所聞，是先生無所有也。先生不能，先生留。"毛遂曰："臣乃今日請處囊中耳。使遂早得處囊中，乃穎脫而出，非特其末見而已。"平原君因令其同

往。至楚國後，平原君與楚王言聯合，從日出至日中而不能決。毛遂乃按劍上階，向楚王曉以利害，楚王因與平原君歃血而盟。（見《史記》卷七六《平原君列傳》）

　　[52] 道家之明忌：《文選》李善注："《莊子》曰：功成者墮，名成者虧。孰能去功與名，而還與衆人。"

　　[53] 塵露：各本皆作"塵霧"，《文選》李善注本作"塵露"，李善注云："謝承《後漢書》：楊喬曰：'猶塵附泰山，露集滄海，雖無補益，欵誠至情，猶不敢默也。'"《曹植集校注》亦作"塵霧"，趙幼文注云："作'露'字是。"今從《文選》及趙說改。

　　[54] 劉向：西漢後期人，漢楚元王劉交之後裔。漢成帝時曾爲光禄大夫。博學。《漢書》卷三六《楚元王附向傳》謂其"采傳記行事，著《新序》《說苑》凡五十篇"。《漢書·藝文志》謂劉向所著六十七篇，其中即有《說苑》。《隋書·經籍志》謂《說苑》二十卷，《宋史·藝文志》亦同。今傳本亦二十卷。

　　[55] 車右：古時乘車，左爲尊者；中爲駕車者；右爲勇力之士，爲車之警衞，稱爲車右。

　　[56] 鈞：通"均"。

　　[57] 秦用敗軍之將：指秦穆公三十二年（前628）用孟明視、西乞術、白乙丙襲擊鄭國，因中途被鄭商人弦高騙阻，秦軍遂回師滅晋之邊邑滑（今河南偃師縣西南）。晋襄公遂發兵襲擊秦軍於殽山，大敗秦軍，俘孟明視等三將。晋釋放三將後，秦穆公不但不加罪於三將，還恢復其職務。兩年後，秦穆公更加厚賞孟明視等，並使率兵伐晋，終於大敗晋軍，報殽慘敗之仇。（見《史記》卷五《秦本紀》）

　　[58] 曹子：指曹沫。此事又見《史記》卷八六《刺客列傳》。

　　[59] 戰：指魯與齊戰。

　　[60] 桓公：指齊桓公。

　　[61] 楚莊掩絕纓之罪：《文選》李善注："《說苑》曰：楚莊王賜群臣酒，日暮，華燭滅，有引美人衣者，美人援絶冠纓，告王

知之。王曰：'賜人酒醉，欲顯婦人之節，吾不取也。'乃命左右勿上火，'與寡人飲，不絕纓者，不歡也'。群臣纓皆絕，盡歡而去。後與晉戰，引美人衣者五合五獲，以報莊王。"

[62] 不書：吳金華《〈三國志〉待質錄》謂當從上文裴注，"書"作"注"。

[63] 秦穆公有赦盜馬事：《文選》李善注："《呂氏春秋》曰：昔者，秦繆公乘馬右服失之，野人取之。繆公自往求之，見野人方將食之於岐山之陽。繆公笑曰：'食駿馬之肉，不飲酒，余恐傷汝也。'遍飲而去。韓原之戰，晉人已環繆公之車矣，晉梁靡已扣公左驂矣。野人嘗食馬於岐山之陽者三百有餘人，畢力爲繆公疾鬥於車下，遂大克晉及獲惠公以歸。"

[64] 夕死之論：《論語・里仁》：子曰："朝聞道，夕死可也。"

[65] 棄生之義：《孟子・告子上》：孟子曰："生，亦我所欲也；義，亦我所欲也。二者不可得兼，捨生而取義者也。"

三年，徙封東阿。[1]五年，復上疏求存問親戚，[2]因致其意曰：[3]

臣聞天稱其高者，以無不覆；地稱其廣者，以無不載；日月稱其明者，以無不照；江海稱其大者，以無不容。故孔子曰："大哉堯之爲君！惟天爲大，惟堯則之。"[4]夫天德之於萬物，可謂弘廣矣。蓋堯之爲教，先親後疎，自近及遠。其《傳》曰：[5]"克明俊德，[6]以親九族；[7]九族既睦，平章百姓。"[8]及周之文王亦崇厥化，其《詩》曰：[9]"刑于寡妻，[10]至于兄弟，以御于家邦。"[11]是以雍雍穆穆，[12]風人詠之。昔周公弔管、蔡之不咸，[13]廣封懿親以藩屏王室，《傳》曰：[14]"周之宗盟，異姓爲後。"誠骨肉之恩爽而不離，[15]親親之義實在敦固，未有義而後其君，仁而遺其親者也。[16]

伏惟陛下資帝唐欽明之德，[17]體文王翼翼之仁，[18]惠洽椒房，[19]恩昭九族，[20]羣后百寮，[21]番休遞上，執政不廢於公朝，下情得展於私室，親理之路通，慶弔之情展，誠可謂恕己治人，推惠施恩者矣。至於臣者，人道絕緒，禁錮明時，臣竊自傷也。不敢乃望交氣類，[22]脩人事，敍人倫。近且婚媾不通，兄弟乖絕，吉凶之問塞，慶弔之禮廢，恩紀之違，甚於路人，隔閡之異，殊於胡越。[23]今臣以一切之制，永無朝覲之望，至於注心皇極，[24]結情紫闥，[25]神明知之矣。然天實爲之，[26]謂之何哉！退惟諸王常有戚戚具爾之心，[27]願陛下沛然垂詔，[28]使諸國慶問，四節得展，以敍骨肉之歡恩，全怡怡之篤義。[29]妃妾之家，膏沐之遺，歲得再通，齊義於貴宗，等惠於百司，如此，則古人之所歎，風雅之所詠，復存於聖世矣。

臣伏自惟省，[30]無錐刀之用。[31]及觀陛下之所拔授，若以臣爲異姓，竊自料度，不後於朝士矣。若得辭遠遊，[32]戴武弁，[33]解朱組，[34]佩青紱，[35]駙馬、奉車，[36]趣得一號，[37]安宅京室，執鞭珥筆，[38]出從華蓋，[39]入侍輦轂，承答聖問，拾遺左右，乃臣丹誠之至願，不離於夢想者也。遠慕《鹿鳴》君臣之宴，[40]中詠《常棣》匪他之誠，[41]下思《伐木》友生之義，[42]終懷《蓼莪》罔極之哀；[43]每四節之會，塊然獨處，左右惟僕隸，所對惟妻子，高談無所與陳，發義無所與展，未嘗不聞樂而拊心，臨觴而歎息也。臣伏以爲犬馬之誠不能動人，譬人之誠不能動天。崩城、隕霜，[44]臣初信之，以臣心況，徒虛語耳。若葵藿之傾葉，[45]太陽雖不爲之回光，然向之者誠也。[46]竊自比葵藿，[47]若降天地之施，垂三光之明者，實在陛下。

臣聞《文子》曰：[48]"不爲福始，不爲禍先。"今之否隔，[49]友于同憂，而臣獨倡言者，竊不願於聖世使有不蒙施之物。有不蒙施之物，必有慘毒之懷，故《柏舟》有"天只"之怨，[50]《谷風》有"棄予"之歎。[51]故伊尹恥其君不爲堯、舜，[52]孟子曰：[53]"不以舜之所以事堯事其君者，不敬其君者也。"臣之愚蔽，固非虞、伊；至於欲使陛下崇光被時雍之美，[54]宣緝熙章明之德者，[55]是臣慺慺之誠，[56]竊所獨守。實懷鶴立企佇之心，[57]敢復陳聞者，冀陛下儻發天聰而垂神聽也。

詔報曰："蓋教化所由，各有隆弊，非皆善始而惡終也，事使之然。故夫忠厚仁及草木，[58]則《行葦》之詩作；[59]恩澤衰薄，不親九族，則《角弓》之章刺。[60]今令諸國兄弟，情理簡怠，妃妾之家，膏沐疏略，朕縱不能敦而睦之，王援古喻義備悉矣，[61]何言精誠不足以感通哉？夫明貴賤，崇親親，禮賢良，順少長，國之綱紀，本無禁固諸國通問之詔也。矯枉過正，下吏懼譴，以至於此耳。已敕有司，如王所訴。"

［1］東阿：縣名。治所在今山東陽谷縣阿城鎮。

［2］求存問親戚：《文選》及《曹植集校注》載此文，題爲《求通親親表》。本注一般不作文字校對。

［3］因：趙幼文《校箋》謂《文選》李善注引作"自"。

［4］孔子曰：孔子此語見《論語·泰伯》。

［5］傳：指《尚書·堯典》。

［6］克明：能够明舉。　俊德：殿本、盧弼《集解》本、校點本、《曹植集校注》作"峻德"，百衲本、《文選》《尚書》作"俊德"。今從百衲本等。

［7］九族：指上自高祖下至玄孫的九代宗族。

［8］平章：辨明。　百姓：百官族姓。

［9］詩：此詩指《詩·大雅·思齊》。

［10］刑：毛傳："刑，法也。"　寡妻：毛傳："寡妻，適妻也。"

［11］御：鄭箋："御，治也。文王以禮法接待其妻，至於宗族，以此又能爲政，治於家邦也。"

［12］雍雍：和睦的樣子。《詩·大雅·思齊》即謂文王"雝雝在宮"。"雝"同"雍"。又《詩·大雅·文王》云："穆穆文王，于緝熙敬止。"穆穆，端莊恭敬的樣子。

［13］管蔡：管叔、蔡叔，皆周公之弟。《左傳·僖公二十四年》：富辰曰："周公弔二叔之不咸，故封建親戚以蕃屏周。"楊伯峻注：弔，傷也。二叔，管叔、蔡叔。咸，終也。不咸謂不終也。

[14] 傳：指《左傳》。《左傳·隱公十一年》：滕侯、薛侯來朝，爭長行禮之先後。薛侯曰："我先封。"滕侯曰："我，周之卜正也。薛，庶姓也，我不可以後之。"公使羽父請於薛侯曰："君與滕君辱在寡人，周諺有之曰：'山有木，工則度之；賓有禮，主則擇之。'周之宗盟，異姓爲後。"楊伯峻注："宗盟者，猶言會盟也。"

[15] 爽：《大戴禮記·夏小正》：七月"爽死。爽也者，猶疏也。"

[16] 仁而遺其親：《孟子·梁惠王上》："孟子曰：未有仁而遺其親者也，未有義而後其君者也。"

[17] 帝唐：唐堯。　欽明：《尚書·堯典》："曰若稽古帝堯，曰放勳，欽明文思安安。"馬融曰："威儀表備謂之欽，照臨四方謂之明。"

[18] 翼翼：《詩·大雅·大明》："維此文王，小心翼翼。"鄭箋："小心翼翼，恭慎貌。"

[19] 椒房：《文選》李善注："《漢舊儀》曰：皇后稱椒房。"

[20] 九族：趙幼文《校箋》謂《群書治要》卷二六、《曹子建集》"族"字作"親"，與《文選》同。

[21] 羣后：指列侯。

[22] 乃望：殿本、盧弼《集解》本、校點本作"過望"，百衲本、《文選》作"乃望"。今從百衲本。　氣類：胡三省云："《易》曰：'同聲相應，同氣相求。'此言志同道合者，謂疇昔文會之友也。"（《通鑑》卷七二魏明帝太和六年注）

[23] 胡越：胡人在北方，越人在南方，言其隔離甚遠。

[24] 皇極：指皇帝之所居。胡三省云："皇極，宅中之位，人君居之。"（《通鑑》卷七二魏明帝太和六年注）

[25] 紫闥：亦指皇帝所居之宮庭。

[26] 天實爲之：《詩·邶風·北門》："天實爲之，謂之何哉！"鄭箋："詩人事君無二志，故自決歸之於天。"胡三省則謂曹

植引此詩之意，"蓋謂君者天也，天可違乎"！（《通鑑》卷七二魏明帝太和六年注）又馬瑞辰《詩經通釋》云："按'謂'猶'奈'也。'謂之何哉'，猶云'奈之何哉'。"

[27] 惟：校點本作"唯"，百衲本、殿本、盧弼《集解》本均作"惟"。雖然二字可通，仍從百衲本等。　戚戚具爾：《詩·大雅·行葦》："戚戚兄弟，莫遠具爾。"毛傳："戚戚，內相親也。"鄭箋："具，猶俱也。爾，謂進之也。"按，"爾"通"邇"，近之意。

[28] 沛然：形容迅疾。

[29] 怡怡：此指兄弟。《論語·子路》：子曰："兄弟怡怡。"

[30] 惟省：趙幼文《校箋》謂《群書治要》卷二六作"思惟"。

[31] 無錐刀之用：《文選》"無"上有"豈"字。按，有無"豈"字均可通。有"豈"字，謂自己是有能力的。無"豈"字，則謂至今還未得朝廷任用。

[32] 遠遊：指遠遊冠。《文選》李善注："蔡邕《獨斷》曰：遠遊冠者，王侯所服。"辭遠遊，謂辭去王爵。

[33] 武弁：即武冠。《續漢書·輿服志》："武冠，一曰武弁大冠，諸武官冠之。侍中、中常侍加黃金璫，附蟬爲文，貂尾爲飾，謂之'趙惠文冠'。"

[34] 朱組：即朱綬，赤綬。《廣雅·釋器》："綸，組，紱，綬也。"又《續漢書·輿服志》云："諸侯王赤綬。"

[35] 青紱：即青綬。《續漢書·輿服志》："九卿、中二千石、二千石，青綬。"

[36] 駙馬：即駙馬都尉。官名。秩比二千石，掌皇帝副車之馬，曹魏時第六品，無定員，或爲加官。　奉車：即奉車都尉。官名。秩比二千石，第六品，掌皇帝車輿。無定員，或爲加官。

[37] 趣得一號：盧弼《集解》引《文選》呂延濟注曰："趣，疾也。言將立功績疾取一勳號也。"

[38] 珥（ěr）筆：皇帝近侍之臣插筆於冠側以備記事，稱爲

珥筆。

[39] 華蓋：指皇帝所乘之車輿。

[40] 鹿鳴：《詩·小雅》篇名。其序云："《鹿鳴》，燕群臣嘉賓也。"何焯云："《鹿鳴》謂明帝。"（《義門讀書記》卷四九《文選·雜文》）

[41] 常棣：《詩·小雅》篇名。其序云："《常棣》，燕兄弟也。" 匪他：不見於《常棣》。《詩·小雅·頍弁》："豈伊異人？兄弟匪他。"何焯云："《棠棣》謂諸王。"（《義門讀書記》卷四九《文選·雜文》）

[42] 伐木：《詩·小雅》篇名。其序云："《伐木》，燕朋友故舊也。"其詩有云："矧伊人矣，不求友生？"何焯云："《伐木》謂宗族。"（《義門讀書記》卷四九《文選·雜文》）

[43] 蓼（lù）莪（é）：《詩·小雅》篇名。其詩有云："父兮生我，母兮鞠我。拊我畜我，長我育我，顧我復我，出我腹我。欲報之德，昊天罔極！" 罔極：無常。何焯云："《蓼莪》謂太皇太后四年崩。"（《義門讀書記》卷四九《文選·雜文》）

[44] 崩城：《文選》李善注："《列女傳》曰：杞梁妻者，齊杞梁殖之妻也。齊莊公襲莒，殖戰死。杞梁之妻無子，內外皆無五屬之親，既無所歸，乃就其夫屍於城下而哭之，內誠動人，道路過者莫不為之揮涕，十日而城為之崩。"按，此指劉向《列女傳》，事見今傳本卷四《貞順傳》。 隕霜：《文選》李善注："《淮南子》曰：鄒衍盡忠於燕惠王，惠王信譖而繫之。鄒子仰天而哭，正夏而天為之降霜也。"

[45] 葵藿：偏指葵。即葵菜。葵性向日，比喻下對上赤心趨向。

[46] 然向之者：《文選》作"終向之者"，《群書治要》作"亦終向者"。"向"上皆有"終"字。

[47] 自比葵藿：殿本、盧弼《集解》本、校點本"比"下有"於"字，百衲本、《文選》《群書治要》皆無。今從百衲本。

[48] 文子：《漢書·藝文志》謂《文子》九篇；又謂文子乃老子弟子，與孔子同時。《文選》李善注則引《范子》曰："文子者，姓辛，葵丘濮上人也。稱曰計然，南游於越，范蠡師事。"

[49] 否（pǐ）隔：閉塞不通。

[50] 柏舟：《詩·鄘風》篇名。其詩有云："母也天只！不諒人只！"毛傳："諒，信也。母也天也尚不信我。天謂父也。"按，也、只，皆爲語氣辭。

[51] 谷風：《詩·小雅》篇名。其詩有云："習習谷風，維風及雨。將恐將懼，維予與女；將安將樂，女轉棄予！"

[52] 伊尹：《文選》李善注："《尚書》曰：昔先正保衡，作我先王，乃曰：予弗克俾厥后惟堯、舜，其心愧耻，若撻于市。"按，此乃僞古文《尚書·説命》之文，但亦有舊籍爲據，其事可信，先正保衡，指伊尹。　不爲：趙幼文《校箋》謂《群書治要》引"爲"字作"如"。

[53] 孟子曰：此孟子語見《孟子·離婁上》。

[54] 光被：廣被。　時雍：《尚書·堯典》："百姓昭明，協和萬邦，黎民于變時雍。"孔傳："時，是；雍，和也。言天下衆民皆變化化上，是以民俗大和。"後世則多以時雍指時世安定太平。

[55] 緝熙：《詩·大雅·文王》："穆穆文王，於緝熙敬止。"毛傳："穆穆，美也。緝熙，光明也。"　章明：昭明，顯明。

[56] 臣：盧弼《集解》本作"爲"，百衲本、殿本、校點本、《文選》、《曹植集校注》均作"臣"。今從百衲本等。　慺慺：恭謹。

[57] 實：百衲本作"寔"，殿本、盧弼《集解》本、校點本作"實"。按二字義同，今從殿本等。

[58] 及：校點本作"極"，百衲本、殿本、盧弼《集解》本皆作"及"。今從百衲本等。

[59] 行葦：《詩·大雅》篇名。其序云："《行葦》，忠厚也。周家忠厚，仁及草木，故能内睦九族，外尊事黄耇，養老乞言，以

成其福禄焉。"

[60] 角弓：《詩·小雅》篇名。其序云："《角弓》，父兄刺幽王也。不親九族而好讒佞，骨肉相怨，故作是詩也。"

[61] 備悉矣：趙幼文《校箋》謂《群書治要》引"備"下有"矣"字。

植復上疏陳審舉之義，[1]曰：

臣聞天地協氣而萬物生，君臣合德而庶政成；五帝之世非皆智，三季之末非皆愚，[2]用與不用，知與不知也。既時有舉賢之名，而無得賢之實，必各援其類而進矣。諺曰："相門有相，將門有將。"夫相者，文德昭者也；將者，武功烈者也。文德昭，則可以匡國朝，致雍熙，[3]稷、契、夔、龍是也；[4]武功烈，則可以征不庭，[5]威四夷，南仲、方叔是矣。[6]昔伊尹之為媵臣，[7]至賤也，吕尚之處屠釣，[8]至陋也，及其見舉於武湯、周文，[9]誠道合志同，玄謨神通，豈復假近習之薦，因左右之介哉！書曰："有不世之君，必能用不世之臣；用不世之臣，必能立不世之功。"殷周二王是矣。[10]若夫齷齪近步，[11]遵常守故，安足為陛下言哉！故陰陽不和，三光不暢，官曠無人，庶政不整者，三司之責也。[12]疆場騷動，方隅內侵，沒軍喪眾，干戈不息者，邊將之憂也。豈可虛荷國寵而不稱其任哉？故任益隆者負益重，位益高者責益深，《書》稱"無曠庶官"，[13]《詩》有"職思其憂"，[14]此其義也。

陛下體天真之淑聖，登神機以繼統，冀聞“康哉”之謌，[15]偃武行文之美。[16]而數年以來，水旱不時，[17]民困衣食，師徒之發，歲歲增調，加東有覆敗之軍，[18]西有殪沒之將，[19]至使蚌蛤浮翔於淮、泗，[20]鼲鼬讙譁於林木。[21]臣每念之，未嘗不輟食而揮餐，臨觴而搤腕矣。昔漢文發代，[22]疑朝有變，宋昌曰：[23]“內有朱虛、東牟之親，[24]外有齊、楚、淮南、琅邪，[25]此則磐石之宗，願王勿疑。”臣伏惟陛下遠覽姬文二虢之援，[26]中慮周成召、畢之輔，[27]下存宋昌磐石之固。昔騏驥之於吳阪，可謂困矣，及其伯樂相之，孫郵御之，[28]形體不勞而坐取千里。蓋伯樂善御馬，明君善御臣；伯樂馳千里，明君致太平；誠任賢使能之明效也。若朝司惟良，萬機內理，武將行師，方難克弭。陛下可得雍容都城，何事勞動鑾駕，暴露於邊境哉？

臣聞羊質虎皮，[29]見草則悅，見豺則戰，忘其皮之虎也。今置將不良，有似於此。故語曰：“患爲之者不知，知之者不得爲也。”昔樂毅奔趙，[30]心不忘燕；廉頗在楚，[31]思爲趙將。臣生乎亂，長乎軍，又數承教于武皇帝，伏見行師用兵之要，不必取孫、吳而闇與之合。[32]竊揆之於心，常願得一奉朝覲，排金門，[33]蹈玉陛，列有職之臣，賜須臾之問，[34]使臣得一散所懷，攄舒蘊積，[35]死不恨矣。

被鴻臚所下發士息書,[36]期會甚急。又聞豹尾已建,[37]戎軒鶩駕,[38]陛下將復勞玉躬,擾挂神思。臣誠竦息,[39]不遑寧處。願得策馬執鞭,首當塵露,攝風后之奇,[40]接孫、吳之要,追慕卜商起予左右,[41]效命先驅,畢命輪轂,雖無大益,冀有小補。然天高聽遠,情不上通,徒獨望青雲而拊心,仰高天而歎息耳。屈平曰:[42]"國有驥而不知乘,焉皇皇而更索!"昔管、蔡放誅,周、召作弼;叔魚陷刑,[43]叔向匡國。三監之釁,[44]臣自當之;二南之輔,[45]求必不遠。華宗貴族,藩王之中,必有應斯舉者。故《傳》曰:"無周公之親,不得行周公之事。"唯陛下少留意焉。

近者漢氏廣建藩王,[46]豐則連城數十,約則饗食祖祭而已,未若姬周之樹國,五等之品制也。若扶蘇之諫始皇,[47]淳于越之難周青臣,[48]可謂知時變矣。夫能使天下傾耳注目者,當權者是矣。故謀能移主,威能懾下,[49]豪右執政,不在親戚。權之所在,雖疏必重;勢之所去,雖親必輕。蓋取齊者田族,[50]非呂宗也;分晉者趙、魏,[51]非姬姓也。唯陛下察之。苟吉專其位,凶離其患者,異姓之臣也。欲國之安,祈家之貴,存共其榮,沒同其禍者,公族之臣也。今反公族疏而異姓親,臣竊惑焉。

臣聞孟子曰:[52]"君子窮則獨善其身,達則兼善天下。"今臣與陛下踐冰履炭，登山浮澗，寒溫燥濕，高下共之，豈得離陛下哉！不勝憤懣，拜表陳情。若有不合，乞且藏之書府，[53]不便滅棄，臣死之後，事或可思。若有豪氂少挂聖意者，乞出之朝堂，使夫博古之士，糾臣表之不合義者。如是，則臣願足矣。

帝輒優文答報。[一]

[一]《魏略》曰：是後大發士息，及取諸國士。植以近前諸國士息已見發，其遺孤稚弱，在者無幾，而復被取，乃上書曰：[54]"臣聞古者聖君，[55]與日月齊其明，四時等其信，是以戮凶無重，賞善無輕，怒若驚霆，喜若時雨，恩不中絕，教無二可，以此臨朝，則臣下知所死矣。受任在萬里之外，審主之所以授官，[56]必己之所以投命，[57]雖有構會之徒，[58]泊然不以爲懼者，蓋君臣相信之明效也。昔章子爲齊將，[59]人有告之反者，威王曰：'不然。'左右曰：'王何以明之？'王曰：'聞章子改葬死母；彼尚不欺死父，顧當叛生君乎？'此君之信臣也。昔管仲親射桓公，[60]後幽囚從魯檻車載，[61]使少年挽而送齊。管仲知桓公之必用己，懼魯之悔，謂少年曰：'吾爲汝唱，汝爲和，聲和聲，宜走。'於是管仲唱之，少年走而和之，日行數百里，宿昔而至。至則相齊，此臣之信君也。臣初受封，策書曰：'植受茲青社，[62]封於東土，以屏翰皇家，爲魏藩輔。'而所得兵百五十人，皆年在耳順，[63]或不踰矩，虎賁官騎及親事凡二百餘人。正復不老，皆使年壯，備有不虞，檢校乘城，顧不足以自救，況皆復耄耋罷曳乎？[64]而名爲魏東藩，使屏翰王室，臣竊自羞矣。就之諸國，國有士子，合不過五百人，伏以爲三軍益損，不復賴此。方外不定，[65]必當須辦者，[66]臣願將部曲倍道奔赴，[67]夫妻負襁，[68]子

弟懷糧，蹈鋒履刃，以徇國難，何但習業小兒哉？愚誠以揮涕增河，鼷鼠飲海，[69]於朝萬無損益，於臣家計甚有廢損。又臣士息前後三送，兼人已竭。[70]惟尚有小兒，七八歲已上，十六七已還，三十餘人。今部曲皆年者，卧在牀席，非糜不食，[71]眼不能視，氣息裁屬者，凡三十七人；疲癃風靡，[72]疣盲聾聵者，[73]二十三人。惟正須此小兒，大者可備宿衞，雖不足以禦寇，粗可以警小盜；小者未堪大使，爲可使耘鉏穢草，驅護鳥雀。[74]休候人則一事廢，[75]一日獵則衆業散，不親自經營則功不攝；常自躬親，不委下吏而已。陛下聖仁，恩詔三至，[76]士子給國，長不復發。明詔之下，有若皦日，[77]保金石之恩，[78]必明神之信，畫然自固，如天如地。定習業者並復見送，[79]晻若晝晦，[80]悵然失圖。伏以爲陛下既爵臣百寮之右，居藩國之任，爲置卿士，[81]屋名爲宮，家名爲陵，不使其危居獨立，無異於凡庶。若柏成欣於野耕，[82]子仲樂於灌園，[83]蓬戶茅牖，原憲之宅也；[84]陋巷箪瓢，[85]顏子之居也；[86]臣才不見效用，常慨然執斯志焉。若陛下聽臣悉還部曲，罷官屬，省監官，[87]使解璽釋綬，追柏成、子仲之業，營顏淵、原憲之事，居子臧之廬，[88]宅延陵之室。[89]如此，雖進無成功，退有可守，身死之日，猶松、喬也。[90]然伏度國朝終未肯聽臣之若是，固當羈絆於世繩，維繫於祿位，懷屑屑之小憂，執無已之百念，安得蕩然肆志，逍遙於宇宙之外哉？此願未從，[91]陛下必欲崇親親，篤骨肉，潤白骨而榮枯木者，惟遂仁德以副前恩詔。"[92]皆遂還之。

[1] 陳審舉之義：《曹植集校注》載此文，即題爲《陳審舉表》。

[2] 三季之末：指夏、商、周之末代。

[3] 雍熙：謂和樂升平。

[4] 稷契（xiè）夔龍：皆在舜時爲官。稷爲農官，掌教農耕；

契爲司徒，掌教化；夔爲典樂，掌教音樂詩歌；龍爲納言，掌宣教命，采納群言。（俱見《史記》卷一《五帝本紀》）

[5] 不庭：謂不至朝廷朝拜。

[6] 南仲：周宣王時大臣，曾在北方築城，討伐獫狁。《詩·小雅·出車》："王命南仲，往城于方"，"赫赫南仲，獫狁于襄"。

[7] 媵（yìng）臣：諸侯嫁女，陪同隨行之臣。《史記》卷三《殷本紀》："伊尹名阿衡。阿衡欲奸湯而無由，乃爲有莘氏媵臣，負鼎俎，以滋味説湯，至於王道。"《集解》引《列女傳》曰："湯妃，有莘氏之女。"

[8] 吕尚：殷商末，佐周文王、武王滅殷紂。《史記》卷三二《齊太公世家》："吕尚蓋嘗窮困，年老矣，以漁釣奸周西伯。"《索隱》："譙周曰：吕望嘗屠牛於朝歌，賣飲於孟津。"

[9] 武湯：百衲本、盧弼《集解》本、校點本、《曹植集校注》均作"湯武"，殿本作"武湯"。趙幼文注云："作'武湯'是也。考《詩經·玄鳥》篇：'古帝命武湯。'《史記·殷本紀》：'於是湯曰吾甚武，號曰武王。'是成湯亦曰武湯。伊、吕爲殷湯、周文所選拔，與周武無涉。"按，此説甚是，今從殿本與趙説。

[10] 二王：指商湯、周文王。

[11] 齷（wò）齪（chuò）：局促，狹小。

[12] 三司：三公。

[13] 無曠庶官：《尚書·皋陶謨》："無曠庶官，天工人其代之。"孔傳："曠，空也。位非其人爲空官，言人代天理官，不可以天官私非其才。"

[14] 職思其憂：《詩·唐風·蟋蟀》之句。毛傳："職，主也。"鄭箋："憂者，謂鄰國侵伐之憂。"

[15] 康哉之謳：《尚書·皋陶謨》："乃賡載歌曰：元首明哉！股肱良哉！庶事康哉！"後世因以"康哉"之歌泛指歌頌太平之歌。

[16] 偃武行文：殿本《考證》云："行文，《册府》作'修

文'。"趙幼文《校箋》謂《册府元龜》卷二七三引"行"字作"修"字是。按，宋本《册府元龜》亦作"行"。

[17] 水旱不時：本書卷三《明帝紀》載：太和二年五月，大旱；四年九月，大雨，伊、洛、漢水溢；五年三月，自去冬十月至此月不雨，辛巳，大雩。

[18] 東有覆敗之軍：本書《明帝紀》太和二年云："秋九月，曹休率諸軍至皖，與吳將陸議戰於石亭，敗績。"

[19] 西有殪没之將：本書卷三五《諸葛亮傳》謂蜀漢建興六年（魏太和二年），"魏將王雙率騎追亮，亮與戰，破之，斬雙"。又謂建興九年（太和五年）亮復出祁山，"與魏將張郃交戰，射殺郃"。

[20] 蚌蛤：趙幼文《校箋》謂《太平御覽》卷五七引"蚌"字作"蜂"。按，宋本《册府元龜》卷二七三亦作"蚌"。蚌蛤，皆係生活於水中之軟體動物，體外有殼。曹植以此指孫吳。

[21] 鼲（hún）鼬（yòu）：均係小動物。鼲，又名黃鼠。鼬，善捕鼠，又名鼠狼。曹植以之指蜀漢。

[22] 漢文發代：漢文，漢文帝劉恒。代，代國，漢文帝之原封地，治所在今山西平遥縣西南。漢初，吕后死，諸吕欲爲亂，丞相陳平、太尉周勃等平息諸吕之亂，迎立代王劉恒爲帝。

[23] 宋昌：時爲代國中尉。

[24] 朱虚：朱虚侯劉章，爲漢高祖劉邦子齊悼惠王劉肥之次子。 東牟：東牟侯劉興居，劉章之弟。當時劉章、劉興居皆在長安，故云"内"。

[25] 齊：齊王劉襄，劉章之兄。 楚：楚王劉交，漢高祖弟。 淮南：淮南王劉長，漢高祖子。 琅邪：琅邪王劉澤，漢高祖之從祖昆弟。

[26] 姬文：周文王。周人姬姓。 二虢：胡三省云："虢仲、虢叔，文王之母弟，文王咨於二虢以成王業。（《通鑑》卷七二魏明帝太和五年注）

［27］周成：周成王。　召、畢：召公奭、畢公高。胡三省云："召公、畢公，周同姓也。二伯分治，輔成王以成太平之功。"（《通鑑》卷七二魏明帝太和五年注）

［28］孫郵：梁履繩《左通補釋》謂即《左傳・哀公二年》，爲趙簡子御車之郵無恤，亦即《國語・晋語九》之郵無正。蓋趙簡子之子趙襄子亦名無恤，當襄子嗣承後，郵無恤遂改爲郵無正。郵無恤又號伯樂，與秦穆公時之孫陽伯樂同名（《通志・氏族略四》），遂有誤稱郵無正爲孫無政者（《吕氏春秋・審分篇》《淮南子・覽冥訓》注），又有稱孫郵者（《魏志・陳思王植傳》）。

［29］"臣聞"句：揚雄《法言・吾子篇》："羊質而虎皮，見草而説，見豺而戰，忘其皮之虎也。"戰，恐懼，發抖。

［30］樂毅：戰國時燕將，爲燕昭王所信任。曾率軍攻入齊國，下七十餘城，唯莒、即墨未下。以功封爲昌國君。而燕昭王死，子惠王立。燕惠王中齊反間計，用騎劫代樂毅爲將。樂毅懼誅，遂奔趙國。齊敗騎劫，盡復失地。燕惠王後悔使騎劫代樂毅，又恐趙用樂毅伐燕，遂使人譴責樂毅。樂毅乃致書燕惠王，示不背德。燕惠王又復以樂毅子爲昌國君。樂毅因復往來燕趙。（見《史記》卷八〇《樂毅傳》）

［31］廉頗：戰國時趙將。趙孝成王末，使廉頗拔魏之繁陽。趙孝成王卒，子悼襄王立，使樂乘代廉頗。廉頗怒，遂攻樂乘而奔魏。魏不能用，楚陰使人迎之。廉頗在楚爲將又無功，仍思爲趙將。（見《史記》卷八一《廉頗藺相如列傳》）

［32］孫吳：孫武、吳起，春秋戰國時之著名軍事家，皆著有兵法書。

［33］金門：指皇宮門。漢代皇宮有金馬門，爲學士待詔之處。金馬門亦稱金門。《漢書》卷八七下《揚雄傳下》："歷金門上玉堂有日矣。"顔師古注引應劭曰："金門，金馬門也。"

［34］問：校點本1982年7月第2版作"間"，百衲本、殿本、盧弼《集解》本、校點本1959年12月第1版作"問"。殿本《考

證》謂《冊府元龜》作"間"。趙幼文《校箋》亦謂《群書治要》、《冊府元龜》卷二七三引俱作"間"。間謂空隙之時也。按，宋本《冊府元龜》卷二七三引亦作"問"，郝經《續後漢書》亦同。觀上下文，曹植意欲得應對顧問之官職，對時政有所貢獻，故云"賜須臾之問"。今仍從百衲本等。

[35] 攄舒：趙幼文《校箋》謂《群書治要》卷二六引"舒"字作"盡"。

[36] 被：趙幼文《校箋》謂《冊府元龜》卷二七三引作"披"。按，宋本《冊府元龜》亦作"被"。被，得到，接到之意。章炳麟《新方言·釋詞》：被，詞之受也。貱，詞之予也。 鴻臚：官名。即大鴻臚，秩中二千石，第三品。掌諸侯及少數民族朝貢、郡國上計、行禮贊導、拜授諸侯、吊諡護喪。 士息：士兵之子。曹魏施行世兵制，士兵之家稱士家或兵家，其户籍與民籍分開，單獨受政府管理；其子孫世代爲兵，未得政府允許，不得脱離兵籍。

[37] 豹尾：漢制，皇帝外行，隨行之車八十一乘，最後一車懸豹尾。（見《續漢書·輿服志》）

[38] 戎軒：兵車。 鶩：疾、迅疾。

[39] 竦息：憂懼不安貌。

[40] 風后：傳説爲黄帝臣，善兵法。《漢書·藝文志》著錄依託黄帝臣之《風后》十三篇，圖二卷。

[41] 卜商：姓卜名商字子夏，孔子弟子。《論語·八佾》：子曰："起予者商也。"起，啓發。

[42] 屈平曰：梁章鉅《旁證》云："此宋玉《九辯》第八章之詞，子建云'屈平'，誤。"

[43] 叔魚：春秋時晋臣，叔向之弟。晋昭公四年（前528），國内的邢侯與雍子争奪鄐地的田土已經很久，調解均未成功。值理官士景伯去楚國，叔魚代理其職。執政韓宣子命叔魚判處此案，罪在雍子。而雍子將女兒嫁給叔魚，叔魚便宣判邢侯有罪。邢侯怒，殺叔魚、雍子於朝廷。韓宣子問叔向如何處治。叔向曰："雍子自

知其罪，而嫁女爲賄賂以取勝訴；鮒出賣法律；邢侯擅自殺人，三人罪皆相同。自己有罪而掠取別人之美名是昏，貪婪而敗壞職責是墨，殺人而没有顧忌是賊。《夏書》説：'昏、墨、賊，殺。'此皋陶之刑法，請照辦。"於是殺了邢侯並將其屍與雍子、叔魚之屍體一齊暴於市。（見《左傳·昭公十四年》）

[44] 三監：指管叔鮮、蔡叔度、霍叔處，皆周武王之弟。武王滅商紂後，封三叔以監紂子武庚，是爲三監。而武王死後，管叔、蔡叔却挾持武庚叛亂。周公奉成王命平定叛亂，誅武庚，殺管叔，放蔡叔。（見《史記》卷三五《管蔡世家》） 釁：罪。

[45] 二南：周成王分陝以西之地命周公主之，陝以東之地命召公主之。《詩經·國風》中之《周南》《召南》稱爲二南，二南即周公、召公所治之地的民歌，故以二南指周公、召公。

[46] 漢氏：漢朝。《漢書·諸侯王表》謂漢初"懲戒亡秦孤立之敗，於是剖裂疆土"，"藩國大者夸州兼郡，連城數十"。

[47] 扶蘇：秦始皇長子。按，《史記》卷六《秦始皇本紀》中，只有扶蘇諫阻坑儒之言，無諫封建諸侯之論。此外，卷四八《陳涉世家》中僅言"扶蘇以數諫故，上使外將兵"；卷八七《李斯列傳》中亦僅言"長子扶蘇以數直諫上，上使監兵上郡"。而所諫之具體內容則不得而知。

[48] 淳于越：秦博士。秦始皇三十四年（前213），在咸陽宫會宴。僕射周青臣頌揚秦始皇："以諸侯爲郡縣，人人自安樂，無戰爭之患，傳之萬世。自上古不及陛下威德。"淳于越卻説："臣聞殷周之王千餘歲，封子弟功臣，自爲枝輔。今陛下有海内，而子弟爲匹夫，卒有田常六卿之臣，無輔拂，何以相救哉？事不師古而能長久者，非所聞也。今青臣又面諛以重陛下之過，非忠臣。"（見《史記·秦始皇本紀》）

[49] 懾：趙幼文《校箋》謂《群書治要》卷二六引作"慴"。

[50] 齊：周武王滅商後，封太公望吕尚於齊，故齊國爲吕姓。齊國傳至齊康公時，被權臣田和所取代，是爲戰國時之田齊。

[51] 晉：晉國爲周成王弟唐叔虞之封國，故爲姬姓。晉國傳至晉靜公時，被韓、趙、魏三家所瓜分。而此只言趙、魏分晉，不言韓者，因韓之祖先爲姬姓，本晉公族。（參李慈銘《札記》）

[52] 孟子曰：此語見《孟子·盡心上》。

[53] 書府：指秘書監之府。《宋書·百官志》謂魏秘書監，"掌藝文圖籍"。

[54] 上書：《曹植集校注》題此"上書"爲《諫取諸國士息表》。

[55] 古者：趙幼文《校箋》謂《群書治要》卷二六引"者"字作"之"。

[56] 所以：校點本無"以"字，百衲本、殿本、盧弼《集解》本、《曹植集校注》均有。今從百衲本等。 授：百衲本、殿本、盧弼《集解》本作"受"。徐紹楨《質疑》云："此字當作'授'，郝書正作'授'，不誤也。"校點本、《曹植集校注》即作"授"。今從之。

[57] 必己之所以投命：百衲本作"必以之所投命"，殿本作"必己之所以投命"，盧弼《集解》本、校點本、《曹植集校注》作"必己之所以投命"。今從盧弼《集解》本等。

[58] 構會：謂設計陷害。

[59] 章子：戰國時齊將。《戰國策·齊策一》：秦假道韓、魏以攻齊，齊威王使章子將而應之，與秦交和而舍。使者數相往來，章子爲變其徽章以雜秦軍。候者言章子以齊入秦，威王不應。頃之間，候者復言章子以齊兵降秦，威王不應。而此者三。有司請曰："言章子之敗者，異人而同辭。王何不發將而擊之？"王曰："此不叛寡人明矣，曷爲擊之！"頃間，言齊兵大勝，秦軍大敗，於是秦王拜西藩之臣而謝於齊。左右曰："何以知之？"曰："章子之母啟得罪其父，其父殺之而埋馬棧之下。吾使章子將也，勉之曰：'夫子之強，全兵而還，必更葬將軍之母。'對曰：'臣非不能更葬先妾也。臣之母啟得罪臣之父，臣之父未教而死。夫不得父之教而更葬

母，是欺死父也，故不敢。'夫爲人子不欺死父，豈爲人臣欺生君哉？"

［60］管仲親射桓公：《史記》卷三二《齊太公世家》謂齊襄公荒淫，群弟恐禍及，故次弟公子糾奔魯，管仲、召忽輔之。次弟公子小白奔莒，鮑叔牙輔之。及襄公被弒，國内無君，二公子皆回國欲立。魯國發兵送公子糾時，別使管仲率兵阻截莒道，管仲親射公子小白，中其帶鈎。小白佯死而先至齊國，立爲國君，是爲桓公。齊桓公立後，即致書魯國，責其殺公子糾送回召忽、管仲。魯國懼齊，遂殺公子糾；召忽又自殺，因囚送管仲。

［61］檻車：囚車。《吕氏春秋·順説》："管子得於魯，魯束縛而檻之，使役人載而送之，齊其謳歌而引。管子恐魯之止而殺己也，欲速至齊，因謂役人曰：'我爲汝唱，汝爲我和。'其所唱適宜走，役人不倦，而取道甚速。"

［62］青社：《尚書·禹貢》："厥貢惟土五色。"孔傳："王者封五色土爲社。建諸侯則各割其方色土與之，使立社。"又《白虎通·社稷》云："東方青色，南方赤色，西方白色，北方黑色，上冒以黄土。故將封東方諸侯，青土苴以白茅。"曹植所封之地在東方，故曰青社。

［63］耳順：六十歲。《論語·爲政》：子曰："吾十有五而志於學，三十而立，四十而不惑，五十而知天命，六十而耳順，七十而從心所欲，不逾矩。"

［64］耄（mào）耋（dié）：老齡，高年。《禮記·曲禮上》："八十、九十曰耄。" 罷（pí）曳：謂行動遲緩無力。

［65］方外：域外。指吴、蜀。

［66］辦：百衲本、盧弼《集解》本作"辨"，殿本、校點本作"辦"。按，二字可通。今從殿本等。

［67］部曲：軍隊。

［68］負襁：背着小兒。襁，背負小兒的背帶。

［69］鼷（xī）鼠：一種小鼠。鼷鼠飲海，比喻增損極微。

［70］兼人：超過人。指壯年人。

［71］糜：百衲本、殿本作"糜"，盧弼《集解》本、校點本作"糜"。按二字可通，今從《集解》本等。糜，粥。

［72］疲瘵（zhài）：病而體弱。　風靡：風吹即倒。

［73］眊盲：眼病而失明。　聾聵：耳聾。

［74］驅護：監看驅趕。

［75］候人：《詩·曹風·候人》："彼候人兮，何戈與祋。"毛傳："候人，道路迎送賓客者。"

［76］恩詔：百衲本"詔"字作"許"，殿本、盧弼《集解》本、校點本作"詔"。今從殿本等。

［77］皦（jiǎo）日：白日。《詩·王風·大車》："謂予不信，有如皦日。"毛傳："皦，白也。"

［78］金石：比喻堅固不可變。

［79］定：吴金華《校詁》云："定，承接連詞，猶言'比及''及至'。"

［80］晻（ǎn）：昏暗。

［81］卿士：指王國官員。

［82］柏成：即伯成子高，古代退隱之士。《莊子·天地》："堯治天下，伯成子高立爲諸侯。堯授舜，舜授禹，伯成子高辭爲諸侯而耕。禹往見之，則耕在野。"

［83］子仲：即於陵子仲，戰國時人。《史記》卷八三《鄒陽列傳》鄒陽獄中上梁王書有云："於陵子仲辭三公爲人灌園。"《集解》引《列士傳》曰："楚於陵子仲，楚王欲以爲相，而不許，爲人灌園。"

［84］原憲：孔子弟子。《莊子·讓王》云："原憲居魯，環堵之室，茨以生草，蓬户不完，桑以爲樞，而甕牖二室，褐以爲塞，上漏下濕，匡坐而弦。"

［85］箪：百衲本作"單"，殿本、盧弼《集解》本、校點本作"箪"。今從殿本等。

［86］顏子：姓顏名回，字子淵，孔子弟子。《論語·雍也》：子曰："賢哉，回也！一簞食，一瓢飲，在陋巷，人不堪其憂，回也不改其樂。"

［87］監官：指監國謁者。

［88］子臧：春秋時曹宣公之子。曹宣公隨晋、齊等國伐秦，死於軍中。曹人使公子負芻與太子留守，使子臧迎曹宣公喪。負芻遂殺太子而自立，即曹成公。其後晋侯率諸侯討曹成公，執之送於京師。諸侯欲使子臧見周天子而立之。子臧固辭，逃奔宋國。曹國人再次請求晋侯相助。晋侯謂子臧曰："反，吾歸而君。"子臧遂返回，曹成公也得釋回國。子臧將封邑與卿位全部讓出，並不再出任。（見《左傳》成公十三年、十五年、十六年）

［89］延陵：指延陵季札，春秋時吳國公子，因封於延陵，故稱延陵季子。其父吳王壽夢，有子四人，長曰諸樊，次曰餘祭，次曰餘眛，季札最幼而賢，壽夢欲立之。季札固讓，遂立長子諸樊。壽夢卒，諸樊即位，又讓季札。季札以曹國子臧為例，堅執不受。"吳人固立季札，季札棄其室而耕，乃捨之。"（《史記》卷三一《吳太伯世家》）

［90］松喬：指赤松子、王子喬，皆傳説之神仙。

［91］從：遂，如願。趙幼文注：《小爾雅·廣言》："遂也。"

［92］詔：趙幼文《校箋》謂《群書治要》卷二六引"詔"上有"有"字。

其年冬，[1]詔諸王朝六年正月。其二月，以陳四縣封植為陳王，[2]邑三千五百户。植每欲求別見獨談，論及時政，幸冀試用，終不能得。既還，悵然絕望。時法制，待藩國既自峻迫，寮屬皆賈豎下才，兵人給其殘老，大數不過二百人。又植以前過，事復減半，[3]十一年中而三徙都，常汲汲無歡，遂發疾薨，時年四十一。〔一〕[4]遺令薄葬。以小子志，保家之主也，欲立之。初，植登魚山，[5]臨東阿，喟然有歸焉之心，[6]遂營爲墓。子志嗣，徙封濟北王。[7]景初中詔曰：[8]"陳思王昔雖有過失，既克己慎行，以補前闕，且自少至終，篇籍不離於手，誠難能也。其收黃初中諸奏植罪狀，公卿已下議尚書、中書、秘書三府、大鴻臚者皆削除之。[9]撰錄植前後所著賦、頌、詩、銘、雜論凡百餘篇，[10]副藏內外。"志累增邑，并前九百九十户。〔二〕[11]

〔一〕植常爲琴瑟調歌，[12]辭曰：[13]"吁嗟此轉蓬，[14]居世何獨然！長去本根逝，夙夜無休閒。東西經七陌，[15]南北越九阡，卒遇回風起，[16]吹我入雲間。自謂終天路，忽焉下沉淵。驚飆接我出，[17]故歸彼中田。[18]當南而更北，謂東而反西，宕宕當何依，忽亡而復存。飄颻周八澤，[19]連翩歷五山，[20]流轉無恒處，誰知吾苦艱？願爲中林草，秋隨野火燔，糜滅豈不痛，[21]願與根荄連。"[22]

孫盛曰：異哉，魏氏之封建也！不度先王之典，不思藩屏之術，違敦睦之風，[23]背維城之義。[24]漢初之封，或權侔人主，雖云不度，時勢然也。魏氏諸侯，陋同匹夫，雖懲七國，[25]矯枉過也。[26]且魏之代漢，非積德之由，風澤既微，六合未一，而彫翦枝幹，委權異族，勢同瘣木，[27]危若巢幕，[28]不嗣忽諸，[29]非天喪也。五等之制，萬世不易之典。六代興亡，[30]曹同論之詳矣。

〔二〕《志別傳》曰：[31]志字允恭，好學有才行。晉武帝爲中撫軍，[32]迎常道鄉公于鄴，志夜與帝相見，帝與語，從暮至旦，甚器之。及受禪，改封鄄城公。發詔以志爲樂平太守，[33]

歷章武、趙郡,[34] 遷散騎常侍、國子博士,[35] 後轉博士祭酒。[36] 及齊王攸當之藩,[37] 下禮官議崇錫之典,志嘆曰:"安有如此之才,如此之親,而不得樹本助化,而遠出海隅者乎?"乃建議以諫,辭旨甚切。帝大怒,免志官。後復爲散騎常侍。志遭母憂,居喪盡哀,因得疾病,喜怒失常,太康九年卒,[38] 謚曰定公。

[1] 其年冬:徐紹楨《質疑》謂此詔《明帝紀》及《通鑑》均在太和五年八月。此"冬"字疑"秋"字之訛。《通鑑》載詔文云"各將適子一人朝明年正月",與此云"朝六年正月"同,蓋令其正月朝見耳。

[2] 陳:王國名。治所陳縣,在今河南淮陽縣。所轄四縣除陳縣外,還有柘縣、武平縣與長平縣。(本吳增僅《三國郡縣表附考證》)

[3] 事:百衲本作"事",殿本、盧弼《集解》本、校點本作"事事"。趙幼文《校箋》謂郝經《續後漢書》《通志》"事"字俱不重。今從百衲本。

[4] 四十一:周壽昌《注證遺》云:"'四十一'下疑脱'謚曰思'三字。按,《明帝紀》太和六年十一月庚寅'陳思王植薨',考帝紀諸王薨,例不書謚,彼特出'思'字,而本傳反不書謚,皆誤。

[5] 魚山:又名吾山。在今山東東阿縣南。徐紹楨《質疑》謂"魚""吾"二字古聲相近,多通用,故"魚山"又稱"吾山"。

[6] 歸焉:殿本、盧弼《集解》本、校點本作"終焉",百衲本作"歸焉"。趙幼文《校箋》謂郝經《續後漢書》作"歸焉"。錢儀吉從宋本改作"歸"。考《易·説卦傳》虞注:"歸,藏也。"則歸焉謂埋藏於此,作"歸"字爲得。今從百衲本與趙説。

[7] 濟北:王國名。治所盧縣,在今山東濟南市長清區。

［8］景初：魏明帝曹叡年號（237—239）。

［9］議：李慈銘《札記》謂"議"下脫"藏"字或"在"字。尚書中書秘書三府：盧弼《集解》本、校點本作"尚書、秘書、中書三府"，百衲本、殿本作"尚書、中書、秘書三府"。今從百衲本等。

［10］百餘篇：《隋書·經籍志》集部別集類著録《陳思王曹植集》三十卷，總集類又著録魏陳思王《畫贊》五卷，史部雜傳類又著録曹植撰《列女頌》一卷，共爲三十六卷。後世著録有所不同，可詳見趙幼文《曹植集校注》前言。

［11］九百九十户：陳景雲《辨誤》云：按魏室諸王，至正元、景元間，普增封邑，其户皆累千，即如平陽、武成二公，亦皆逾千户矣。思王初封於陳，已有邑三千五百户，至子志嗣爵，又累增邑，乃并前計之，止有九百九十户，必傳寫脱誤也。

［12］琴瑟：百衲本、殿本作"瑟瑟"，盧弼《集解》本、校點本作"琴瑟"。盧弼《集解》云："宋本作'瑟瑟'誤。"今從《集解》本等。

［13］辭曰：《曹植集校注》題此篇爲《吁嗟篇》。

［14］轉蓬：蓬草隨風而轉。比喻境遇之飄零。

［15］七陌：盧弼《集解》本作"十陌"，百衲本、殿本、校點本、《曹植集校注》均作"七陌"。今從百衲本等。

［16］回風：旋風。

［17］飆（biāo）：暴風，狂風。

［18］中田：即田中。

［19］八澤：《淮南子·墬形訓》謂四面八方有無通、少海、元澤、浩澤、丹澤、泉澤、海澤、寒澤等八大水澤。

［20］五山：五岳。

［21］糜滅：糜爛。

［22］根荄（gāi）：百衲本、殿本、盧弼《集解》本作"林葉"；校點本作"根荄"；盧弼《集解》云："宋本《子建集》作

'株荄'。"《曹植集校注》亦作"株荄",趙幼文注:"疑當作'根荄'。"今從校點本。荄,草根。

　　[23] 敦睦:親厚和睦。《尚書·堯典》:"克明俊德,以親九族,九族既睦,平章百姓。"

　　[24] 維城:是城,像城。《詩·大雅·板》:"懷德維寧,宗子維城。"

　　[25] 七國:指漢景帝時吳、楚、趙、膠西、膠東、濟南、菑川等七國起兵反叛。

　　[26] 也:盧弼《集解》云:疑作"正"。趙幼文《校箋》云:"也,決定之詞,作'也'字是。"

　　[27] 瘣(huì)木:病萎枯黃無枝葉之樹木。

　　[28] 巢幕:築巢於帳幕之上,甚爲危險。《左傳·襄公二十九年》:吳公子季札自衛入晉,聽到孫文子之鐘聲,曰:"夫子之在此也,猶燕之巢于幕上。君又在殯,而可以樂乎?"

　　[29] 忽諸:《左傳·文公五年》:"臧文仲聞六與蓼滅,曰:'皋陶、庭堅不祀忽諸。'"杜預注:"忽然而亡。"

　　[30] 六代:指夏、商、周、秦及兩漢。

　　[31] 志別傳:沈家本《三國志注所引書目》謂《隋書·經籍志》《舊唐書·經籍志》和《新唐書·藝文志》皆不著錄。

　　[32] 中撫軍:官名。曹魏末置,司馬炎自中護軍遷任,副貳相國事,掌握朝政大權。

　　[33] 樂平:郡名。漢末建安中置,治所沾縣,在今山西昔陽縣西南。

　　[34] 章武:王國名。西晉武帝泰始元年置,治所東平舒縣,在今河北大城縣。　趙郡:治所房子縣,在今河北高邑縣西南。

　　[35] 散騎常侍:官名。秩二千石,第三品。爲門下重職,侍從皇帝左右,諫諍得失,應對顧問,與侍中共平尚書奏事,有異議得駁奏。　國子博士:學官名。西晉武帝咸寧(275—280)中立國子學,置一員,以教授生徒儒學,取履行清淳、通明典義者爲之,若

散騎常侍、中書侍郎、太子中庶子以上，乃得召試，並應對殿堂，備咨詢顧問，隸國子祭酒。地位高於太學博士。

[36] 博士祭酒：官名。西晉時，爲太學之長，與國子學之長國子祭酒并隸太常。

[37] 齊王攸：晉武帝之弟司馬攸，賢明仁德，爲朝臣所愛戴。晉武帝晚年，太子愚昧，朝臣皆有意擁戴攸。晉武帝遂聽讒言，令諸王離京就國。

[38] 太康：晉武帝司馬炎年號（280—289）。

蕭懷王熊，[1]早薨。黃初二年追封諡蕭懷公。[2]太和三年，又追進爵爲王。[3]青龍二年，子哀王炳嗣。食邑二千五百户。六年薨，[4]無子，國除。

[1] 蕭：縣名。治所在今安徽蕭縣西北。

[2] 追封諡：吳金華《〈三國志〉斠議》謂按史例"諡"下當有"曰"字。

[3] 進：校點本作"封"，百衲本、殿本、盧弼《集解》本作"進"。今從百衲本等。

[4] 六年：本書卷三《明帝紀》青龍五年（237）三月改年號爲景初，則青龍僅四年，此云"六年"，誤。

評曰：任城武藝壯猛，有將領之氣。陳思文才富豔，足以自通後葉，然不能克讓遠防，終致攜隙。《傳》曰"楚則失之矣，而齊亦未爲得也"，[1]其此之謂歟！〔一〕

〔一〕魚豢曰：諺言"貧不學儉，卑不學恭"，非人性分也,[2]勢使然耳。此實然之勢,信不虛矣。假令太祖防過植等,在於疇昔,此賢之心,何緣有窺望乎?彰之挾恨,尚無所至。至於植者,〔豈能興難?〕[3]乃令楊脩以倚注過害,丁儀以希意族滅,哀夫!余每覽植之華采,思若有神。以此推之,太祖之動心,亦良有以也。

[1] 傳曰:"傳曰"之語,爲《史記》卷一一七《司馬相如列傳》載《上林賦》中無是公之言。原文無"之"字與"而"字。其下無是公還謂子虛與烏有先生:"二君之論,不務明君臣之義與正諸侯之禮。"陳壽以此語比喻陳思王與魏君皆有不是之處。

[2] 人性分:趙幼文《校箋》謂《通鑑·魏紀》"分"下有"殊"字。

[3] 豈能興難:各本皆無此四字。陳景雲《辨誤》云:魚豢語,《通鑑》亦引之。"至於植者"下,《通鑑》有"豈能興難"一句。以文義求之,此語斷不可刪。此注所少四字,必非裴氏所芟,乃後來刊本脫落耳。校點本即從陳氏此説增補,今從之。

三國志 卷二〇

魏書二十

武文世王公傳第二十

　　武皇帝二十五男：卞皇后生文皇帝、任城威王彰、陳思王植、蕭懷王熊，劉夫人生豐愍王昂、相殤王鑠，環夫人生鄧哀王沖、彭城王據、燕王宇，杜夫人生沛穆王林、中山恭王袞，秦夫人生濟陽懷王玹、陳留恭王峻，尹夫人生范陽閔王矩，王昭儀生趙王幹，孫姬生臨邑殤公子上、楚王彪、剛殤公子勤，李姬生穀城殤公子乘、郿戴公子整、靈殤公子京，周姬生樊安公均，劉姬生廣宗殤公子棘，宋姬生東平靈王徽，趙姬生樂陵王茂。

　　豐愍王昂字子脩。[1]弱冠舉孝廉。[2]隨太祖南征，爲張繡所害。無子。黃初二年追封，[3]謚曰豐悼公。三年，以樊安公均子琬奉昂後，[4]封中都公。[5]其年徙封長子公。[6]五年，追加昂號曰豐悼王。太和三年改昂謚曰愍王。[7]嘉平六年，[8]以琬襲昂爵爲豐王。正元、景元中,[9]累增邑,并前二千七百户。琬薨,諡曰恭王。子廉嗣。

相殤王鑠,[10]早薨,太和三年追封諡。青龍元年,[11]子愍王潛嗣,其年薨。二年,子懷王偃嗣,邑二千五百户,四年薨。無子,國除。正元二年,以樂陵王茂子陽都鄉公竦繼鑠後。[12]

鄧哀王沖字倉舒。[13]少聰察岐嶷,[14]生五六歲,智意所及,有若成人之智。[15]時孫權曾致巨象,太祖欲知其斤重,訪之羣下,咸莫能出其理。沖曰:"置象大船之上,[16]而刻其水痕所至,稱物以載之,則校可知矣。"太祖大悅,即施行焉。時軍國多事,用刑嚴重。太祖馬鞍在庫,而爲鼠所齧,[17]庫吏懼必死,議欲面縛首罪,[18]猶懼不免。沖謂曰:"待三日中,然後自歸。"沖於是以刀穿單衣,[19]如鼠齧者,謬爲失意,貌有愁色。太祖問之,沖對曰:"世俗以爲鼠齧衣者,其主不吉。[20]今單衣見齧,是以憂戚。"太祖曰:"此妄言耳,無所苦也。"俄而庫吏以齧鞍聞,太祖笑曰:"兒衣在側,尚齧,況鞍縣柱乎?"一無所問。沖仁愛識達,皆此類也。凡應罪戮,而爲沖微所辨理,賴以濟宥者,前後數十。〔一〕太祖數對羣臣稱述,有欲傳後意。年十三,建安十三年疾病,[21]太祖親爲請命。及亡,哀甚。文帝寬喻太祖,太祖曰:"此我之不幸,而汝曹之幸也。"〔二〕言則流涕,爲聘甄氏亡女與合葬,贈騎都尉印綬,[22]命宛侯據子琮奉沖後。[23]二十二年,封琮爲鄧侯。黃初二年,追贈諡沖曰鄧哀侯,又追加號爲公。[三]三年，進琮爵，徙封冠軍公。[24]四年，徙封己氏公。[25]太和五年，加沖號曰鄧哀王。景初元年，[26]琮坐於中尚方作禁物，[27]削户三百，貶爵爲都鄉侯。[28]三年，復爲己氏公。正始七年，[29]轉封平陽公。[30]景初、正元、景元中，累增邑，并前千九百户。

〔一〕《魏書》曰：沖每見當刑者，輒探覡其冤枉之情而微理之。及勤勞之吏，以過誤觸罪，常爲太祖陳説，宜寬宥之。辨察仁愛，與性俱生，容貌姿美，有殊於衆，故特見寵異。
臣松之以"容貌姿美"一類之言，而分以爲三，亦叙屬之一病也。

〔二〕孫盛曰：《春秋》之義，立嫡以長不以賢。[31]沖雖存也猶不宜立，況其既没，而發斯言乎？《詩》云："無易由言。"[32]魏武其易之也。

〔三〕《魏書》載策曰："惟黄初二年八月丙午，皇帝曰：咨爾鄧哀侯沖，昔皇天鍾美於爾躬，俾聰哲之才，成於弱年。當永享顯祚，克成厥終。如何不禄，早世夭昬！朕承天序，享有四海，並建親親，以藩王室，惟爾不逮斯榮，且葬禮未備。追悼之懷，愴然攸傷。今遷葬于高陵，[33]使使持節兼謁者僕射、郎中陳承，[34]追賜號曰鄧公，祠以太牢。[35]魂而有靈，休兹寵榮。嗚呼哀哉！"
《魏略》曰：文帝常言"家兄孝廉，[36]自其分也。若使倉舒在，我亦無天下。"

[1] 豐：縣名。治所在今江蘇豐縣。
[2] 孝廉：漢代選拔官吏的主要科目。孝指孝子，廉指廉潔之士。原本爲二科，後混同爲一科，也不再限於孝子和廉士。東漢後期定制爲不滿四十歲者不得察舉；被舉者先詣公府課試，以觀其

能。郡國每年要向中央推舉一至二人。

[3] 黃初：魏文帝曹丕年號（220—226）。

[4] 樊：縣名。治所在今山東兗州市西南。

[5] 中都：縣名。治所在今山西平遙縣西南。

[6] 長子：縣名。治所在今山西長子縣西南。

[7] 太和：魏明帝曹叡年號（227—233）。

[8] 嘉平：魏少帝齊王曹芳年號（249—254）。

[9] 正元：魏少帝高貴鄉公曹髦年號（254—256）。 景元：魏元帝曹奐年號（260—264）。校點本1982年7月第2版誤此"景元"爲"景王"。

[10] 相：縣名。治所在今安徽濉溪縣西北。

[11] 青龍：魏明帝曹叡年號（233—237）。

[12] 樂陵：王國名。治所厭次縣，在今山東惠民縣東桑落堡。鄉公：爵名。魏文帝黃初三年（222）"初制封王之庶子爲鄉公"。（見本書卷二《文帝紀》）

[13] 鄧：侯國名。治所在今湖北襄陽市西北。

[14] 岐嶷：形容年幼聰慧。《詩·大雅·生民》："誕寘匍匐，克岐克嶷。"毛傳：岐，知意也。嶷，識也。

[15] 智意所及有若成人之智：趙幼文《校箋》謂《太平御覽》卷一五〇（當作一五一）引"意"字作"惠"。"意""惠"形近，"惠""慧"古通。又《藝文類聚》卷四五、卷七一引無"之智"二字。《太平御覽》卷七六八、《事類賦》卷一六引作"智若成人"。郝經《續後漢書》作"志意若成人"。疑此"之智"二字應衍。上文已云"智意所及"，則此句不必重出"智"字也。當從諸書校刪。

[16] 置象大船之上：陳寅恪謂以船稱象乃天竺故事，見北魏吉迦夜共曇曜譯《雜寶藏經》，此經雜采諸經而成，當別有先出；或雖未譯出，亦可口傳中土。《三國志》倉舒以船稱象事，係附會天竺故事。（見《寒柳堂集·三國志曹沖華陀傳與佛教故事》）

［17］而：趙幼文《校箋》謂《藝文類聚》卷九五、《初學記》卷二二、《太平御覽》卷三五八引無"而"字。

［18］議欲：趙幼文《校箋》謂郝經《續後漢書》無"議"字。按，《藝文類聚》卷九五引有。

［19］沖於是：百衲本無"沖"字，殿本、盧弼《集解》本、校點本皆有。今從殿本等。

［20］其主：殿本、盧弼《集解》本"主"下有"者"字，百衲本、校點本無。今從百衲本等。

［21］建安：漢獻帝劉協年號（196—220）。

［22］騎都尉：官名。屬光祿勳，秩比二千石，掌羽林騎兵。

［23］宛：侯國名，治所在今河南南陽市。

［24］冠軍：公國名。治所在今河南鄧州市西北。

［25］己氏：公國名。治所在今山東曹縣東南。

［26］景初：魏明帝曹叡年號（237—239）。

［27］中尚方：官署名。曹魏以中尚方令主之，屬少府。主製作皇宮所用刀劍及其他貴重器物。

［28］都鄉侯：爵名。列侯食邑爲都鄉（近城之鄉）者，稱都鄉侯，位次於縣侯，高於鄉侯。

［29］正始：魏少帝齊王曹芳年號（240—249）。

［30］平陽：公國名。治所在今山西臨汾市西南。

［31］立嫡以長：《公羊傳·隱公元年》："立適以長不以賢，立子以貴不以長。"

［32］無易由言：見《詩·大雅·抑》，意謂不要隨口就說。

［33］高陵：曹操之陵。在當時鄴城西。

［34］使持節：漢末、三國，皇帝授予出征或出鎮之軍事長官的一種權力。至晉代，此種權力明確爲可誅殺二千石以下官員。若皇帝派遣大臣執行出巡或祭吊等事務時，加使持節，則表示權力和尊崇。　謁者僕射（yè）：官名。秩比千石，第五品。爲謁者臺長官，名義上屬光祿勳。掌侍從皇帝左右，關通內外，職權頗重。

郎中：官名。東漢時，秩比三百石，分隸五官、左、右三署中郎將，名義上備宿衛，實爲後備官吏人材。魏、晉雖罷五官、左、右三署中郎將，仍置郎中，州郡所舉秀才、孝廉，多先授郎中，再出補長吏。

[35] 太牢：祭祀時，牛、羊、豕三牲俱備稱太牢。

[36] 家兄：指豐愍王曹昂。

彭城王據，[1]建安十六年封范陽侯。[2]二十二年，徙封宛侯。黃初二年，進爵爲公。三年，爲章陵王，[3]其年徙封義陽。[4]文帝以南方下濕，又以環太妃彭城人，徙封彭城。又徙封濟陰。[5]五年，詔曰："先王建國，隨時而制。漢祖增秦所置郡，至光武以天下損耗，并省郡縣。以今比之，益不及焉。其改封諸王，皆爲縣王。"據改封定陶縣。太和六年，改封諸王，皆以郡爲國，據復封彭城。景初元年，據坐私遣人詣中尚方作禁物，削縣二千户。〔一〕三年，復所削户邑。正元、景元中累增邑，并前四千六百户。

〔一〕《魏書》載璽書曰：[6]"制詔彭城王：有司奏，王遣司馬董和，[7]齎珠玉來到京師中尚方，多作禁物，交通工官，出入近署，踰侈非度，慢令違制，繩王以法。朕用憮然，不寧于心。王以懿親之重，處藩輔之位，典籍日陳於前，勤誦不輟於側。加雅素奉脩，恭肅敬慎，務在蹈道，孜孜不衰，豈忘率意正身，考終厥行哉？若然小疵，或謬于細人，忽不覺悟，以斯爲失耳。《書》云：[8]'惟聖罔念作狂，惟狂克念作聖。'古人垂誥，乃至於此，故君子思心無斯須遠道焉。常慮所以累德者而去之，則德明矣；開心所以爲塞者而通之，則心夷矣；慎行所以爲尤者而脩之,則行全矣:三者,王之所能備也。今詔有司宥王,削縣二千戶,以彰八柄與奪之法。[9]昔羲、文作《易》,[10]著休復之誥,[11]仲尼論行,既過能改。[12]王其改行,茂昭斯義,率意無怠。"

[1] 彭城:王國名。治所彭城縣,在今江蘇徐州市。
[2] 范陽:侯國名。治所在今河北定興縣西南固城鎮。
[3] 章陵:王國名。治所章陵縣,在今湖北棗陽市南。
[4] 義陽:王國名。治所安昌縣,在今湖北棗陽市東南。
[5] 濟陰:王國名。治所定陶縣,在今山東定陶縣西北。
[6] 魏書:殿本、盧弼《集解》本作"列書",殿本《考證》云:"疑作'魏書'。"百衲本、校點本作"魏書",今從之。
[7] 司馬:官名。此王國司馬,第七品。
[8] 書云:見《尚書·多方》。孔傳云:"惟聖人無念於善,則為狂人;惟狂人能念於善,則為聖人。"
[9] 八柄:古代帝王駕馭臣下的八種手段,即爵、祿、予、置、生、奪、廢、誅。《周禮·天官·太宰》云:"以八柄詔王馭群臣。"
[10] 羲文:伏羲氏、周文王。傳說伏羲氏作八卦,文王演《周易》。
[11] 誥:百衲本、盧弼《集解》本作"誥",殿本、校點本作"語"。趙幼文《校箋》謂《冊府元龜》卷二九七引亦作"誥"。今從百衲本等。
[12] 既過能改:《論語·學而》:"子曰:過,則勿憚改。"

燕王宇字彭祖。[1]建安十六年,封都鄉侯。二十二年,改封魯陽侯。[2]黃初二年,進爵為公。三年,為下邳王。[3]五年,改封單父縣。[4]太和六年,改封燕王。明帝少與宇同止,常愛異之。及即位,寵賜與諸王殊。

青龍三年，徵入朝。景初元年，還鄴。[5]二年夏，復徵詣京都。冬十二月，明帝疾篤，拜宇爲大將軍，[6]屬以後事。受署四日，宇深固讓；帝意亦變，遂免宇官。三年夏，還鄴。景初、正元、景元中，累增邑，并前五千五百戶。常道鄉公奐，宇之子，入繼大宗。

沛穆王林，[7]建安十六年封饒陽侯。[8]二十二年，徙封譙。[9]黃初二年，進爵爲公。三年，爲譙王。[10]五年，改封譙縣。七年，徙封鄄城。[11]太和六年，改封沛。景初、正元、景元中，累增邑，并前四千七百戶。林薨，[12]子緯嗣。〔一〕

〔一〕案《嵇氏譜》：[13]嵇康妻，林子之女也。

[1] 燕：王國名。治所薊縣，在今北京城西南。
[2] 魯陽：侯國名。治所在今河南魯山縣。
[3] 下邳：王國名。治所下邳縣，在今江蘇睢寧縣西北。
[4] 單父：縣王國名。治所在今山東單縣南。
[5] 鄴：縣名。治所在今河北臨漳縣西南鄴鎮東一里半。
[6] 大將軍：官名。東漢時，常兼錄尚書事，與太傅、太尉等共同主持政務。漢末，位在三公上。曹魏時，仍爲上公，第一品。
[7] 沛：王國名。治所相縣，在今安徽濉溪縣西北。
[8] 饒陽：侯國名。治所在今河北饒陽縣東北。
[9] 譙：侯國名。治所在今安徽亳州市。
[10] 譙：王國名。治所即譙縣。
[11] 鄄城：縣王國名。治所在今山東鄄城縣北。
[12] 林薨：本書卷四《少帝高貴鄉公紀》載沛王林薨於甘露元年（256）正月乙巳，則上云正元、景元中之增邑，乃沛王林卒

後之事。此處記載不够確切。

[13] 嵇氏譜：《隋書·經籍志》《舊唐書·經籍志》《新唐書·藝文志》，均未著錄。

中山恭王袞，[1]建安二十一年封平鄉侯。[2]少好學，年十餘歲能屬文。每讀書，文學左右常恐以精力爲病，[3]數諫止之，然性所樂，不能廢也。二十二年，徙封東鄉侯，[4]其年又改封贊侯。[5]黄初二年，進爵爲公，官屬皆賀，袞曰："夫生深宫之中，不知稼穡之艱難，多驕逸之失。諸賢既慶其休，宜輔其闕。"每兄弟游娱，袞獨覃思經典。[6]文學、防輔相與言曰：[7]"受詔察公舉錯，有過當奏，及有善，亦宜以聞，不可匿其美也。"遂共表稱陳袞美。袞聞之，大驚懼，[8]責讓文學曰："脩身自守，常人之行耳，而諸君乃以上聞，是適所以增其負累也。且如有善，何患不聞，而遽共如是，是非益我者。"其戒慎如此。[9]三年，爲北海王。[10]其年，黄龍見鄴西漳水，袞上書贊頌。詔賜黄金十斤，詔曰："昔唐叔歸禾，[11]東平獻頌，[12]斯皆骨肉贊美，以彰懿親。王研精墳典，耽味道真，文雅焕炳，朕甚嘉之。王其克慎明德，以終令聞。"[13]四年，改封贊王。七年，徙封濮陽。[14]太和二年就國，尚約儉，[15]教敕妃妾紡績織紝，習爲家人之事。五年冬，入朝。[16]六年，改封中山。

初，袞來朝，犯京都禁。青龍元年，有司奏袞。詔曰："王素敬慎，邂逅至此，其以議親之典議之。"[17]有司固執。詔削縣二，户七百五十。[一]袞憂懼，戒敕官屬愈謹。帝嘉其意，二年，復所削縣。三年秋，袞得疾病，詔遣太醫視疾，殿中虎賁齎手詔、賜珍膳相屬，[18]又遣太妃、沛王林並就省疾。袞疾困，[19]敕令官屬曰："吾寡德忝寵，大命將盡。吾既好儉，而聖朝著終誥之制，[20]爲天下法。吾氣絕之日，自殯及葬，務奉詔書。昔衛大夫蘧瑗葬濮陽，[21]吾望其墓，常想其遺風，願託賢靈以弊髮齒，[22]營吾兆域，[23]必往從之。《禮》：[24]男子不卒婦人之手。亟以時成東堂。"堂成，名之曰遂志之堂，輿疾往居之。又令世子曰："汝幼少，未聞義方，早爲人君，但知樂，不知苦；不知苦，必將以驕奢爲失也。接大臣，務以禮。雖非大臣，老者猶宜答拜。事兄以敬，恤弟以慈；兄弟有不良之行，當造膝諫之。諫之不從，流涕喻之；喻之不改，乃白其母。若猶不改，當以奏聞，并辭國土。與其守寵罹禍，不若貧賤全身也。此亦謂大罪惡耳，其微過細故，[25]當掩覆之。嗟爾小子，慎脩乃身，奉聖朝以忠貞，事太妃以孝敬。閨闈之內，[26]奉令於太妃；閫閾之外，[27]受教於沛王。無怠乃心，以慰予靈。"其年薨。詔沛王林留訖葬，使大鴻臚持節典護喪事，[28]宗正弔祭，[29]贈賵甚厚。凡所著文章二萬餘言，才不及陳思王而好〔學〕與之侔。[30]子孚嗣。景初、正元、景元中，累增邑，并前三千四百户。

〔一〕《魏書》載璽書曰："制詔中山王：有司奏，王乃者來朝，犯交通京師之禁。[31]朕惟親親之恩，用寢吏議。然法者，所與天下共也，不可得廢。今削王縣二，户七百五十。夫克己復禮，[32]聖人稱仁，朝過夕改，君子與之。王其戒諸，無貳咎悔也。"

　　[1] 中山：王國名。治所盧奴縣，在今河北定州市。　袞：趙幼文《校箋》謂《藝文類聚》卷六五、《太平御覽》卷二四八、卷五八八引作"褒"。按，上海古籍出版社1999年重印汪紹楹校《藝文類聚》卷六五作"哀"，卷四五又作"袞"。

　　[2] 平鄉：侯國名。治所在今河北平鄉縣西南。

　　[3] 文學：官名。侯國所置。此當爲文學侍從之官。魏文帝代漢後，則爲監視諸侯之官。

　　[4] 東鄉：侯國名。西漢時沛郡有東鄉縣，治所當在今安徽鳳陽縣境。（本盧弼《集解》引李兆洛説）

　　[5] 贊：即"酂"，侯國名。盧弼《集解》謂《續漢書·郡國志》有兩酂縣，一在豫州沛國，一在荊州南陽郡。魏國既建，分沛國爲譙郡，選用王觀、陳群、劉放爲酂令，則曹袞所封當爲南陽郡之酂縣。此酂縣治所在今湖北光化縣西北。

　　[6] 覃：百衲本、殿本作"譚"，盧弼《集解》本、校點本作"覃"。殿本《考證》云："'譚'疑當作'覃'。"今從《集解》本等。覃，孔安國《尚書序》："研精覃思，博考經籍。"陸德明《釋文》："覃，深也。"

　　[7] 防輔：官名。潘眉《考證》云："魏制，諸王在國，禁防嚴密，朝廷特設防輔監國之官以伺察之。此文學、防輔是也。"

　　[8] 驚懼：趙幼文《校箋》謂《藝文類聚》卷四五、《太平御覽》卷二四八引俱無"懼"字。

　　[9] 戒：百衲本、盧弼《集解》本作"誡"，殿本、校點本作"戒"。今從殿本等。

　　[10] 北海：王國名。治所劇縣，在今山東昌樂縣西。

　　[11] 唐叔：唐叔虞，周成王弟。《史記》卷三三《魯周公世家》云："天降祉福，唐叔得禾，異母同穎，獻之成王，成王命唐

叔以餽周公於東土，作《餽禾》。"

[12] 東平：指東漢東平王劉蒼，漢明帝弟。漢明帝永平十五年（72），"帝以所作《光武本紀》示蒼，蒼因上《光武受命中興頌》。帝甚善之，以其文典雅，特令校書郎賈逵爲之訓詁"。（《後漢書》卷四二《東平憲王蒼傳》）

[13] 聞（wèn）：百衲本、盧弼《集解》本作"問"，殿本、校點本作"聞"。按，二字可通，均爲聲譽之意，今從殿本等。

[14] 濮陽：縣王國名。治所在今河南濮陽縣西南。

[15] 約儉：趙幼文《校箋》謂《藝文類聚》卷六五引作"儉約"，《太平御覽》卷四三一引《魏武別傳》同。

[16] 入朝：徐紹楨《質疑》據本書《陳思王植傳》太和五年（231）"詔諸王朝六年正月"之記載，謂此"入朝"，乃"承詔赴京都之時，非此時即入朝也"。

[17] 議親：周代以後之八辟（八議）之一。親，指帝王五屬內外之親族，有罪則可減免刑罰。

[18] 殿中虎賁（bēn）：宮殿中之宿衛士。

[19] 疾：趙幼文《校箋》謂《群書治要》卷二六引作"病"。

[20] 終誥之制：指魏文帝黃初五年所作節儉埋葬的終制，詳見本書卷二《文帝紀》黃初五年冬十月。

[21] 蘧瑗：字伯玉，春秋時衛大夫，是位善於改過之人，孔子説他"欲寡其過而未能"。（《論語·憲問》）《淮南子·原道訓》又云："蘧伯玉年五十而有四十九年非。"高誘注："今年所行是也，則還顧知去年之所行非也。歲歲悔之，以至於死。"

[22] 弊：盧弼《集解》本作"敝"，百衲本、殿本、校點本作"弊"。今從百衲本等。

[23] 兆域：本指墓地四周的界限，後通指墳墓。

[24] 禮：此指《禮記·喪大記》。

[25] 微過細故：趙幼文《校箋》謂《群書治要》卷二六引"細"下有"愆"字，"故"字屬下讀。

［26］闈闑（wéi）：内室，亦即婦女居室。

［27］閫（kǔn）閾（yù）：婦女所居内室之門户。

［28］大鴻臚：官名。漢列卿之一，秩中二千石。掌少數民族君長、諸侯王、列侯之迎送、接待、安排朝會、封授、襲爵及奪爵削土之典禮；諸侯王死，則奉詔護理喪事，宣讀誄策謚號；百官朝會，掌贊襄引導；兼管京都之郡國邸舍及郡國上計吏之接待；又兼管少數民族之朝貢使節及侍子。三國沿之，魏爲三品。 持節：漢朝官吏奉使外出時，由皇帝授予節杖，以提高其威權。魏晋以後，軍事長官出征或出鎮時，加持節，可殺無官位人；若軍事，可殺二千石以下官員。如官員或使臣外出，加持節，則表示權力和尊崇。

［29］宗正：官名。漢代九卿之一，秩中二千石，由宗室擔任。掌皇族親屬事務，登記宗室王國譜牒，以別士庶；凡宗室有罪，須先報宗正，方得處治。曹魏沿置，多任皇族，或暫以他姓代理。第三品。

［30］好學與之侔：各本皆無"學"字。盧弼《集解》謂郝經《續後漢書》有"學"字。趙幼文《校箋》謂有"學"字者是，今本脱。張采《三國文》引亦有"學"字。今從盧、趙説增補。

［31］交通：交往勾結。

［32］克己復禮：《論語·顏淵》："顏淵問仁，子曰：'克己復禮爲仁。一日克己復禮，天下歸仁焉。'"

濟陽懷王玹，[1]建安十六年封西鄉侯。[2]早薨，無子。二十年，以沛王林子贊襲玹爵邑，早薨，無子。文帝復以贊弟壹紹玹後。黄初二年，改封濟陽侯。四年，進爵爲公。太和四年，追進玹爵，謚曰懷公。六年，又進號曰懷王，追謚贊曰西鄉哀侯。壹薨，謚曰悼公。子恒嗣。景初、正元、景元中，累增邑，并前千九百户。

陳留恭王峻字子安，[3]建安二十一年封郿侯。[4]二十二年，徙封襄邑。[5]黃初二年，進爵爲公。三年，爲陳留王。五年，改封襄邑縣。太和六年，又封陳留。甘露四年薨。[6]子澳嗣。景初、正元、景元中，累增邑，并前四千七百戶。

范陽閔王矩，[7]早薨，無子。建安二十二年，以樊安公均子敏奉矩後，[8]封臨晉侯。[9]黃初三年追封諡矩爲范陽閔公。五年，改封敏范陽王。七年，徙封句陽，[10]太和六年，追進矩號曰范陽閔王，改封敏琅邪王。[11]景初、正元、景元中，累增邑，并前三千四百戶。敏薨，諡曰原王。子焜嗣。

趙王幹，[12]建安二十年封高平亭侯。[13]二十二年，徙封賴亭侯。其年改封弘農侯。[14]黃初二年，進爵，徙封燕公。〔一〕三年，爲河間王。[15]五年，改封樂城縣。七年，徙封鉅鹿。[16]太和六年，改封趙王。幹母有寵於太祖。及文帝爲嗣，幹母有力。文帝臨崩，有遺詔，是以明帝常加恩意。青龍二年，私通賓客，爲有司所奏，賜幹璽書誡誨之，曰："《易》稱'開國承家，小人勿用'，[17]《詩》著'大車惟塵'之誡。[18]自太祖受命創業，深覩治亂之源，鑒存亡之機，初封諸侯。訓以恭慎之至言，輔以天下之端士，常稱馬援之遺誡，[19]重諸侯賓客交通之禁，乃使與犯妖惡同。夫豈以此薄骨肉哉？徒欲使子弟無過失之愆，士民無傷害之悔耳。高祖踐阼，[20]祗慎萬機，申著諸侯不朝之令。朕感詩人《常棣》之作，[21]嘉《采菽》之義，[22]亦緣詔文曰'若有詔得詣京都',故命諸王以朝聘之禮。而楚、中山並犯交通之禁,趙宗、戴捷咸伏其辜。近東平王復使屬官殿壽張吏,[23]有司舉奏,朕裁削縣。(令)〔今〕有司以曹纂、王喬等因九族時節,[24]集會王家,或非其時,皆違禁防。朕惟王幼少有恭順之素,[25]加受先帝顧命,欲崇恩禮,延乎後嗣,況近在王之身乎?且自非聖人,孰能無過?已詔有司宥王之失。古人有言:[26]'戒慎乎其所不覩,恐懼乎其所弗聞,莫見乎隱,莫顯乎微,故君子慎其獨焉。'[27]叔父茲率先聖之典,[28]以纂乃先帝之遺命,戰戰兢兢,靖恭厥位,稱朕意焉。"景初、正元、景元中,[29]累增邑,并前五千戶。

〔一〕《魏略》曰:幹一名良。良本陳妾子,良生而陳氏死,太祖令王夫人養之。良年五歲而太祖疾困,遺令語太子言:[30]"此兒三歲亡母,五歲失父,以累汝也。"太子由是親待,隆於諸弟。良年小,常呼文帝為阿翁,帝謂良曰:"我,汝兄耳。"文帝又愍其如是,每為流涕。

臣松之案:此傳以母貴賤為次,[31]不計兄弟之年,故楚王彪年雖大,傳在幹後。尋《朱建平傳》,知彪大幹二十歲。

[1] 濟陽:侯國名。治所在今河南蘭考縣東北堌陽鎮。
[2] 西鄉:侯國名。西漢有西鄉侯國,治所在今北京房山區西南。東漢省。蓋此時又恢復。
[3] 陳留:王國名。治所陳留縣,在今河南開封市東南。
[4] 郿:侯國名。治所在今陝西眉縣東北。
[5] 襄邑:侯國名。治所在今河南睢縣。

〔6〕甘露：魏少帝高貴鄉公曹髦年號（256—260）。

〔7〕范陽：王國名。黃初七年改涿郡置范陽郡，治所涿縣，在今河北涿州市。

〔8〕樊：侯國名。治所在今山東兖州市西南。盧弼《集解》云："建安二十二年均尚未死，不應稱'樊安公均'。"

〔9〕臨晉：侯國名。治所在今陝西大荔縣。

〔10〕句陽：侯國名。治所在今山東菏澤市北。

〔11〕琅邪：王國名。治所開陽縣，在今山東臨沂市北。

〔12〕趙：王國名。治所房子縣，在今河北高邑縣西南。

〔13〕亭侯：爵名。漢制，列侯大者食縣邑，小者食鄉、亭。東漢後期遂以食鄉、亭者稱爲鄉侯、亭侯。

〔14〕弘農：侯國名。治所在今河南靈寶市東北。

〔15〕河間：王國名。治所樂成縣，在今河北獻縣東南。

〔16〕鉅鹿：侯國名，治所在今河北平鄉縣西南平鄉。

〔17〕小人勿用：此《易·師》上六爻辭。

〔18〕大車惟塵：《詩·小雅·無將大車》："無將大車，維塵冥冥。"鄭箋："冥冥者，蔽人目明，令無所見也。猶進舉小人，蔽傷己之功德也。"

〔19〕馬援：東漢光武帝時曾任隴西太守，後爲伏波將軍，率兵南征交阯等郡，以功封新息侯。馬援在交阯時，曾修書誡兄子馬嚴、馬敦，其中有云："吾欲汝曹聞人過失，如聞父母之名，耳可得聞，口不可得言也。好論議人長短，妄是非正法，此吾所大惡也，寧死不願聞子孫有此行也。"（《後漢書》卷二四《馬援傳》）

〔20〕高祖：魏文帝曹丕。

〔21〕常棣：《詩·小雅》篇名。其序云："《常棣》，燕兄弟也。閔管、蔡之失道，故作《常棣》焉。"

〔22〕采菽：《詩·小雅》篇名。其序云："《采菽》，刺幽王也。侮慢諸侯，諸侯來朝，不能錫命，以禮數徵會之，而無信義，君子見微而思古焉。"

［23］東平：王國名。治所無鹽縣，在今山東東平縣東。　毆：百衲本、殿本作"歐"，盧弼《集解》本、校點本作"毆"。錢大昭《辨疑》謂"歐"當作"毆"，《東平王傳》作"摳"。今從《集解》本等。　壽張：縣名。治所在今山東東平縣西南。

［24］今：各本皆作"令"，盧弼《集解》謂何焯校改作"今"，校點本即從何焯校改。今從之。

［25］幼少：趙幼文《校箋》謂《册府元龜》卷二九七引"少"字作"小"。

［26］古人有言：此古人言見《禮記·中庸》。

［27］慎其獨焉：趙幼文《校箋》謂《册府元龜》卷二九七引"慎"上有"必"字。

［28］先聖之典：趙幼文《校箋》謂《册府元龜》引"典"上有"要"字，疑當據增，與下句"遺命"相儷。

［29］景元中：李慈銘《札記》謂《少帝紀》景元二年八月戊寅"趙王幹薨"，此失載；且幹應有謚及嗣子，皆傳寫所脱。

［30］言：校點本作"曰"，百衲本、殿本、盧弼《集解》本均作"言"。今從百衲本等。

［31］此傳：校點本1982年7月第2版誤作"如傳"。

臨邑殤公子上，[1]早薨。太和五年，追封謚。無後。

楚王彪字朱虎。[2]建安二十一年，封壽春侯。黃初二年，進爵，徙封汝陽公。[3]三年，封弋陽王。[4]其年徙封吳王。[5]五年，改封壽春縣。七年，[6]徙封白馬。[7]太和五年冬，朝京都。[8]六年，改封楚。初，彪來朝，犯禁，〔青龍〕元年，[9]為有司所奏，詔削縣三，戶千五百。二年，大赦，復所削縣。景初三年，增户五百，并前三千户。嘉平元年，兗州刺史令狐愚與太尉王淩謀迎彪都許昌。[10]語在《淩傳》。乃遣傅及侍御史就國案驗，[11]收治諸相連及者。廷尉請徵彪治罪。[12]於是依漢燕王旦故事，[13]使兼廷尉、大鴻臚持節賜彪璽書切責之，使自圖焉。〔一〕彪乃自殺。[14]妃及諸子皆免爲庶人，徙平原。[15]彪之官屬以下及監國謁者，[16]坐知情無輔導之義，皆伏誅。國除爲淮南郡。正元元年詔曰：[17]"故楚王彪，背國附姦，身死嗣替，雖自取之，猶哀矜焉。夫含垢藏疾，親親之道也，其封彪世子嘉爲常山真定王。"[18]景元元年，增邑，并前二千五百户。〔二〕

〔一〕孔衍《漢魏春秋》載璽書曰："夫先王行賞不遺仇讎，用戮不違親戚，至公之義也。故周公流涕而決二叔之罪，[19]孝武傷懷而斷昭平之獄，[20]古今常典也。惟王，國之至親，作藩于外，不能祗奉王度，表率宗室，而謀於姦邪，乃與太尉王淩、兗州刺史令狐愚構通逆謀，[21]圖危社稷，有悖惑之心，無忠孝之意。宗廟有靈，王其何面目以見先帝？朕深痛王自陷罪辜，既得王情，深用憮然。有司奏王當就大理，[22]朕惟公族甸師之義，[23]不忍肆王市朝，故遣使者賜書。王自作孽，匪由於他，燕剌之事，[24]宜足以觀。王其自圖之！"

〔二〕臣松之案：嘉入晉，封高邑公。[25]元康中，[26]與石崇俱爲國子博士。[27]嘉後爲東莞太守，[28]崇爲征虜將軍，[29]監青、徐軍事，[30]屯於下邳，嘉以詩遺崇曰："文武應時用，兼才在明哲。嗟嗟我石生，[31]爲國之俊傑。入侍於皇闥，[32]出則登九列。[33]威檢肅青、徐，風發宣吳裔。[34]疇昔謬同位，情至過魯、衞。[35]分離踰十載，思遠心增結。願子鑒斯誠，寒暑不踰契。"崇答曰："昔常接羽儀，俱游青雲中，敦道訓胄子，儒化渙以融，同聲無異響，故使恩愛隆。豈惟敦初好，款分在令終。孔不陋九夷，[36]老氏適西戎。[37]逍遥滄海隅，可以保王躬。[38]世事非所務，周公不足夢。[39]玄寂令神王，是以守至沖。"王隱《晉書》載吏部郎李重啓云：[40]"魏氏宗室屈滯，每聖恩所存。東莞太守曹嘉，才幹學義，不及志、翕，[41]而良素脩潔，性業踰之；又已歷二郡。臣以爲優先代之後，[42]可以嘉爲員外散騎侍郎。"[43]

[1] 臨邑：縣名。治所在今山東東阿縣。

[2] 楚：王國名。治所壽春縣，在今安徽壽縣。錢大昕云："漢之楚國治彭城，魏之楚國蓋治壽春，即九江郡也。"（《廿二史考異》卷一五）

[3] 汝陽：公國名。治所在今河南商水縣西北。

[4] 弋陽：王國名。治所弋陽縣，在今河南潢川縣西。

[5] 吳：王國名。治所吳縣，在今江蘇蘇州市。按，當時吳郡屬吳國，此乃僑置。

[6] 七年：《曹植集校注·贈白馬王彪詩序》云："黃初四年五月，白馬王、任城王與余俱朝京師，會節氣。到洛陽，任城王薨。至七月，與白馬王還國。"遂作《贈白馬王彪詩》。本書卷一九《陳思王植傳》黃初四年"朝京都"後裴注引《魏氏春秋》亦謂其年"任城王暴薨，諸王既懷友于之痛。植及白馬王彪還國，欲同路東歸，以叙闊別之思，而監國使者不聽，植發憤告離而作詩"。則曹彪在黃初四年已爲白馬王，此作"七年"，恐誤。（參徐紹楨《質疑》引洪亮吉説）

[7] 白馬：縣王國名。治所在今河南滑縣東南城關鎮東。

[8] 朝京都：徐紹楨《質疑》謂此乃"承詔赴京都之時，非此時即入朝也"。

[9] 青龍元年：各本"元年"上皆無"青龍"二字。錢大昕

云："當是青龍元年，史脱'青龍'二字。"（《廿二史考異》卷一五）錢大昭《辨疑》亦有同説。校點本即從錢大昕説增補，今從之。

[10] 兗州：刺史治所廩邱縣，在今山東鄆城縣西北。　太尉：官名。曹魏後期，仍列三公之首。第一品。爲名譽宰相，無實際職掌，多爲加官。　許昌：縣名。治所在今河南許昌市東。

[11] 傅：官名。或稱王傅，王國之屬官，第六品，爲諸王之師，掌輔導之事。　侍御史：官名。秩六百石，第七品。掌察舉非法，受公卿群吏奏事，有違失者舉劾之。

[12] 廷尉：官名。秩中二千石，第三品，掌司法刑獄。

[13] 漢燕王旦：漢武帝之子，昭帝之兄。漢武帝時即封爲燕王。昭帝即位後，即與中山哀王子劉長、齊孝王孫劉澤結謀，準備謀反。後劉澤等謀泄被誅，劉旦得不治罪。後上官桀等又與之結謀，企圖除霍光、廢昭帝、立劉旦，謀又泄，上官桀等被誅，旦得璽書自縊而死，其子免爲庶人。（見《漢書》卷六三《燕刺王旦傳》）

[14] 彪乃自殺：按本書卷四《少帝齊王芳紀》彪被賜死在嘉平三年六月。

[15] 平原：縣名。治所在今山東平原縣西南。

[16] 監國謁者：官名。曹魏對諸王、侯國防制甚嚴，特遣謁者或使者監伺諸國，故稱監國謁者或監國使者。

[17] 正元元年：盧弼《集解》本無此四字，盧氏謂吴本、毛本亦無；百衲本、殿本、校點本有，今從之。

[18] 常山：郡名。魏治所真定縣，在今河北正定縣南。

[19] 二叔：指管叔、蔡叔，皆周武王之弟。周武王死後，成王繼位。成王年幼，周公攝政，管叔、蔡叔遂與紂子武庚叛亂。周公奉成王命征平之，遂殺武庚，誅管叔，放蔡叔。（見《史記》卷三三《魯周公世家》）

[20] 昭平：即漢武帝妹隆慮公主之子昭平君。昭平君娶漢武

帝女夷安公主。後日漸驕橫，醉殺公主傅姆，被逮入獄。廷尉上請武帝定罪，武帝以其妹晚得此子，隆慮公主又爲子預續死罪，武帝垂涕嘆息，不忍斷決。良久乃曰："法令者，先帝所造也，用弟故而誣先帝之法，吾何面目入高廟乎！又下負萬民。"乃可其奏，哀不能自止。（見《漢書》卷六五《東方朔傳》）

[21] 逆謀：盧弼《集解》本作"邪謀"，百衲本、殿本、校點本作"逆謀"。今從百衲本等。

[22] 大理：官名。即漢之廷尉，魏國建立後改稱大理，掌司法刑獄。

[23] 甸師：官名。《周禮》天官之屬。《周禮·天官·甸師》："王之同姓有罪，則死刑焉。"鄭玄注引鄭司農云："王同姓有罪當刑者，斷其獄於甸師之官也。"

[24] 燕刺：即漢燕刺王劉旦。

[25] 高邑：縣名。治所在今河北柏鄉縣北。

[26] 元康：晉惠帝司馬衷年號（291—299）

[27] 國子博士：學官名。西晉武帝咸寧（275—280）中立國子學，置一員，以教授生徒儒學，取履行清淳、通明典義者爲之，若散騎常侍、中書侍郎、太子中庶子以上，乃得召試，並應對殿堂，備咨詢顧問，隸國子祭酒。地位高於太學博士。

[28] 東莞：郡名。治所莒縣，在今山東莒縣。

[29] 征虜將軍：官名。東漢爲雜號將軍，魏、晉沿置，皆第三品。

[30] 青：州名。刺史治所臨淄縣，在今山東淄博市東北臨淄鎮北。　徐：州名。刺史治所彭城縣，在今江蘇徐州市。　監青徐軍事：即爲青州、徐州的軍政長官。

[31] 嗟嗟：感嘆詞，表示贊美。

[32] 皇闥：皇宮門。指石崇爲散騎郎、黃門郎、侍中等官。（見《晉書》卷三三《石苞附崇傳》）

[33] 九列：九卿之位。指石崇爲大司農、太僕等官。

[34] 宣吴裔：石崇曾爲荆州刺史，又爲征虜將軍，督青、徐軍事，鎮下邳，統轄有原孫吴之地。

[35] 魯衞：指周代之魯國與衞國，二國之封君魯周公與衞康叔，皆周武王之弟，情誼極深。

[36] 孔：指孔子。《論語·子罕》："子欲居九夷。或曰：'陋，如之何？'子曰：'君子居之，何陋之有？'"

[37] 老氏：老子。《史記》卷六三《老子列傳》謂老子西出關，莫知其所終。《集解》引劉向《列僊傳》又謂關令尹喜"與老子俱之流沙西，服巨勝實，莫知其所終"。

[38] 王躬：趙幼文《校箋》謂郝經《續後漢書》"躬"字作"公"。

[39] 周公不足夢：《論語·述而》："子曰：甚矣吾衰也！久矣吾不復夢見周公！"

[40] 吏部郎：官名。尚書吏部曹之長官，屬吏部尚書，主管官吏選任銓叙調動事務，可建議任免五品以下官吏。秩四百石，第六品。

[41] 志：指曹志，魏陳思王曹植子。翕：指曹翕，魏東平靈王曹徽子。

[42] 臣以爲：趙幼文《校箋》謂郝經《續後漢書》"爲"下有"宜"字。

[43] 員外散騎侍郎：官名。初爲正員之外添差之散騎侍郎，無定員，後遂爲定員。晋武帝時始置。

剛殤公子勤，[1]早薨。太和五年追封謚。無後。

穀城殤公子乘，[2]早薨。太和五年追封謚。無後。

郿戴公子整，奉從叔父郎中紹後。建安二十二年，封郿侯。二十三年薨。無子。黄初二年追進爵，謚曰戴公。以彭城王據子範奉整後。三年，封平氏侯。[3]四年，徙封成武。[4]太和三年，進爵爲公。青龍三年薨。諡曰悼公。無後。四年，詔以範弟東安鄉公闡爲郿公，奉整後。正元、景元中，累增邑，并前千八百戶。

靈殤公子京，[5]早薨。太和五年追封諡。無後。

樊安公均，奉叔父薊恭公彬後。[6]建安二十二年，封樊侯。二十四年薨。子抗嗣。黃初二年，追進公爵，諡曰安公。[7]三年，徙封抗薊公。四年，徙封屯留公。[8]景初元年薨，諡曰定公。子諶嗣。景初、正元、景元中，累增邑，并前千九百戶。

廣宗殤公子棘，[9]早薨。太和五年追封諡。無後。

東平靈王徽，奉叔父朗陵哀侯玉後。[10]建安二十二年，封歷城侯。[11]黃初二年，進爵爲公。三年，爲廬江王。[12]四年，徙封壽張王。五年，改封壽張縣。太和六年，改封東平。青龍二年，徽使官屬撾壽張縣吏，爲有司所奏。詔削縣一，户五百。其年復所削縣。正始三年薨。子翕嗣。景初、正元、景元中，累增邑，并前三千四百戶。〔一〕

〔一〕臣松之案：翕入晉，封廩丘公。[13]魏宗室之中，名次鄄城公（至）〔志〕。[14]泰始二年，翕遣世子琨奉表來朝。詔曰："翕秉德履道，魏宗之良。今琨遠至，其假世子印綬，加騎都尉，[15]賜朝服一具，[16]錢十萬，隨才敘用。"翕撰《解寒食散方》，[17]與皇甫謐所撰並行於世。

[1] 剛：縣名。治所在今山東寧陽縣東北。

[2] 穀城：縣名。漢魏時有二穀城縣，其一治所在今河南洛陽

市西北；其二治所在今山東平陰縣西南舊東阿縣。未知曹子乘追封何地。

[3] 平氏：侯國名。治所在今河南桐柏縣西北平氏鎮。

[4] 成武：侯國名。治所在今山東成武縣。

[5] 靈：縣名。治所在今山東高唐縣南南鎮。

[6] 薊：縣名。治所在今北京城西南部。

[7] 謚曰安公：百衲本、殿本、盧弼《集解》本作"謚曰樊安公"。趙一清《注補》云："《後漢書·郡國志》任城國樊。則樊是封邑，安其謚也。'樊'字衍。"盧弼《集解》又云："局本無'樊'字。"校點本亦無"樊"字，今從之。

[8] 屯留：公國名。治所在今山西屯留縣南古城。

[9] 廣宗：縣名。治所在今河北威縣東。

[10] 朗陵：侯國名。治所在今河南確山縣西南。 玉：百衲本、殿本作"王"；殿本《考證》云："一本作'玉'。"盧弼《集解》本、校點本作"玉"，今從之。

[11] 歷城：侯國名。治所在今山東濟南市。

[12] 廬江：王國名。魏時治所陽泉縣，在今安徽霍邱縣西。（本洪亮吉《補三國疆域志》）

[13] 廩丘：公國名。治所在今山東鄆城縣西北。

[14] 志：各本均作"至"，盧弼《集解》云："'至'當作'志'。曹植子志，晉封鄄城公，見前。"按，盧說正確。本書卷一九《陳思王植傳》裴注引《曹志別傳》及《晉書》卷五〇《曹志傳》均謂晉封曹志爲鄄城公；並且此鄄城公無名，"泰始二年禽遣世子琨奉表來朝"前亦不須"至"字，又郝經《續後漢書》正作"魏宗室中名次鄄城公志"。故從盧說改"至"爲"志"。

[15] 騎都尉：官名。魏、晉時與奉車都尉、駙馬都尉並號"三都尉"，皆爲皇帝親近侍從武官，多用爲皇族、外戚的加官，奉朝請。第六品。

[16] 賜朝服一具：殿本、校點本作"賜服一具"，盧弼《集

解》本作"賜服二具"。盧氏又云:"何焯校改作'賜朝服'。"百衲本正作"賜朝服一具"。今從百衲本。

[17]解寒食散方:梁章鉅《旁證》云:"《隋書·經籍志》梁有皇甫謐、曹歙《論寒食散方》二卷。即此。然則'翕'亦作'歙'也。"

樂陵王茂,建安二十二年封萬歲亭侯。二十三年,改封平輿侯。[1]黃初三年,進爵,徙封乘氏公。[2]七年,徙封中丘。[3]茂性傲佷,少無寵於太祖。及文帝世,又獨不王。太和元年,徙封聊城公,[4]其年爲王。詔曰:"昔象之爲虐至甚,[5]而大舜猶侯之有庳。近漢氏淮南、阜陵,[6]皆爲亂臣逆子,而猶或及身而復國,或至子而錫土。有虞建之於上古。漢文、明、章行之乎前代,斯皆敦敍親親之厚義也。聊城公茂少不閑禮教,長不務善道。先帝以爲古之立諸侯也,皆命賢者,故姬姓有未必侯者,[7]是以獨不王茂。太皇太后數以爲言。如聞茂頃來少知悔昔之非,[8]欲脩善將來。君子與其進,不保其往也。今封茂爲聊城王,[9]以慰太皇太后下流之念。"[10]六年,改封曲陽王。[11]正始三年,東平靈王徽薨,茂稱嗌痛,不肯發哀,居處出入自若。有司奏除國土,詔削縣一,户五百。五年,徙封樂陵,詔以茂租奉少,諸子多,復所削户,又增户七百。嘉平、正元、景元中,累增邑,并前五千户。

[1]平輿:侯國名。治所在今河南平輿縣北。
[2]乘氏:公國名。治所在今山東巨野縣西南。

［3］中丘：公國名。治所在今河北內丘縣西。趙幼文《校箋》則謂《册府元龜》卷二六三引"中丘"作"中山"。

［4］聊城：公國名。治所在今山東聊城市西北。

［5］象：舜之異母弟，與其父瞽叟多次謀害舜而未得逞。舜繼堯即位後，卻封象於有庳（bì）爲諸侯。（見《史記》卷一《五帝本紀》及《集解》引《孟子》）有庳，古地名。也作"有鼻"（見《史記正義》引《帝王紀》），在今湖南道縣北，曾立有象祠。下句"有庳"，百衲本、殿本、盧弼《集解》本作"有鼻"，校點本作"有庳"。今從校點本。

［6］淮南：指西漢淮南王劉長。劉長爲漢高帝少子。漢文帝時驕橫無禮，後又謀反，事覺，被召入長安，丞相、宗正、廷尉等議當棄市，漢文帝不忍，遂廢徙蜀郡嚴道（今四川榮經縣）。劉長至嚴道，絕食而死。後漢文帝憐憫淮南王失國早亡，遂三分淮南故地，封其三子爲王，即劉安爲淮南王，劉勃爲衡山王，劉賜爲廬江王。（見《漢書》卷四四《淮南厲王長傳》） 阜陵：指東漢阜陵王劉延。劉延爲漢光武帝子，建武（25—56）末封爲淮南王。性驕奢不仁，漢明帝永平（58—75）中，因招聚奸猾之徒，作圖讖，被徙爲阜陵王，並因此心懷怨恨。漢章帝時遂欲謀反，被人告發，因貶爲阜陵侯。後章帝在壽春接見劉延及其妻子，甚爲憫之，以阜陵低濕，徙遷壽春，並賜錢千萬、布萬匹。（見《後漢書》卷四二《阜陵質王延傳》）

［7］未必侯者：梁章鉅《旁證》云："沈欽韓曰：《荀子·儒效篇》周公兼制天下，立七十一國，姬姓獨居五十三人。周之子孫苟不狂惑者，莫不爲天下顯諸侯。按此，則姬姓固有未封者也。"

［8］如聞：周壽昌《注證遺》云："如聞，猶恍惚聞之也。此二字唐以後詩文多承用之。"吳金華《校詁》又補充云："'如聞'乃魏晉南北朝習語，其用例亦不限於詔文。"

［9］今：殿本、盧弼《集解》本作"合"，百衲本、校點本作"今"。今從百衲本等。

［10］下流：魏晉人稱子孫爲下流。周壽昌《注證遺》云："下流訓爲子孫，必魏晉間有此語。"

［11］曲陽：王國名。治所在今江蘇沭縣東南。

文皇帝九男：甄氏皇后生明帝，[1]李貴人生贊哀王協，潘淑媛生北海悼王蕤，朱淑媛生東武陽懷王鑒，仇昭儀生東海定王霖，徐姬生元城哀王禮，蘇姬生邯鄲懷王邕，張姬生清河悼王貢，宋姬生廣平哀王儼。

贊哀王協，[2]早薨。太和五年追封諡曰經殤公。[3]青龍二年，更追改號諡。三年，子殤王尋嗣。景初三年，增户五百，并前三千户。正始九年薨。無子。國除。

北海悼王蕤，黄初七年，明帝即位，立爲陽平縣王。[4]太和六年，改封北海。青龍元年薨。二年，以琅邪王子贊奉蕤後，[5]封昌鄉公。[6]景初二年，立爲饒安王。[7]正始七年，徙封文安。[8]正元、景元中，累增邑，并前三千五百户。

東武陽懷王鑒，[9]黄初六年立。其年薨。青龍三年賜諡。無子。國除。

東海定王霖，[10]黄初三年立爲河東王。[11]六年，改封館陶縣。[12]明帝即位，以先帝遺意，愛寵霖異於諸國。而霖性麤暴，閨門之内，[13]婢妾之間，多所殘害。太和六年，改封東海。嘉平元年薨。[14]子啓嗣。景初、正元、景元中，累增邑。并前六千二百户。高貴鄉公髦，霖之子也。入繼大宗。[15]

元城哀王禮，[16]黄初二年封秦公，以京兆郡爲國。[17]三年，改爲京兆王。六年，改封元城王。太和三年薨。五年，以任城王楷子悌嗣禮後。[18]六年，改封梁王。[19]景初、正元、景元中，累增邑，并前四千五百户。

邯鄲懷王邕，[20]黃初二年封淮南公，以九江郡爲國。[21]三年，進爲淮南王。四年，改封陳。[22]六年，改封邯鄲。太和三年薨。五年，以任城王楷子溫嗣邕後。六年，改封魯陽。景初、正元、景元中，累增邑，并前四千四百户。

清河悼王貢，[23]黃初三年封。四年薨。無子。國除。

廣平哀王儼，[24]黃初三年封。四年薨。無子。國除。

[1] 甄氏皇后：盧弼《集解》謂以前文"卞皇后生文皇帝"例之，"氏"字疑衍文。

[2] 贊：即"鄼"。此鄼縣亦南陽郡之鄼縣，在今湖北光化縣西北。

[3] 經：公國名。治所在今河北廣宗縣東北。

[4] 陽平：縣王國名。治所在今山東莘縣。

[5] 琅邪王：錢大昭《辨疑》云："魏惟范陽閔王矩之嗣王敏，於太和六年改封琅邪，此琅邪王子即敏之子也。'子贊'上當有'敏'字。"

[6] 昌鄉：不詳。

[7] 饒安：王國名。治所在今河北鹽山縣西南。

[8] 文安：王國名。治所在今河北文安縣東北。

[9] 東武陽：王國名。魏治所在今山東莘縣西南朝城。

[10] 東海：王國名。治所郯縣，在今山東郯城縣北。

[11] 河東：王國名。治所安邑縣，在今山西夏縣西北禹王城。

[12] 館陶縣：治所在今河北館陶縣。

[13] 闉：盧弼《集解》本作"闉"，百衲本、殿本、校點本作"闉"。今從百衲本等。

[14] 嘉平元年薨：錢大昭《辨疑》云："本紀（指《少帝齊王芳紀》）嘉平二年十二月甲辰東海王霖薨。傳作'元年'誤。"梁章鉅《旁證》、潘眉《考證》亦有同説。

[15] 大宗：周代的宗法制度，始祖的嫡長子爲大宗，其他爲小宗。

[16] 元城：王國名。治所在今河北大名縣東北。

[17] 京兆郡：治所長安縣，在今陝西西安市西北。

[18] 任城：王國名。治所任城縣，在今山東微山縣西北。

[19] 梁：王國名。治所睢陽縣，在今河南商丘市睢陽區南。

[20] 邯鄲：王國名。治所在今河北邯鄲市西南。

[21] 九江郡：治所壽春縣，在今安徽壽縣。

[22] 陳：王國名。治所陳縣，在今河南淮陽縣。

[23] 清河：王國名。治所清河縣，在今山東清河市北。

[24] 廣平：王國名。治所曲梁縣，在今河北永年縣東南永年。

評曰：魏氏王公，既徒有國土之名，[1] 而無社稷之實，又禁防壅隔，同於囹圄；位號靡定，大小歲易；骨肉之恩乖，《常棣》之義廢。爲法之弊，一至于此乎！〔一〕

〔一〕《袁子》曰：[2] 魏興，承大亂之後，民人損減，不可則以古始。[3] 於是封建侯王，皆使寄地，空名而無其實。王國使有老兵百餘人，以衞其國。雖有王侯之號，而乃儕於匹夫。[4] 縣隔千里之外，無朝聘之儀，鄰國無會同之制。諸侯游獵不得過三十里，又爲設防輔監國之官以伺察之。王侯皆思爲布衣而不能得。既違宗國藩屏之義，又虧親戚骨肉之恩。

《魏氏春秋》載宗室曹冏上書曰：[5]"臣聞古之王者，必建同姓以明親親，必樹異姓以明賢賢。故《傳》曰'庸勳親親，[6]昵近尊賢'；《書》曰'克明俊德，[7]以親九族'；[8]《詩》云'懷德維寧，[9]宗子維城'。[10]由是觀之，[11]非賢無與興功，非親無與輔治。[12]夫親親之道，專用則其漸也微弱；賢賢之道，偏任則其弊也劫奪。先聖知其然也，故博求親疏而並用之；近則有宗盟藩衛之固，遠則有仁賢輔弼之助，盛則有與共其治，衰則有與守其土，安則有與享其福，危則有與同其禍。夫然，故能有其國家，保其社稷，歷紀長久，本枝百世也。今魏尊尊之法雖明，親親之道未備。《詩》不云乎，[13]'鶺鴒在原，[14]兄弟急難'。以斯言之，明兄弟相救於喪亂之際，同心於憂禍之間，雖有閱牆之忿，[15]不忘禦侮之事。何則？憂患同也。[16]今則不然，或任而不重，或釋而不任，一旦疆場稱警，關門反拒，股肱不扶，胸心無衛。臣竊惟此，寢不安席，思獻丹誠，貢策朱闕。[17]謹撰合所聞，敍論成敗。論曰：[18]昔夏、殷、周歷世數十，[19]而秦二世而亡。何則？三代之君，與天下共其民，[20]故天下同其憂。[21]秦王獨制其民，故傾危而莫救。夫與民共其樂者，人必憂其憂；與民同其安者，人必拯其危。先王知獨治之不能久也，故與人共治之；知獨守之不能固也，故與人共守之。兼親疏而兩用，參同異而並建。是以輕重足以相鎮，親疏足以相衛，并兼路塞，逆節不生。及其衰也，桓、文帥禮；[22]苞茅不貢，[23]齊師伐楚；宋不城周，[24]晉戮其宰。[25]王綱弛而復張，諸侯傲而復肅。二霸之後，浸以陵遲。吳、楚憑江，[26]負固方城，[27]雖心希九鼎，[28]而畏迫宗姬，[29]姦情散於胸懷，逆謀消於唇吻；斯豈非信重親戚，任用賢能，枝葉碩茂，本根賴之與？自此之後，轉相攻伐；吳并於越，晉分爲三,[30]魯滅於楚,鄭兼於韓。曁于戰國,諸姬微矣,惟燕、衞獨存,然皆弱小,西迫彊秦,南畏齊、楚,憂懼滅亡,匪遑相恤。至於王赧,[31]降爲庶人,猶枝幹相持,得居虛位,海内無主,四十餘年。[32]秦據勢勝之地,[33]騁譎詐之術,征伐關東,[34]蠶食九國,[35]至於始皇,乃定天位。曠日若彼,用力若此,豈非深固根蔕不拔之道乎?[36]《易》曰:[37]'其亡其亡,繫于苞桑。'[38]周德其可謂當之矣。秦觀周之弊,以爲小弱見奪,於是廢五等之爵,[39]立郡縣之官,棄禮樂之教,任苛刻之政;子弟無尺寸之封,功臣無立錐之地,内無宗子以自毗輔,外無諸侯以爲藩衞,仁心不加於親戚,惠澤不流於枝葉;譬猶芟刈股肱,獨任胸腹,浮舟江海,捐棄楫櫂,觀者爲之寒心,而始皇晏然自以爲關中之固,金城千里,子孫帝王萬世之業也,豈不悖哉!是時淳于越諫曰:[40]'臣聞殷、周之王,封子弟功臣千有餘(城)〔歲〕。[41]今陛下君有海内而子弟爲匹夫,卒有田常、六卿之臣,[42]而無輔弼,何以相救?事不師古而能長久者,非所聞也。'始皇聽李斯偏説而絀其議,至於身死之日,無所寄付,[43]委天下之重於凡夫之手,託廢立之命於姦臣之口,至令趙高之徒,誅鉏宗室。胡亥少習刻薄之教,[44]長遵凶父之業,[45]不能改制易法,寵任兄弟,而乃師譚申、商,[46]諮謀趙高;自幽深宮,委政讒賊,身殘望夷,[47]求爲黔首,豈可得哉?遂乃郡國離心,衆庶潰叛,[48]勝、廣倡之於前,[49]劉、項弊之於後。[50]向使始皇納淳于之策,抑李斯之論,割裂州國,分王子弟,封三代之後,報功臣之勞,士有常君,民有定主,枝葉相扶,首尾爲用,雖使子孫有失道之行,時人無湯、武之賢,姦謀未發,而身已屠戮,何區區之陳、項而復得措其手足哉?故漢祖奮三尺之劍,驅烏集之衆,[51]五年之中,[52]遂成帝業。自開闢以來,其興立功勳,[53]未有若漢祖之易也。[54]夫伐深根者難爲功,摧枯朽者易爲力,理勢然也。漢監秦之失,封殖子弟,及諸吕擅權,[55]圖危劉氏,而天下所以不傾動,百姓所以不易心者,徒以諸侯彊大,盤石膠固,東牟、朱虛受命於內,[56]齊、代、吳、楚作衞於外故也。向使高祖蹈亡秦之法,忽先王之制,則天下已傳,非劉氏有也。然高祖封建,地過古制,大者跨州兼郡,小者連城數十,上下無別,權侔京室,故有吳、楚七國之患。賈誼曰:[57]'諸侯彊盛,長亂起姦。夫欲天下之治安,莫若衆建諸侯而少其力,令海內之勢,若身之使臂,臂之使指,則下無背叛之心,上無誅伐之事。'文帝不從。至於孝景,狠用鼂錯之計,[58]削黜諸侯,親者怨恨,疎者震恐,吳、楚倡謀,五國從風。[59]兆發高帝,[60]釁鍾文、景,[61]由寬之過制,急之不漸故也。所謂末大必折,尾大難掉。尾同於體,猶或不從,況乎非體之尾,其可掉哉?武帝從主父之策,[62]下推恩之令,自是之後,齊分爲七,[63]趙分爲六,[64]淮南三割,[65]梁、代五分,[66]遂以陵遲,子孫微弱,衣食租税,不預政事,或以酎金免削,或以無後國除。至于成帝,王氏擅朝。[67]劉向諫曰:[68]'臣聞公族者,國之枝葉;枝葉落則本根無所庇蔭。方今同姓疎遠,母黨專政,排擯宗室,孤弱公族,非所以保守社稷,安固國嗣也。'其言深切,多所稱引,成帝雖悲傷歎息而不能用。至於哀、平,[69]異姓秉權,[70]假周公之事,[71]而爲田常之亂,[72]高拱而竊天位,[73]一朝而臣四海。漢宗室王侯,解印釋綬,[74]貢奉社稷,猶懼不得爲臣妾,或乃爲之符命,頌莽恩德,豈不哀哉!由斯言之,非宗子獨忠孝於惠、文之間,而叛逆於哀、平之際也,徒權輕勢弱,不能有定耳。賴光武皇帝挺不世之姿,禽王莽於已成,紹漢嗣於既絶,斯豈非宗子之力也?而曾不監秦之失策,襲周之舊制,踵王國之法,[75]而徼倖無疆之期。至於桓、靈,[76]閹豎執衡,朝無死難之臣,外無同憂之國,君孤立於上,臣弄權於下,本末不能相御,身首不能相使。由是天下鼎沸,姦凶並爭,宗廟焚爲灰燼,[77]宮室變爲榛藪,居九州之地,而身無所安處,悲夫!魏太祖武皇帝躬聖明之資,兼神武之略,恥王綱之廢絶,愍漢室之傾覆,龍飛譙、沛，鳳翔兗、豫，掃除凶逆，翦滅鯨鯢，迎帝西京，定都潁邑，[78]德動天地，義感人神。漢氏奉天，禪位大魏。大魏之興，于今二十有四年矣，[79]觀五代之存亡而不用其長策，覩前車之傾覆而不改於轍迹；[80]子弟王空虛之地，君有不使之民，[81]宗室竄於閭閻，不聞邦國之政，權均匹夫，勢齊凡庶；內無深根不拔之固，外無盤石宗盟之助，非所以安社稷，爲萬世之業也。[82]且今之州牧、郡守，古之方伯、諸侯，皆跨有千里之土，兼軍武之任，或比國數人，或兄弟並據；而宗室子弟曾無一人閒廁其閒，與相維持，非所以彊幹弱枝，備萬一之虞也。今之用賢，或超爲名都之主，或爲偏師之帥，而宗室有文者必限小縣之宰，有武者必置百人之上，[83]使夫廉高之士，畢志於衡軛之內，[84]才能之人，恥與非類爲伍，非所以勸進賢能、褒異宗室之禮也。夫泉竭則流涸，根朽則葉枯；枝繁者蔭根，條落者本孤。故語曰‘百足之蟲，至死不殭’，以扶之者衆也。[85]此言雖小，可以譬大。且墉基不可倉卒而成，[86]威名不可一朝而立，皆爲之有漸，建之有素。譬之種樹，久則深固其本根，茂盛其枝葉，若造次徙於山林之中，[87]植於宮闕之下，雖壅之以黑墳，[88]煖之以春日，猶不救於枯槁，而何暇繁育哉？夫樹猶親戚，土猶士民，建置不久，則輕下慢上，平居猶懼其離叛，危急將若之何？是以聖王安而不逸，以慮危也，存而設備，以懼亡也。故疾風卒至而無摧拔之憂，天下有變而無傾危之患矣。”同，中常侍兄叔興之後，[89]少帝族祖也。[90]是時天子幼稚，[91]同冀以此論感悟曹爽，爽不能納。

[1] 既徒有：趙幼文《校箋》謂《群書治要》卷二六引無“既”字。

[2] 袁子：沈家本《三國志注所引書目》謂《隋書·經籍志》著錄《袁子正論》十九卷，袁準撰；梁又有《袁子正書》二十五卷，袁準撰，亡。《舊唐書·經籍志》《新唐書·藝文志》著錄

《正論》二十卷、《正書》二十五卷，是《正書》先亡後出矣。《文選》注中，二書並引。準字孝尼，袁渙子，見本書卷一一《袁渙傳》裴注引《袁氏世紀》，《晉書》附見《袁瓌傳》。裴氏但稱《袁子》，所引多評論之語，當是《正論》。

［3］古始：趙幼文《校箋》謂嚴可均《全晉文》卷五五引"始"字作"治"。

［4］儕於：校點本作"儕爲"，今從百衲本、殿本、盧弼《集解》本作"儕於"。

［5］曹冏：《文選》曹元首《六代論》李善注引《魏氏春秋》謂曹冏字元首，爲弘農太守。

［6］傳曰：見《左傳·僖公二十四年》。　庸勳：謂酬勞有功勳者。

［7］書曰：見《尚書·堯典》。　克明俊德：謂能明舉俊德之士而用之。

［8］九族：指上自高祖下至玄孫的九代宗族。

［9］詩云：見《詩·大雅·板》。

［10］宗子：指周王之嫡子。

［11］由是：趙幼文《校箋》謂《群書治要》卷二六引"是"字作"斯"。

［12］輔治：趙幼文《校箋》謂《群書治要》引"治"下有"也"字。

［13］詩：此詩見《詩·小雅·常棣》。

［14］鶺鴒：《詩·小雅·常棣》作"脊令"，亦名雝渠，水鳥名。毛傳云："脊令，雝渠也。"鄭箋："雝渠，水鳥。而今在原，失其常處，則飛則鳴。求其類，天性也。猶兄弟之急難。"

［15］鬩（xì）：爭訟，爭鬥。《詩·小雅·常棣》："兄弟鬩于墙，外禦其務。"鄭箋："務，侮也。兄弟雖內鬩，而外禦侮也。"

［16］同也：趙幼文《校箋》謂《冊府元龜》卷二八三引"同"下有"心"字。按，《群書治要》引亦無。

[17] 朱闕：趙幼文《校箋》謂《册府元龜》引"朱"字作"天"。

[18] 論：此論，《文選》題爲曹元首《六代論》，李善注："論夏、殷、周、秦、漢、魏也。"按，此文與《文選》之不同字詞，一般不作校注。

[19] 歷世數十：《文選》李善注：《紀年》曰：凡夏自禹以至於桀，十七王；殷自成湯滅夏以至於受，二十九王。《大戴禮》曰：殷爲天子二十餘世而周受之；周爲天子三十餘世而秦受之；秦爲天子二世而亡。

[20] 共其民：謂與天下諸侯共制其民。

[21] 同其憂：趙幼文《校箋》謂《群書治要》引"憂"下有"也"字。

[22] 桓文：指春秋時齊桓公與晋文公。當東周微弱時，齊桓公首舉"尊王攘夷"之旗，成爲春秋第一霸主。後來晋文公也爲霸主。

[23] 苞茅：束成捆的菁茅。菁茅是有刺之茅。古人將菁茅束成捆用以濾酒去滓；祭神時又將成捆之菁茅豎立，將酒自上澆下，其糟留在茅中，酒汁漸漸滲透下流，象徵神飲，此種儀式稱爲縮酒。春秋時楚國產菁茅，並例向周王室上貢。公元前659年齊軍伐楚的原因之一，即管仲向楚使所言："爾貢苞茅不入，王祭不共，無以縮酒，寡人是征。"（《左傳·僖公四年》）

[24] 宋不城周：公元前509年，晋國派魏舒在狄泉（在今河南洛陽市內）召集諸國大夫議事，準備增築成周城墻。工程開始時，魯國大夫孟懿子參加了，而宋國大夫仲幾卻不接受工程任務，晋大夫士彌牟便與韓簡子決議，將仲幾扣押送京都。（見《左傳·定公元年》）

[25] 戮：侮辱。

[26] 憑江：趙幼文《校箋》謂《群書治要》引"江"下有"漢"字。

［27］方城：《左傳·僖公四年》：楚屈完曰："楚國方城以爲城，漢水以爲池。"楊伯峻注："凡今之桐柏、大別諸山，楚統名之曰方城。"

　　［28］九鼎：《史記》卷一二《武帝本紀》云："禹收九牧之金，鑄九鼎。"相傳商湯滅夏桀，遷九鼎於商邑；周武王滅商又遷於洛邑。九鼎遂成爲象徵國家政權的傳國寶。春秋、戰國時，秦、楚皆有興師至周求鼎之事。

　　［29］宗姬：姬姓諸侯。

　　［30］晉分爲三：戰國初，晉國分爲韓、趙、魏三國。

　　［31］王赧：即周赧王延。赧王時，周分裂爲東周、西周兩小國。赧王雖名爲天子，實則寄居西周。傳說赧王負債，無法歸還，便逃於宮内臺上，後人遂名此臺爲逃債臺。《漢書·諸侯王表》云："（周）歷載八百餘年，數極德盡，既於王赧，降爲庶人，用天年終。號位已絶於天下，尚猶枝葉相持，莫得居其虛位，海内無主，三十餘年。"

　　［32］四十餘年：《漢書·諸侯年表》作"三十餘年"。顔師古注："秦昭襄王五十二年周初亡，五十六年昭襄王卒，孝文王立一年而卒，莊襄王立四年而卒，子政立二十六年而乃并天下，自號始皇帝。是爲三十五年無主也。"

　　［33］勢勝：趙幼文《校箋》謂《群書治要》引"勢"字作"形"。按，《文選》及《藝文類聚》卷一一引亦作"勢"。

　　［34］關東：指函谷關以東之地。

　　［35］鼉食：百衲本作"於食"、殿本《考證》云："元本作'薦食'。"殿本、盧弼《集解》本、校點本作"鼉食"。今從殿本等。　九國：《文選》賈誼《過秦論》"九國之師遁逃而不敢進"李善注："九國，謂齊、楚、韓、魏、燕、趙、宋、衛、中山也。"

　　［36］深固根蒂：盧弼《集解》本作"深根固蒂"，百衲本、殿本、校點本作"深固根蒂"。今從百衲本等。趙幼文《校箋》謂《藝文類聚》卷一一引作"深根固蒂"。郝經《續後漢書》同。按，

《文選》亦作"深根固蒂",而《群書治要》又作"深固根蒂"。

[37] 易:見《易·否》九五爻辭。

[38] 繫于苞桑:《文選》李善注:"鄭玄曰:苞,植也。否世之人,不知聖人有命,咸云'其將亡矣,其將亡矣'!而聖乃自繫於植桑不亡也。"

[39] 五等之爵:公、侯、伯、子、男五等。

[40] 淳于越:齊人,秦時爲博士。其言見《史記》卷六《秦始皇本紀》。

[41] 千有餘歲:各本皆作"千有餘城"。《史記·秦始皇本紀》作"千餘歲",校點本即據《史記》改"城"爲歲。今從之。按,《史記·秦始皇本紀》此兩句作"臣聞殷周之王千餘歲,封子弟功臣",文義較順,疑當從此。

[42] 田常:春秋時齊國之大臣,繼續推行田氏爭取民衆之措施,以大斗貸出,小斗收進。齊簡公四年(前481),殺簡公,立平公,任相國,盡殺公族中之強者,擴大封邑,從此齊國由田氏專權。至其後裔田和,遂代齊而自立。(見《史記》卷四六《田敬仲完世家》) 六卿:指春秋時晉國之范氏、智氏、中行氏、趙氏、韓氏、魏氏。前三家被滅,後三家終分晉國。

[43] 無所寄付:秦始皇於三十七年(前210)東巡,回至平原津(在今山東平原縣西南古黃河上)而病,乃爲璽書賜公子扶蘇曰:"與喪會咸陽而葬。"至沙丘(在今河北廣宗縣西北大平臺)始皇死。宦官趙高、左丞相李斯與少子胡亥遂篡改詔書,賜扶蘇死而立胡亥。(見《史記·秦始皇本紀》)

[44] 刻薄之教:胡亥少時曾從趙高學書及獄律法令等。(見《史記·秦始皇本紀》)

[45] 遵:校點本作"遭",百衲本、殿本、盧弼《集解》本、《文選》均作"遵"。今從百衲本等。

[46] 譚:《文選》作"謨"。譚,同"談"。 申:申不害。戰國時爲韓昭侯相,韓國因之而強。主刑名之學,著有《申子》。

（見《史記》卷六三《老子韓非列傳》）　商：商鞅。戰國時爲秦孝公所用，實行變法，奠定了秦國富强的基礎。主張法治。其學説保存在《商君書》中。

［47］望夷：秦宮名。在今陝西咸陽市東北涇河南岸。秦二世胡亥即位後，趙高專權，並使二世深居宮中，少與公卿朝臣見面，事皆决於趙高。及項羽、劉邦軍勝，逼近關中，趙高遂與其婿閻樂等謀殺胡亥。值二世至望夷宮祠祀，閻樂即率兵入宮逼殺。二世表白願退位爲王、爲侯，閻樂皆不許，最後二世曰："願與妻子爲黔首，比諸公子。"閻樂亦不允，揮其兵進。二世遂自殺。（見《史記》卷六《秦始皇本紀》）

［48］潰叛：百衲本作"憒叛"，殿本、盧弼《集解》本、校點本作"潰叛"。今從殿本等。

［49］勝廣：即陳勝、吳廣。首先起兵反秦者。

［50］劉項：即劉邦、項羽。　弊：字本作"獘"，亦作"斃"；仆，倒下。

［51］驅烏集之衆：趙幼文《校箋》謂《藝文類聚》引作"騁烏合之衆"。按，《文選》亦作"驅烏集之衆"。

［52］五年：公元前206年劉邦入關爲漢王，稱元年；至前202年項羽戰敗自殺，劉邦即皇帝位爲五年。

［53］興立功勳：趙幼文《校箋》謂《藝文類聚》引作"興功立勳"。按，《文選》亦作"興功立勳"。

［54］易也：趙幼文《校箋》謂《藝文類聚》《群書治要》引"易"下俱有"者"字。郝經《續後漢書》同。

［55］諸吕：指吕后兄子吕臺、吕産、吕禄、臺子通等。

［56］東牟：即東牟侯劉興居，齊悼惠王劉肥之子。　朱虚：即朱虚侯劉章，東牟侯興居之兄。吕后時，弟兄二人皆在長安宿衛。吕后病危時，懼大臣不服諸吕，乃以吕禄爲上將軍統北軍，吕産爲相國統南軍。吕后死後，吕禄、吕産雖握兵權專政，仍懼大臣諸侯王爲變誅己，因謀作亂。朱虚侯劉章爲吕禄婿，知其謀，遂使

人告其兄齊王劉襄，使發兵平亂；又與太尉周勃、丞相陳平謀爲內應。齊王劉襄起兵後，周勃、陳平又設計奪得北軍與南軍，遂誅除諸呂。（見《漢書》卷三《高后紀》）

　　［57］賈誼：西漢政論家。二十餘歲即被漢文帝召爲博士，不久又爲太中大夫。後文帝擬以誼爲公卿，卻被周勃、灌嬰等誹毀，出爲長沙王太傅，後又爲梁懷王太傅。曾多次上疏論時政。以下所引即賈誼"上疏陳事"之一的節錄。　　（見《漢書》卷四八《賈誼傳》）

　　［58］鼂錯：亦西漢政論家。漢文帝時曾任太常掌故、博士、太子家令等，曾多次上疏論政事，爲文帝所稱贊。鼂錯爲太子家令時，即得太子（即景帝）之信任。景帝即位後，爲內史，深得景帝之倚重，多次更改法令；後爲御史大夫，又建議削減諸侯王封地，吳、楚等國遂起兵反叛。爰盎等人乘機譖之，鼂錯被殺。（見《漢書》卷四九《鼂錯傳》）

　　［59］五國：指趙、濟南、膠西、膠東、菑川等五國。

　　［60］兆發高帝：謂漢高帝時諸侯王封地過大。

　　［61］釁鍾文景：鼂錯爲太子家令時，即多次上書漢文帝，言當削吳國，漢文帝不忍，至使吳王更加驕橫；景帝即位後，鼂錯又上言曰："昔高帝初定天下，昆弟少，諸子弱，大封同姓，故孽子悼惠王王齊七十二城，庶弟元王王楚四十城，兄子王吳五十餘城。封三庶孽，分天下半。今吳王前有太子之隙，詐稱病不朝，於古法當誅。文帝不忍，因賜几杖，德至厚也。不改過自新，乃益驕恣，公即山鑄錢，煑海爲鹽，誘天下亡人謀作亂逆。今削之亦反，不削亦反。削之，其反亟，禍小；不削之，其反遲，禍大。"景帝亦未即時采納。（見《漢書》卷三五《吳王濞傳》）

　　［62］主父：即主父偃。漢武帝時爲中大夫，仍建議武帝削減諸侯王封地，但鑒於鼂錯之教訓，遂提出新措施曰："今諸侯子弟或十數，而適嗣代立，餘雖骨肉，無尺地之封，則仁孝之道不宣。願陛下令諸侯推恩分子弟，以地侯之。彼人人喜得所願，上以德

施，實分其國，必稍自銷弱矣。"漢武帝從其計，下"推恩令"。從此王國封地愈來愈小，名存實亡。（見《漢書》卷六四上《主父偃傳》）

［63］齊分爲七：盧弼《集解補》："郝經曰：謂齊、城陽、濟北、濟南、淄川、膠西、膠東也。"

［64］趙分爲六：《集解補》："郝經曰：謂平原、真定、中山、廣川、河間也。"

［65］淮南三割：《集解補》："郝經曰：謂淮南、衡山、廬江也。"

［66］梁代五分：《集解補》："郝經曰：謂梁、濟川、濟東、山陽、濟陰也。代未嘗分。此言五分未詳。"

［67］王氏：指王太后之弟兄王鳳等。漢成帝即位後，即以王鳳爲大司馬、大將軍、領尚書事。

［68］劉向：漢楚元王劉交之後。漢成帝時爲光祿大夫，見王氏貴盛專權，曾多次上書進諫。以下所引，即數次進諫之內容。（見《漢書》卷三六《楚元王附向傳》）

［69］哀平：漢哀帝與漢平帝。

［70］異姓秉權：漢哀帝時任用佞幸董賢與外戚丁氏、傅氏。平帝時則王莽秉權專政。

［71］假周公之事：《漢書》卷九九上《王莽傳》謂漢平帝元始五年（5），泉陵侯劉慶上書言："周成王幼少，稱孺子，周公居攝。今帝富於春秋，宜令安漢公行天子事，如周公。"

［72］田常之亂：指田常殺齊簡公。此指王莽用毒酒殺漢平帝。

［73］竊天位：指王莽篡漢建立新朝。

［74］釋紱：趙幼文《校箋》謂《群書治要》引"紱"作"綏"。

［75］王國：殿本、《文選》作"亡國"，百衲本、盧弼《集解》、校點本作"王國"。今從百衲本等。

［76］桓靈：漢桓帝、漢靈帝時，宦官、外戚竊權亂政。

［77］宗廟焚爲灰燼：《後漢書》卷七二《董卓傳》謂董卓挾持

漢獻帝從京都洛陽西遷長安時，"悉燒宮廟官府居家，二百里內無復孑遺"。

［78］潁邑：指許縣。因許縣屬潁川郡。

［79］二十有四年：何焯云："云二十四年，則此論當齊王芳正始四年上也。"（《義門讀書記》卷四九《文選·雜文》）

［80］改於轍迹：趙幼文《校箋》謂《藝文類聚》引"於"字作"其"。按，《群書治要》亦作"其"。

［81］君有不使之民：趙幼文《校箋》謂《群書治要》引"君"下無"有"字。

［82］安社稷爲萬世之業：趙幼文《校箋》謂《群書治要》引"安"上有"保"字，"業"字作"策"字。

［83］必置：趙幼文《校箋》謂《群書治要》引"置"下有"於"字。郝經《續後漢書》同。

［84］衡軛：車轅前端的橫木稱衡，連接車轅套在駕車牛馬脖頸上的器具稱軛。《文選》李善注："衡軛，車之衡軛也，言王者之御群臣，猶人之御牛馬，故以衡軛喻焉。"

［85］以扶之者：趙幼文《校箋》謂《群書治要》引"扶"上無"以"字。郝經《續後漢書》同。

［86］墉（yōng）基：墙基。

［87］造次：倉猝，匆忙。

［88］黑墳（fèn）：肥沃的黑土。

［89］中常侍：指曹騰。曹騰四弟兄，長兄伯興，次兄仲興，三兄叔興，騰字季興。（見本書《武帝紀》裴注引司馬彪《續漢書》）

［90］少帝：此指齊王曹芳。

［91］幼稚：盧弼《集解》本作"幼弱"，百衲本、殿本、校點本作"幼稚"。今從百衲本等。趙幼文《校箋》則謂作"幼弱"者是也。"幼稚"非當時語。按，《漢書》卷九九上《王莽傳上》謂王舜等共令太后下詔，詔中有云："君年幼稚，必有寄託而居攝焉。"是漢代已有"幼稚"之言，不得謂非當時語。

三國志 卷二一

魏書二十一

王衞二劉傅傳第二十一

王粲字仲宣,山陽高平人也。[1]曾祖父龔,祖父暢,皆爲漢三公。〔一〕父謙,爲大將軍何進長史。[2]進以謙名公之胄,欲與爲婚,見其二子,使擇焉。謙弗許。以疾免,卒于家。

〔一〕張璠《漢紀》曰:龔字伯宗,有高名於天下。順帝時爲太尉。[3]初,山陽太守薛勤喪妻不哭,將殯,臨之曰:"幸不爲夭,復何恨哉?"及龔妻卒,龔與諸子並杖行服,時人或兩譏焉。暢字叔茂,名在八俊。[4]靈帝時爲司空,[5]以水災免,而李膺亦免歸故郡,二人以直道不容當時。天下以暢、膺爲高士,諸危言危行之徒皆推宗之,願涉其流,惟恐不及。會連有災異,而言事者皆言三公非其人,宜因其變,以暢、膺代之,則禎祥必至。由是宦豎深怨之,及膺誅死而暢遂廢,終于家。

[1] 山陽:郡名。治所昌邑縣,在今山東金鄉西北。　高平:

侯國名。治所在今山東微山縣西北。

　　[2] 長史：官名。漢代，三公府設有長史，以輔助三公。將軍府之屬官亦有長史，以總理幕府。

　　[3] 太尉：官名。東漢時與司徒、司空並爲三公，共同行使宰相職能，而位列三公之首，名位甚重。或與太傅並錄尚書事，綜理全國軍政事務。

　　[4] 八俊：《後漢書》卷六七《黨錮列傳序》謂東漢後期，"正直廢放，邪枉熾結，海內希風之流，遂共相標榜，指天下名士，爲之稱號，上曰'三君'，次曰'八俊'"，"李膺、荀翌、杜密、王暢、劉祐、魏朗、趙典、朱寓爲'八俊'。俊者，言人之英也"。

　　[5] 司空：官名。東漢時，與太尉、司徒並爲三公，共同行使宰相職能，而位列三公之末。本職掌土木營建與水利工程。

　　獻帝西遷，粲徙長安，[1]左中郎將蔡邕見而奇之。[2]時邕才學顯著，貴重朝廷，常車騎填巷，賓客盈坐。聞粲在門，倒屣迎之。[3]粲至，年既幼弱，容狀短小，一坐盡驚。邕曰："此王公孫也，有異才，吾不如也。吾家書籍文章，盡當與之。"年十七，司徒辟，[4]詔除黄門侍郎，[5]以西京擾亂，皆不就。乃之荆州依劉表。[6]表以粲貌寢而體弱通侻，[7]不甚重也。〔一〕表卒。粲勸表子琮，令歸太祖。〔二〕太祖辟爲丞相掾，[8]賜爵關內侯。[9]太祖置酒漢濱，粲奉觴賀曰："方今袁紹起河北，[10]仗大衆，志兼天下，然好賢而不能用，故奇士去之。劉表雍容荆楚，[11]坐觀時變，自以爲西伯可規。[12]士之避亂荆州者，皆海內之儁傑也；表不知所任，故國危而無輔。明公定冀州之日，[13]下車即繕其甲卒，收其豪傑而用之，以橫行天下；及平江、漢,[14]引其賢儁而置之列位,使海內回心,望風而願治,文武並用,英雄畢力,此三王之舉也。"後遷軍謀祭酒。[15]魏國既建,拜侍中。[16]博物多識,問無不對。時舊儀廢弛,興造制度,粲恒典之。〔三〕

　　〔一〕臣松之曰:貌寑,謂貌負其實也。通侻者,簡易也。
　　〔二〕《文士傳》載粲說琮曰:"僕有愚計,願進之於將軍,可乎?"琮曰:"吾所願聞也。"粲曰:"天下大亂,豪傑並起,在倉卒之際,彊弱未分,故人各各有心耳。當此之時,家家欲為帝王,人人欲為公侯。觀古今之成敗,能先見事機者,則恒受其福。今將軍自度,何如曹公邪?"琮不能對。粲復曰:"如粲所聞,曹公故人傑也。雄略冠時,智謀出世,摧袁氏於官渡,[17]驅孫權於江外,逐劉備於隴右,破烏丸於白登,其餘梟夷蕩定者,往往如神,不可勝計。今日之事,去就可知也。將軍能聽粲計,卷甲倒戈,應天順命,以歸曹公,曹公必重德將軍。保己全宗,長享福祚,垂之後嗣,此萬全之策也。粲遭亂流離,託命此州,蒙將軍父子重顧,敢不盡言!"琮納其言。
　　臣松之案:孫權自此以前,尚與中國和同,未嘗交兵,何云"驅權於江外"乎?魏武以十三年征荊州,劉備卻後數年方入蜀,備身未嘗涉於關、隴,[18]而於征荊州之年,便云逐備於隴右,[19]既已乖錯;又白登在平城,[20]亦魏武所不經,北征烏丸,與白登永不相豫。以此知張騭假偽之辭,而不覺其虛之自露也。凡騭虛偽妄作,不可覆疏,如此類者,不可勝紀。
　　〔三〕摯虞《決疑要注》曰:[21]漢末喪亂,絕無玉珮。魏侍中王粲識舊珮,始復作之。今之玉珮,受法於粲也。

　　[1] 長安:縣名。治所在今陝西西安市西北。
　　[2] 左中郎將:官名。秩比二千石。漢代光祿勳下設五官、

左、右三署，各置中郎將統領一署，各主其署郎官，爲皇帝侍衛。

[3] 倒屣（xǐ）：屣，鞋。古人在家中，脫鞋席地而坐，貴重客到，急於出迎，可能將鞋穿倒。

[4] 司徒：官名。東漢時，與太尉、司空並爲三公。共同行使宰相職能，位次太尉。本職掌民政。

[5] 黃門侍郎：官名。即給事黃門侍郎。東漢時秩六百石。掌侍從左右，關通中外。初無員數，漢獻帝定爲六員，與侍中俱出入禁中，近侍帷幄，省尚書奏事。

[6] 荊州：刺史的治所本在漢壽縣，在今湖南常德市東北。劉表爲刺史，移治所於襄陽縣，在今湖北襄陽市襄州區。 依劉表：劉表亦山陽高平人，且年十七受學於王暢，時又爲荊州刺史，故王粲往依之。（見本書卷六《劉表傳》及裴注引謝承《後漢書》）

[7] 貌寢而體弱通侻：趙幼文《校箋》謂"體弱"二字疑爲後旁注而闌入正文者。考裴注惟釋"貌寢通侻"，而不及"體弱"。《册府元龜》卷八三五引無"體弱"二字，《世說新語·傷逝篇》注引同。貌寢謂形容，通侻指其性格，無緣再加"體弱"二字，而句意已足矣。按，宋本《册府元龜》作"貌寢而體通侻"。

[8] 丞相掾：官名。丞相府之屬吏。丞相府設有諸曹，掾即分曹治事。如有東曹掾、户曹掾、金曹掾、兵曹掾等等。未書曹之掾，不知屬於何曹。

[9] 關內侯：爵名。漢制二十級爵之十九級，次於列侯，衹有封户收取租稅而無封地。魏文帝定爵制爲十等，關內侯在亭侯下，仍爲虛封，無食邑。

[10] 方今：向時；往時。《文選》張平子《南都賦》："方今天地之睢剌，帝亂其政，豺虎肆虐，真人革命之秋也。"李善注："《漢書音義》曰：方，向也。謂高祖之時。"劉良注："向今，猶向時也。"

[11] 荊楚：即荊州。荊州爲古楚國之地。楚亦稱荊。

[12] 西伯：即周文王。周文王在殷商末爲西方諸侯之長，故

稱西伯。

　　[13] 冀州：東漢末，州牧刺史治所常設在鄴，在今河北臨漳縣西南鄴鎮東一里半。

　　[14] 江漢：長江與漢水，指荆州。

　　[15] 軍謀祭酒：官名。即軍師祭酒，晉人避諱，改"師"爲"謀"。此爲曹操丞相府之軍師祭酒，掌軍務，位在長史上。

　　[16] 侍中：官名。曹魏時，第三品。爲門下侍中寺長官。職掌門下衆事，侍從左右，顧問應對，拾遺補闕，與散騎常侍、黄門侍郎等共平尚書奏事。晉沿置，爲門下省長官。

　　[17] 官渡：地名。在今河南中牟縣東北。

　　[18] 關隴：區域名。泛指關中和隴西地區。

　　[19] 隴右：地區名。指隴山以西之地，約當今甘肅隴山、六盤山以西和黄河以東一帶。

　　[20] 平城：縣名。在今山西大同市東北。

　　[21] 摯虞：西晉人，曾爲秘書監、衛尉卿、光禄勳、太常卿等。《隋書‧經籍志》史部儀注類著録《决疑要注》一卷，摯虞撰。

　　初，粲與人共行，讀道邊碑，人問曰："卿能闇誦乎？"曰："能。"因使背而誦之，不失一字。觀人圍棊，局壞，粲爲覆之。棊者不信，以帊蓋局，[1]使更以他局爲之。用相比校，不誤一道。其彊記默識如此。性善算，作算術，略盡其理。善屬文，舉筆便成，無所改定，時人常以爲宿構；然正復精意覃思，亦不能加也。〔一〕著詩、賦、論、議垂六十篇。[2]建安二十一年，[3]從征吴。二十二年春，道病卒，時年四十一。粲二子，爲魏諷所引，[4]誅。後絶。〔二〕

〔一〕《典略》曰：粲才既高，辯論應機。鍾繇、王朗等雖名爲魏卿相，[5]至於朝廷奏議，皆閣筆不能措手。[6]

〔二〕《文章志》曰：太祖時征漢中，聞粲子死，歎曰："孤若在，不使仲宣無後。"

[1] 帊：《廣雅·釋器》："帊，幞也。"王念孫《疏證》："巾屬，所以覆物也。"

[2] 六十篇：《隋書·經籍志》著録《王粲集》十一卷，《漢末英雄記》八卷，王粲撰。

[3] 建安：漢獻帝劉協年號（196—220）。

[4] 魏諷：魏諷建安二十四年謀反事，見本書卷一《武帝紀》建安二十四年及裴注引《世語》。

[5] 名：殿本、盧弼《集解》本、校點本1959年12月第1版作"各"，百衲本、校點本1982年7月第2版作"名"；殿本《考證》云："宋本作'名'。"今從百衲本等。

[6] 閣：同"擱"。

始文帝爲五官將，[1]及平原侯植皆好文學，粲與北海徐幹字偉長、廣陵陳琳字孔璋、陳留阮瑀字元瑜、汝南應瑒字德璉、瑒，音徒哽反，一音暢。東平劉楨字公幹並見友善。[2]

幹爲司空軍謀祭酒掾屬，[3]五官將文學。[4]〔一〕

〔一〕《先賢行狀》曰：幹清玄體道，六行脩備，[5]聰識洽聞，操翰成章，輕官忽祿，不耽世榮。建安中，太祖特加旌命，[6]以疾休息。後除上艾長，[7]又以疾不行。

[1] 五官將：即五官中郎將。官名。漢代五官中郎將主管五官

郎，屬光祿勳，不置官屬，秩比二千石。曹丕爲五官中郎將置官屬。

[2] 北海：郡名。治所劇縣，在今山東昌樂縣西。徐幹即劇縣人。　廣陵：郡名。治所廣陵縣，在今江蘇揚州市西北蜀岡上。陳琳即廣陵縣人。　陳留：郡名。治所陳留縣，在今河南開封市東南。而阮瑀爲尉氏縣人，尉氏縣即今河南尉氏縣。　汝南：郡名。治所平輿縣，在今河南平輿縣北。而應瑒爲南頓縣人，南頓縣治所在今河南項城市西南南頓集。　東平：王國名。治所無鹽縣，在今山東東平縣東。而劉楨爲寧陽縣人，寧陽縣治所在今山東寧陽縣南。

[3] 掾屬：屬官之統稱。漢代，三公府與其他重要官府以及郡縣官府皆分曹治事，各曹置掾屬。正曰掾，副曰屬。

[4] 五官將：此指曹丕。　文學：官名。此指太子文學，爲太子屬官，亦稱太子文學掾，員數品秩不詳。

[5] 六行：《周禮·地官·大司徒》："六行：孝、友、睦、姻、任、恤。"鄭玄注："善於父母爲孝；善於兄弟爲友；睦，親於九族；姻，親於外親；任，信於友道；恤，振憂貧者。"

[6] 旌命：表揚徵召。

[7] 上艾：縣名。治所在今山西平定縣南新城村。

　　琳前爲何進主簿。[1]進欲誅諸宦官，太后不聽，進乃召四方猛將，並使引兵向京城，欲以劫恐太后。琳諫進曰："《易》稱'即鹿無虞'。[2]諺有'掩目捕雀'。夫微物尚不可欺以得志，況國之大事，其可以詐立乎？今將軍總皇威，握兵要，龍驤虎步，高下在心；以此行事，無異於鼓洪爐以燎毛髮。但當速發雷霆，行權立斷，違經合道，[3]天人順之；而反釋其利器，更徵於他。[4]大兵合聚，強者爲雄，所謂倒持干戈，授人以柄；必不成功，[5]祇爲亂階。"進不納其言，竟以取禍。琳避難冀州，袁紹使典文章。袁氏敗，琳歸太祖。太祖謂曰："卿昔爲本初移書，[6]但可罪狀孤而已，惡惡止其身，何乃上及父祖邪？"琳謝罪，太祖愛其才而不咎。

瑀少受學於蔡邕。建安中都護曹洪欲使掌書記，[7]瑀終不爲屈。太祖並以琳、瑀爲司空軍謀祭酒，管記室，〔一〕[8]軍國書檄，多琳、瑀所作也。〔二〕琳徙門下督，[9]瑀爲倉曹掾屬。[10]

〔一〕《文士傳》曰：太祖雅聞瑀名，辟之，不應，連見偪促，乃逃入山中。太祖使人焚山，得瑀，送至，召入。太祖時（征）〔在〕長安，[11]大延賓客，怒瑀不與語，使就技人列。瑀善解音，能鼓琴，遂撫弦而歌，因造歌曲曰："奕奕天門開，[12]大魏應期運。青蓋巡九州，[13]在西東人怨。[14]士爲知己死，女爲悅者玩。恩義苟敷暢，他人焉能亂？"爲曲既捷，音聲殊妙，當時冠坐，太祖大悅。

臣松之案：魚氏《典略》、摯虞《文章志》並云瑀建安初辭疾避役，不爲曹洪屈。得太祖召，即投杖而起。不得有逃入山中，焚之乃出之事也。

又《典略》載太祖初征荊州，使瑀作書與劉備，及征馬超，又使瑀作書與韓遂，此二書今具存。至長安之前，遂等破走，太祖始以十六年得入關耳。而張騭云初得瑀時太祖在長安，此又乖戾。[15]瑀以十七年卒，太祖十八年策爲魏公，而云瑀歌舞辭稱"大魏應期運"，愈知其妄。[16]又其辭云"他人焉能亂"，了不成語。瑀之吐屬，必不如此。

〔二〕《典略》曰：琳作諸書及檄，[17]草成呈太祖。太祖先苦頭風，[18]是日疾發，臥讀琳所作，翕然而起曰："此愈我病。"[19]數加厚賜。太祖嘗使瑀作書與韓遂，時太祖適近出，瑀隨從，因於馬上具草，書成呈之。太祖擥筆欲有所定，而竟不能增損。

[1] 主簿：官名。時何進爲大將軍，此即大將軍府主簿，主典領文書，辦理事務。

[2] 即鹿無虞：盧弼《集解》引《後漢書》卷六九《何進傳》李賢注曰："《易·屯卦》六三爻辭也。虞，掌山澤之官。即鹿猶從禽也。無虞，言不可得。"趙幼文《校箋》謂王念孫《廣雅疏證》曰："《淮南子·繆稱訓》引《屯》六三'即鹿無虞'高誘注：'虞，欺也。'高誘、陳琳皆以'無虞'爲無欺，蓋漢時師説如此。"考李賢據王弼注爲説，與琳本義有違。如下文云"夫微物尚不可欺以得志，況國之大事其可以詐立乎"，正承此句而言。若釋虞爲掌山之官，失琳原意矣。

[3] 違：《尚書·酒誥》"薄違農父"注："馬云：違，行也。"趙幼文《校箋》謂《册府元龜》卷七二三引"違"字作"遵"。按，《太平御覽》卷四五二引亦作"違"。

[4] 於他：趙幼文《校箋》謂《太平御覽》卷四五二、《册府元龜》引作"外助"。

[5] 必不成功：校點本作"功必不成"，百衲本、殿本、盧弼《集解》本皆作"必不成功"。今從百衲本等。

[6] 本初：袁紹字本初。　移書：即本書卷六《袁紹傳》裴注引《魏氏春秋》所載袁紹《檄州郡文》。

[7] 都護：即都護將軍。官名。胡三省云："都護將軍，以盡護諸將而立號，光武始以命賈復。"（《通鑑》卷六七漢獻帝建安二十年注）

[8] 記室：官名。漢代公府置記室令史，簡稱記室。主管文書表報。

[9] 門下督：官名。漢代郡縣官府置門下督，主盜賊事，亦稱門下督盜賊。東漢末，丞相府、將軍府亦置。

[10] 倉曹掾屬：官名。曹操爲丞相時，丞相府置有倉曹掾、屬，主管倉穀事。

[11] 時在：殿本無"時"字作"征"，百衲本等作"時征"，而下文裴松之言"張騭云初得瑀時太祖在長安"，則此"征"字當爲"在"之訛。又建安三年（198）曹操已派鍾繇鎮長安，建安十六年前不得有曹操征長安之事，故從百衲本等改"時征"爲"時在"。

[12] 奕奕：形容高大。

[13] 青蓋：青色車蓬。漢制，王車用青蓋。

[14] 在西東人怨：百衲本作"在西東人怨"，殿本、盧弼《集解》本、校點本皆作"在東西人怨"。宋本《册府元龜》卷八五六引作"西東人怨"。今從百衲本。謂巡行在西，東邊的人就抱怨爲何不早來西邊。《孟子·梁惠王下》：孟子曰："《書》曰：湯一征自葛始，天下信之。東面而征西夷怨，南面而征北狄怨。曰：奚爲後我？民望之若大旱之望雲霓也。"

[15] 乖戾：百衲本作"乖矣"，殿本、盧弼《集解》本、校點本作"乖戾"。今從殿本等。

[16] 愈：百衲本作"逾"，殿本、盧弼《集解》本、校點本作"愈"。今從殿本等。

[17] 諸書：盧弼《集解》本作"中書"，百衲本、殿本、校點本作"諸書"。今從百衲本等。

[18] 頭風：趙幼文《校箋》謂《太平御覽》卷七四一引無"頭"字，"風"下有"眩"字。

[19] 病：趙幼文《校箋》謂《太平御覽》、《草堂詩箋補遺》卷一〇引作"疾"。

瑒、楨各被太祖辟，爲丞相掾屬。瑒轉爲平原侯庶子，[1]後爲五官將文學。〔一〕[2]楨以不敬被刑，刑竟署吏。〔二〕咸著文賦數十篇。

〔一〕華嶠《漢書》曰：瑒祖奉，字世叔。才敏善諷誦，故世稱"應世叔讀書，五行俱下"。著《後序》十餘篇，[3]爲世儒者。延熹中，[4]至司隸校尉。[5]子劭字仲遠，[6]亦博學多識，尤好事。諸所撰述《風俗通》等，[7]凡百餘篇，辭雖不典，世服其博聞。

《續漢書》曰：劭又著《中漢輯敍》《漢官儀》及《禮儀故事》，[8]凡十一種，百三十六卷。朝廷制度，百官儀式，所以不亡者，由劭記之。官至泰山太守。[9]劭弟珣，字季瑜，司空掾，即瑒之父。

〔二〕《文士傳》曰：楨父名梁，字曼山，一名恭。少有清才，以文學見貴，終於野王令。[10]

《典略》曰：文帝嘗賜楨廓落帶，[11]其後師死，[12]欲借取以爲像，因書嘲楨云："夫物因人爲貴。故在賤者之手，不御至尊之側。今雖取之，勿嫌其不反也。"楨答曰："楨聞荆山之璞，[13]曜元后之寶；[14]隨侯之珠，[15]燭衆士之好；[16]南垠之金，[17]登窈窕之首；[18]軬貂之尾，[19]綴侍臣之幘：此四寶者，伏朽石之下，潛汙泥之中，而揚光千載之上，發彩疇昔之外，亦皆未能初自接於至尊也。夫尊者所服，卑者所脩也；貴者所御，賤者所先也。故夏屋初成而大匠先立其下，[20]嘉禾始熟而農夫先嘗其粒。恨楨所帶，無他妙飾，若實殊異，尚可納也。"楨辭旨巧妙皆如是，由是特爲諸公子所親愛。其後太子嘗請諸文學，酒酣坐歡，命夫人甄氏出拜。坐中衆人咸伏，而楨獨平視。[21]太祖聞之，乃收楨，減死輸作。[22]

［1］庶子：官名。漢代列侯國之家臣，管理列侯家事務。魏、晉沿置，兼攝祠祭。

［2］後爲：趙幼文《校箋》謂《初學記》卷一〇引"後"字作"俱"。

［3］後序：《隋書·經籍志》子部儒家類謂梁有《後序》十二卷，後漢司隸校尉應奉撰，亡。《後漢書》卷四八《應奉傳》則謂應奉"著《漢書後序》，多所述載"。姚振宗《隋書經籍志考證》引章宗源説，謂《後序》即《漢書後序》。

［4］延熹：漢桓帝劉志年號（158—167）。

［5］司隸校尉：官名。秩比二千石。掌糾察京師百官違法者，並治所轄各郡，相當於州刺史。

［6］仲遠：《後漢書》卷四八《應奉附劭傳》亦作"仲遠"。惠棟《後漢書補注》謂《劉寬碑》陰作"仲瑗"，當從之。

［7］風俗通：《四庫全書總目提要》謂：《隋書·經籍志》著録《風俗通義》三十一卷，注云録一卷，應劭撰；《新唐書·藝文志》著録爲三十卷；《崇文總目》等爲十卷，與今傳本同。

［8］中漢輯敍：《後漢書·應奉附劭傳》謂應劭著有《中漢輯序》《漢官禮儀故事》《狀人記》，又删定《漢儀》，集解《漢書》等。《隋書·經籍志》又著録《漢官》五卷應劭著、《漢官儀》十卷應劭撰、《漢書集解音義》二十四卷應劭撰（盧弼《集解》引錢大昕説"應劭"下當有"等"字）。

［9］泰山：郡名。治所奉高縣，在今山東泰安市東。

［10］野王：縣名。治所在今河南沁陽市。

［11］廓落帶：潘眉《考證》云："廓落帶即鉤絡帶，革帶之有鉤者。"

［12］師：潘眉《考證》云："師，工師也。"

［13］荆山之璞：即《韓非子·和氏》中所説楚人和氏得璞於楚山中之璞，後經楚王命玉工治理，成爲珍貴之和氏璧。

［14］元后：天子。

[15]隨侯之珠:《淮南子·覽冥訓》:"譬如隋侯之珠、和氏之璧,得之者富,失之者貧。"高誘注:"隋侯,漢東之國,姬姓諸侯也。隋侯見大蛇傷斷,以藥敷之,後蛇於江中銜大珠以報之,因曰隋侯珠。蓋明月珠也。"

[16]衆士:趙幼文《校箋》謂《藝文類聚》卷二五、《太平御覽》卷六九六引"士"字作"女"。

[17]南垠:即南方。南方之金,自古有名。《詩·魯頌·泮水》:"元龜象齒,大賂南金。"毛傳:"南謂荆揚也。"鄭箋:"荆揚之州貢金三品。"

[18]窈窕:指美女。《詩·周南·關雎》:"窈窕淑女,君子好逑。"

[19]鼲(hún)貂:鼲和貂。均鼠屬,其皮毛珍貴,可製衣裘。古代侍臣以其尾爲冠飾。

[20]夏屋:大屋。

[21]平視:沈欽韓《補注訓詁》云:"《曲禮注》:平視,謂視面也。"

[22]輸作:罰作苦工。

瑀以十七年卒。幹、琳、瑒、楨二十二年卒。文帝書與元城令吳質曰:[1]"昔年疾疫,親故多離其災,[2]徐、陳、應、劉,一時俱逝。觀古今文人,類不護細行,鮮能以名節自立。而偉長獨懷文抱質,[3]恬淡寡欲,有箕山之志,[4]可謂彬彬君子矣。[5]著《中論》二十餘篇,辭義典雅,足傳于後。德璉常斐然有述作意,[6]其才學足以著書,美志不遂,良可痛惜!孔璋章表殊健,微爲繁富。公幹有逸氣,[7]但未遒耳。元瑜書記翩翩,[8]致足樂也。仲宣獨自善於辭賦,惜其體弱,[9]不起其文;[10]至於所善,古人無以遠過也。昔伯牙絕絃於鍾期,[11]仲尼覆醢于子路,[12]痛知音之難遇,傷門人之莫逮也。諸子但爲未及古人,自一時之儁也。"〔一〕

〔一〕《典論》曰:今之文人,魯國孔融、廣陵陳琳、山陽王粲、北海徐幹、陳留阮瑀、汝南應瑒、東平劉楨,[13]斯七子者,於學無所遺,於辭無所假,咸自以騁騏驥於千里,仰齊足而並馳。粲長於辭賦。幹時有逸氣,然非粲匹也。[14]如粲之《初征》《登樓》《槐賦》《征思》,幹之《玄猨》《漏卮》《圓扇》《橘賦》,雖張、蔡不過也,[15]然於他文未能稱是。琳、瑀之章表書記,今之儁也。應瑒和而不壯;劉楨壯而不密。孔融體氣高妙,[16]有過人者,然不能持論,[17]理不勝辭,至于雜以嘲戲;及其所善,[18]揚、班之儔也。[19]

[1] 元城:縣名。治所今河北大名縣東北。

[2] 離:遭逢。

[3] 抱質:持守名節。

[4] 箕山:在今河南登封縣東南。相傳堯讓天下於許由,許由不受,"遂之箕山之下,潁水之陽,耕而食"。(《呂氏春秋·慎行論·求人》)後世遂以箕山代稱隱退。

[5] 彬彬:文雅有禮貌。《論語·雍也》:子曰:"質勝文則野,文勝質則史。文質彬彬,然後君子。"文質彬彬本指文雅而又樸實,後世多指文雅有禮貌。

[6] 斐然:形容甚有文采。

[7] 逸氣:謂詞氣奔放灑脫。

[8] 翩翩:形容美好,有文采。

[9] 體弱:謂文章的氣魄不足,風格纖弱。

[10] 不起其文：趙幼文《校箋》謂《文選》曹丕《與吳質書》"不"下有"足"字，此脱，當據增。

　　[11] 伯牙：春秋時楚人，善鼓琴，而只有鍾子期能解其琴音，鍾子期死後，伯牙終身不再鼓琴。（見《吕氏春秋·孝行覽·本味》）

　　[12] 醢（hǎi）：肉醬。孔子弟子子路爲衛大夫孔悝之邑宰，衛國内亂，子路被殺。孔子得知後，在中庭哭子路。有衛使者至，孔子問子路之死況，使者曰："醢之矣。"孔子遂命倒棄家中之肉醬，不再食之。（見《史記》卷六七《仲尼弟子列傳》及《禮記·檀弓上》）

　　[13] 魯國：治所魯縣，在今山東曲阜市東古城。

　　[14] 非粲匹也：上兩句《文選》，魏文帝《典論·論文》作"徐幹時有齊氣，然粲之匹也"。沈家本謂似以《文選》爲長。徐幹北海人，故云"齊氣"。此"幹"，或因正文"公幹有逸氣"而致誤。（本盧弼《集解》引沈家本說）

　　[15] 張蔡：指張衡、蔡邕。皆東漢著名的辭賦家。

　　[16] 體氣：指文章之"體度風格"，乃六朝人評文習用語，或曰"骨氣"或曰"風骨"。（劉永濟《文心雕龍校釋·風骨》）

　　[17] 不能持論：謂孔融之論說文，文辭雖美而說理不透，不能立其論。

　　[18] 及其：趙幼文《校箋》謂《册府元龜》卷八三七引"及"字作"乃"。按，《文選》亦作"及"。

　　[19] 揚班：指揚雄、班固。揚雄，西漢人；班固，東漢人。皆以辭賦著稱。

　　自潁川邯鄲淳、[一]繁欽、繁，音婆。[二]陳留路粹、[三]沛國丁儀、丁廙、弘農楊脩、河内荀緯等，[1]亦有文采，而不在此七人之例。[四][2]

〔一〕《魏略》曰：淳一名竺，字子叔。[3]博學有才章，又善《蒼》《雅》、蟲、篆、許氏字指。[4]初平時，[5]從三輔客荊州。[6]荊州內附，太祖素聞其名，召與相見，甚敬異之。時五官將博延英儒，亦宿聞淳名，因啟淳欲使在文學官屬中。會臨菑侯植亦求淳，太祖遣淳詣植。植初得淳甚喜，延入坐，不先與談。時天暑熱，植因呼常從取水自澡訖，傅粉。[7]遂科頭拍袒，[8]胡舞五椎鍛，[9]跳丸擊劍，[10]誦俳優小說數千言訖，謂淳曰："邯鄲生何如邪？"於是乃更著衣幘，整儀容，與淳評說混元造化之端，[11]品物區別之意，然後論羲皇以來賢聖名臣烈士優劣之差，[12]次頌古今文章賦誄及當官政事宜所先後，又論用武行兵倚伏之勢。乃命廚宰，酒炙交至，[13]坐席默然，無與伉者。及暮，淳歸，對其所知歎植之材，謂之"天人"。而于時世子未立。太祖俄有意於植，而淳屢稱植材。由是五官將頗不悅。及黃初初，[14]以淳為博士、給事中。[15]淳作《投壺賦》千餘言奏之，[16]文帝以為工，賜帛（千）〔十〕匹。[17]

〔二〕《典略》曰：欽字休伯，以文才機辯，少得名於汝、潁。[18]欽既長於書記，又善為詩賦。其所與太子書，記喉轉意，[19]率皆巧麗。為丞相主簿。[20]建安二十三年卒。

〔三〕《典略》曰：粹字文蔚，少學於蔡邕。初平中，隨車駕至三輔。建安初，以高才與京兆嚴像擢拜尚書郎。[21]像以兼有文武，出為揚州刺史。[22]粹後為軍謀祭酒，與陳琳、阮瑀等典記室。及孔融有過，太祖使粹為奏，承指數致融罪，其大略言："融昔在北海，見王室不寧，招合徒眾，欲圖不軌，言'我大聖之後也，而滅於宋。[23]有天下者何必卯金刀'？"[24]又云："融為九列，[25]不遵朝儀，禿巾微行，[26]唐突宮掖。又與白衣禰衡言論放蕩，[27]衡與融更相贊揚。衡謂融曰：'仲尼不死也。'融答曰：'顏淵復生。'"凡說融諸如此輩，[28]辭語甚多。融誅之後，人觀粹所作，無不嘉其才而畏其筆也。至十九年，粲轉爲秘書令，[29]從大軍至漢中，[30]坐違禁賤請驢伏法。太子素與粲善，聞其死，爲之歎惜。及即帝位，特用其子爲長史。

魚豢曰：尋省往者，魯連、鄒陽之徒，[31]援譬引類，以解締結，誠彼時文辯之儁也。今覽王、繁、阮、陳、路諸人前後文旨，亦何肯不若哉？[32]其所以不論者，時世異耳。余又竊怪其不甚見用，以問大鴻臚卿韋仲將。[33]仲將云："仲宣傷於肥戇，[34]休伯都無格檢，[35]元瑜病於體弱，孔璋實自麤疏，文蔚性頗忿鷙，[36]如是彼爲，非徒以脂燭自煎糜也，其不高蹈，[37]蓋有由矣。然君子不責備于一人，譬之朱漆，雖無楨幹，其爲光澤亦壯觀也。"

〔四〕儀、廙、脩事，並在《陳思王傳》。荀勖《文章敍錄》曰：緯字公高。少喜文學。建安中，召署軍謀掾、魏太子庶子，[38]稍遷至散騎常侍、越騎校尉。[39]年四十二，黃初四年卒。

[1] 潁川：郡名。治所陽翟縣，在今河南禹州市。　沛國：治所相縣，在今安徽濉溪縣西北。　弘農：郡名。治所弘農縣，在今河南靈寶市東北。　河內：郡名。治所懷縣，在今河南武涉縣西南。

[2] 七人：趙一清《注補》云："《典論》七子數孔融，今傳無文舉，而云七人，未知所數更屬何人。詳傳仲宣以下只得六人耳。"劉咸炘《知意》則云："尚曰：建安七子，孔融在其中，壽以融附見《崔琰傳》，而不與粲等同列，蓋以融爲漢臣也。徐幹有箕山之志，評中亦特表之。"

[3] 子叔：盧弼《集解》謂《後漢書》卷八四《列女曹娥傳》李賢注引《會稽典錄》作"子禮"。趙幼文《校箋》謂《太平御覽》卷七五三引作"元淑"，《藝文類聚》卷四八、卷七四引作"子淑"。按，《藝文類聚》卷七四引作"淑"，無"子"字。

[4] 蒼：《太平御覽》卷七四九引《魏略》作"蒼頡"。指

《蒼頡篇》,古字書,秦丞相李斯作。(見《漢書·藝文志》) 雅:指《爾雅》,古辭書。 蟲篆:即蟲書、篆書,漢字之兩種形體。《漢書·藝文志》小學類"古文、奇字、篆書、隸書、繆篆、蟲書"顏師古注:"篆書,謂小篆,蓋秦始皇使陳邈所作也";"蟲書,謂爲蟲鳥之形,所以書幡信也"。 許氏:指許慎所著《説文解字》。 字指:錢大昭《辨疑》謂即本卷《劉劭傳》裴注引《魏略》中所說的"古今字指"。

[5] 初平:漢獻帝劉協年號(190—193)。

[6] 三輔:地區名。西漢都城在長安,遂以長安爲中心置京兆尹、右扶風、左馮(píng)翊(yì),合稱三輔。東漢定都洛陽,以三輔陵廟所在,不改其號,仍稱三輔。轄區在今陝西渭水流域一帶。

[7] 傅粉:趙幼文《校箋》謂《北堂書鈔》卷三五引作"以粉自傅之",《太平御覽》卷七一九引無"之"字。又梁章鉅《旁證》引沈欽韓説:"《後漢書·方術傳》:'怡而汗出,因此著粉。'按,恐汗出風濕反入毛孔,著粉使燥也。"

[8] 科頭:結髮不戴冠。 拍(bó):通"膊",胳膊,肩臂。《周禮·天官·醢人》"豚拍、魚醢"鄭玄注:"鄭大夫杜子春皆以'拍'爲'膊',謂脅也。或曰豚拍,肩也。今河間名豚脅聲如鍛鎛。"拍袒,胳膊裸露。

[9] 五椎鍛:殿本作"五推鍛",百衲本、盧弼《集解》本、校點本作"五椎鍛"。今從百衲本等。梁章鉅《旁證》引沈欽韓曰:"五椎鍛,蓋即華佗之五禽戲。"

[10] 跳丸:拋弄彈丸。古雜戲之一。

[11] 混元:指天地。

[12] 羲皇:伏羲氏。《白虎通》等以爲三皇之一。

[13] 酒炙:酒與菜肴。

[14] 黃初:魏文帝曹丕年號(220—226)。

[15] 博士:官名。魏太學博士秩比六百石,第五品,掌以五

經教諸弟子。　給事中：官名。第五品，位在散騎常侍下，給事黃門侍郎上，或爲加官，或爲正官，無定員。

[16] 投壺賦：《藝文類聚》卷七四載有此賦之節文。

[17] 十匹：各本皆作"千匹"。盧弼《集解》謂《太平御覽》卷八一八引《魏略》作"十匹"。趙幼文《校箋》亦謂《藝文類聚》卷五六、《太平御覽》卷五八七、卷七五三、《册府元龜》卷五五〇引"千"字俱作"十"，"千"字蓋誤。今從盧、趙説改。

[18] 汝潁：指汝南郡與汝川郡，亦即汝水與潁水流經之地。

[19] 記喉轉意：趙幼文《校箋》云："《册府》卷七一八引'喉'上有'發'字。'意'疑爲'音'字之譌。"梁章鉅《旁證》云："《文帝集序》云：西征，余守譙，繁欽從。時薛訪車子能喉囀，與笳同，箋還與余盛嘆之，雖過其實，而其文甚麗。按，此注，'記'下疑有誤，當即是薛訪車子事而訛脱其字也。"《文選》繁休伯《與魏文帝箋》即云："時都尉薛訪車子年始十四，能喉囀引聲，與笳同音。"喉囀，蓋一種特殊的發聲技藝，類似現代的口技。

[20] 丞相主簿：官名。曹操爲丞相後，於丞相府置主簿四人，皆省録衆事。

[21] 京兆：即京兆尹。治所長安縣，在今陝西西安市西北。嚴像：錢大昭《辨疑》謂本書《荀彧傳》作"嚴象"。　尚書郎：官名。東漢之制，取孝廉之有才能者入尚書臺，初入臺稱守尚書郎中，滿一年稱尚書郎，三年稱侍郎，統稱尚書郎，秩四百石。凡置三十六員，分隸六曹尚書治事，主要掌文書起草。

[22] 揚州：東漢末刺史治所在壽春縣，在今安徽壽縣。

[23] 宋：周代之宋國。周成王初，周公平武庚之亂後，誅武庚，遂封微子於宋，以統殷餘民，是爲宋國。孔子即宋人。孔氏之祖乃宋襄公子弗父何，傳至孔父嘉時始以孔爲氏。（見《史記》卷三八《宋微子世家》、卷四七《孔子世家》及《索隱》引《家語》）

[24] 卯金刀：漢代人指"劉"字。《漢書》卷九九中《王莽傳中》云："夫'劉'之爲字，'卯、金、刀'也。"

[25] 九列：九卿。

[26] 禿巾：古人以幘包髮，戴巾不加幘稱禿巾。

[27] 白衣：未曾做官之人稱白衣。

[28] 此輩：盧弼《集解》云："官本《考證》云'宋本輩作章'。"趙幼文《校箋》云："作'章'字是，此章謂路粹所爲章奏也。"

[29] 秘書令：官名。建安十八年曹操爲魏公後置，典尚書奏事，兼掌圖書秘記，爲親近機要之職。

[30] 漢中：郡名。治所南鄭縣，在今陝西漢中市東。

[31] 魯連：即魯仲連，戰國齊人。趙孝成王時，魯仲連至趙都邯鄲，正值秦軍圍困邯鄲。而魏安釐王已遣將軍晉鄙救趙，晉鄙畏秦軍，至湯陰而止。魏王遂使新垣衍至趙，説趙尊秦爲帝，則邯鄲之圍可解。魯仲連遂見新垣衍，援引歷史和現實的不少例證説明尊秦爲帝之危害。新垣衍無言以對，佩服魯仲連之卓識。會魏信陵君奪晉鄙軍擊秦軍救趙，終解邯鄲之圍。又燕將攻下齊國之聊城後，聊城人在燕國讒毀燕將，燕將懼誅，遂保守聊城不敢歸。魯仲連遂援引史例與今證，作書與燕將，説明固守聊城之不可行。燕將得書，進退兩難，因自殺。齊田單遂奪回聊城。　鄒陽：西漢齊人，至梁國投梁孝王府下，而羊勝等讒毀之。梁王怒，遂將鄒陽下獄，將殺之。鄒陽在獄中上書梁王，援引歷史上忠心信義而被讒毀之例證，説明自己之忠反被讒忌。梁王閲書後，即釋之，並待爲上客。（見《史記》卷八三《魯仲連鄒陽列傳》）

[32] 肯：殿本、盧弼《集解》本、校點本作"昔"，百衲本作"肯"，今從百衲本。

[33] 大鴻臚卿：官名。漢列卿之一，秩中二千石。掌少數民族君長、諸侯王、列侯之迎送、接待、安排朝會、封授、襲爵及奪爵削土之典禮；諸侯王死，則奉詔護理喪事，宣讀誄策謚號；百官

朝會，掌贊襄引導；兼管京都之郡國邸舍及郡國上計吏之接待；又兼管少數民族之朝貢使節及侍子。三國沿之，魏爲三品。　韋仲將：韋誕字仲將。見後裴注引《文章叙錄》。

[34] 肥戇（zhuàng）：太剛直。

[35] 格檢：檢點。

[36] 忿鷙：殘忍凶狠。

[37] 高蹈：謂升居高位。

[38] 軍謀掾：官名。東漢末曹操置爲司空、丞相府之僚屬，以參議軍政。　太子庶子：官名。東漢時隷屬太子少傅，秩四百石。値宿東宫，職比郎官，無定員。曹魏沿襲，第五品。

[39] 散騎常侍：官名。秩比二千石，第三品，爲門下重職，侍從皇帝左右，諫諍得失，應對顧問，與侍中等共平尚書奏事，有異議得駁奏。　越騎校尉：官名。東漢時秩比二千石，掌宿衛兵。魏、晋沿置，四品。

瑒弟璩，璩子貞，咸以文章顯。璩官至侍中。貞咸熙中參相國軍事。〔一〕[1]

〔一〕《文章叙錄》曰：璩字休璉，博學好屬文，善爲書記。文、明帝世，歷官散騎常侍。齊王即位，稍遷侍中、大將軍長史。曹爽秉政，多違法度，璩爲詩以諷焉。其言雖頗諧合，多切時要，世共傳之。復爲侍中，典著作。嘉平四年卒，[2]追贈衛尉。[3]貞字吉甫，少以才聞，能談論。正始中，[4]夏侯玄盛有名勢，貞嘗在玄坐作五言詩，玄嘉玩之。舉高第，[5]歷顯位。晋武帝爲撫軍大將軍，[6]以貞參軍事。晋室踐阼，遷太子中庶子、散騎常侍。[7]又以儒學與太尉荀顗撰定新禮，事未施行。泰始五年卒。[8]貞弟純。純子紹，永嘉中爲黃門侍郎，[9]爲司馬越所殺。純弟秀。秀子詹，鎮南大將軍、江州刺史。[10]

[1] 咸熙：魏元帝曹奂年號（264—265）。　參相國軍事：參預相國府之軍事事務。相國，曹魏末位尊於丞相，職權品秩略同，非尋常人臣之職。

[2] 嘉平：魏少帝齊王曹芳年號（249—254）。

[3] 衛尉：官名。秩中二千石，第三品，掌宮門及宮中警衛。西晉時尚兼管武庫、冶鑄。

[4] 正始：魏少帝齊王曹芳年號（240—249）。

[5] 高第：官吏考課成績第一者稱高第。《後漢書》卷一五《鄧晨傳》：“晨好樂郡職，由是復拜爲中山太守，吏民稱之，常爲冀州高第。”李賢注：“中山屬冀州，於冀州所部課常爲第一。”

[6] 撫軍大將軍：官名。第二品。晉武帝司馬炎於魏元帝咸熙元年任此職執掌朝政。

[7] 太子中庶子：官名。東宮官屬，晉置四員，與中舍人共掌文翰。

[8] 泰始：晉武帝司馬炎年號（265—274）。

[9] 永嘉：晉懷帝司馬熾年號（307—313）。

[10] 鎮南大將軍：官名。晉爲二品，禄賜與特進同。如開府，則從公位，假金章紫綬，升爲一品。　江州：西晉惠帝元康元年（291）置，刺史治所南昌縣，在今江西南昌市。東晉成帝咸康六年（340），徙治所於尋陽縣，在今湖北黃梅縣西南。

瑀子籍，才藻豔逸，而倜儻放蕩，行己寡欲，以莊周爲模則。官至步兵校尉。[一][1]

〔一〕籍字嗣宗。《魏氏春秋》曰：籍曠達不羈，[2]不拘禮俗。性至孝，居喪雖不率常檢，而毀幾至滅性。兗州刺史王昶請與相見，[3]終日不得與言，昶歎賞之，[4]自以不能測也。太尉蔣濟聞而辟之，後爲尚書郎、曹爽參軍，[5]以疾歸田里。歲餘，爽誅，太傅及大將軍乃以爲從事中郎。[6]後朝論以其名高，欲顯崇之，籍以世多故，祿仕而已，聞步兵校尉缺，廚多美酒，營人善釀酒，[7]求爲校尉，遂縱酒昏酣，遺落世事。嘗登廣武，[8]觀楚、漢戰處，乃歎曰："時無英才，使豎子成名乎！"時率意獨駕，[9]不由徑路，車迹所窮，輒慟哭而反。[10]籍少時嘗遊蘇門山，[11]蘇門山有隱者，[12]莫知姓名，[13]有竹實數斛、臼杵而已。[14]籍從之，[15]與談太古無爲之道，及論五帝三王之義，蘇門生蕭然曾不經聽。[16]籍乃對之長嘯，[17]清韻響亮，[18]蘇門生逌爾而笑。[19]籍既降，蘇門生亦嘯，若鸞鳳之音焉。[20]至是，籍乃假蘇門先生之論以寄所懷。[21]其歌曰："日沒不周西，[22]月出丹淵中，[23]陽精蔽不見，[24]陰光代爲雄。[25]亭亭在須臾，[26]厭厭將復隆。[27]富貴俯仰間，貧賤何必終。"又歎曰："天地解兮六合開，[28]星辰隕兮日月頹，我騰而上將何懷？"籍口不論人過，而自然高邁，故爲禮法之士何曾等深所讎疾。大將軍司馬文王常保持之，[29]卒以壽終。子渾字長成。《世語》曰：渾以閒澹寡欲，[30]知名京邑。爲太子庶子。[31]早卒。

[1] 步兵校尉：官名。秩比二千石，第四品。領宿衛兵。

[2] 曠達：殿本、盧弼《集解》本作"曠遠"，百衲本、校點本作"曠達"。今從百衲本等。

[3] 兗州：魏兗州刺史治所廩邱縣，在今山東鄆城縣西北。

[4] 歎賞之：百衲本作"歎貴之"，殿本、盧弼《集解》本、校點本作"歎賞之"。今從殿本等。趙幼文《校箋》謂《世說新語・德行篇》注引作"愧歎之"。

[5] 參軍：官名。曹魏時，大將軍、大司馬、太尉及諸開府將軍，均置參軍，爲重要幕僚。當時曹爽爲大將軍，故有參軍。

[6] 太傅：指司馬懿。當時爲太傅。　大將軍：指司馬師。魏

少帝齊王曹芳嘉平三年（251）司馬懿死後，嘉平四年司馬師即爲大將軍。從事中郎：官名。魏晉時三公府、將軍府皆置爲屬吏，秩六百石，第六品。其職依時依府而異，或爲主吏，或分掌諸曹，或掌機密，或參謀議，地位較高，員不定。

　　［7］善釀酒：趙幼文《校箋》謂《北堂書鈔》卷六一引"釀"下無"酒"字，是也。《晉書》卷四九《阮籍傳》亦作"善釀"。按，《北堂書鈔》"釀"下實有"酒"字。

　　［8］廣武：山名。在今河南滎陽市東北黃河南岸。《漢書》卷一上《高帝紀上》謂漢王劉邦四年（前203），與項羽爭戰，"漢王引兵渡河，復取成皋，軍廣武"。顏師古注引孟康曰："於滎陽築兩城而相對，名爲廣武城，在敖倉西三室山上。"

　　［9］時：趙幼文《校箋》謂《世說新語·棲逸篇》注引作"常"。

　　［10］反：盧弼《集解》本作"返"，百衲本、殿本、校點本作"反"。按，二字可通，今從百衲本等。

　　［11］蘇門山：又名蘇嶺，一名百門山，在今河南輝縣市西北。

　　［12］蘇門山：趙幼文《校箋》謂《世說新語·棲逸篇》注引無"蘇門山"三字，《太平御覽》卷三九二引無"蘇門"二字。隱者：《晉書》卷四九《阮籍傳》謂即孫登。

　　［13］姓名：校點本作"名姓"，百衲本、殿本、盧弼《集解》本均作"姓名"。今從百衲本等。趙幼文《校箋》謂《太平御覽》卷三九二引"姓名"上有"其"字。

　　［14］竹實：某些竹結實，狀如小麥，又名竹米，可食。

　　［15］籍從之：趙幼文《校箋》謂《世說新語·棲逸篇》注引作"籍聞而從之"。

　　［16］蘇門生蕭然曾不經聽：趙幼文《校箋》謂《世說新語·棲逸篇》注引作"蘇門先生翛然曾不眄之"。按，蕭然，冷落貌。不經聽，不注意聽。

　　［17］對之：趙幼文《校箋》謂《世說新語·棲逸篇》注引作

"嘐然"。按,嘐同"哮"。　嘯:撮口吹出聲音。

　　[18] 清韻響亮:趙幼文《校箋》謂《世説新語·棲逸篇》注引作"韻響寥亮"。

　　[19] 迪(yóu)爾:笑貌。

　　[20] 蘇門生亦嘯若鸞之鳳音焉:趙幼文《校箋》謂《世説新語·棲逸篇》注引作"蘇門先生喟然高嘯有如鳳音"。

　　[21] 籍乃:趙幼文《校箋》謂《世説新語·棲逸篇》注引"籍"下有"素知音"三字。

　　[22] 不周:山名。《淮南子·原道訓》:"昔共工之力,觸不周之山,使地東南傾。"高誘注:"不周山,崑崙西北。"

　　[23] 丹淵:傳説中的水名。

　　[24] 陽精:指太陽。　蔽:趙幼文《校箋》謂《世説新語·棲逸篇》注引作"晦"。

　　[25] 陰光:指月亮。

　　[26] 亭亭:遥遠貌。

　　[27] 厭(yān)厭:同"奄奄",微弱。

　　[28] 六合:天地與四方。

　　[29] 司馬文王:司馬昭。

　　[30] 閑澹:趙幼文《校箋》謂《世説新語·賞譽篇》注引作"清虛"。

　　[31] 太子庶子:趙幼文《校箋》謂《世説新語·賞譽篇》注引"太子"下有"中"字。

　　時又有譙郡嵇康,[1]文辭壯麗,好言老、莊,而尚奇任俠。至景元中,[2]坐事誅。〔一〕

　　〔一〕康字叔夜。案《嵇氏譜》:康父昭,字子遠,督軍糧治書侍御史。[3]兄喜,字公穆,晉揚州刺史、宗正。[4]喜爲康傳曰:

"家世儒學，少有儁才，曠邁不羣，高亮任性，[5]不脩名譽，寬簡有大量。學不師授，博洽多聞，長而好老、莊之業，恬靜無欲。性好服食，[6]嘗採御上藥。善屬文論，彈琴詠詩，自足于懷抱之中。以爲神仙者，稟之自然，非積學所致。至於導養得理，以盡性命，若安期、彭祖之倫，[7]可以善求而得也；著《養生篇》。[8]知自厚者所以喪其所生，其求益者必失其性，超然獨達，遂放世事，縱意於塵埃之表。撰錄上古以來聖賢、隱逸、遁心、遺名者，集爲傳贊，[9]自混沌至于管寧，凡百一十有九人，蓋求之於宇宙之内，而發之乎千載之外者矣。故世人莫得而名焉。"

虞預《晉書》曰：[10]康家本姓奚，會稽人。[11]先自會稽遷于譙之銍縣，[12]改爲嵇氏，取"稽"字之上，[13]〔加〕"山"以爲姓，[14]蓋以志其本也。一曰銍有嵇山，家于其側，遂氏焉。

《魏氏春秋》曰：康寓居河内之山陽縣，[15]與之游者，未嘗見其喜愠之色。與陳留阮籍、河内山濤、河南向秀、籍兄子咸、琅邪王戎、沛人劉伶相與友善，[16]遊於竹林，號爲七賢。[17]鍾會爲大將軍所昵，[18]聞康名而造之。會，名公子，以才能貴幸，乘肥衣輕，[19]賓從如雲。康方箕踞而鍛，[20]會至，不爲之禮。康問會曰："何所聞而來？何所見而去？"會曰："有所聞而來，有所見而去。"會深銜之。大將軍嘗欲辟康。康既有絶世之言，又從子不善，避之河東，[21]或云避世。及山濤爲選曹郎，[22]舉康自代，康答書拒絶，[23]因自說不堪流俗，而非薄湯、武。大將軍聞而怒焉。初，康與東平呂昭子巽及巽弟安親善。會巽淫安妻徐氏，而誣安不孝，囚之。安引康爲證，康義不負心，保明其事，安亦至烈，[24]有濟世志力。鍾會勸大將軍因此除之，遂殺安及康。康臨刑自若，援琴而鼓，[25]既而歎曰："雅音於是絶矣！"時人莫不哀之。初，康採藥於汲郡共北山中，[26]見隱者孫登。康欲與之言，登默然不對。踰時將去，康曰："先生竟無言乎？"登乃曰："子才多識寡，難乎免於今之世。"及遭呂安事，爲詩自責曰："欲寡其過，謗議沸騰。性不傷物，頻致怨憎。昔慚柳下，[27]今愧孫登。內負宿心，外赧良朋。」康所著諸文論六七萬言，[28]皆爲世所玩詠。

《康別傳》云：[29]孫登謂康曰：「君性烈而才儁，其能免乎？」稱康臨終之言曰：「袁孝尼嘗從吾學《廣陵散》，[30]吾每固之不與。《廣陵散》於今絕矣！」與盛所記不同。

又《晉陽秋》云：康見孫登，登對之長嘯，踰時不言。康辭還，曰：「先生竟無言乎？」登曰：「惜哉！」此二書皆孫盛所述，而自爲殊異如此。

《康集目錄》曰：[31]登字公和，不知何許人，無家屬，於汲縣北山土窟中得之。[32]夏則編草爲裳，冬則被髮自覆。好讀《易》鼓琴，[33]見者皆親樂之。每所止家，輒給其衣服食飲，得無辭讓。

《世語》曰：毌丘儉反，康有力，且欲起兵應之，以問山濤，濤曰：「不可。」儉亦已敗。

臣松之案《本傳》云康以景元中坐事誅，而干寶、孫盛、習鑿齒諸書，[34]皆云正元二年，[35]司馬文王反自樂嘉，[36]殺嵇康、呂安。蓋緣《世語》云康欲舉兵應毌丘儉，故謂破儉便應殺康也。其實不然。山濤爲選官，欲舉康自代，康書告絕，事之明審者也。案《濤行狀》，濤始以景元二年除吏部郎耳。景元與正元相覺七八年，[37]以《濤行狀》檢之，如《本傳》爲審。[38]又《鍾會傳》亦云會作司隸校尉時誅康；[39]會作司隸，景元中也。干寶云呂安兄巽善於鍾會，巽爲相國掾，[40]俱有寵於司馬文王，故遂抵安罪。尋文王以景元四年鍾、鄧平蜀後，[41]始授相國位；若巽爲相國掾時陷安，焉得以破毌丘儉年殺嵇、呂？此又干寶之疏謬，自相違伐也。

康子紹，字延祖，少知名。山濤啓以爲秘書郎，[42]稱紹平簡溫敏，有文思，又曉音，當成濟者。帝曰：「紹如此，便可以爲丞，不足復爲郎也。"遂歷顯位。

《晉諸公贊》曰：紹與山濤子簡、弘農楊準同好友善，而紹最有忠正之情。以侍中從惠帝北伐成都王，[43]王師敗績，百官皆走，[44]惟紹獨以身扞衛，遂死於帝側。故累見襃崇，追贈太尉，諡曰忠穆公。

［1］譙郡：治所譙縣，在今安徽亳州市。

［2］景元：魏元帝曹奐年號（260—264）。

［3］督軍糧治書侍御史：官名。又稱督軍糧御史。曹魏置，掌出征時督運軍糧。第七品。隸御史臺。

［4］宗正：盧弼《集解》本作"中正"，百衲本、殿本、校點本均作"宗正"。今從百衲本等。宗正，漢代九卿之一，秩中二千石，由宗室擔任，掌皇族親屬事務。登記宗室王國譜諜，以別士庶；凡宗室有罪，須先報宗正，方得處治。曹魏沿置，多任皇族，或暫以他姓代理。第三品。西晉則兼用庶姓。

［5］性：盧弼《集解》本作"信"，百衲本、殿本、校點本作"性"。今從百衲本等。

［6］服食：指服用丹藥，道家之養生法。

［7］安期：即安期生。傳說的長壽僊人。漢武帝時李少君對武帝説："安期生僊者，通蓬萊中，合則見人，不合則隱。"（《史記》卷二八《封禪書》） 彭祖：傳說爲顓頊帝玄孫陸終氏之第三子，堯封之於彭。善導引養生，年八百歲。（見劉向《列僊傳》）

［8］養生篇：《隋書·經籍志》謂梁有《養生論》三卷，嵇康撰，亡。《文選》卷五三載有嵇叔夜《養生論》一篇。

［9］傳贊：《隋書·經籍志》史部雜傳類著錄有《聖賢高士傳贊》三卷，嵇康撰，周續之注。

［10］虞預：東晉初，曾爲佐著作郎，後又爲秘書丞、著作郎、散騎常侍等。著有《晉書》四十餘卷、《會稽典錄》二十篇、《諸

虞傳》十二篇等。（見《晉書》卷八二《虞預傳》）《隋書·經籍志》史部正史類云："《晉書》二十六卷，本四十四卷，訖明帝，今殘缺。晉散騎常侍虞預撰。"《舊唐書·經籍志》《新唐書·藝文志》均著録虞預《晉書》五十八卷。

［11］會稽：郡名。治所山陰縣，在今浙江紹興市。

［12］銍縣：治所在今安徽宿州市西南。

［13］上：百衲本作"土"，殿本、盧弼《集解》本、校點本皆作"上"。今從殿本等。

［14］加：各本皆無"加"字。殿本《考證》云："元本作'加山以爲姓'，多'加'字。"何焯校亦有"加"字。校點本即從何焯説增"加"字，今從之。

［15］山陽縣：治所在今河南焦作市東南。

［16］河南向秀：錢大昭《辨疑》云："秀，河内懷人，此作'河南'誤。"按，《晉書》卷四九《向秀傳》向秀乃河内懷縣人。琅邪：郡名。治所開陽縣，在今山東臨沂市北。　劉伶：百衲本作"劉靈"，殿本、盧弼《集解》本、校點本、《晉書》等皆作"劉伶"。今從殿本等。

［17］七賢：陳寅恪云："所謂'竹林七賢'者，先有'七賢'，即取《論語》'作者七人'之事數，實與東漢末三君、八厨、八及等名，同爲標榜之義。迨西晉之末僧徒比附内典外書之'格義'風氣盛行，東晉初年乃取天竺'竹林'之名加於'七賢'之上，至東晉中葉以後江左名士孫盛、袁宏、戴逵輩遂著之於書（《魏氏春秋》《竹林名士傳》《竹林名士論》），而河北民間亦以其説附會地方名勝。"（陳寅恪《金明館叢稿·陶淵明之思想與清談之關係》，上海古籍出版社1980年版，第181頁）

［18］大將軍：指司馬昭。

［19］乘肥衣輕：謂駕乘肥馬，穿著輕裘。《論語·雍也》："赤之適齊也，乘肥馬，衣輕裘。"

［20］箕踞：古人席地而坐，坐即跪，兩足在後。若前伸張兩

足，隨意坐着，形似簸箕，稱爲箕踞、箕坐，爲輕慢不恭的姿態。

[21] 河東：郡名。治所安邑縣，在今山西夏縣西北禹王城。

[22] 選曹郎：官名。"吏部郎"之別稱。尚書吏部曹之長官，屬吏部尚書，主管官吏選任銓敘調動事務，可建議任免五品以下官吏。秩四百石，第六品。

[23] 康答書：即《文選》卷四三所載嵇叔夜《與山巨源絕交書》。

[24] 至烈：盧弼《集解》本作"性烈"，百衲本、殿本、校點本作"至烈"。今從百衲本等。趙幼文《校箋》則謂下文孫登謂康曰"君性烈而才俊"，則作"性"爲是。按，至烈亦謂性至烈。

[25] 鼓：盧弼《集解》本作"歌"，百衲本、殿本、校點本作"鼓"。今從百衲本等。

[26] 汲郡：胡三省云："晉泰始二年始分河內爲汲郡，史追書也。"（《通鑑》卷七八魏元帝景元三年注）汲郡治所汲縣，在今河南衛輝市西南。　共：縣名。治所在今河南輝縣市。

[27] 柳下：即柳下惠，亦即展禽。春秋魯大夫，因食邑柳下，諡惠，故稱柳下惠。孟子說柳下惠"不羞污君，不辭小官，進不隱賢，必以其道，遺佚而不怨，厄窮而不憫"。"故聞柳下惠之風者，鄙夫寬，薄夫敦"。（《孟子·萬章下》）

[28] 著諸文論：《隋書·經籍志》著錄有"魏中散大夫《嵇康集》十三卷，梁十五卷，錄一卷"；又有"《春秋左氏傳音》三卷，魏中散大夫嵇康撰"。

[29] 康別傳：沈家本《三國志注所引書目》謂《嵇康別傳》，《隋書·經籍志》《舊唐書·經籍志》《新唐書·藝文志》未著錄。

[30] 袁孝尼：袁準字孝尼。西晉時官至給事中，以儒學知名。（見《晉書》卷八三《袁瓌附準傳》）。　廣陵散：琴曲名。散，曲類名稱，如操、弄、引之類。

[31] 康集目錄：趙幼文《校箋》謂《世說新語·棲逸篇》注引作"康集序"。按，《太平御覽》卷六九六引作"嵇康集目錄"。

[32] 於汲縣北山土窟中得之：趙幼文《校箋》謂《世説新語》注引"縣"字作"郡"，"窟"下有"住"字，無"中得之"三字。《太平御覽》卷六九六引"縣"字亦作"郡"，又作"北山中爲土窟"。《晋書》卷九四《隱逸傳》作"於郡北山爲土窟居之"。按，汲縣置於西漢，治所在今河南衛輝市西南。《晋書·地理志》謂西晋秦始二年始置汲郡，治所汲縣。若嵇康之文，當稱汲縣，稱汲郡，應晋人之説，而二説皆指同一地。

[33] 鼓琴：趙幼文《校箋》謂《世説新語》注引作"鼓一弦琴"。

[34] 諸書：百衲本、殿本、盧弼《集解》本、校點本1959年12月第1版作"諸書"，校點本1982年7月第2版改爲"諸事"，不知何據。今仍從百衲本等作"諸書"。

[35] 正元：魏少帝高貴鄉公曹髦年號（254—256）。

[36] 樂嘉：西漢時爲汝南郡之博陽侯國，王莽時改名樂嘉（今本《漢書》作"樂家"）。東漢時雖未設縣，樂嘉之名卻一直保存。其地在今河南商水縣東南。

[37] 相覺：百衲本作"相覺"，殿本、盧弼《集解》本、校點本作"相較"。中華再造善本影宋本亦作"相覺"。今從百衲本。《孟子·盡心下》"《春秋》無義戰"趙岐注："《春秋》所載戰伐之事，無應王義者也。彼此相覺，有善惡耳。"孫奭疏："覺，音教。義與校同。"

[38] 如：趙一清《注補》謂何焯校改作"知"。

[39] 司隸校尉：官名。秩比二千石，第三品。掌糾察京師百官違法者，並治所轄各郡，相當於州刺史。

[40] 相國掾：官名。相國府之屬官。魏相國府有諸曹掾。

[41] 鄧：指鄧艾。

[42] 秘書郎：官名。建安十八年（213）曹操爲魏公後置，屬秘書令、丞，掌管文書機要，職任頗重。

[43] 成都王：成都王司馬穎。晋"八王之亂"中的一王。

［44］皆走：百衲本、殿本作"奔走"，盧弼《集解》本、校點本作"皆走"。今從《集解》本等。

景初中，[1]下邳桓威出自孤微，[2]年十八而著《渾輿經》，[3]依道以見意。從齊國門下書佐、司徒署吏，[4]後爲安成令。[5]

吳質，濟陰人，[6]以文才爲文帝所善，官至振威將軍，[7]假節、都督河北諸軍事，[8]封列侯。〔一〕[9]

〔一〕《魏略》曰：質字季重，以才學通博，爲五官將及諸侯所禮愛；質亦善處其兄弟之間，若前世樓君卿之游五侯矣。[10]及河北平定，（大將軍）〔五官將〕爲世子，[11]質與劉楨等並在坐席。楨坐譴之際，質出爲朝歌長，[12]後遷元城令。其後大軍西征，[13]太子南在孟津小城，[14]與質書曰：[15]"季重無恙！途路雖局，[16]官守有限，願言之懷，[17]良不可任。足下所治僻左，書問致簡，益用增勞。每念昔日南皮之游，[18]誠不可忘。既妙思六經，逍遙百氏，彈棋閒設，[19]終以博弈，[20]高談娛心，哀箏順耳。馳鶩北場，旅食南館，[21]浮甘瓜於清泉，沈朱李於寒水。皦日既沒，繼以朗月，同乘並載，以游後園，輿輪徐動，賓從無聲，清風夜起，悲笳微吟，樂往哀來，悽然傷懷。余顧而言，兹樂難常，足下之徒，咸以爲然。今果分別，各在一方。元瑜長逝，化爲異物，每一念至，何時可言？方今蕤賓紀辰，[22]景風扇物，[23]天氣和暖，衆果具繁。時駕而游，北遵河曲，從者鳴笳以啓路，文學託乘於後車，節同時異，物是人非，我勞如何！今遣騎到鄴，[24]故使枉道相過。行矣，自愛！"二十三年，太子又與質書曰：[25]"歲月易得，別來行復四年。[26]三年不見，《東山》猶歎其遠，[27]況乃過之，思何可支？雖書疏往反，未足解其勞結。昔年疾疫，[28]親故多離其災，徐、陳、應、劉，[29]一時俱逝，痛何可言邪！昔日游處，行則同輿，止則接席，何嘗須臾相失！每至觴酌流行，絲竹並奏，酒酣耳熱，仰而賦詩。當此之時，忽然不自知樂也。謂百年已分，[30]長共相保，何圖數年之間，零落略盡，[31]言之傷心。頃撰其遺文，都爲一集。觀其姓名，已爲鬼錄，追思昔游，猶在心目，而此諸子化爲糞壤，可復道哉！觀古今文人，類不護細行，鮮能以名節自立。而偉長獨懷文抱質，恬淡寡欲，有箕山之志，可謂彬彬君子矣。著《中論》二十餘篇，成一家之業，辭義典雅，足傳于後，此子爲不朽矣。德璉常斐然有述作意，才學足以著書，美志不遂，良可痛惜。閒歷觀諸子之文，對之抆淚，既痛逝者，行自念也。孔璋章表殊健，微爲繁富。公幹有逸氣，但未遒耳，至其五言詩，妙絕當時。元瑜書記翩翩，致足樂也。仲宣獨自善於辭賦，惜其體弱，不足起其文，至於所善，古人無以遠過也。昔伯牙絕絃於鍾期，仲尼覆醢於子路，愍知音之難遇，傷門人之莫逮也。諸子但爲未及古人，自一時之儁也，今之存者已不逮矣。後生可畏，來者難誣，然吾與足下不及見也。行年已長大，所懷萬端，時有所慮，至乃通夕不瞑。何時復類昔日！已成老翁，但未白頭耳。光武言'年已三十，[32]在軍十年，所更非一'，吾德雖不及，年與之齊。以犬羊之質，服虎豹之文，無衆星之明，假日月之光，動見瞻觀，[33]何時易邪？恐永不復得爲昔日游也。少壯真當努力，年一過往，何可攀援？古人思秉燭夜游，[34]良有以也。頃何以自娛？頗復有所造述不？東望於邑，[35]裁書敍心。"

臣松之以本傳雖略載太子此書，美辭多被刪落，今故悉取《魏略》所述以備其文。太子即王位，又與質書曰："南皮之游，存者三人，烈祖龍飛，[36]或將或侯。今惟吾子，棲遲下土，[37]從我游處，[38]獨不及門。瓶罄罍恥，[39]能無懷愧。[40]路不云遠，今復相聞。"初，曹真、曹休亦與質等俱在渤海游處，[41]時休、真亦以宗親並受爵封，出爲列將，而質故爲長史。[42]王顧質有望，[43]故稱二人以慰之。始質爲單家，[44]少游遂貴戚間，蓋不與鄉里相沈浮。故雖已出官，本國猶不與之士名。及魏有天下，文帝徵質，與車駕會洛陽。到，拜北中郎將，[45]封列侯，使持節督幽、并諸軍事，[46]治信都，[47]太和中，[48]入朝。質自以不爲本郡所饒，謂司徒董昭曰：[49]"我欲溺鄉里耳。"[50]昭曰："君且止，我年八十，不能老爲君溺攢也。"[51]

《世語》曰：魏王嘗出征，世子及臨菑侯植並送路側。植稱述功德，發言有章，左右屬目，王亦悅焉。世子悵然自失，吳質耳曰："王當行，流涕可也。"及辭，世子泣而拜，王及左右咸歔欷，於是皆以植辭多華，而誠心不及也。

《質別傳》曰：[52]帝嘗召質及曹休歡會，命郭后出見質等。帝曰："卿仰諦視之。"其至親如此。質黃初五年朝京師，詔上將軍及特進以下皆會質所，[53]大官給供具。酒酣，質欲盡歡。時上將軍曹真性肥，[54]中領軍朱鑠性瘦，[55]質召優，[56]使說肥瘦。真負貴，恥見戲，怒謂質曰："卿欲以部曲將遇我邪？"[57]驃騎將軍曹洪、輕車將軍王忠言：[58]"將軍必欲使上將軍服肥，即自宜爲瘦。"真愈恚，拔刀瞋目，言："俳敢輕脫，[59]吾斬爾。"遂罵坐。質案劍曰："曹子丹，[60]汝非屠机上肉，[61]吳質吞爾不搖喉，咀爾不搖牙，何敢恃勢驕邪？"鑠因起曰："陛下使吾等來樂卿耳，乃至此邪！"質顧叱之曰："朱鑠，敢壞坐！"諸將軍皆還坐。鑠性急，愈恚，還拔劍斬地。遂便罷也。及文帝崩，質思慕作詩曰："愴愴懷殷憂，殷憂不可居。徒倚不能坐，[62]出入步踟躕。念蒙聖主恩，榮爵與衆殊。自謂永終身，志氣甫當舒。何意中見棄，棄我歸黄壚。[63]煢煢靡所恃，[64]淚下如連珠。隨沒無所益，身死名不書。慷慨自俛仰，庶幾烈丈夫。"太和四年，入爲侍中。時司空陳羣錄尚書事，[65]帝初親萬機，質以輔弼大臣，安危之本，對帝盛稱"驃騎將軍司馬懿，忠智至公，社稷之臣也。陳羣從容之士，非國相之才，處重任而不親事。"帝甚納之。明日，有切詔以督責羣，而天下以司空不如長文，[66]即羣，言無實也。質其年夏卒。

質先以怙威肆行，謚曰醜侯。質子應仍上書論枉，至正元中乃改謚威侯。應字溫舒，晉尚書。[67]應子康，字子仲，知名於時，亦至大位。

[1] 景初：魏明帝曹叡年號（237—239）。

[2] 下邳：郡名。治所下邳縣，在今江蘇睢寧縣西北。

[3] 渾輿經：《隋書·經籍志》謂梁有《渾輿經》一卷，魏安城令桓威撰。

[4] 門下書佐：官名。爲郡國府屬吏，職責是繕寫文書。　司徒署吏：謂司徒府之屬吏。

[5] 安成：縣名。治所在今河南汝南縣東南。

[6] 濟陰：郡名。治所定陶縣，在今山東定陶縣西北。

[7] 振威將軍：官名。東漢爲雜號將軍，統兵出征。魏、晉沿之，第四品。

[8] 假節：漢末三國時期，皇帝賜予臣下的一種權力。至晉代，此種權力明確爲因軍事可殺犯軍令者。

[9] 列侯：爵名。漢代二十級爵之最高者。金印紫綬，有封邑，食租稅。功大者食縣邑，功小者食鄉、亭。曹魏初亦沿襲有列侯。

[10] 樓君卿：姓樓名護字君卿，西漢後期人。《漢書》卷九二《游俠傳》云："是時王氏方盛，賓客滿門，五侯兄弟爭名，其客各有所厚，不得左右，唯護盡入其門，咸得其歡心"；"與谷永俱爲五侯上客，長安號曰'谷子雲筆札，樓君卿脣舌'，言其見信用也"。五侯：漢成帝河平二年（前27）封舅父王譚爲平阿侯、王商爲成都侯、王立爲紅陽侯、王根爲曲陽侯、王逢時爲高平侯。（見《漢書》卷一〇《成帝紀》及卷九七下《外戚孝元王皇后傳》顏師古注）

[11] 五官將：各本皆作"大將軍"。李慈銘《札記》謂"大

〔12〕朝歌：縣名。治所在今河南淇縣。

〔13〕大軍：百衲本、殿本、盧弼《集解》本均作"大將軍"，殿本《考證》云："'將'字疑衍。"校點本即作"大軍"。今從之。

〔14〕孟津：津渡名。在今河南孟津縣東北黃河上。東漢末又於此地置關隘，爲河南八關之一。　小城：即孟津關。

〔15〕與質書：《文選》卷四二載此書，題爲魏文帝《與朝歌令吳質書》。二者若有文字之差異，一般不作校正。

〔16〕局：《文選》李善注："《爾雅》曰：局，近也。"

〔17〕願言：代指思念。《詩·邶風·二子乘舟》："二子乘舟，泛泛其景。願言思子，中心養養。"毛傳："願，每也。"言，語中助詞。

〔18〕南皮：縣名。治所在今河北南皮縣東北。

〔19〕彈棋：古之博戲。《後漢書》卷三四《梁統附冀傳》"能挽滿、彈棋"李賢注："《藝經》曰：彈棋，兩人對局，白黑棋各六枚，先列棋相當，更先彈也。其局以石爲之。"

〔20〕博弈：局戲與圍棋。

〔21〕旅：《文選》李善注：《儀禮》曰："尊士旅食於門。"鄭玄注："旅，衆也。"

〔22〕蕤（ruí）賓：指夏天。《禮記·月令》："仲夏之月，律中蕤賓。"

〔23〕景風：立夏後之暖風。《淮南子·天文訓》："清明風至四十五日，景風至。"

〔24〕鄴：縣名。治所在今河北臨漳縣西南鄴鎮東一里半。

〔25〕又與質書：《文選》卷四二載此書，題爲魏文帝《與吳質書》。二者若文字之差異，一般不作校正。

〔26〕行：《文選》李善注："行，猶且也。"

〔27〕東山：《詩·豳風·東山》："我徂東山，慆慆不歸"。"自我不見，于今三年。"

[28] 昔年疾疫：指建安二十二年（217）大疫。（見《後漢書》卷九《獻帝紀》）

[29] 徐陳應劉：指徐幹、陳琳、應瑒、劉楨。

[30] 己分：百衲本、殿本、盧弼《集解》本作"已分"，校點本、《文選》作"己分"。今從校點本等。

[31] 零落：謂死亡。

[32] 光武言：《文選》李善注，謂漢光武帝此言，見《東觀漢紀》光武賜隗囂書。

[33] 瞻觀：校點本作"觀瞻"，百衲本、殿本、盧弼《集解》本、《文選》皆作"瞻觀"。今從百衲本等。

[34] 秉燭夜游：《文選》載《古詩十九首》之十四："生年不滿百，常懷千歲憂。晝短苦夜長，何不秉燭游。"

[35] 於邑：即嗚咽。悲哀氣塞。

[36] 烈祖：對祖先之敬稱。此指曹操。《詩·商頌·那》："奏鼓簡簡，衎我烈祖。" 龍飛：比喻皇帝興起。《易·乾卦》九五爻辭："飛龍在天，利見大人。"

[37] 下土：百衲本作"下土"，殿本、盧弼《集解》本、校點本作"下仕"。趙幼文《校箋》則謂《册府元龜》卷一七一引亦作"下土"。竊疑作"下土"爲是，下土指任濟陰郡長吏而言。今從百衲本。

[38] 我：盧弼《集解》本作"吾"，百衲本、殿本、校點本作"我"。今從百衲本等。

[39] 瓶：百衲本、殿本作"缾"，盧弼《集解》本、校點本作"瓶"。按二字同。今從《集解》本等。《詩·小雅·蓼莪》："缾之罄矣，維罍之恥。"毛傳："缾小而罍大。罄，盡也。"鄭箋："缾小而盡，罍大而盈。言爲罍恥者，刺王不使富分貧，衆恤寡。"

[40] 懷愧：趙幼文《校箋》謂《册府元龜》卷一七一引作"愧懷"。

[41] 渤海：郡名。治所南皮縣，在今河北南皮縣東北。

[42] 故爲長史：指爲五官中郎將長史。東漢五官中郎將不置官屬，而建安中曹丕爲五官中郎將卻置官屬，故有長史。

[43] 望：怨恨。

[44] 單家：孤寒之家。與豪族大姓相對而言。

[45] 北中郎將：官名。東漢末所置四中郎將之一，主率軍征伐。魏、晋沿置，多有較固定的轄區和治所。西晋時多鎮鄴。

[46] 使持節：漢末三國，皇帝授予出征或出鎮的軍事長官的一種權力。至晋代，此種權力明確爲可誅殺二千石以下官員。若皇帝派遣大臣執行出巡或祭吊等事務時，加使持節，則表示權力和尊崇。

[47] 信都：縣名。治所在今河北冀縣。

[48] 太和：魏明帝曹叡年號（227—233）。

[49] 司徒：官名。曹魏恢復三公制，改相國爲司徒，仍與太尉、司空並爲三公，共同行使宰相職能，位次太尉。本職掌民政，第一品。

[50] 溺（niào）：同"尿"。小便。

[51] 溺攢（zǎn）：百衲本作"溺欑"，殿本、盧弼《集解》本、校點本作"溺攢"，殿本《考證》云："宋本作'禮'。"今暫從殿本等。錢大昕《諸史拾遺》云："案董昭、吳質皆濟陰人，質欲溺鄉里，則昭亦在應溺之列，故云溺攢。"吳金華《校詁》謂"攢"爲"灒"之借字，《說文·水部》："灒，污灑也。"即以污水揮灑也。"溺攢"即撒溺以污人，必當時俗語。又疑原文本作"灒"，傳寫而誤作"攢""灒""禮"。

[52] 質別傳：沈家本《三國志注所引書目》謂《吳質別傳》，《隋書·經籍志》《舊唐書·經籍志》《新唐書·藝文志》皆不著録。

[53] 上將軍：即上軍大將軍。黃初三年（222）置，第二品，後不常設。特進：官名。漢制，凡諸侯大臣功德優盛，朝廷所敬異者，加位特進，朝會時位在三公下，車服俸禄仍從本官。魏、晋沿

襲之。

　　[54] 性：《吕氏春秋・貴直論・雍塞》："夫登山而視牛若羊，視羊若豚，牛之性不若羊，羊之性不若豚。"高誘注："性猶體也。"

　　[55] 中領軍：官名。第三品，掌禁衛軍，主五校、中壘、武衛三營。

　　[56] 優：俳優，樂舞諧戲藝人。

　　[57] 部曲將：官名。屬部曲督，軍中及州郡皆置，爲低級武官。

　　[58] 驃騎將軍：官名。東漢時位比三公，地位尊崇。魏、晉沿置，居諸名號將軍之首，僅作爲將軍名號，加授大臣、重要州郡長官，無具體職掌，二品。開府者位從公，一品。　輕車將軍：官名。爲將軍名號，第五品。

　　[59] 俳敢輕脫：趙幼文《校箋》謂《太平御覽》卷四六六、卷八四六引作"俳敢説"。按，《太平御覽》卷八四六作"俳敢輕説"。

　　[60] 曹子丹：曹真字子丹。

　　[61] 机：校點本作"几"，百衲本、殿本、盧弼《集解》本作"机"。按二字通，皆謂小桌。今從百衲本等。

　　[62] 徙倚：百衲本、殿本、盧弼《集解》本、校點本 1959 年 12 月第 1 版作"徙倚"，校點本 1982 年 7 月第 2 版誤作"徒倚"，不知何據。徙倚，留連徘徊之意。

　　[63] 黄壚：指地下。《淮南子・覽冥訓》："上際九天，下契黄壚。"高誘注："黄泉下壚土也。"壚土，黑土。

　　[64] 煢（qióng）煢：孤獨。

　　[65] 錄尚書事：職銜名義。錄爲總領之意。東漢以後，政歸尚書，錄尚書事，則總攬朝政，位在三公上，爲上公。自魏晉以後，公卿權重者亦爲之。（本《晉書》卷二四《職官志》）

　　[66] 長文：陳群字長文。

　　[67] 尚書：官名。西晉初，置吏部、三公、客曹、駕部、屯

田、度支六曹尚書，秩皆六百石，第三品。其中吏部職要任重，徑稱吏部尚書，其餘諸曹均稱尚書。

衞覬字伯儒，河東安邑人也。少夙成，以才學稱。太祖辟爲司空掾屬，除茂陵令、尚書郎。[1]太祖征袁紹，而劉表爲紹援，關中諸將又中立。[2]益州牧劉璋與表有隙，[3]覬以治書侍御史使益州，[4]令璋下兵以綴表軍。[5]至長安，道路不通，覬不得進，遂留鎮關中。時四方大有還民，關中諸將多引爲部曲，[6]覬書與荀彧曰："關中膏腴之地，頃遭荒亂，人民流入荊州者十萬餘家，[7]聞本土安寧，皆企望思歸。而歸者無以自業，諸將各競招懷，以爲部曲。郡縣貧弱，不能與爭，兵家遂彊。[8]一旦變動，必有後憂。夫鹽，[9]國之大寶也，自亂來散放，[10]宜如舊置使者監賣，[11]以其直益市犂牛。若有歸民，以供給之。勤耕積粟，以豐殖關中。遠民聞之，必日夜競還。[12]又使司隸校尉留治關中以爲之主，則諸將日削，官民日盛，此彊本弱敵之利也。"[13]或以白太祖。太祖從之，始遣謁者僕射監鹽官，[14]司隸校尉治弘農。[15]關中服從，乃白召覬還，稍遷尚書。[一][16]魏國既建，拜侍中，與王粲並典制度。文帝即王位，徙爲尚書。頃之，還漢朝爲侍郎，[17]勸贊禪代之義，爲文誥之詔。[18]文帝踐阼，復爲尚書，封陽吉亭侯。[19]

〔一〕《魏書》曰：初，漢朝遷移，臺閣舊事散亂。[20]自都許之後，[21]漸有綱紀，覬以古義多所正定。[22]是時關西諸將，[23]外雖懷附，內未可信。司隸校尉鍾繇求以三千兵入關，[24] 外託討張魯，內以脅取質任。[25] 太祖使荀彧問覬，覬以為"西方諸將，皆豎夫屈起，[26] 無雄天下意，苟安樂目前而已。今國家厚加爵號，得其所志，非有大故，不憂為變也。宜為後圖。若以兵入關中，當討張魯，魯在深山，道徑不通，彼必疑之；一相驚動，地險眾彊，殆難為慮！"或以覬議呈太祖。太祖初善之，而以繇自典其任，遂從繇議。兵始進而關右大叛，[27] 太祖自親征，僅乃平之，死者萬計。太祖悔不從覬議，由是益重覬。

[1] 茂陵：縣名。治所在今陝西興平縣東北。

[2] 關中：地區名。指函谷關以內之地。包括今陝西和甘肅、寧夏、內蒙古之部分地區。

[3] 益州：漢末刺史治所成都縣，在今四川成都市舊東西城區。

[4] 治書侍御史：官名。秩六百石，職掌依據法律審理疑獄，與符節郎共平廷尉奏事。以明習法律者充任。

[5] 下兵：謂發兵順長江而下。

[6] 部曲：私家軍隊。

[7] 十萬餘家：盧弼《集解》本作"十餘萬家"，百衲本、殿本、校點本作"十萬餘家"。今從百衲本等。

[8] 兵家：此指擁有私人武裝之豪強。

[9] 鹽：胡三省云："河東安邑鹽池，舊有鹽官。鹽之為利厚矣。"（《通鑑》卷六三漢獻帝建安四年注）

[10] 自亂來散放：趙幼文《校箋》謂《晉書·食貨志》"亂"上有"喪"字，"來"上有"以"字，此脫則語意不相屬，當據增。《太平御覽》卷八六三（當作八六五）引"來"上有"以"字，可證。

[11] 宜如：趙幼文《校箋》謂《晉書·食貨志》"宜"上有

"今"字。

　　[12] 日夜：趙幼文《校箋》謂《晋書·食貨志》作"多"。

　　[13] 彊本弱敵之利：趙幼文《校箋》謂蕭常《續後漢書》"敵"字作"枝"，"利"字作"訓"。

　　[14] 謁者僕射（yè）：官名。秩比千石。爲謁者臺長官，名義上屬光禄勳。掌侍從皇帝左右。關通内外，職權頗重。

　　[15] 治弘農：胡三省云："時以鍾繇爲司隸校尉，據《魏略》及《三國志》，繇實治洛陽。蓋暫治弘農，以招撫關中也。"（《通鑑》卷六三漢獻帝建安四年注）

　　[16] 尚書：官名。東漢有六曹尚書，即三公曹、民曹、客曹、二千石曹、吏曹、中都官曹等。秩皆六百石，皆稱尚書，不加曹號。（本《晋書》卷二四《職官志》）

　　[17] 侍郎：指黃門侍郎。趙幼文《校箋》則謂《太平御覽》卷二〇〇引"侍郎"作"侍中"。

　　[18] 詔：趙幼文《校箋》謂《太平御覽》引作"命"，蕭常《續後漢書》作"辭"。

　　[19] 陽吉：《太平御覽》卷二〇〇作"陽告"。　亭侯：爵名。漢制，列侯大者食縣邑，小者食鄉、亭。東漢後期遂以食鄉、亭者稱爲鄉侯、亭侯。

　　[20] 臺閣：尚書臺。

　　[21] 許：縣名。治所在今河南許昌市東。

　　[22] 正定：趙幼文《校箋》謂《册府元龜》卷四六七引作"訂正"。

　　[23] 關西：地區名。指函谷關以西之地。

　　[24] 關：即指函谷關。在今河南靈寶市東北。

　　[25] 質任：人質。

　　[26] 屈起：趙幼文《校箋》謂《册府元龜》卷四七七引"屈"字作"崛"。郝經《續後漢書》同。

　　[27] 關右：即關西。　大叛：趙幼文《校箋》謂郝經《續後

漢書》"大"字作"皆"。

明帝即位，進封閺鄉侯，[1]三百户。[2]閺音聞。覬奏曰："九章之律，[3]自古所傳，斷定刑罪，其意微妙。百里長吏，皆宜知律。刑法者，國家之所貴重，而私議之所輕賤；獄吏者，百姓之所縣命，而選用者之所卑下。王政之弊，未必不由此也。請置律博士，[4]轉相教授。"事遂施行。時百姓凋匱而役務方殷，覬上疏曰："夫變情厲性，彊所不能，人臣言之既不易，人主受之又艱難。且人之所樂者富貴顯榮也，所惡者貧賤死亡也，然此四者，君上之所制也，君愛之則富貴顯榮，君惡之則貧賤死亡；順指者愛所由來，[5]逆意者惡所從至也。故人臣皆争順指而避逆意，非破家爲國，殺身成君者，誰能犯顔色，觸忌諱，建一言，開一説哉？陛下留意察之，則臣下之情可見矣。今議者多好悦耳，其言政治則比陛下於堯舜，[6]其言征伐則比二虜於貍鼠。[7]臣以爲不然。昔漢文之時，諸侯彊大，賈誼累息以爲至危。[8]況今四海之内，分而爲三，羣士陳力，各爲其主。其來降者，未肯言舍邪就正，咸稱迫於困急，是與六國分治，無以爲異也。當今千里無煙，遺民困苦，陛下不善留意，將遂凋弊難可復振。[9]禮，天子之器必有金玉之飾，飲食之肴必有八珍之味，至於凶荒，則徹膳降服。然則奢儉之節，必視世之豐約也。武皇帝之時，後宮食不過一肉，衣不用錦繡，茵蓐不緣飾，[10]器物無丹漆，用能平定天下，遺福子孫。此皆陛下之所親覽也。當今之務，宜君臣上下，並用籌策，計校府庫，量入爲出。深思句踐滋民之術，[11]由恐不及，[12]而尚方所造金銀之物，[13]漸更增廣，工役不輟，侈靡日崇，帑藏日竭。昔漢武信求神仙之道，[14]謂當得雲表之露以餐玉屑，故立仙掌以承高露。[15]陛下通明，[16]每所非笑。漢武有求於露，而由尚見非，陛下無求於露而空設之；不益於好而糜費功夫，[17]誠皆聖慮所宜裁制也。"覬歷漢、魏，時獻忠言，率如此。

受詔典著作，又爲《魏官儀》，[18]凡所撰述數十篇。[19]好古文、鳥篆、隸草，無所不善。建安末，尚書右丞河南潘勖，〔一〕[20]黃初時，散騎常侍河內王象，亦與覬並以文章顯。〔二〕覬薨，諡曰敬侯。子瓘嗣。瓘咸熙中爲鎭西將軍。〔三〕[21]

〔一〕《文章志》曰：勖字元茂，[22]初名芝，改名勖，後避諱，[23]或曰勖獻帝時爲尚書郎，遷右丞。詔以勖前在二千石曹，才敏兼通，明習舊事，敕并領本職，數加特賜。二十年，遷東海相，[24]未發，留拜尚書左丞。其年病卒，時年五十餘。魏公九錫策命，[25]勖所作也。勖子滿，平原太守，[26]亦以學行稱。

滿子尼，[27]字正叔。《尼別傳》曰：[28]尼少有清才，文辭溫雅。初應州辟，後以父老歸供養。居家十餘年，父終，晚乃出仕。尼嘗贈陸機詩，機答之，其四句曰："猗歟潘生，世篤其藻，仰儀前文，丕隆祖考。"位終太常。[29]

尼從父岳，字安仁。《岳別傳》曰：岳美姿容，夙以才穎發名。其所著述，清綺絕倫。爲黃門侍郎，爲孫秀所殺。[30]尼、岳文翰，[31]並見重於世。

尼從子滔，字湯仲。《晉諸公贊》：滔以博學才量爲名。永嘉末,爲河南尹,[32]過害。

〔二〕王象事別見《楊俊傳》。

〔三〕《晉陽秋》曰:瓘字伯玉。清貞有名理,少爲傅嘏所知。弱冠爲尚書郎,遂歷位内外,爲晉尚書令、司空、太保。[33]惠帝初輔政,爲楚王瑋所害。

《世語》曰:瓘與扶風内史燉煌索靖,[34]並善草書。瓘子恒,字巨山,黄門侍郎。恒子玠,字叔寶,有盛名,爲太子洗馬,[35]早卒。

[1] 閿(wén):字又作"閺"。漢代湖縣之鄉名,即今河南靈寶市西北之文鄉。 鄉侯:爵名。漢制,列侯大者食縣邑,小者食鄉、亭。東漢後期,遂以食鄉、亭者稱爲鄉侯、亭侯。曹魏因之。

[2] 三百户:趙一清《注補》云:"三百户"上落"邑"字。

[3] 九章之律:漢律。漢高祖劉邦入關後,與民約法三章。其後三章之法不足用,相國蕭何遂作律九章,是爲漢律。(見《漢書》卷二三《刑法志》)

[4] 律博士:官名。後又稱律學博士。職在教授刑律,咨詢法律。

[5] 愛所由來:趙幼文《校箋》謂《初學記》卷一八引"來"字作"生"。《册府元龜》卷五三九引"所"上有"之"字,下文"惡"下亦有"之"字。

[6] 政治:趙幼文《校箋》謂《册府元龜》卷五三九引作"治政"。

[7] 二虜:指蜀、吳二國。

[8] 賈誼:西漢初政論家。漢文帝時賈誼爲梁懷王太傅,曾上疏陳政事,其中有云:"臣竊惟事勢。可爲痛哭者一,可爲流涕者二,可爲長太息者六。"(《漢書》卷四八《賈誼傳》)

［9］難可：校點本作"不可"，百衲本、殿本、盧弼《集解》本均作"難可"。郝經《續後漢書》卷六六下《衛覬傳》亦作"難可"。今從百衲本等。

［10］茵蓐：褥墊，褥子。

［11］句踐：春秋末越國國君。曾被吳國打敗，屈服求和。遂臥薪嘗膽，刻苦圖強。爲發展人口，令壯者無娶老婦，令老者無娶壯妻。女子十七不嫁，其父母有罪；男子二十不娶，其父母有罪。並獎勵多生子女。（見《國語·越語上》）

［12］由：盧弼《集解》云："《通鑑》'由'作'猶'。"趙幼文《校箋》謂郝經《續後漢書》《通志》俱作"猶"，應據改。按劉淇《助字辨略》卷二云："由，與猶通。"

［13］尚方：官署名。有中、左、右三尚方，各置令一人，秩皆六百石，第七品。掌管製造供應皇帝所用器物。

［14］信求：趙幼文《校箋》謂《群書治要》卷二六引無"求"字。

［15］承高露：《漢書·郊祀志上》謂漢武帝"又作柏梁、銅柱、承露僊人掌之屬矣"。顏師古注云："《三輔故事》云：建章宮承露盤高二十丈，大七圍，以銅爲之，上有僊人掌承露，和玉屑飲之。蓋張衡《西京賦》所云'立修莖之僊掌，承雲表之清露，屑瓊蕊以朝餐，必性命之可度'也。"

［16］通明：趙幼文《校箋》謂《群書治要》引作"至通"。

［17］功夫：盧弼《集解》本作"工夫"，百衲本、殿本、校點本均作"功夫"。今從百衲本等。

［18］魏官儀：《隋書·經籍志》謂梁有荀攸《魏官儀》一卷，亡，《舊唐書·經籍志》則著錄《魏官儀》一卷荀攸撰，是又復出。姚振宗《三國藝文志》謂衛覬《魏官儀》於《三國志》本傳中有明確記載，而衛覬卒於魏明帝時，荀攸卒於建安中；荀書作於魏國初建，衛書似作於文、明之世，當比荀書爲備。

［19］撰述數十篇：嚴可均《全三國文》輯有衛覬文一卷。嚴

氏據牟準《魏敬侯衛覬碑陰文》云"所著述注解故訓及文筆等甚多，皆已失墜"，謂衛覬仕漢入魏，卒於明帝時；子衛瓘仕魏入晋，至惠帝永平初，家世烜赫，何至失墜？此必賈后矯詔殺害衛瓘後之言。則衛覬之著述除《孝經固》與《魏官儀》外，全散於衛瓘被害後。

［20］尚書右丞：官名。東漢始置，爲尚書臺佐貳官，居尚書左丞下，秩四百石。掌授廩假錢穀，假署印綬，管理尚書臺專用文具及諸財用庫藏，並與左丞通掌臺内庶務，保管文書章奏。　河南：即河南尹。東漢建都洛陽，將京都附近二十一縣合爲一行政區，稱河南尹，相當於一郡。治所在洛陽。

［21］鎮西將軍：官名。第二品，位次四征將軍，領兵如征西將軍。多爲持節都督，出鎮方面。

［22］元茂：百衲本作"加茂"，殿本、盧弼《集解》本、校點本作"元茂"，本書卷一《武帝紀》裴松之注亦作"元茂"，又《文選·册魏公九錫文》李善注引《文章志》亦作"元茂"。今從殿本等。

［23］後避諱：盧弼《集解》云："後避諱"三字，當在"改名勖"上。勖卒於建安末，究避何人之諱？疑有誤。

［24］東海：王國名。治所郯縣，在今山東郯城縣北。　相：官名。王國相，由朝廷直接委派，執掌王國行政大權，相當於郡太守。

［25］九錫策命：見本書卷一《武帝紀》。

［26］平原：郡名。治所平原縣，在今山東平原縣西南。

［27］滿：百衲本作"潘"，殿本、盧弼《集解》本、校點本作"滿"。今從殿本等。

［28］尼別傳：沈家本《三國志注所引書目》謂《潘尼別傳》《潘岳別傳》，《隋書·經籍志》《舊唐書·經籍志》《新唐書·藝文志》皆未著録。

［29］太常：官名。秩中二千石，第三品。掌禮儀祭祀，選試

［30］孫秀：西晉趙王司馬倫之親信。八王之亂中，趙王倫擅權後，諸事皆決於孫秀。孫秀因私怨誅殺潘岳等。（見《晉書》卷五五《潘岳傳》）

［31］文翰：《隋書·經籍志》著録有晉黄門郎《潘岳集》十卷、晉太常卿《潘尼集》十卷。

［32］河南尹：官名。秩二千石。東漢建都洛陽，將京都附近二十一縣合爲一行政區，稱河南尹。相當於一郡；河南尹的長官亦稱河南尹，地區名與官名相同。魏晉因之，第三品。

［33］尚書令：官名。晉代仍爲尚書臺長官，第三品。仍綜理朝廷政務，爲政務長官，參議大政，職如宰相。　太保：官名。西晉時與太宰、太傅並爲上公，第一品。爲榮譽虚銜，無職掌。

［34］扶風：西晉時爲王國，治所槐里縣，在今陝西興平市東南。　内史：即王國相，晉武帝太康十年（289）改稱内史，職仍如太守，掌民政。　燉煌：郡名。治所敦煌縣，在今甘肅敦煌市西。

［35］太子洗（xiǎn）馬：官名。東宮屬官。"洗"亦作"先"。先馬，即前驅。秩比六百石，掌賓贊受事，太子出行則爲前導。東漢屬太子少傅。曹魏因之，第七品。

　　劉廙字恭嗣，南陽安衆人也。[1]年十歲，戲於講堂上，[2]潁川司馬德操拊其頭曰：[3]"孺子，孺子，'黄中通理'，[4]寧自知不？"[5]廙兄望之，有名於世，荆州牧劉表辟爲從事。[6]而其友二人皆以讒毁，爲表所誅。望之又以正諫不合，投傳告歸。[7]廙謂望之曰："趙殺鳴、犢，仲尼回轅。〔一〕今兄既不能法柳下惠和光同塵於内，[8]則宜模范蠡遷化於外，[9]坐而自絶於時，殆不可也！"望之不從，尋復見害。廙懼，奔揚州，〔二〕遂歸太祖。太祖辟爲丞相掾屬，轉五官將文學。文帝器之，命廙通草書。廙答書曰："初以尊卑有踰，禮之常分也。是以貪守區區之節，不敢脩草。必如嚴命，誠知勞謙之素，[10]不貴殊異若彼之高，而惇白屋如斯之好，[11]苟使郭隗不輕於燕，[12]九九不忽於齊，樂毅自至，霸業以隆。〔三〕虧匹夫之節，成巍巍之美，雖愚不敏，何敢以辭？"魏國初建，爲黃門侍郎。

〔一〕劉向《新序》曰：[13]趙簡子欲專天下，謂其相曰："趙有犢犨，晉有鐸鳴，魯有孔丘，吾殺三人者，天下可王也。"於是乃召犢犨、鐸鳴而問政焉，已即殺之。使使者聘孔子於魯，以胖牛肉迎於河上。使者謂船人曰："孔子即上船，中河必流而殺之。"孔子至，使者致命，進胖牛之肉。孔子仰天而歎曰："美哉水乎，洋洋乎，使丘不濟此水者，命也夫！"子路趨而進曰："敢問何謂也？"孔子曰："夫犢犨、鐸鳴，晉國之賢大夫也，趙簡子未得意之時，須而後從政，及其得意也，殺之。黃龍不反于涸澤，鳳皇不離其蔚羅。"[14]故刳胎焚林，則麒麟不臻；覆巢破卵，則鳳皇不翔；竭澤而漁，則龜龍不見。鳥獸之於不仁，猶知避之，況丘乎？故虎嘯而谷風起，龍興而景雲見，[15]擊庭鐘於外，而黃鐘應於內。夫物類之相感，精神之相應，若響之應聲，影之象形，故君子違傷其類者。今彼已殺吾類矣，何爲之此乎？"于是遂回車不渡而還。

〔二〕《廙別傳》載廙道路爲牋謝劉表曰：[16]"考菊過蒙分遇榮授之顯，[17]未有管、狐、桓、文之烈，[18]孤德隕命，精誠不遂。兄望之見禮在昔，既無堂構昭前之績，[19]中規不密，用墜禍辟。斯乃明神弗祐，天降之災。悔吝之負，哀號靡及。廙之愚淺，言行多違，懼有浸潤三至之閒。[20]考菊之愛已衰，望之之責猶存，必傷天慈既往之分,[21] 門戶殫滅,取笑明哲。是用逆竄,永涉川路,即日到廬江尋陽。[22] 昔鍾儀有南音之操,[23] 椒舉有班荊之思,[24] 雖遠猶邇,敢忘前施?"

《傅子》曰:表既殺望之,荊州士人皆自危也。夫表之本心,於望之不輕也,以直迕情,而讒言得入者,以無容直之度也。據全楚之地,不能以成功者,未必不由此也。夷、叔迕武王以成名,[25] 丁公順高祖以受戮,[26] 二主之度遠也。若不遠其度,惟褊心是從,難乎以容民畜衆矣。

〔三〕《戰國策》曰:有以九九求見齊桓公,[27] 桓公不納。其人曰:"九九小術,而君納之,況大於九九者乎?"於是桓公設庭燎之禮而見之。[28] 居無幾,甯朋自遠而至,[29] 齊遂以霸。

[1] 南陽:郡名。治所宛縣,在今河南南陽市。 安衆:縣名。治所在今河南鎮平縣東南。

[2] 年十歲戲於講堂上:趙幼文《校箋》謂《太平御覽》卷三八四引"十"字作"七","戲"下無"於"字。

[3] 司馬德操:司馬徽字德操。主要見本書卷三七《龐統傳》與裴注引《襄陽記》。

[4] 黃中通理:《易·坤卦》文言之辭。孔穎達《正義》云:"黃中通理者,以黃居中,兼四方之色,奉承臣職,是通曉物理也。"

[5] 寧自知不:百衲本作"寧自不知不",殿本、盧弼《集解》本、校點本作"寧自知不"。今從殿本等。

[6] 從事:官名。漢代州牧刺史的佐吏,有別駕從事史、治中從事史、兵曹從事史、部從事史等,均可簡稱爲從事。

[7] 投傳:謂棄官。《後漢書》卷六六《陳蕃傳》"投傳而去"李賢注:"投,棄也。傳,謂符也。"

[8] 和光同塵:《老子》第四章:"和其光,同其塵。"王弼

注："和光而不污其體,同塵而不渝其真。"後世遂指與世沉浮,隨俗而處。

[9] 范蠡:春秋末楚人,爲越國大夫。越王勾踐被吳王夫差大敗後,范蠡助勾踐刻苦圖强,滅掉吳國。其後離越出遊,變易姓名。至齊,稱鴟夷子皮;至陶,又稱朱公。世遂稱之爲陶朱公。(見《史記》卷一二九《貨殖列傳》)

[10] 勞謙:勤謹而謙虛。《易‧謙卦》九三爻辭:"勞謙君子,有終吉。"

[11] 白屋:茅屋。《漢書》卷七八《蕭望之傳》"致白屋之意"顏師古注:"白屋,謂白蓋之屋,以茅覆之,賤人所居。"

[12] 郭隗:戰國時燕人。燕昭王即位後,欲報齊仇,擬招賢納士,遂問計於郭隗。郭隗曰:"王必欲致士,先從隗始。況賢於隗者,豈遠千里哉!"昭王即爲隗改築宫室,並敬以爲師。於是樂毅自魏往,鄒衍自齊往,劇辛自趙往,其他士人也相繼而至。(見《史記》卷三四《燕召公世家》)

[13] 新序:以下所引,不見於今傳本《新序》。

[14] 離:遭逢。罻(wèi)羅:捕鳥網。

[15] 景雲:祥雲。

[16] 廙別傳:沈家本《三國志注所引書目》謂《劉廙別傳》,《隋書‧經籍志》《舊唐書‧經籍志》《新唐書‧藝文志》,皆不著録。

[17] 考苟(jū):潘眉《考證》云:"此兩云'考苟',當是廙父名苟耳。"

[18] 管:指管仲。管仲曾助齊桓公成就霸業。 狐:指狐偃。晋文公之舅父,字子犯,故亦稱舅犯。文公即位前,狐偃曾隨之在外流亡十九年;文公即位後,又助文公成霸業。

[19] 堂構:謂築堂基,造屋宇。《尚書‧大誥》:"若考作室,既底法,厥子乃弗肯堂,矧肯構?"孔傳:"以作室喻治政也。父已致法,子乃不肯爲堂基,況肯構立屋乎?"

［20］浸潤：指讒言。《論語・顏淵》："子張問明。子曰：'浸潤之譖，膚受之愬不行焉，可謂明也已矣。'"後世因以"浸潤"指讒言。　三至：謂多則使人相信。《史記》卷七一《甘茂列傳》："昔曾參之處費，魯人有與曾參同姓名者殺人，人告其母曰'曾參殺人'，其母織自若也。頃之，一人又告之曰'曾參殺人'，其母尚織自若也。頃之又一人告之曰'曾參殺人'，其母投杼下機，踰墻而走。"

［21］天慈：指父親。即此文之"考妣"。

［22］廬江：郡名。治所本在舒縣，在今安徽廬江縣西南。建安四年劉勳移於皖縣，在今安徽潛山縣。　尋陽：縣名。治所在今湖北黃梅縣西南。

［23］鍾儀：春秋時楚國之樂官。楚共王七年（前584），攻打鄭國，鍾儀被鄭人俘虜而送於晉。晉人囚之於軍庫。晉景公察看軍庫，見戴南方帽子的囚人，問庫吏，知是鄭人獻的楚俘，即令釋其縛，問知身世，遂令彈琴。鍾儀即奏樂，操南音。范文子得知後，盛稱鍾儀為君子，奏樂都不忘故鄉之南音。（見《左傳》成公七年、九年）

［24］椒舉：即伍舉，春秋楚臣，娶王子牟之女為妻。王子牟畏罪逃亡後，楚人謂伍舉護送其出逃。伍舉亦懼而逃鄭國，並欲乘機再往晉國。時值好友聲子亦欲去晉國，於鄭國郊外相遇，遂拔草鋪地，坐而飲食，並商議回楚之事。（見《左傳・襄公二十六年》）班荊：即拔草鋪地。班，布，鋪。荊，草名。

［25］夷叔：指伯夷、叔齊。殷商末孤竹君之子，因避位出逃，遇周武王起兵伐紂，攔馬諫阻，武王不究。及武王滅紂後，伯夷、叔齊恥食周粟，餓死於首陽山。（見《史記》卷六一《伯夷列傳》）

［26］丁公：楚漢相爭時，為項羽將。曾在彭城西與漢王劉邦相遇。時短兵相接，劉邦危急，遂謂丁公曰："兩賢豈相厄哉！"丁公因放劉邦，引兵而還。至項羽滅，丁公前往見劉邦，劉邦却縛丁公示衆曰："丁公為項王臣不忠，使項王失天下者也。"因斬之，又

曰:"使後爲人臣無效丁公也!"(《漢書》卷三七《季布傳》)

[27] 九九:指算術。《漢書》卷六七《梅福傳》:"臣聞齊桓公之時有以九九見者,桓公不逆,欲以致大也。"顏師古注:"九九,算術,若今《九章》《五曹》之輩。"

[28] 庭燎之禮:國家舉行的盛大儀式。《周禮·秋官·司烜氏》:"凡邦之大事,共墳燭庭燎。"鄭玄注:"墳,大也。樹於門外曰大燭,於門内曰庭燎,皆所以照衆爲明。"

[29] 隰(xí)朋:春秋時齊桓公之大夫。《史記》卷三二《齊太公世家》:"桓公既得管仲,與鮑叔、隰朋、高傒修齊國政。"

太祖在長安,欲親征蜀,廙上疏曰:"聖人不以智輕俗,王者不以人廢言。故能成功於千載者,必以近察遠,智周於獨斷者,不恥於下問,亦欲博采必盡於衆也。且韋弦非能言之物,[1]而聖賢引以自匡。臣才智闇淺,願自比於韋弦。昔樂毅能以弱燕破大齊,[2]而不能以輕兵定即墨者,[3]夫自爲計者雖弱必固,欲自潰者雖彊必敗也。自殿下起軍以來,三十餘年,敵無不破,彊無不服。今以海内之兵,百勝之威,而孫權負險於吴,劉備不賓於蜀。夫夷狄之臣,不當冀州之卒,權、備之籍,不比袁紹之業,然本初以亡,而二寇未捷,非闇弱於今而智武於昔也。斯自爲計者,與欲自潰者異勢耳。故文王伐崇,[4]三駕不下,歸而脩德,然後服之。秦爲諸侯,所征必服,及兼天下,東向稱帝,匹夫大呼而社稷用隳。[5]是力斃於外,而不卹民於内也。臣恐邊寇非六國之敵,而世不乏才,土崩之勢,此不可不察也。天下有重得,有重失:勢可得而我勤之,此重得也；勢不可得而我勤之，此重失也。於今之計，莫若料四方之險，擇要害之處而守之，選天下之甲卒，隨方面而歲更焉，殿下可高枕於廣夏，潛思於治國；廣農桑，[6]事從節約，脩之旬年，則國富民安矣。"太祖遂進前而報廙曰："非但君當知臣，臣亦當知君。今欲使吾坐行西伯之德，[7]恐非其人也。"

魏諷反，廙弟偉為諷所引，當相坐誅。太祖令曰："叔向不坐弟虎，[8]古之制也。"特原不問，〔一〕徙署丞相倉曹屬。廙上疏謝曰："臣罪應傾宗，禍應覆族。遭乾坤之靈，值時來之運，揚湯止沸，使不燋爛；起烟於寒灰之上，生華於已枯之木。物不答施於天地，子不謝生於父母，可以死效，難用筆陳。"〔二〕廙著書數十篇，[9]及與丁儀共論刑禮，皆傳於世。文帝即王位，為侍中，賜爵關內侯。黃初二年卒。〔三〕無子。帝以弟子阜嗣。〔四〕

〔一〕《廙別傳》曰：初，廙弟偉與諷善，廙戒之曰："夫交友之美，在於得賢，不可不詳。而世之交者，不審擇人，務合黨衆，違先聖人交友之義，此非厚己輔仁之謂也。[10]吾觀魏諷，不脩德行，[11]而專以鳩合爲務，華而不實，此直攪世沽名者也。[12]卿其慎之，勿復與通。"偉不從，[13]故及於難。

〔二〕《廙別傳》載廙表論治道曰："昔者周有亂臣十人，[14]有婦人焉，九人而已，孔子稱'才難，不其然乎'！明賢者難得也。況亂弊之後，百姓凋盡，士之存者蓋亦無幾。股肱大職，及州郡督司，[15]邊方重任，雖備其官，亦未得人也。[16]此非選者之不用意，蓋才匱使之然耳。況於長吏以下，[17]羣職小任，能皆簡練備得其人也?[18]其計莫如督之以法。不爾而數轉易，往來不已，送迎之煩，不可勝計。轉易之間，輒有姦巧，既於其事不省，而爲政者亦以其不得久安之故，知惠益不得成於己，而苟且之可免於患，皆將不念盡心於卹民，而夢想於聲譽，此非所以爲政之本意也。今之所以爲黜陟者，近頗以州郡之毀譽，聽往來之浮言耳。(亦)〔非〕皆得其事實而課其能否也?[19]長吏之所以爲佳者，奉法也，憂公也，卹民也。此三事者，或州郡有所不便，往來者有所不安。而長吏執之不已，於治雖得計，其聲譽未爲美；屈而從人，[20]於治雖失計，其聲譽必集也。長吏皆知黜陟之在於此也，亦何能不去本而就末哉？以爲長吏皆宜使小久，足使自展。歲課之能，三年總計，乃加黜陟。課之皆當以事，不得依名。事者，皆以戶口率其墾田之多少，及盜賊發興，民之亡叛者，爲得負之計。如此行之，則無能之吏，脩名無益；有能之人，無名無損。法之一行，雖無部司之監，姦譽妄毀，可得而盡。"事上，太祖甚善之。

〔三〕《虞別傳》云：時年四十二。

〔四〕案《劉氏譜》：[21]阜字伯陵，陳留太守。阜子喬，字仲彥。

《晉陽秋》曰：喬有贊世志力。惠帝末，爲豫州刺史。[22]喬胄胤丕顯，貴盛至今。

[1] 韋弦：韋，去毛柔製的熟皮，柔軟而有韌性。弦，弓之弦，緊而直。《韓非子·觀行》："西門豹之性急，故佩韋以自緩；董安於之心緩，故佩弦以自急。"

[2] 樂毅：樂毅至燕後，燕昭王以之爲亞卿，後又以爲上將軍，聯合趙、楚、韓、魏等國攻伐齊國。齊國破，諸侯軍罷歸。樂毅繼續攻齊城，五年間，共破齊七十餘城。唯莒（今山東莒縣）、即墨（今山東平度市東南）二城不下，因莒有淖齒堅守，即墨有田

單堅守。(見《史記》卷八〇《樂毅列傳》)

[3] 輕兵：趙幼文《校箋》謂《册府元龜》卷五二七（當作五二六）引"輕"字作"齊"。按，宋本《册府元龜》亦作"輕"。

[4] 文王：周文王。 崇：殷商時的諸侯國，其地在今陝西户縣東五里。殷商末其君名虎，史稱崇侯虎。《左傳·僖公十九年》：子魚言於宋公曰："文王聞崇德亂而伐之，軍三旬而不降。退修教而復伐之，因壘而降。"

[5] 匹夫：指陳勝、吳廣。

[6] 廣農桑：趙幼文《校箋》謂郝經《續後漢書》"廣"下有"務"字。

[7] 西伯：即周文王。殷商末爲西伯，爲西方諸侯之長。

[8] 叔向：春秋時晉大夫。羊舌氏，名肸。晉平公六年（前552），其弟羊舌虎與欒盈同黨，被范宣子所殺。范宣子又囚禁叔向。已經告老在家的祁奚得知後，即往見范宣子，列舉"鯀殛而禹興；伊尹放太甲而相之，卒無怨色；管、蔡爲戮，周公右王"。説明父子不相及，君臣不相怨，兄弟不相同。范宣子遂與祁奚見晉平公，釋放了叔向。(見《左傳·襄公二十一年》)

[9] 廣著書：《隋書·經籍志》子部法家類謂梁有《政論》五卷，魏侍中劉廙撰，亡。《舊唐書·經籍志》又著錄《劉氏正論》五卷，劉廙撰。《隋書·經籍志》集部別集類又謂梁有《劉廙集》二卷，亡。《舊唐書·經籍志》又著錄《劉廙集》二卷。

[10] 厚己輔仁：趙幼文《校箋》謂《册府元龜》卷八一六引"己"字作"德"。按，宋本《册府元龜》亦作"己"。

[11] 德行：趙幼文《校箋》謂郝經《續後漢書》"行"字作"義"。按，宋本《册府元龜》亦作"行"。

[12] 沽名：百衲本"沽"字作"治"，殿本、盧弼《集解》本、校點本作"沽"。今從殿本等。趙幼文《校箋》謂《册府元龜》引"沽"字作"治"。按，宋本《册府元龜》亦作"沽"。

[13] 偉不從：趙幼文《校箋》謂《册府元龜》引此下有"復爲諷所引"五字。按，宋本《册府元龜》作"後爲諷所引"。

　　[14] 昔者：趙幼文《校箋》謂《群書治要》引"昔"下無"者"字。按，宋本《册府元龜》卷六三五引亦有"者"字。　亂臣：善於治理國家之臣。《論語·泰伯》："武王曰：'予有亂臣十人。'孔子曰：'才難，不其然乎？唐虞之際，於斯爲盛。有婦人焉，九人而已。"何晏《集解》："馬曰：亂，治也。治官者十人，謂周公旦、召公奭、太公望、畢公、榮公、太顚、閎夭、散宜生、南宮适，其一人謂文母。"邢昺疏："文母，文王之后太姒也，從夫之謚。武王之母謂之文母。"

　　[15] 股肱大職及州郡督司：趙幼文《校箋》謂《群書治要》引"股"上有"其"字，"及"下有"至"字。《册府元龜》卷六三五引"郡"字作"都"。按，宋本《册府元龜》亦作"郡"。

　　[16] 未得人：各本皆作"未得人"。吴金華《校詁》謂語較生硬，《群書治要》卷二六"人"上有"其"字，與下文"能皆簡練備得其人"相吻。

　　[17] 長吏：此指縣令、長。

　　[18] 也：趙幼文《校箋》謂《群書治要》引作"乎"。

　　[19] 非：各本皆作"亦"。盧弼《集解》謂"亦"當作"非"。吴金華《校詁》亦謂《群書治要》卷二六正作"非"。今從盧、吴說改。

　　[20] 屈：百衲本作"闕"，殿本、盧弼《集解》本、校點本作"屈"。今從殿本等。

　　[21] 劉氏譜：沈家本《三國志注所引書目》謂《隋書·經籍志》《舊唐書·經籍志》《新唐書·藝文志》，皆未著録。而《世説新語注》多引《劉氏譜》。

　　[22] 豫州：西晉刺史治所陳縣，在今河南淮陽縣。

劉劭字孔才,[1]廣平邯鄲人也。[2]建安中,爲計吏,[3]詣許。太史上言:[4]"正旦當日蝕。"[5]劭時在尚書令荀彧所,[6]坐者數十人,或云當廢朝,或云宜卻會。劭曰:"梓慎、裨竈,[7]古之良史,猶占水火,錯失天時。《禮記》曰諸侯旅見天子,[8](及)〔入〕門不得終禮者四,[9]日蝕在一。然則聖人垂制,不爲變〔異〕豫廢朝禮者,[10]或災消異伏,或推術謬誤也。"或善其言。敕朝會如舊,日亦不蝕。〔一〕

　　〔一〕晉永和中,[11]廷尉王彪之與揚州刺史殷浩書曰:[12]"太史上元日合朔,[13]談者或有疑,應卻會與不?昔建元元年,[14]亦元日合朔,庾車騎寫劉孔才所論以示八座。[15]于時朝議有謂孔才所論爲不得禮(議)〔意〕,[16]荀令從之,是勝人之一失也。何者?《禮》云,諸侯旅見天子,入門不得終禮而廢者四:太廟火,日蝕,后之喪,雨霑服失容。尋此四事之指,自謂諸侯雖已入門而卒暴有之,則不得終禮。非爲先存其事,而徵倖史官推術錯謬,故不豫廢朝禮也。夫三辰有災,[17]莫大日蝕,史官告譴,而無懼容,不脩豫防之禮,而廢消救之術,方大饗華夷,君臣相慶,豈是將(處)〔虡〕天災罪己之謂?[18]且檢之事實,合朔之儀,至尊靜躬殿堂,不聽政事,冕服御坐門閤之制,與元會禮異。[19]自不得兼行,則當權其事宜。合朔之禮,不輕於元會。元會有可卻之準,[20]合朔無可廢之義。謂應依建元故事,卻元會。"浩從之,竟卻會。

　　[1] 劭:潘眉《考證》云:"《楊慎集》引宋庠曰:'卲'從'卩',《說文》:'高也。'故字孔才。《揚子》'周公之才之卲'是也。《三國志》作'劭',或作'邵'從'邑',皆非。眉按:本傳

作'劉劭',《荀彧傳注》作'劉邵',皆傳寫之誤。《晋(書)·刑法志》'散騎常侍劉卲',從'卩'作'卲'。"按,"劭"通"卲"。《說文通訓定聲·小部》:"劭,假借爲卲。"

[2] 廣平:郡名。治所曲梁縣,在今河北永年縣東南永年。邯鄲:縣名。治所在今河北邯鄲市西南。

[3] 計吏:官名。漢代郡國,遣吏至京都向朝廷呈上計簿,彙報本郡國的户口、錢糧、獄訟、盜賊等情況,稱爲上計。所遣之吏稱爲計吏或上計吏。

[4] 太史:官名。即太史令。秩六百石,屬太常。掌天時、星曆,歲終奏新曆,國祭、喪、嫁、娶奏良日及時節禁忌,有瑞應、灾異則記之。

[5] 正旦:正月初一。

[6] 尚書令:官名。東漢時爲尚書臺長官,秩千石。掌奏、下尚書曹文書衆事,選用署置官吏;總典臺中綱紀法度,無所不統。名義上仍隸少府。

[7] 梓慎:春秋魯臣。《左傳·昭公二十四年》:"夏五月乙未朔,日有食之。梓慎曰:'將水。'昭子曰:'旱也。日過分而陽猶不克,克必甚,能無旱乎?'" 裨竈:春秋鄭臣。鄭定公五年(前525),裨竈向執政子產説:"宋、衛、陳、鄭將同日有火灾,若用瓘斝玉瓚祭神,則鄭國可免灾。"子產不聽取。次年裨竈又向子產説:"不用吾言,鄭又將有火灾。"子產仍然不聽取,而鄭國終無火灾。(見《左傳》昭公十七年、十八年)

[8] 禮記曰:見《禮記·曾子問》:"曾子問曰:'諸侯旅見天子,入門,不得終禮,廢者幾?'孔子曰:'四。''請問之。'曰:'大廟火,日食、后之喪、雨霑服失容則廢。如諸侯皆在而日食,則從天子救日,各以其方色與其兵;大廟火,則從天子救火,不以方色與兵。'" 旅見:共見,同見。

[9] 入門:各本皆作"及門"。梁章鉅《旁證》、盧弼《集解》謂《宋書·禮志一》、《通典》卷七八均作"入門"。又按,《禮記》

亦作入門。今從梁、盧說及《禮記》改。

　　[10] 變異：各本皆無"異"字。盧弼《集解》謂《宋書·禮志一》有"異"字，《通典》同。校點本即據《宋書·禮志》增"異"字。今從之。

　　[11] 晉永和：趙幼文《校箋》云："此注脫書名。考《御覽》卷二九引《晉起居注》與此文同，疑此'晉'下脫'起居注曰'四字。"永和，晉穆帝司馬聃年號（345—356）。

　　[12] 廷尉：官名。秩中二千石，第三品，掌司法刑獄。

　　[13] 合朔：日月運行處于同宮同度時稱合朔。《續漢書·律曆志下》："日月相推，日舒月速，當其同，謂之合朔。"

　　[14] 建元：晉康帝司馬岳年號（343—344）。

　　[15] 庾車騎：指車騎將軍庾冰。　八座：東漢稱尚書令、僕射、六曹尚書爲八座。魏晉稱尚書令、左右僕射、諸曹尚書，無論共幾人，皆沿稱八座。

　　[16] 禮意：各本作"禮議"。《晉書·禮志上》叙此事作"禮意"，《太平御覽》卷二九引《晉起居注》作"禮"。吳金華《〈三國志〉待質錄》謂《宋書·禮志一》作"禮意"，即禮儀的義旨，與本文的意思相合。今從吳說，據《宋書》《晉書》改。

　　[17] 三辰：日、月、星。

　　[18] 虔：各本皆作"處"。趙幼文《校箋》謂《太平御覽》卷二九、《册府元龜》卷一〇七引"處"字作"虔"。《詩·商頌·殷武》"方斲是虔"毛傳："虔，敬也。"敬天災與罪己義相應。按，趙說有理有據，今從改。

　　[19] 元會：皇帝元旦（正月初一）朝會群臣稱元會。

　　[20] 準：《太平御覽》卷二九引作"禮"。其下"合"字上《太平御覽》有"唯"字。

　　　　御史大夫郗慮辟劭，[1]會慮免，拜太子舍人，[2]遷秘書郎。黃初中，爲尚書郎、散騎侍郎。受詔集五經羣書，以類相從，作《皇覽》。[3]明帝即位，出爲陳留太守，敦崇教化，百姓稱之。徵拜騎都尉，[4]與議郎庾嶷、荀詵等定科令，[5]作《新律》十八篇，[6]著《律略論》。[7]遷散騎常侍。時聞公孫淵受孫權燕王之號，議者欲留淵計吏，遣兵討之。劭以爲"昔袁尚兄弟歸淵父康，康斬送其首，是淵先世之效忠也。又所聞虛實，未可審知。古者要荒未服，[8]脩德而不征，重勞民也。宜加寬貸，使有以自新"。後淵果斬送權使張彌等首。劭嘗作《趙都賦》，[9]明帝美之，詔劭作《許都》《洛都賦》。[10]時外興軍旅，內營宮室，劭作二賦，皆諷諫焉。

青龍中，[11]吳圍合肥，[12]時東方吏士皆分休，征東將軍滿寵表請中軍兵，[13]并召休將士，須集擊之。劭議以爲"賊衆新至，心專氣銳。寵以少人自戰其地，[14]若便進擊，不必能制。寵求待兵，未有所失也。以爲可先遣步兵五千，精騎三千，軍前發，揚聲進道，震曜形勢。騎到合肥，疏其行隊，多其旌鼓，曜兵城下，引出賊後，擬其歸路，要其糧道。賊聞大軍來，騎斷其後，必震怖遁走，不戰自破賊矣"。帝從之。兵比至合肥，賊果退還。

時詔書博求衆賢。散騎侍郎夏侯惠薦劭曰："伏見常侍劉劭，深忠篤思，體周於數，凡所錯綜，源流弘遠，是以羣才大小，咸取所同而斟酌焉。故性實之士服其平和良正，清靜之人慕其玄虛退讓，文學之士嘉其推步詳密，[15]法理之士明其分數精比，意思之士知其沈深篤固，文章之士愛其著論屬辭，制度之士貴其化略較要，策謀之士贊其明思通微，凡此諸論，皆取適己所長而舉其支流者也。臣數聽其清談，覽其篤論，漸漬歷年，服膺彌久，實爲朝廷奇其器量。以爲若此人者，宜輔翼機事，納謀幃幄，當與國道俱隆，非世俗所常有也。惟陛下垂優游之聽，使劭承清閒之歡，[16]得自盡於前，則德音上通。輝燿日新矣。"〔一〕

〔一〕臣松之以爲凡相稱薦，率多溢美之辭，能不違中者或寡矣。惠之稱劭云"玄虛退讓"及"明思通微"，近於過也。[17]

[1] 御史大夫：官名。建安十八年（213）魏國初建時置御史大夫，黃初元年（220）改稱司空，掌水土事，與太尉、司徒並爲三公，第一品。

[2] 太子舍人：官名。秩二百石，第七品。輪流宿衛如三署郎中。無定員。

[3] 皇覽：詳見本書卷二《文帝紀》黃初七年注。

[4] 騎都尉：官名。屬光禄勳，秩比二千石，掌羽林騎兵。

[5] 議郎：官名。魏、晉時，不再參議諫諍，爲後備官員。秩六百石，第七品。品秩雖低，名義清高，即三品將軍、九卿亦有拜之者。

[6] 新律十八篇：《晋書·刑法志》亦謂魏明帝"命司空陳群、散騎常侍劉邵、給事黃門侍郎韓遜、議郎庾嶷、中郎黃休、荀詵等刪約舊科，傍采漢律，定爲魏法，制《新律》十八篇"。

[7] 律略論：《隋書·經籍志》史部刑法類謂梁有劉邵《律略論》五卷，亡。《舊唐書·經籍志》則著錄《律略論》五卷，

劉邵撰。

　　[8] 要荒：要服與荒服。指邊遠地。《尚書·禹貢》分王城以外之地爲甸服、侯服、綏服、要服、荒服。荒服距王城最遠。

　　[9] 趙都賦：侯康《補注續》謂《藝文類聚》卷六一載有此賦。

　　[10] 許都、洛都賦：盧弼《集解》云："《許都賦》《洛都賦》文俱佚。"

　　[11] 青龍：魏明帝曹叡年號（233—237）。

　　[12] 合肥：縣名。魏時治所在今安徽合肥市西。

　　[13] 征東將軍：官名。秩二千石，第二品。位次三公，資深者爲大將軍。　中軍：中央軍，包括駐守京都周圍之軍隊和宿衛禁軍。

　　[14] 自戰其地：《孫子兵法·九地篇》云："諸侯自戰其地爲散地。"李筌注："卒恃土，懷妻子，急則散，是爲散地。"

　　[15] 文學：指經學。　推步：推算天文曆法。

　　[16] 承清閒：吳金華《校詁》云：凡君主願與臣下個別面談而賜以時機者，謂之"賜閒"，或"賜清閒"。若臣下得此機遇，則謂之"承閒"或"承清閒"。

　　[17] 也：殿本、盧弼《集解》本作"矣"，百衲本、校點本作"也"。今從百衲本等。

　　景初中，受詔作《都官考課》。劭上疏曰："百官考課，王政之大較，然而歷代弗務，是以治典闕而未補，能否混而相蒙。陛下以上聖之宏略，愍王綱之弛頹，神慮内鑒，明詔外發。臣奉恩曠然，得以啓矇，輒作《都官考課》七十二條，又作《説略》一篇。[1] 臣學寡識淺，誠不足以宣暢聖旨，著定典制。"又以爲宜制禮作樂，以移風俗，著《樂論》十四篇，[2] 事成未上，會明帝崩，不施行。正始中，執經講學，賜爵關內侯。凡所撰述，《法論》《人物志》之類百餘篇。[3]卒，追贈光禄勳。[4]子琳嗣。

邵同時東海繆襲亦有才學，多所述敍，官至尚書、光禄勳。[一]

〔一〕《先賢行狀》曰：繆斐字文雅。該覽經傳，事親色養。徵博士，六辟公府。漢帝在長安，公卿博舉名儒。時舉斐任侍中，並無所就。即襲父也。

《文章志》曰：襲字熙伯。辟御史大夫府，歷事魏四世。正始六年，年六十卒。子悅字孔懌，晉光禄大夫。[5]襲孫紹、播、徵、胤等，並皆顯達。

[1] 說略：胡三省云："《說略》者，說《考課》之大略也。"（《通鑑》卷七三魏明帝景初元年注）

[2] 樂論：姚振宗《三國藝文志》云：《玉海》音樂類劉邵《樂論》二十四篇，《文選注》《太平御覽》並引之。

[3] 百餘篇：《隋書·經籍志》經部孝經類謂梁有劉邵《孝經注》一卷，亡；子部法家類謂梁有《法論》十卷，劉邵撰，亡；名家類著錄《人物志》三卷，劉邵撰；集部別集類謂梁有《劉邵集》二卷、錄一卷，亡。《舊唐書·經籍志》則在同類著錄《古文孝經》一卷，劉邵注；《劉氏法言》十卷，劉邵撰；《人物志》三卷，劉邵撰，另一本為劉炳注；《劉邵集》二卷。是劉邵在隋已亡佚之著作，至唐代又復出。

[4] 光禄勳：官名。秩中二千石，第三品。掌宿衛宫殿門戶，朝會則皆禁止，及主諸郎之在殿中侍衛者。

[5] 光禄大夫：官名。西晉時位在諸卿上，第三品，多授予年老有病的致仕官員，無具體職掌。

襲友人山陽仲長統，漢末爲尚書郎，早卒。著《昌言》，詞佳可觀省。[一]

〔一〕襲撰統《昌言》表，稱統字公理，少好學，博涉書記，贍於文辭。年二十餘，游學青、徐、并、冀之間，[1]與交者多異之。并州刺史高幹素貴有名，招致四方游士，多歸焉。統過幹，幹善待遇之，訪以世事。統謂幹曰："君有雄志而無雄才，好士而不能擇人，所以爲君深戒也。"幹雅自多，[2]不納統言。統去之，無幾而幹敗。并、冀之士，以是識統。[3]大司農常林與統共在上黨，[4]爲臣道統性俶儻，敢直言，不矜小節，每（列）〔州〕郡命召，[5]輒稱疾不就。默語無常，時人或謂之狂。漢帝在許，尚書令荀彧領典樞機，好士愛奇，聞統名，啓召以爲尚書郎。後參太祖軍事，復還爲郎。延康元年卒，[6]時年四十餘。統每論說古今世俗行事，發憤歎息，輒以爲論，名曰《昌言》，凡二十四篇。[7]

[1] 青：州名。刺史治所臨菑縣，在今山東淄博市臨淄區。　徐：州名。東漢刺史治所郯縣，在今山東郯城縣。　并：州名。刺史治所晉陽縣，在今山西太原市西南古城營西古城。

[2] 雅自多：甚自高自大。

[3] 以是識統：趙幼文《校箋》謂《冊府元龜》卷八四二引"識"字作"異"。按，宋本《册府元龜》亦作"識"。

[4] 大司農：官名。秩中二千石，漢列卿之一。掌全國租賦收入和國家財政開支；原屬少府管理的帝室財政開支，東漢時亦并歸大司農。　上黨：郡名。東漢末治所在壺關縣，在今山西長治市北。

[5] 州郡：各本皆作"列郡"。趙幼文《校箋》謂《太平御覽》卷七三九引"列"字作"州"，是也。今從趙説改。

［6］延康元年：漢獻帝建安二十五年（220）三月改元延康；十月，獻帝退位，魏文帝曹丕即位，又改元黃初。

［7］二十四篇：《後漢書》卷四三《仲長統傳》謂《昌言》凡三十四篇，十餘萬言。《隋書·經籍志》子部雜家類著錄《仲長子昌言》十二卷，錄一卷，漢尚書郎仲長統撰。《舊唐書·經籍志》又著錄爲十卷。嚴可均《全後漢文》謂《昌言》佚於北宋。嚴氏輯有二卷，僅萬餘言，較之十餘萬言，亡者十八九。

散騎常侍陳留蘇林、[一]光禄大夫京兆韋誕、[二]樂安太守譙國夏侯惠、[三]陳郡太守任城孫該、[四]郎中令河東杜摯等亦著文賦，[1]頗傳於世。[五]

〔一〕《魏略》曰：林字孝友，博學多通，古今字指，[2]凡諸書傳文閒危疑，林皆釋之。建安中，爲五官將文學，甚見禮待。黃初中，爲博士、給事中。文帝作《典論》所稱蘇林者是也。以老歸第，國家每遣人就問之，數加賜遺。年八十餘卒。

〔二〕《文章敘錄》曰：誕字仲將，太僕端之子。[3]有文才，善屬辭章。[4]建安中，爲郡上計吏，特拜郎中，[5]稍遷侍中、中書監，[6]以光禄大夫遜位，年七十五卒於家。初，邯鄲淳、衛覬及誕並善書，有名。覬孫恒撰《四體書勢》，[7]其序古文曰："自秦用篆書，焚燒先典，而古文絶矣。漢武帝時，魯恭王壞孔子宅，[8]得《尚書》《春秋》《論語》《孝經》，時人已不復知有古文，謂之科斗書。[9]漢世秘藏，希得見之。魏初傳古文者，出於邯鄲淳。敬侯寫淳《尚書》，後以示淳，而淳不别。至正始中，立三字石經，[10]轉失淳法。因科斗之名，遂效其法。[11]太康元年，[12]汲縣民盜發魏襄王冢，得策書十餘萬言。案敬侯所書，猶有髣髴。"敬侯謂覬也。其序篆書曰："秦時李斯號爲工篆，[13]諸山及銅人銘皆斯書也。漢建初中，[14]扶風曹喜少異於斯而亦稱善。

邯鄲淳師焉，略究其妙。韋誕師淳而不及也。太和中，誕爲武都太守，[15]以能書留補侍中，魏氏寶器銘題皆誕書云。[16]漢末又有蔡邕采斯、喜之法，爲古今雜形，然精密簡理不如淳也。"[17]其序錄隸書，已略見《武紀》。又曰："師宜官爲大字，[18]邯鄲淳爲小字。梁鵠謂淳得次仲法，[19]然鵠之用筆盡其勢矣。"其序草書曰："漢興而有草書，不知作者姓名。至章帝時，齊相杜度號善作篇，[20]後有崔瑗、崔寔亦皆稱工。[21]杜氏結字甚安而書體微瘦，[22]崔氏甚得筆勢而結字小疏。弘農張伯英者因而轉精其巧。[23]凡家之衣帛，必書而後練之，[24]臨池學書，池水盡黑。下筆必爲楷則，號'忽忽不暇草'，寸紙不見遺，至今世人尤寶之，韋仲將謂之草聖。伯英弟文舒者，[25]次伯英。又有姜孟穎、梁孔達、田彥和及韋仲將之徒，皆伯英弟子，有名於世，然殊不及文舒也。"

〔三〕惠，淵子。事在《淵傳》。

〔四〕《文章敘錄》曰：該字公達。彊志好學。年二十，上計掾，召爲郎中。著《魏書》。[26]遷博士、司徒右長史，復還入著作。[27]景元二年卒官。

〔五〕《文章敘錄》曰：摯字德魯。初上《笳賦》，[28]署司徒軍謀吏。[29]後舉孝廉，[30]除郎中，轉補校書。[31]摯與毌丘儉鄉里相親，故爲詩與儉，求仙人藥一丸，欲以感切儉求助也。其詩曰："騏驥馬不試，婆娑槽櫪間。壯士志未伸，坎軻多辛酸。伊摯爲媵臣，[32]呂望身操竿；[33]夷吾困商販，[34]甯戚對牛歎；[35]食其處監門，[36]淮陰飢不餐；[37]買臣老負薪，[38]妻畔呼不還，釋之官十年，[39]位不增故官。才非八子倫，而與齊其患。無知不在此，[40]袁盎未有言。被此篤病久，榮衛動不安，聞有韓衆藥，[41]信來給一九。"儉答曰："鳳鳥翔京邑，哀鳴有所思。才爲聖世出，德音何不怡！八子未遭遇，今者遘明時。[42]胡康出蟄歊，楊偉無根基，飛騰沖雲天，奮迅協光熙。駿驥骨法異，伯樂觀知之，[43]但當養羽翮，鴻舉必有期。體無纖微疾，安用問良醫？聯翩輕栖集，還爲燕雀嗤。韓衆藥雖良，或更不能治。悠悠千里情，薄言答嘉詩。信心感諸中，中實不在辭。"摯竟不得遷，卒於秘書。

《廬江何氏家傳》曰：[44]明帝時，有譙人胡康，年十五，以異才見送，[45]又陳損益，求試劇縣。詔特引見。衆論翕然，號爲神童。詔付秘書，使博覽典籍。帝以問秘書丞何禎：[46]"康才何如？"禎答曰："康雖有才，性質不端，必有負敗。"後果以過見譴。

臣松之案：魏朝自微而顯者，不聞胡康；疑是孟康。[47]康事見《杜恕傳》。楊偉見《曹爽傳》。

[1] 京兆：郡名。治所長安縣，在今陝西西安市西北。 樂安：郡名。治所高苑縣，在今山東鄒平縣東苑城鎮。 陳郡：治所陳縣，在今河南淮陽縣。 任城：王國名。治所任城縣，在今山東微山縣西北。 郎中令：官名。秦朝置郎中令，漢初沿置，漢武帝時改稱光祿勳，爲九卿之一，秩中二千石，掌宿衛宮殿門户及侍從左右。建安十八年（213）曹操爲魏公建魏國，又置郎中令，黃初元年（220）又改稱光祿勳，第三品。

[2] 字指：百衲本"字"字作"寄"，殿本、盧弼《集解》本、校點本作"字"。今從殿本等。

[3] 太僕：官名。秩中二千石，掌皇帝車馬，兼管官府畜牧業，東漢尚兼掌兵器製作、織綬等。曹魏因之，三品。

[4] 有文才善屬辭章：趙幼文《校箋》謂《世説新語·巧藝篇》注引"才"字作"學"，"辭"下無"章"字。

[5] 郎中：官名。秩比三百石，東漢時，分隸五官、左、右三署中郎將，名義上備宿衛，實爲後備官吏人才。

[6] 中書監：官名。秩千石，第三品。黃初中改秘書令爲中書令；又置中書監，並高於令，掌贊詔命，作文書，典尚書奏事。若密詔下州郡及邊將，則不由尚書。與中書令並掌機密。

［7］四體書勢：《晋書》卷三六《衛覬附恒傳》載有此文。

［8］魯恭王：漢景帝子劉餘。景帝前元二年（前155）立爲淮陽王，次年徙封魯王。"好治宫室苑囿狗馬"。（《漢書》卷五三《魯恭王餘傳》）

［9］科斗書：謂形似蝌蚪的字。

［10］三字石經：亦稱三體石經。即用古文、篆書、隸書三種字體書於石碑上之五經文字。

［11］其法：趙幼文《校箋》謂《晋書·衛恒傳》"法"字作"形"，郝經《續後漢書》同。《册府元龜》卷八六一引亦作"形"。

［12］太康：晋武帝司馬炎年號（280—289）。

［13］李斯：秦始皇統一六國後，任丞相，善於篆書，泰山、琅邪等石刻傳説爲其所書，並著有字書《倉頡篇》。

［14］建初：漢章帝劉炟年號（76—84）。

［15］武都：郡名。治所下辯縣，在今甘肅成縣西。

［16］皆誕書云：趙幼文《校箋》謂《藝文類聚》卷七四、《册府元龜》卷八六一引"云"字作"也"，郝經《續後漢書》同。

［17］簡理：《晋書》卷三六《衛瓘附恒傳》作"閒理"，語義較順。

［18］師宜官：南陽人，漢靈帝時至京師。（見張懷瓘《書斷》）

［19］梁鵠：安定烏氏（今寧夏固原縣東南）人，受法于師宜官。（見張懷瓘《書斷》） 次仲：王次仲，秦代上谷（治所沮陽縣，在今河北懷南縣東南）人。善書法，工隸書。（見張懷瓘《書斷》）

［20］杜度：京兆杜陵（今西安市東南）人。（見張懷瓘《書斷》）

［21］崔瑗：琢郡安平（今河北安平縣）人，漢順帝時曾爲濟北相。子寔。（見《後漢書》卷五二《崔駰附瑗傳》）

［22］結字：百衲本作"然字"，殿本、盧弼《集解》本、校

點本作"結字"。今從殿本等。

[23] 張伯英：張芝字伯英。（見張懷瓘《書斷》） 其巧：《晉書·衛瓘附恒傳》作"甚巧"。

[24] 必書：趙幼文《校箋》謂《藝文類聚》卷七四、《白孔六帖》卷三二引"必"下有"先"字。 練：指染色。

[25] 文舒：張昶字文舒。（見張懷瓘《書斷》）

[26] 魏書：據《史通·古今正史》，此《魏書》即王沈《魏書》，孫該乃參撰人之一。

[27] 著作：官署名。魏明帝太和中置，設著作郎爲其長官，下設佐著作郎、著作令史等，掌國史修撰，隸中書省。

[28] 笳賦：侯康《補注續》謂《藝文類聚》卷四四載有杜摯《笳賦》，又《太平御覽》卷五八一載有杜摯《笳賦序》。

[29] 司徒軍謀吏：洪飴孫《三國職官表》謂即司徒府之屬官軍師，第五品。趙幼文《校箋》謂郝經《續後漢書》"吏"字作"掾"。

[30] 孝廉：漢代選拔官吏的主要科目。孝指孝子，廉指廉潔之士。原本爲二科，後混同爲一科，也不再限於孝子和廉士。東漢後期定制爲不滿四十歲者不得察舉；被舉者先詣公府課試，以觀其能。郡國每年要向中央推舉一至二人。曹魏定爲郡國口滿十萬者舉孝廉一人，其有優異，不拘户口，並不限年齒，老幼皆可。蜀漢、孫吴亦由郡舉孝廉。晉沿魏制，尚書郎缺，從孝廉中補。

[31] 校書：即校書郎。官名。屬秘書監，典校秘書，第八品。

[32] 伊摯：即伊尹。《史記》卷三《殷本紀》：伊尹名阿衡。《索隱》："《孫子兵書》：'伊尹名摯。'孔安國亦曰'伊摯'。"媵（yìng）臣：諸侯嫁女，陪同隨行之臣。《史記·殷本紀》："伊尹名阿衡。阿衡欲奸湯而無由，乃爲有莘氏媵臣，負鼎俎，以滋味說湯，至於王道。"《集解》引《列女傳》曰："湯妃，有莘氏之女。"

[33] 操竿：謂操釣魚竿。《史記》卷三二《齊太公世家》云：

"吕尚蓋嘗窮困,年老矣,以漁釣奸周西伯。"

[34] 夷吾:管仲字夷吾。《史記》卷六二《管晏列傳》:"管仲貧困,常欺鮑叔。"《索隱》引《吕氏春秋》:"管仲與鮑叔同賈南陽,及分財利,而管仲嘗欺鮑叔,多自取。鮑叔知其有母而貧,不以爲貪也。"

[35] 甯戚:《吕氏春秋·離俗覽·舉難》:"寧戚欲干齊桓公,窮困無以自進,於是爲商旅,將任車以至齊,暮宿於郭門之外。桓公郊迎客,夜開門,辟任車,爝火甚盛,從者甚衆,寧戚飯牛居車下,望桓公而悲,擊牛角疾歌。"寧戚後爲桓公所用。

[36] 食(yì)其(jī):《史記》卷九七《酈生列傳》:"酈生食其者,陳留高陽人也。好讀書,家貧落魄,無以爲衣食,爲里監門吏。"食其後爲漢高祖劉邦之謀士。

[37] 淮陰:指淮陰侯韓信。《史記》卷九二《淮陰侯列傳》:"淮陰侯韓信者,淮陰人也。始爲布衣時,貧無行,不得推擇爲吏,又不能治生商賈,常從人寄食飲,人多厭之者。常數從其下鄉南昌亭長寄食,數月,亭長之妻患之,乃晨炊蓐食。食時信往,不爲具食。"韓信後爲漢高祖劉邦大將。

[38] 買臣:朱買臣。《漢書》卷六四上《朱買臣傳》:"朱買臣字翁子,吳人也。家貧,好讀書,不治產業,常艾薪樵,賣以給食,擔束薪,行且誦書。其妻亦負戴相隨,數止買臣毋歌嘔道中。買臣愈益疾歌,妻羞之,求去。買臣笑曰:'我年五十當富貴,今已四十餘矣。女苦日久,待我富貴報女功。'妻恚怒曰:'如公等,終餓死溝中耳,何能富貴?'買臣不能留,即聽去。"漢武帝元狩中買臣爲會稽太守,後又爲主爵都尉,列於九卿。

[39] 釋之:張釋之。《史記》卷一〇二《張釋之列傳》:"張廷尉釋之者,堵陽人也,字季。有兄仲同居。以訾爲騎郎,事孝文帝,十年不得調,無所知名。"後得中郎將袁盎之薦,漢文帝以之爲謁者僕射。後官至廷尉。

[40] 無知:魏無知。秦末陳勝起義後,立魏咎爲魏王。陳平

[41] 韓衆：又作"韓終"。秦始皇時之方士。《史記》卷六《秦始皇本紀》：三十二年，"因使韓終、侯公、石生求僊人不死之藥"。後亡去不歸。始皇大怒曰："今聞韓衆去不報，徐市等費以巨萬計，終不得藥。"

[42] 遘：校點本作"遭"，百衲本、殿本、盧弼《集解》本均作"遘"。按，此不當與上句之"遭"重複，今從百衲本等。

[43] 伯樂：春秋秦穆公時善相馬者。

[44] 盧江何氏家傳：沈家本《三國志注所引書目》謂《隋書·經籍志》著錄《何氏家傳》三卷，不題"盧江"，無撰人。《舊唐書·經籍志》《新唐書·藝文志》又別有《何氏家傳》二卷。

[45] 見送：趙幼文《校箋》謂《册府元龜》卷八四二引"送"字作"選"。按，宋本《册府元龜》亦作"送"。

[46] 秘書丞：官名。魏文帝黃初初，置秘書署管理藝文圖籍，初屬少府，魏明帝時獨立。長官爲秘書監，下設秘書丞、秘書郎、秘書校書郎等。

[47] 孟康：何焯云："孟康，郭后外屬，始仕見輕，晚爲良二千石，又冀部安平人，當時自有胡康也。"（《義門讀書記》卷二六《三國志·魏志》）

傅嘏字蘭石，[1]北地泥陽人，[2]傅介子之後也。[3]伯父巽，黃初中爲侍中、尚書。〔一〕嘏弱冠知名，〔二〕司空陳羣辟爲掾。時散騎常侍劉劭作考課法，事下三府。[4]嘏難劭論曰："蓋聞帝制宏深，聖道奧遠，苟非其才，則道不虛行，神而明之，存乎其人。暨乎王略虧頹而曠載罔綴，微言既没，[5]六籍泯玷。[6]何則？道弘致遠而衆才莫晞也。[7]案劭考課論，雖欲尋前代黜陟之文，然其制度略以闕亡。禮之存者，惟有周典，[8]外建侯伯，藩屏九服，[9]內立列司，筦齊六職，[10]土有恒貢，[11]官有定則，百揆均任，[12]四民殊業，[13]故考績可理而黜陟易通也。大魏繼百王之末，承秦、漢之烈，制度之流，靡所脩采。自建安以來，至于青龍，神武撥亂，[14]肇基皇祚，掃除凶逆，芟夷遺寇，旌旗卷舒，日不暇給。及經邦治戎，權法並用，百官羣司，軍國通任，隨時之宜，以應政機。以古施今，事雜義殊，難得而通也。所以然者，制宜經遠，或不切近，法應時務，不足垂後。夫建官均職，清理民物，所以立本也；循名考實，糾勵成規，所以治末也。本綱未舉而造制未呈，[15]國略不崇而考課是先，懼不足以料賢愚之分、精幽明之理也。昔先王之擇才，必本行於州閭，講道於庠序，[16]行具而謂之賢，道脩則謂之能。鄉老獻賢能于王，[17]王拜受之，[18]舉其賢者，出使長之，科其能者，入使治之，此先王收才之義也。方今九州之民，爰及京城，未有六鄉之舉，其選才之職，專任吏部。[19]案品狀則實才未必當，[20]任薄伐則德行未爲敘，[21]如此則殿最之課，未盡人才。述綜王度，敷贊國式，[22]體深義廣，難得而詳也。"

〔一〕《傅子》曰：嘏祖父睿，代郡太守。[23]父充，黃門侍郎。

〔二〕《傅子》曰：是時何晏以材辯顯於貴戚之間，[24]鄧颺好變通，[25]合徒黨，鬻聲名於閭閻，而夏侯玄以貴臣子少有重名，爲之宗主，求交於煆而不納也。[26]煆友人荀粲，有清識遠心，[27]然猶怪之。謂煆曰："夏侯泰初一時之傑，[28]虛心交子，[29]合則好成，[30]不合則怨至。[31]二賢不睦，非國之利，[32]此藺相如所以下廉頗也。"[33]煆答之曰："泰初志大其量，[34]能合虛聲而無實才。何平叔言遠而情近，[35]好辯而無誠，所謂利口覆邦國之人也。[36]鄧玄茂有爲而無終，[37]外要名利，內無關鑰，貴同惡異，多言而妒前；[38]多言多釁，妒前無親。以吾觀此三人者，[39]皆敗德也。遠之猶恐禍及，況昵之乎？"

[1]蘭石：盧弼《集解》謂《世說新語·文學篇》注引《魏志》作"蘭碩"。沈家本《釋詁》："煆，碩大也。"則作"碩"爲是。趙幼文則引端方《陶齋藏石記》三：《曹真殘碑》碑陰"□空茂才北地傅芬蘭石"。跋云："是惟名不同，且亦司空茂材，當即係陳群所舉，或其時年尚少，後更名煆歟？"趙幼文云："蓋煆初名芬，故字曰蘭石，是名與字義相應也。後易名而字未改，宜其不相應矣，不必牽合而爲之説也。"（《三國志集解辨證》）

[2]北地：郡名。東漢屬涼州，治所富平縣，在今寧夏吳忠市西南。漢末，郡徙寓左馮翊境內，寓治所於今陝西富平縣東。（本王先謙《後漢書郡國志集解》）

[3]傅介子：西漢人。漢昭帝時，西域之龜兹、樓蘭曾聯合匈奴殺漢官員。傅介子爲平樂監，奉命以賞賜爲名，至樓蘭刺殺了樓蘭王，因功封爲義陽侯。（見《漢書》卷七〇《傅介子傳》）

[4]三府：三公府。

[5]微言：《漢書·藝文志》云："昔仲尼没而微言絶，七十子喪而大義乖。"顏師古注："精微要妙之言耳。"

[6]泯玷：泯亂，雜亂。

[7]晞（xī）：通曉。

[8]周典：指《周禮》。

〔9〕九服：《周禮·夏官》將天子所居京都以外的地方按遠近分爲九等，稱爲九服，即侯服、甸服、男服、采服、衞服、蠻服、夷服、鎮服、藩服。

〔10〕六職：指《周禮》之天官、地官、春官、夏官、秋官、冬官等六類官職。

〔11〕土：殿本、盧弼《集解》本作"士"，百衲本、校點本作"土"。今從百衲本等。

〔12〕百揆：百官。

〔13〕四民：指士、農、工、商。

〔14〕神武：英明而威武。指曹操。

〔15〕未舉：校點本作"末舉"，百衲本、殿本、盧弼《集解》本均作"未舉"。今從百衲本等。　未呈：《通鑑》卷七三魏明帝景初元年載傅嘏此言作"末程"，胡三省注云："十髪爲程，一程爲分，言其細也。又曰：程，品式也。"則以"末程"指考課法。

〔16〕庠序：學校。《孟子·梁惠王上》趙岐注："庠序者，教化之宫也。殷曰庠，周曰序。"

〔17〕鄉老：古三公之别稱。《周禮·地官》："鄉老，二鄉則公一人。"鄭玄注："老，尊稱也。王置六鄉，則公有三人也。三公者，内與王論道，中參六官之事，外與六鄉之教。"

〔18〕王拜受之：《周禮·地官·鄉老》："鄉老及鄉大夫群吏，獻賢能之書于王。王再拜受之，登於天府，内史貳之。""此謂使民興賢，出使長之；使民興能，入使治之。"出使長之，謂派出爲民之長官。

〔19〕吏部：官署名。魏尚書臺（省）設有吏部，掌文職官吏之任免考選，兼典法制，置尚書爲其長官。

〔20〕品狀：曹魏施行九品中正制（亦稱九品官人法），於每郡設中正一人，負責品評本郡之士人，然後向吏部推薦，由吏部任以官職。中正例由本郡之中央官兼任。其品評士人的内容有三項，一是家世，二是狀，三是品。家世，指士人家父、祖等的爲官情

況，這是中正處有記錄的。此種記錄又稱簿世或簿閥。狀，是中正根據士人之道德、才能所下的簡短評語。品，是中正根據家世（簿閥）和狀評定的品級。品有九級，從一品至九品，但祇分爲高品、卑品兩類。二品以上爲高品，餘皆爲卑品。在實際執行中，並無定爲一品者，則二品即高品，三品及以下即卑品。

〔21〕薄伐：梁章鉅《旁證》引何焯曰："薄伐疑作簿閥，謂官簿閥閱也。古字或通。"梁氏又云："伐，勞也。薄伐，謂微勞也，似不必改字而可通。"按，當以何說得實。

〔22〕敷贊：陳奏。《文選》傅季友《爲宋公求加贈劉前軍表》："敷贊百揆，翼新大猷。"張銑注："敷，佈。贊，奏。"

〔23〕代郡：東漢治所高柳縣，在今山西陽高縣西北。曹魏移治所於代縣，在今河北蔚縣東北。

〔24〕材辯：趙幼文《校箋》謂《世說新語·識鑒篇》注引"材"字作"才"。

〔25〕變通：趙幼文《校箋》謂《世說新語》注引"變"字作"交"，是也。交通猶交游。

〔26〕求交於嘏而不納：趙幼文《校箋》謂《世說新語》注引"求"上有"皆"字，"而"字作"嘏"。

〔27〕遠心：趙幼文《校箋》謂《世說新語》注引"心"字作"志"。吳金華《〈三國志〉校詁及〈外編〉訂補》謂"遠心"，玄遠之心，即超脫世俗的哲人之思。魏晉時，或稱"遠情""遠志""遠意""遠想"等。

〔28〕夏侯泰初：夏侯玄字泰初。　傑：趙幼文《校箋》謂《世說新語》注引"傑"下有"士"字。按此爲《世說新語》之文，非劉孝標之注文。以下徑改之。

〔29〕交子：趙幼文《校箋》謂《世說新語》"交"字作"于"。

〔30〕合則好成：趙幼文《校箋》謂《世說新語》此句上有"而卿意懷不可交"七字。

[31] 怨至：趙幼文《校箋》謂《世說新語》作"致隙"。

[32] 二賢不睦非國之利：趙幼文《校箋》謂《世說新語》作"二賢若穆則國之休"。

[33] 藺相如：戰國時趙大夫。趙惠文王時，秦向趙索和氏璧，相如奉命帶璧入秦，經力爭，終完璧歸趙。趙王以之爲上大夫。後又隨趙王至澠池（今河南澠池縣西）與秦王會，使趙王免受秦辱，回國後因功爲上卿。趙將廉頗因此不滿相如，揚言必辱之。相如卻以忍讓、回避處之，使廉頗感動。二人終精誠團結，同禦外侮。（見《史記》卷八一《廉頗藺相如列傳》）

[34] 量：謂才量。

[35] 何平叔：何晏字平叔。

[36] 利口覆邦國：《論語·陽貨》子曰"惡利口之覆邦家者"。

[37] 鄧玄茂：鄧颺字玄茂。

[38] 妒前：謂妒忌勝己之人。

[39] 以吾觀：趙幼文《校箋》謂《世說新語》"觀"下有"之"字，《通志》同。　三人者：百衲本無"者"字，殿本、盧弼《集解》本、校點本皆有。今從殿本等。

正始初，除尚書郎，遷黃門侍郎。時曹爽秉政，何晏爲吏部尚書，嘏謂爽弟羲曰："何平叔外靜而內銛巧，[1]好利，不念務本。吾恐必先惑子兄弟，仁人將遠，而朝政廢矣。"晏等遂與嘏不平，因微事以免嘏官。起家拜滎陽太守，[2]不行。太傅司馬宣王請爲從事中郎。[3]曹爽誅，爲河南尹，〔一〕遷尚書。嘏常以爲"秦始罷侯置守，設官分職，不與古同。漢、魏因循，以至于今。然儒生學士，咸欲錯綜以三代之禮，禮弘致遠，[4]不應時務，事與制違，名實未附，[5]故歷代而不至於治者，蓋由是也。欲大改定官制，依古正本，今遇帝室多難，[6]未能革易"。

〔一〕《傅子》曰：河南尹內掌帝都，外統京畿，兼古六鄉六遂之士。[7]其民異方雜居，多豪門大族，商賈胡貊，[8]天下四（方）會，[9]利之所聚，而姦之所生。[10]前尹司馬芝，舉其綱而太簡，次尹劉靜，[11]綜其目而太密，後尹李勝，毀常法以收一時之聲。嘏立司馬氏之綱統，裁劉氏之綱目以經緯之，[12]李氏所毀以漸補之。郡有七百吏，半非舊也。河南俗黨五官掾、功曹典選職，[13]皆授其本國人，無用異邦人者，嘏各舉其良而對用之，[14]官曹分職，而後以次考核之。[15]其治以德教爲本，然持法有恒，簡而不可犯，[16]見理識情，獄訟不加榜楚而得其實，[17]不爲小惠，有所薦達及大有益於民事，[18]皆隱其端迹，若不由己出。故當時無赫赫之名，吏民久而後安之。[19]

[1] 銛（tiǎn）巧：取巧。《方言》："銛，取也。"

[2] 滎陽：郡名。魏少帝齊王曹芳正始三年（242）分河南尹置，治所滎陽縣，在今河南滎陽市東北。

[3] 太傅：官名。黃初七年（226）置，爲上公，位在三公上，第一品，掌善導，無常職。不常設。

[4] 禮：趙幼文《校箋》謂蕭常《續後漢書》作"理"。

[5] 附：趙幼文《校箋》謂蕭常《續後漢書》作"副"，是也。按二字義通，皆符合之義。《史記》卷七〇《張儀列傳》："是我一舉而名實附也。"

[6] 依古正本今遇帝室多難：盧弼《集解》云："似應以'今'字斷句，'本'字疑衍。"趙幼文《校箋》謂《册府元龜》卷四六五引無"本"字。

［7］兼古：趙幼文《校箋》謂《太平御覽》卷二五二引"古"字作"主"。按，宋本《册府元龜》卷六八〇引亦作"古"。　六鄉六遂：《周禮》之制，京城之外百里之内，分爲六鄉，鄉之外百里之内，又分爲六遂。每鄉由鄉大夫管理，每遂由遂人管理。

［8］胡貊（mò）：百衲本"貊"作"貌"，殿本、盧弼《集解》本、校點本皆作"貊"。今從殿本等。胡貊，北方少數民族之泛稱。

［9］四會：各本"四"下皆有"方"字。殿本《考證》云："《太平御覽》無'方'字。"盧弼《集解》亦謂《太平御覽》《北堂書鈔》《白孔六帖》均無"方"字。校點本則從何焯説删"方"字，今並從之。

［10］姦：趙幼文《校箋》謂《北堂書鈔》卷七六引"姦"下有"宄"字。郝經《續後漢書》同。按《北堂書鈔》引"姦"下實無"宄"字；郝經書雖有"宄"字，卻是《傅嘏傳》之文。

［11］劉静：何焯云："按《劉馥傳》載劉靖爲河南尹，初如碎密，終於百姓便之。則'静'當爲'靖'也。"殿本《考證》亦有同説。盧弼《集解》則謂《夏侯玄傳》注引《魏略》作"劉静"。

［12］網目：殿本、盧弼《集解》本作"綱目"，百衲本、校點本作"網目"。趙幼文《校箋》謂《册府元龜》卷六八〇作"細目"。按，宋本《册府元龜》亦作"網目"。今從百衲本等。

［13］五官掾：官名。漢代郡國之屬吏，地位僅次於功曹，祭祀時居諸吏之首；無固定職掌，凡功曹及諸曹吏出缺，即代理其職務。魏、晋沿置。　功曹：官名。漢代郡太守下設功曹吏，簡稱功曹，爲郡太守之佐吏，除分掌人事外，並得參與一郡之政務。魏、晋沿置。

［14］對用之：趙幼文《校箋》謂《太平御覽》卷二五二引無"對"字。按，《册府元龜》卷六八〇引亦有"對"字。

［15］考核：盧弼《集解》本作"考校"，百衲本、殿本、校

［16］持法有恒簡而不可犯：趙幼文《校箋》謂《太平御覽》卷二五二引無"有恒簡"三字。按，《册府元龜》卷六八〇引亦有三字，僅"恒"字作"常"。

［17］加：趙幼文《校箋》謂《北堂書鈔》卷七八、《藝文類聚》卷六、《太平御覽》卷二五二引"加"字作"任"。按《太平御覽》實作"枉"。 檟（jiǎ）楚：百衲本作"賈楚"，殿本作"榎楚"，盧弼《集解》本、校點本作"檟楚"。按"檟"通"榎"。今從盧弼《集解》本等。檟楚，用檟木荆條製作的鞭打刑具。

［18］及大有益於民事：趙幼文《校箋》謂《藝文類聚》卷六引作"及有大益於民"，《太平御覽》卷二五二引"大"下亦無"有"字。

［19］久而後安之：趙幼文《校箋》謂《北堂書鈔》卷七八引無"後"字，"之"下有"也"字。《太平御覽》引"之"字作"者"，下亦有"也"字。按，《北堂書鈔》引實有"後"字。

時論者議欲自伐吳，三征獻策各不同。[1]詔以訪嘏，嘏對曰："昔夫差陵齊勝晉，[2]威行中國，終禍姑蘇；[3]齊閔兼土拓境，[4]闢地千里，身蹈顛覆。有始不必善終，古之明效也。孫權自破關羽并荆州之後，志盈欲滿，凶宄以極，是以宣文侯深建宏圖大舉之策。[5]今權以死，[6]託孤於諸葛恪。若矯權苛暴，蠲其虐政，民免酷烈，偷安新惠，外内齊慮，有同舟之懼，雖不能終自保完，猶足以延期挺命於深江之外矣。而議者或欲汎舟徑濟，橫行江表；或欲四道並進，攻其城壘；或欲大佃疆場，[7]觀釁而動：誠皆取賊之常計也。然自治兵以來，出入三載，非掩襲之軍也。賊之爲寇，幾六十年矣，[8]君臣僞立，吉凶共患，又喪其元帥，上下憂危，設令列船津要，堅城據險，橫行之計，其殆難捷。惟進軍大佃，最差完牢。（隱）兵出民表，[9]寇鈔不犯；坐食積穀，不煩運士；乘釁討襲，無遠勞費：此軍之急務也。昔樊噲願以十萬之衆，[10]橫行匈奴，季布面折其短。今欲越長江，涉虜庭，亦向時之喻也。未若明法練士，錯計於全勝之地，振長策以禦敵之餘燼，斯必然之數也。"〔一〕後吳大將諸葛恪新破東關，[11]乘勝揚聲欲向青、徐，朝廷將爲之備。嘏議以爲"淮海非賊輕行之路，又昔孫權遣兵入海，漂浪沉溺，略無孑遺，恪豈敢傾根竭本，寄命洪流，以徼乾沒乎？〔二〕恪不過遣偏率小將素習水軍者，乘海泝淮，示動青、徐，恪自并兵來向淮南耳。"[12]後恪果（圖）〔圍〕新城，[13]不克而歸。

〔一〕司馬彪《戰略》載嘏此對，詳於本傳，今悉載之以盡其意。彪曰：嘉平四年四月，孫權死。征南大將軍王昶、征東將軍胡遵、鎮南將軍毌丘儉等表請征吳。朝廷以三征計異，詔訪尚書傅嘏，嘏對曰："昔夫差勝齊陵晉，威行中國，不能以免姑蘇之禍；齊閔辟土兼國，開地千里，不足以救顛覆之敗：有始不必善終，古事之明效也。孫權自破蜀兼平荊州之後，志盈欲滿，罪戮忠良，誅及胤嗣，元凶已極。相國宣文侯先識取亂侮亡之義，深建宏圖大舉之策。今權已死，託孤於諸葛恪。若矯權苛暴，蠲其虐政，民免酷烈，偷安新惠，外内齊慮，有同舟之懼，雖不能終自保完，猶足以延期挺命於深江之表矣。昶等或欲汎舟徑渡，橫行江表,收民略地,因糧於寇,或欲四道並進,臨之以武,誘閒攜貳,待其崩壞;或欲進軍大佃,偪其項領,積穀觀釁,相時而動:凡此三者,皆取賊之常計也。然施之當機,則功成名立,苟不應節,必貽後患。自治兵已來,出入三載,非掩襲之軍也。賊喪元帥,利存退守,若撰飾舟楫,羅船津要,堅城清野,以防卒攻,橫行之計,殆難必施。賊之爲寇,幾六十年,君臣僞立,吉凶同患,若恪蠋其弊,天去其疾,崩潰之應,不可卒待。今邊壤之守,與賊相遠,賊設羅落,[14]又持重密,[15]閒諜不行,耳目無聞。夫軍無耳目,校察未詳,而舉大衆以臨巨險,此爲希幸徼功,先戰而後求勝,非全軍之長策也。唯有進軍大佃,最差完牢。可詔昶、遵等擇地居險,審所錯置,及令三方一時前守。奪其肥壤,使還耕塉土,一也;兵出民表,寇鈔不犯,二也;招懷近路,降附日至,三也;羅落遠設,閒構不來,四也;賊退其守,羅落必淺,佃作易之,[16]五也;坐食積穀,士不運輸,六也;釁隙時聞,討襲速決,七也:凡此七者,軍事之急務也。不據則賊擅便資,據之則利歸於國,不可不察也。夫屯壘相偪,形勢已交,智勇得陳,巧拙得用,策之而知得失之計,角之而知有餘不足,虜之情僞,將焉所逃?夫以小敵大,則役煩力竭,以貧敵富,則斂重財匱。[17]故'敵逸能勞之,飽能飢之',[18]此之謂也。然後盛衆屬兵以震之,參惠倍賞以招之,多方廣似以疑之。由不虞之道,以閒其不戒;比及三年,左提右挈,[19]虜必冰散瓦解,安受其弊,可坐算而得也。昔漢氏歷世常患匈奴,朝臣謀士早朝晏罷,介冑之將則陳征伐,搢紳之徒咸言和親,勇奮之士思展搏噬。故樊噲願以十萬之衆橫行匈奴,季布面折其短。李信求以二十萬獨舉楚人,[20]而果辱秦軍。今諸將有陳越江陵險,獨步虜庭,即亦向時之類也。以陛下聖德,輔相忠賢,法明士練,錯計於全勝之地,振長策以禦之,虜之崩潰,必然之數。故兵法曰:'屈人之兵,而非戰也;拔人之城,而非攻也。'[21]若釋廟勝必然之理,而行萬一不必全之路，誠愚臣之所慮也。故謂大佃而偪之計最長。"時不從嘏言。其年十一月，詔昶等征吳。五年正月，[22]諸葛恪拒戰，大破衆軍於東關。

〔二〕《漢書·張湯傳》曰：湯始爲小吏，乾没，與長安富賈田甲、魚翁叔之屬交私。服虔説曰："乾没，射成敗也。"如淳曰："得利爲乾，失利爲没。"

臣松之以虔直以乾没爲射成敗，而不説乾没之義，[23]於理猶爲未暢。淳以得利爲乾，又不可了。愚謂乾讀宜爲乾燥之乾。蓋謂有所徼射，不計乾燥之與沈没而爲之。

[1] 三征：指征南大將軍王昶、征東將軍胡遵、鎮南將軍毌丘儉。洪飴孫云："魏時征北不常置，故云三征也。《嘏傳》注引司馬彪《戰略》云，三征蓋指王昶、胡遵、毌丘儉，儉以鎮南列三征中，蓋征、鎮同；《毌丘儉傳》亦云'三征同進'。"（《三國職官表》魏征東將軍條）

[2] 夫差：春秋末吳國君主，吳王闔閭之子。闔閭與越國戰，受傷而死。夫差即位後，次年即興兵報復，擊敗越國。後又向北發展，擊敗齊軍於艾陵（今山東萊蕪市東北），且於黄池（今河南封丘縣西南）與諸侯會盟，與晋國爭霸。越國因乘虛攻入吳都，吳雖求和，終被越滅。夫差自殺而死。（見《史記》卷三一《吳太伯世家》）

[3] 姑蘇：山名。在今江蘇吳縣西南。春秋時吳國在山上築有臺，稱姑蘇臺。後越軍圍吳王夫差於此臺；夫差請和，越不許，即自殺於此。（見《國語·吳語》）

[4] 齊閔：即齊湣王。戰國時齊國君。曾聯合韓、魏，先後戰勝楚、秦、燕三國。一度與秦昭王並稱中西帝。繼又攻滅宋國。於是"齊南割楚之淮北，西侵三晋，欲以并周室，爲天子。泗上諸侯鄒、魯之君皆稱臣，諸侯恐懼"。後因燕、秦、楚、韓、趙、魏聯

合攻齊，燕將樂毅攻破臨淄，湣王出奔莒（今山東莒縣），不久被殺。（見《史記》卷四六《田敬仲完世家》）

[5] 宣文侯：司馬懿。司馬懿死後，初諡爲文侯，後又改諡爲宣文侯。司馬昭爲晉王後，又追尊爲宣王。（見《晉書》卷一《宣帝紀》）

[6] 以：盧弼《集解》本作"已"，百衲本、殿本、校點本作"以"。按，二字可通，今從百衲本等。

[7] 佃（tián）：耕作。此指軍隊屯田。

[8] 幾六十年：自建安元年（196）曹操迎漢獻帝都許，孫策已繼父孫堅在江東建立政權，至魏嘉平四年（252），凡五十七年。

[9] 兵：各本"兵"字上皆有"隱"字。盧弼《集解》引沈家本說注引無"隱"字。校點本即據下注引司馬彪《戰略》刪"隱"字。今從之。

[10] 樊噲：西漢初漢高祖劉邦之功臣，其妻爲呂后妹呂須，故深得呂后信任。漢惠帝時，匈奴致書侮辱呂后，呂后大怒。樊噲曰："臣願得十萬衆，橫行匈奴中。"季布曰："樊噲可斬也！夫高帝將兵四十餘萬，困於平城，今噲奈何以十萬衆橫行匈奴中，面欺！且秦以事於胡，陳勝等起。於今創痍未瘳，噲又面諛，欲搖動天下。"（《史記》卷一○○《季布列傳》）

[11] 東關：地名。在今安徽巢湖市東南裕溪河東岸。詳解見本書卷四《三少帝紀》齊王芳嘉平四年"東關"注。

[12] 淮南：郡名。治所壽春縣，在今安徽壽縣。

[13] 圍：各本作"圖"。趙一清《注補》："何云'圖'當依《諸葛恪傳》作'圍'"。按本書多次言及諸葛恪圍新城事，尤以卷六四《諸葛恪傳》言之甚明。《傳》云："恪意欲曜威淮南，驅略民人，而諸將或難之曰：'今引軍深入，疆場之民，必相率遠遁，恐兵勞而功少，不如止圍新城。新城困，救必至，至而圖之，乃可大獲。'恪從其計，迴軍還圍新城。攻守連月，城不拔。"今從趙引何說改。　新城：指合肥新城，在今安徽合肥市西北，爲曹魏所

築。舊合肥城在今合肥市西。

〔14〕羅落：周一良《魏晉南北朝史劄記》："羅落，當即《六韜》所謂天羅虎落。羅落蓋竹制藩籬之類，後世院落、籬落之落，皆是此意。"（周一良《魏晉南北朝史札記》，中華書局1985年版，第23頁）

〔15〕持：盧弼《集解》云："《通鑑》'持'作'特'。"按，作"特"語義較順。

〔16〕之：盧弼《集解》云："《通鑑》'之'作'立'。"

〔17〕斂重：趙幼文《校箋》謂《册府元龜》卷四七〇引"斂"字作"費"。

〔18〕飽能飢之：此及上句係《孫子兵法·虛實篇》之言。

〔19〕左提：百衲本作"左持"，殿本、盧弼《集解》本、校點本作"左提"。今從殿本等。

〔20〕李信：戰國末秦將。秦始皇滅韓、趙、魏等國後，欲發兵滅楚。始皇以李信年輕壯勇，問李信曰："吾欲攻取荆，於將軍度用幾何人而足？"李信曰："不過用二十萬人。"始皇又問老將王翦，王翦曰："非六十萬不可。"始皇曰："王將軍老矣，何怯也！李將軍果勢壯勇，其言是也。"遂使李信及蒙恬將二十萬兵伐楚，結果被楚軍大敗。始皇聞之大怒，乃親往見王翦曰："寡人不用將軍計，李信果辱秦軍。今聞荆兵日進而西，將軍雖病，獨忍棄寡人乎！"王翦推辭不了，乃曰："大王必不得已用臣，非六十萬人不可。"始皇遂使王翦將六十萬大軍伐楚，終滅楚國。（見《史記》卷七三《王翦列傳》）

〔21〕而非攻也：此及上句係《孫子兵法·謀攻篇》之言。

〔22〕五年正月：潘眉《考證》云："《少帝紀》東關之敗在嘉平四年十二月，《吳志》云十二月戊午大破魏軍。是年十二月丙申朔，戊午二十三日也。司馬彪《戰略》作'五年正月'誤。"

〔23〕乾没之義：周壽昌《注證遺》云："蓋'乾没'二字當串説，不宜對舉。射利者之取人財，如入水之取物，有水而没之，

是沉没也,然尚爲有因也。今無故而攫取人之資,亦猶無水而强没其物。以乾燥之地而行沉溺之法,故謂之乾没也。"盧弼《集解補》又引顧炎武曰:"乾没,大抵是徼幸取利之意。"

毓常論才性同異,[1]鍾會集而論之。〔一〕嘉平末,賜爵關内侯。高貴鄉公即尊位,進封武鄉亭侯。正元二年春,毌丘儉、文欽作亂。或以司馬景王不宜自行,[2]可遣太尉孚往,惟毓及王肅勸之。景王遂行。〔二〕以毓守尚書僕射,[3]俱東。儉、欽破敗,毓有謀焉。及景王薨,毓與司馬文王徑還洛陽,[4]文王遂以輔政。語在《鍾會傳》。〔三〕會由是有自矜色,毓戒之曰:"子志大其量,[5]而勳業難爲也。可不慎哉!"毓以功進封陽鄉侯,增邑六百户,并前千二百户。是歲薨,時年四十七,追贈太常,謚曰元侯。〔四〕子祗嗣。咸熙中開建五等,[6]以毓著勳前朝,改封祗涇原子。〔五〕[7]

〔一〕《傅子》曰:毓既達治好正,而有清理識要,好論才性,原本精微,鮮能及之。司隸校尉鍾會年甚少,毓以明智交會。

臣松之案:《傅子》前云毓了夏侯之必敗,不與之交,而此云與鍾會善。愚以爲夏侯玄以名重致患,譻内外至;鍾會以利動取敗,禍自己出。然則夏侯之危兆難覩,而鍾氏之敗形易照也。毓若了夏侯之必危,而不見鍾會之將敗,則爲識有所蔽,難以言通;若皆知其不終,而情有彼此,是爲厚薄由于愛憎,[8]奚豫於成敗哉?以愛憎爲厚薄,又虧於雅體矣。《傅子》此論,非所以益毓也。

〔二〕《漢晉春秋》曰:毓固勸景王行,景王未從。毓重言曰:"淮、楚兵勁,[9]而儉等負力遠鬭,其鋒未易當也。若諸將戰有利鈍，大勢一失，則公事敗矣。"是時景王新割目瘤，創甚，聞嘏言，蹶然而起曰：[10]"我請輿疾而東。"

〔三〕《世語》曰：景王疾甚，以朝政授傅嘏，嘏不敢受。及薨，嘏秘不發喪，以景王命召文王於許昌，[11]領公軍焉。

孫盛《評》曰：晉宣、景、文王之相魏也，權重相承，王業基矣。豈蕞爾傅嘏所宜間廁？《世語》所云，斯不然矣。

〔四〕《傅子》曰：初，李豐與嘏同州，[12]少有顯名，早歷大官，內外稱之，嘏又不善也。謂同志曰："豐飾偽而多疑，矜小失而昧於權利，[13]若處庸庸者可也，自任機事，遭明者必死。"豐後爲中書令，[14]與夏侯玄俱禍，卒如嘏言。嘏自少與冀州刺史裴徽、散騎常侍荀甝善，徽、甝早亡。又與鎮北將軍何曾、司空陳泰、尚書僕射荀顗、後將軍鍾毓並善，[15]相與綜朝事，[16]俱爲名臣。

〔五〕《晉諸公贊》曰：祗字子莊，嘏少子也。晉永嘉中至司空。祗子宣，字世弘。

《世語》稱宣以公正知名，位至御史中丞。[17]宣弟暢，字世道，秘書丞，没在胡中。著《晉諸公贊》及《晉公卿禮秩故事》。[18]

［1］才性：指人的才能與德性。這是魏晉之際清談的重要內容之一。大體可分爲才性相同和相異兩種說法，細分則爲四種，《世說新語・文學》鍾會撰《四本論》"始畢"條劉孝標注《魏志》曰："四本者：言才性同，才性異，才性合，才性離也。尚書傅嘏論同，中書令李豐論異，侍郎鍾會論合，屯騎校尉王廣論離。"論異、離者，遵循曹操才德不統一之人才觀，在魏末政爭中爲忠於曹魏之黨，司馬氏之政敵；論同、合者，則爲司馬氏之黨，助顛覆曹魏政權者。（詳見陳寅恪《金明館叢稿初編・書世說新語文學類鍾會撰四本論始畢條後》）

［2］司馬景王：司馬師。魏元帝咸熙初司馬昭爲晉王後，追尊

他爲晉景王。

〔3〕尚書僕射：官名。魏、晉時爲尚書省次官，秩六百石，第三品。或單置，或並置左、右。左、右並置時，左僕射居右僕射上。輔助尚書令執行政務，參議大政，諫諍得失，監察糾彈百官，可封還詔旨，常受命主管官吏選舉。

〔4〕司馬文王：司馬昭。司馬昭死後謚爲文。

〔5〕子志大其量：趙幼文《校箋》謂《太平御覽》卷四五八引作"子志大量小"，無"其"字。《册府元龜》卷八四二引作"子志大而量小"。按，宋本《册府元龜》亦作"子志大其量"。

〔6〕五等：公、侯、伯、子、男五等封爵。

〔7〕涇原：梁章鉅《旁證》引沈欽韓說，《漢書·地理志》《續漢書·郡國志》《晉書·地理志》安定郡無涇原縣。

〔8〕愛憎：盧弼《集解》引姜辰英曰："毼黨於司馬氏，故策夏侯之敗而深交鍾會，厚薄由於愛憎，得之矣。"

〔9〕淮楚：指淮南郡。胡三省云："壽春故楚都，時爲淮南重鎮，以南備吳，勁兵聚焉。"（《通鑑》卷七六魏高貴鄉公正元二年注）

〔10〕蹶（guì）然：胡三省云："蹶然，急遽而起之貌。"（《通鑑》卷七六魏高貴鄉公正元二年注）

〔11〕許昌：縣名。治所在今河南許昌市東。

〔12〕同州：盧弼《集解》云："《夏侯玄傳》中書令李豐與皇后父張緝俱馮翊人，北地郡漢末寄寓馮翊，同屬雍州。"

〔13〕小失：趙幼文《校箋》謂郝經《續後漢書》"失"字作"智"。

〔14〕中書令：官名。秩千石，第三品。魏文帝黃初初，改秘書令置，與中書監並掌樞密。

〔15〕鎮北將軍：魏時二品，位次四征將軍，領兵如征北將軍。多爲持節都督，出鎮方面。　後將軍：官名。東漢時位如上卿，與前、左、右將軍掌京師兵衛與邊防屯警。魏、晉亦置，第三品。權

位漸低，略高於一般雜號將軍，不典禁兵，不與朝政，僅領兵征戰。

［16］相與：百衲本"與"字作"友"，殿本、盧弼《集解》本、校點本均作"與"。今從殿本等。

［17］御史中丞：官名。秩千石，第四品，爲御史臺長官，掌監察、執法。

［18］晋諸公贊：《晋書》卷四七《傅玄附暢傳》謂傅暢"作《晋諸公叙贊》二十二卷，又爲《公卿故事》九卷"。《隋書·經籍志》史部雜史類著録《晋諸公贊》二十一卷，晋秘書監傅暢撰；又職官篇著録《晋公卿禮秩故事》九卷，傅暢撰。《舊唐書·經籍志》又著録《晋諸公贊》二十二卷，傅暢撰；《晋公卿禮秩》九卷，傅暢撰。

評曰：昔文帝、陳王以公子之尊，博好文采，同聲相應，才士並出，惟粲等六人最見名目。而粲特處常伯之官，[1]興一代之制，然其沖虚德宇，[2]未若徐幹之粹也。衛覬亦以多識典故，相時王之式。劉劭該覽學籍，文質周洽。劉廙以清鑒著，傅嘏用才達顯云。〔一〕

〔一〕臣松之以爲傅嘏識量名輩，寔當時高流。而此評但云"用才達顯"，既於題目爲拙，又不足以見嘏之美也。

［1］常伯：先秦爲帝王近臣之泛稱；秦漢以後，常爲侍中之别稱。

［2］沖虚：淡泊虚静。